Englische
Meistererzählungen

Englische Meistererzählungen

Von Scott bis Wilde

Herausgegeben und übersetzt
von Ilse Hecht

Anaconda

Dieses Werk erschien erstmals als Band 56 der Sammlung Dieterich unter dem Titel: *Englische Kurzgeschichten von Scott bis Stevenson.* Herausgegeben, eingeleitet und aus dem Englischen übersetzt von Ilse Hecht. Leipzig: Dieterich'sche Verlagsbuchhandlung 1948. (Sammlung Dieterich ist eine Marke der Aufbau Verlage GmbH & Co. KG)

MIX
Papier aus verantwortungsvollen Quellen
FSC® C083411

Penguin Random House Verlagsgruppe FSC® N001967

Die Deutsche Nationalbibliothek verzeichnet diese Publikation in der Deutschen Nationalbibliografie; detaillierte bibliografische Daten sind im Internet unter http://dnb.d-nb.de abrufbar.

Lizenzausgabe mit freundlicher Genehmigung

Umschlagmotiv: Alexander Francis Lydon (1836-1917),
»Levens Hall« (Farblitografie), Privatsammlung,
© Look and Learn / Bridgeman Images
Umschlaggestaltung: www.katjaholst.de
Druck und Bindung: CPI Books GmbH, Leck
ISBN 978-3-7306-1024-4
www.anacondaverlag.de

INHALT

EINLEITUNG

Die britische Nationalflagge, der sogenannte Union Jack, wie ihr volkstümlicher Name ist, verbindet die Kreuze des englischen, schottischen und irischen Schutzpatrons – das Georgskreuz mit dem schräggestellten Andreas- und Patrickskreuz – zu einer Form. Nicht daß die Gläubigen nun eine christliche Gemeinde gebildet hätten; sie gingen weiter in die Hochkirche, Kirk oder Kapelle. Das Symbol hat rein politische Bedeutung und versinnbildlicht die Union des englischen und schottischen Parlaments zum großbritannischen von 1707 und des irischen mit dem großbritannischen von 1800. Unsere Kurzgeschichten stammen aus dem Jahrhundert, dessen Beginn durch den Zusammenschluß der gesamten britischen Inselwelt bezeichnet wird, und aus dem Raum, den sie umfaßt.

In der ersten Erzählung von Sir Walter Scott hören wir, wie die Union von 1707 zustande kam: »Sir John saß im letzten schottischen Parlament und stimmte für die Vereinigung mit England – was sich, wie man annahm, gut für ihn bezahlt machte –, wenn sein Vater aus dem Grabe hätte aufstehen können, würde er ihm dafür an seinem eigenen Herd den Schädel zertrümmert haben.« Auch die Zustimmung des irischen Parlaments zur Vereinigung mit dem großbritannischen wurde erkauft. Aber während sich Schottland bald gefügig zeigte und nach dem erfolglosen Aufstand der Jakobiten (d. h. der Stuartanhänger) von 1745, dessen Seele ein paar tausend keltische Hochländer waren, endgültig auf seine nationale Selbständigkeit verzichtete, war die Geschichte Irlands nach 1800 ein einziger Kampf um die Auflösung der Union, bis Südirland 1922 Dominion mit Selbstverwaltung wurde.

Das gefügige Schottland wurde wirtschaftlich eine englische Provinz, und die Union bedeutete den Beginn eines ungeheuren wirtschaftlichen Auftiegs, da die britischen Kolonien jetzt seinem Handel offenstanden – von 1700 bis 1800 hat sich nach Trevelyan das schottische Nationaleinkommen verfünfzigfacht. Es konnte seine Kultur frei entwickeln. Das rebellische Irland dagegen blieb Kolonialland, die Wirtschaft wurde geknebelt oder ganz zugrunde gerichtet, jede Äußerung des Volkstums, bei der Sprache angefangen, mit allen Mitteln bekämpft. Trotz des großen Geburtenüberschusses ging die irische Bevölkerung im neunzehnten Jahrhundert von etwa acht auf vier Millionen zurück, in den fünf Jahren nach der Kartoffelmißernte von 1846 starben fast eine Million Iren, Hunderttausende wurden von der Scholle vertrieben, die Auswanderung nach Amerika nahm fluchtartige Formen an; wer dazu keine Möglichkeit hatte, wanderte in die englischen Industriestädte und verrichtete dort die schwersten Arbeiten für den geringsten Lohn, oder er trat in die englische Armee ein; und selbst die Nachkommen der englischen Kolonisten waren so gehemmt in ihrer Entwicklung, daß sie nicht selten gegen den Egoismus des Mutterlandes protestierten und die Sache der Heimat zu ihrer eigenen machten.

Die verschiedene politische Situation spiegelt sich in der Literatur: Die schottische mündet in die englische ein, sie trägt ihren Teil bei zur Verschmelzung der beiden Länder, von der sie andrerseits reichen Nutzen zieht – wie den schottischen Erzeugnissen überhaupt steht auch der literarischen Produktion Schottlands der gesamte britische Markt offen. Sir Walter Scotts Persönlichkeit und Werk zeigen beispielhaft, wie das schottische und englische Nationalbewußtsein sich zum britischen erweitern. In England wird durch ihn das Jakobitentum Mode, in Schottland die loyale Gesinnung gegen das Haus Hannover. Das scheint widersprechend, entwickelt sich jedoch unter wechselseitiger Beeinflussung. Wenn das Jakobitentum mehr als eine literarische Strömung bedeutet hätte, wären Scotts Romane sicherlich nicht so begeistert in England aufgenommen, vielmehr als aufrührerisch abgelehnt worden – die irische Literaturgeschichte liefert dazu Parallelen –, und umgekehrt: Wenn die alte englische Geringschätzung alles Schottischen nicht allmählich durch die Achtung vor dem geistig Ebenbürtigen abgelöst worden wäre, hätte sich in Schottland kaum eine loyalistische Gesinnung entwickeln können. Scotts patriotische Lyrik zeigte den Engländern, daß ein Schotte sich unlösbar mit seiner Heimat verbunden fühlen und doch in den napoleonischen Kriegen wie sie empfinden konnte. Seine romantischen Schilderungen des Hochlands lockten jeden Sommer Scharen von Engländern in die Berge, die früher fast nur den Schäfern bekannt waren. Man liest Scott wegen Schottland, sagt eine viktorianische Romanheldin; sie hätte auch sagen können: Man reist nach Schottland wegen Scott. Die Heimatkunst nimmt auch nach ihm einen breiten Raum in der schottischen Literatur ein. So läßt Dr. John Brown in seiner Schilderung des Alltagslebens mit seinen Alltagshelden überall die Spuren einer heroischen Geschichte sichtbar werden. Erst Stevenson löst sich aus diesem Bannkreis, er gestaltet nicht nur schottische Geschichte und schottisches Volkstum, sondern zeigt auch die provinzielle Enge und Beschränktheit des Schottlands seiner Zeit und erwirbt sich auf seinen Reisen jene weltweite Sicht, die im Laufe des neunzehnten Jahrhunderts zum Kennzeichen der britischen Literatur wird.

Wie die schottische Literatur Teil der englischen wird, zeigt sich auch in der Sprache. Das Schottische, ein nordenglischer Dialekt, der bereits im elften Jahrhundert das Keltische zurückzudrängen begann und durch fremdländische – nordische, keltische und französische – Einflüsse sein eigentümliches Gepräge erhielt, war in Schottland von jeher die Sprache der Literatur gewesen, die noch im fünfzehnten und sechzehnten Jahrhundert in hoher Blüte stand; nach der Union sank es zur Mundart herab. Die Schriftsteller, die sich jetzt an das gesamte britische Publikum wandten, bedienten sich der englischen Gemeinsprache, Scott sprach noch schottisch, schrieb jedoch englisch und benutzte das Schottische nur in einzelnen Dichtungen oder innerhalb eines größeren Werkes als Sprache des Volkes, wie in unserer Kurzgeschichte aus dem Roman »Redgauntlet«, nicht aber in einem ganzen Roman. Stevenson, den man gelehrt hatte, sorgfältig englisch zu sprechen und nie zu vergessen, daß er ein Schotte und Englisch für ihn eine Fremdsprache sei, fiel im Gespräch nur noch gelegentlich, um besondere Wirkungen zu erzielen, ins Schottische, in seinem Werk erscheint es, ähnlich wie bei Scott, als Mundart.

Die Schriftsteller des zwanzigsten Jahrhunderts nehmen kritisch Stellung zu dieser Entwicklung und fragen sich, ob die Vorteile der Union nicht zu teuer bezahlt sind. In einer Broschüre des 1927 gegründeten Edinburger Zentrums des P.E.N.-Klubs (»The Present Condition of Scottish Arts and Affairs«, 1927) wirft man den Dichtern und Romanschreibern des neunzehnten Jahrhunderts vor, sie hätten zu stark unter englischem Einfluß gestanden und der schottischen Überlieferung zwar eine sorgfältige, aber eben doch nur museale Pflege angedeihen lassen, und fordert, zweifellos angeregt durch das irische Beispiel, eine schottische Renaissance.

Das irische Schrifttum bietet ein völlig anderes, uneinheitliches Bild.

Die Iren der Weltliteratur – Oliver Goldsmith oder Jonathan Swift – suchen wir vergeblich in der klassischen Literaturgeschichte Irlands von Douglas Hyde, sie werden der englischen Literatur zugewiesen, wie später auch Oscar Wilde, weil sie völlig anglisiert seien – obwohl die antienglische Propaganda außerhalb Irlands gerade aus Swifts bitteren Satiren immer wieder geschöpft hat.

Die Literatur des »irischen Irlands« ist in irischer Sprache verfaßt, die bedeutende Literatur des Mittelalters wie die Volkslieder und -erzählungen aus den Jahrhunderten der Unterdrückung. Irisch, auch Gälisch genannt, ist ein Zweig der keltischen Sprachfamilie, und noch um 1800 sprachen die irischen Bauern und Fischer, d.h. der überwiegende Teil der Bevölkerung, ihre Muttersprache, und der Gutsherr unterhielt sich irisch mit seinen Pächtern. Die kurze, aber glänzende Periode des unabhängigen irischen Parlaments (1782 bis 1800) brachte eine neue Blüte der Dichtung, Musik und Kunst, deren äußere Höhepunkte die großen Treffen der Harfensänger darstellten. Erst nach der Union gelang den Engländern der entscheidende Schlag gegen das Irische, besonders durch ihre Schulpolitik. Mit unheimlicher Geschwindigkeit wurde Irland anglisiert, sogar die irischen Namen verschwanden, weil die Eltern ihren Kindern keinen Stein in den Weg legen wollten in einer Zeit, wo der Existenzkampf ohnehin schwer genug war, und in den düsteren Jahren der Hungersnot schienen die irische Sprache und die alte irische Literatur dem Untergang verfallen. Die irische Renaissance erweckte sie am Ende des Jahrhunderts zu neuem Leben unter dem Motto: Gan teanga, gan tír! Ohne Sprache, ohne Vaterland! Und in Eire sind heute Irisch und Englisch Unterrichts- und Amtssprache und Sprache der Literatur.

Zwischen den anglisierten Schriftstellern aus Irland, die wir kennen, und den irischen Iren, die bei uns fast unbekannt sind, steht eine dritte Gruppe, die Anglo-Iren, von denen vier in unserem Band vertreten sind: William Carleton, Thomas Crofton Croker, Samuel Lover und Charles Lever. Sie schreiben englisch oder anglo-irisch, das ist der in Irland gesprochene englische Dialekt, schildern aber das Leben und Empfinden ihrer Landsleute, der Iren und der englischen Kolonisten. Erst als das irische Volk die englische Sprache so weit gemeistert hatte, daß sich die Schriftsteller mühelos darin ausdrücken, die Leser ihre Kunst würdigen konnten, entstand eine anglo-irische Literatur von Rang. Das ist im neunzehnten Jahrhundert. Die wertvollsten und ursprünglichsten Werke stammen von Männern, deren Eltern oder Großeltern noch ausschließlich irisch sprachen. Den Dubliner Lever, einen glänzenden Anekdoten- und Schwänkeerzähler, der besonders das heitere Leben in den Garnisonstädten schilderte und in England den größten Erfolg hatte, lehnen die irischen Iren als oberflächlich ab. William Carleton wurde als jüngstes, vierzehntes Kind eines irischen Bauern geboren, der seine Familie von einem vierzehn Acker großen Gut ernähren mußte. Er kam aus dem Volke, sprach seine Sprache und hätte unter günstigen Verhältnissen den Iren das sein können, was Mistral den Provenzalen bedeutet, meinen irische Literarhistoriker. Wie die Dinge lagen, mußte er anglo-irisch schreiben, wollte er überhaupt ein Publikum haben, hielt doch selbst Daniel O'Connell, »der Befreier«, der die Katholikenemanzipation durchsetzte (1828), seine politischen Reden in englischer Sprache. Mit den Brüdern Banim, Thomas Crofton Croker u. a. schreibt Carleton seine Geschichten und Skizzen aus dem irischen Bauernleben für die beiden neugegründeten hervorragenden Zeitschriften, das »Dublin Penny Journal« und das »Irish Penny Journal«. Wie in Deutschland der Heidelberger Kreis – Arnim und Brentano, die Brüder Grimm, Uhland u.a. – pflegen auch die irischen Schriftsteller die Volksliteratur. Croker sammelt die Märchen Südirlands, die von den Brüdern Grimm ins Deutsche übersetzt werden, Lover, ebenfalls Sammler, erzählt die alten Geschichten in der neuen Form des realistischen Märchens. Aber ihre Stimmen finden zunächst nur wenig Widerhall beim irischen Volk, dessen ganze Kraft in den Jahren des Fiebers und der Hungersnot auf die Erhaltung der bloßen Existenz gerichtet ist. Erst zu Ende des Jahrhunderts ist ihre Zeit gekommen, als die irische Renaissance sich auf ihr kulturelles Erbe besinnt und auch auf die Schriftsteller, die das letzte Aufleuchten der alten Dichtung erlebten und in den Jahren des Verfalls »das Feuer der Nation wachhielten« – damals erschien eine Auswahl aus Carletons Erzählungen, die kein geringerer als Yeats einleitete –, und diese geistige Wiedergeburt ist wie bei den Völkern des Kontinents die Voraussetzung für die Erlangung der nationalen Unabhängigkeit. Das Wappen Eires zeigt eine Harfe.

Die irische und die schottische Literatur des neunzehnten Jahrhunderts haben mannigfaltige Berührungen, sind doch beide auf das keltische Volkstum und die jakobitische Tradition ihrer Heimat gegründet. Nach Scotts eigenem Zeugnis ist sein Waverley-Zyklus durch die irischen Erzählungen Maria Edgeworths angeregt worden, andrerseits wollten die Brüder Banim in einer Romanfolge Irland das geben, was Scott für seine Landsleute mit Waverley getan hatte. Die Aufnahme, die das irische und schottische Schrifttum in England fanden, ist jedoch grundverschieden. Scott war vor Dickens der erfolgreichste Romanautor in England; der Ire Carleton, der glaubte, es an Popularität mit Dickens oder Thackeray aufnehmen zu können, sah sich in seiner Hoffnung getäuscht. In den Jahren der Hungersnot, als sich die Engländer nicht vor den Leiden der Nachbarinsel verschließen konnten und die irische Frage im Mittelpunkt des Interesses stand, fanden auch die anglo-irischen Schriftsteller ein Publikum in England. Aber die Katastrophenjahre gingen vorüber und mit ihnen das Interesse für die anglo-irische Literatur. Es hat ihrer Verbreitung geschadet, daß sie bewußt aufrührerischen und ungezügelten Leidenschaften einen breiten Raum gaben, heißt es in einem Artikel des »Dictionary of National Biography«, also an maßgebender Stelle, über die Brüder Banim, und als Beweis wird eine Stelle aus dem Roman »The Croppy« (1828) angeführt, der den Aufstand von 1798 schildert – croppies sind die nach französischem Vorbild kurzgeschorenen irischen Rebellen –, eine Stelle, die auch als Programm über unserer Erzählung von Carleton hätte stehen können, wo er zeigt, wie eine barbarische Gesetzgebung Gesetzlosigkeit erzeugt. Die Banims sagen dort, sie schilderten ein Volk, bei dem während der vergangenen sechshundert Jahre fortgesetzte Provokationen die stärksten und oft die schlechtesten Leidenschaften seiner Natur wachgerufen hätten und die Pausen im offenen Kampf auf dem Schlachtfeld jedesmal nur eine Verschiebung der Auseinandersetzung auf geistige Ebene bedeuteten, ein Volk, das jederzeit in Bereitschaft gehalten werde, einander an die Kehlen zu springen, sollte das Kriegssignal ertönen. Wie sehr sie damit ihrer Verbreitung schadeten, geht daraus hervor, daß ihre Werke bei uns kaum zu beschaffen sind – denn im neunzehnten Jahrhundert gingen unsere Beziehungen zu Irland über England, und in England war für ein nationalbewußtes irisches Schrifttum damals kein Boden.

England selbst schien im neunzehnten Jahrhundert mehr als einmal am Vorabend des Bürgerkrieges zu stehen; es ist das wichtigste innerpolitische Ereignis seiner Geschichte in dieser Epoche, daß die ungeheuren sozialen Spannungen nicht zu einem Umsturz führten, und eine der bedeutendsten Fragen für den Historiker und Soziologen, wieso es nicht dazu kam. Hier kann nur aufgezeigt werden, inwiefern die Schriftsteller dazu beitrugen, daß das neunzehnte Jahrhundert England keine Revolution brachte, obwohl die Reformen nur langsam kamen und Stückwerk waren.

Das berühmte Wort von den beiden Nationen, aus denen England bestehe, den Armen und den Reichen, den Unterdrückten und Unterdrückern, zwischen denen sich eine unüberbrückbare Kluft auftue, geht auf Disraelis Roman »Sibylle oder die beiden Nationen« (1845) zurück. Es traf die Grundzüge der Situation, wenn es auch – wie das gewöhnlich bei Schlagworten der Fall ist – nicht die ganze Wahrheit enthielt, und der Roman selbst zeigt, daß diese Scheidung zu einfach, die soziale Schichtung und Parteibildung viel komplizierter war. Zu den wichtigsten Brückenbauern über die Kluft zwischen den beiden Nationen gehörten die Schriftsteller.

Die Nation der Armen war um die Jahrhundertwende entstanden, als die industrielle Revolution die alte harmonischere Gesellschaftsordnung sprengte. Die selbständigen Handwerker, die Weber, die auch ihren Akker bestellten, waren durch die Maschine zugrunde gerichtet worden und wanderten als Fabrikarbeiter in die Stadt. Ihre Grundstücke gerieten in die Hände der großen Pächter, mit denen viele Kleinbauern nicht mehr konkurrieren konnten, so daß fast gleichzeitig ein Industrie- und ein Ackerbauproletariat entstand. Diese Massen waren völlig rechtlos, denn das Parlament des achtzehnten Jahrhunderts war eine reine Oligarchie und zunächst völlig hilflos, da sie keinerlei politische Bildung besaßen. Als die Ideen der französischen Revolution auch nach England übergriffen, wandten sie sich gegen ihre eigenen Wortführer: Thomas Paine, der Verfasser der »Menschenrechte«, wurde von den Bergleuen in Durham in effigie verbrannt; Priestley, der freikirchliche Reformer und weltberühmte Wissenschaftler, entging 1791 in Birmingham mit knapper Not der Lynchjustiz, sein Haus mit den wissenschaftlichen Instrumenten und Manuskripten wurde zerstört. In der ersten Hälfte des neunzehnten Jahrhunderts flackerten immer wieder Unruhen auf. Die Fabrikarbeiter zerstörten die Maschinen, auf dem Lande brannten Heuschober und Getreidefeime, und in riesigen Massenversammlungen wurde gesetzlicher Schutz bei der Regelung von Lohn und Arbeitsstunden und schließlich das allgemeine Wahlrecht gefordert. 1824 erhielten die Arbeiter das wichtige Koalitionsrecht noch vom alten, unreformierten Parlament, aber bei der Wahlreform von 1832 gingen sie leer aus, nur der obere Mittelstand gewann politischen Einfluß. In den dreißiger und den »hungrigen« vierziger Jahren wurden die Chartisten, die in der Volkscharte ein Parlament auf demokratischer Basis verlangten, die eigentliche Arbeiterpartei, die Vorläufer der Sozialisten, aber sie wurden unterdrückt, und der große Marsch zum Parlament im April 1848 schlug fehl. Erst anderthalb Jahrzehnt später erhielten die städtischen Arbeiter zusammen mit den Kleinbürgern das Haushaltwahlrecht unter Premierminister Disraeli, der als Schriftsteller in den »Zwei Nationen« und anderen Romanen für ihre staatsbürgerlichen Rechte eingetreten war.

In die Nation der Reichen drangen die Fabrikherren ein, und allmählich verlagerte sich das wirtschaftliche Schwergewicht von der Landaristokratie auf die Großindustriellen, was in der Aufhebung der Kornzölle (1846) seinen sichtbaren Ausdruck fand. Die bevorzugte gesellschaftliche Stellung des Adels war damit jedoch nicht gebrochen.

Die Nation der Armen eroberte sich in der ersten Hälfte des neunzehnten Jahrhunderts auch ihren Platz im kulturellen Leben. In der Literatur erschien sie als Schriftsteller, Held und Publikum. Charles Lamb besuchte die Freischule und wurde vierzehnjährig Angestellter der Ostindischen Gesellschaft, der er über drei Jahrzehnte in untergeordneter Stellung diente. Hood ging mit dreizehn Jahren zu einem Kaufmann, dann zu einem Kupferstecher in die Lehre. Dickens mußte sich, kaum zwölf Jahre alt, seinen Lebensunterhalt in einer Londoner Schuhwichsefabrik verdienen. Natürlich hatte es auch früher Schriftsteller gegeben, die aus dem Volke stammten, aber der Weg zum Erfolg hatte über das Vorzimmer eines großen Herrn geführt. Jetzt machten sich die Schriftsteller unabhängig von den vornehmen Gönnern, hatten einen bürgerlichen Beruf oder lebten von den Einnahmen ihrer literarischen Produktion. Charles Lamb war dankbar, daß er sich durch die Büroarbeit die geistige Freiheit erhalten konnte. Aber während er sich mit seiner Stellung im Leben begnügte und auch als Schriftsteller keine Reichtümer erwarb, war die jüngere Generation von dem gleichen zähen Willen, vorwärtszukommen, beseelt wie die Zeit überhaupt. Dikkens war der allerbeste Reporter, Trollope erwarb sich ausgezeichnete Fachkenntnisse bei der Post, in deren Dienst er England bis in die entferntesten Winkel hinein kennenlernte und große Auslandsreisen unternahm. Sie waren alles andere als verträumte Musensöhne, die den Einfall einer glücklichen Stunde verwerteten, sondern entwickelten die Arbeitstechnik des modernen Berufsschriftstellers. Trollope schrieb jeden Tag eine bestimmte Zeitlang an seinen Romanen und Erzählungen, ganz gleich, ob er unterwegs oder zu Hause war, und brachte es fertig, wenn er eine halbe Stunde vor Arbeitsschluß ein Werk abgeschlossen hatte, das nächste anzufangen. Auch Dickens arbeitete nach der Uhr, und fiel ihm wirklich einmal nichts ein, saß er wenigstens seine Zeit am Schreibtisch ab. Reade beschäftigte sich jeden Tag mehrere Stunden mit seinem riesigen Zettelkatalog, in dem er

bemerkenswertes Material, besonders aus den Zeitungen, für spätere Verwendung zusammentrug.
Diese viktorianischen Schriftsteller kämpfen zielbewußt um Anerkennung, wobei es ihnen nicht um den Beifall einiger literarischer Feinschmecker, sondern um den Massenerfolg beim Publikum geht und, wie sie unumwunden zugeben, um die Einnahmen, die ein Massenerfolg mit sich bringt. Noch im achtzehnten Jahrhundert hatte Thomas Gray gemeint, es sei unter der Würde eines Gentleman, sich seine »inventions« vom Verleger honorieren zu lassen. Lord Byron vertrat zunächst ähnliche Anschauungen, um sich dann allerdings eines Besseren zu besinnen. Jetzt kennen nicht nur die self-made-man wie Dickens und Trollope den Marktwert ihres Genies genau, sondern auch Gentlemen wie Thackeray und Reade, und sie erwerben sich Riesenvermögen mit ihrer Feder.
Unsere Erzähler gehen systematisch vor, um ihr Publikum zu erweitern, indem sie Klassen, die bisher dem Buch oder dem guten Buch fremd gegenüberstanden, dafür gewinnen. Der Geschmack der arbeitenden Bevölkerung wird mit fast wissenschaftlicher Genauigkeit untersucht, nicht so sehr der ihrer geistigen Elite, die Shelley oder auch Voltaire liest, sondern der breiten Massen. Man sieht sich die Auslagen der Chartistenbuchhandlungen an und findet Bänkelsängerlieder, Schauergeschichten und sentimentale Romane. Man geht in die »Mechanikerinstitute«, die neuen Arbeiterbüchereien, die in erster Linie für die berufliche Weiterbildung errichtet sind. Koksstadt, das abstoßend häßliche Industriezentrum in Dickens' sozialem Roman »Harte Zeiten« (1854), hatte eine solche öffentliche Bibliothek; die Arbeiter, die sich dort manchmal nach fünfzehnstündiger Arbeitszeit zum Lesen hinsetzten, verlangten aber weniger Euklid und Cocker – den englischen Adam Riese – als Defoe und Goldsmith, sie hungerten danach, etwas über das

Leben und Sterben, die Leidenschaften, Kämpfe, Erfolge und Niederlagen, die Sorgen und Freuden von Männern und Frauen zu erfahren, die ihnen selbst mehr oder weniger glichen, und von Kindern, die ihren eigenen mehr oder weniger glichen.

Besonders aber studieren die Schriftsteller die billigen Zeitschriften, die seit den dreißiger und vierziger Jahren überall emporschießen und in riesigen Auflagen von manchmal über hunderttausend das Unterhaltungs- und Bildungsbedürfnis der Massen befriedigen. Trollope charakterisiert sie humorvoll in den »Drei Schreibern«, wo Charlie Tudor eine Geschichte in Fortsetzungen für das »Tägliche Vergnügen« schreibt. Der Titel sollte lauten: Sir Anthony Allan-a-dale und der Baron Ballyporeen. Die Geschichte sollte spannend sein – zu Beginn sehen wir den toten Sir Anthony und den Baron, der sich mit blutigem Schwert über ihn beugt. Sie sollte aktuelles Zeitgeschehen bringen – am Schluß liest der wiederauferstandene Sir Anthony die Oxforder »Traktate für die Zeit« (1833–1841) und tritt zum Katholizismus über. Sie sollte belehrend sein – eine Abschweifung enthalten, damit der Autor einen kurzen Überblick über die normannische Eroberung einfügen könne. Schließlich sollte sie soziale Fragen behandeln, wobei der Herausgeber dem Autor vier zur Auswahl vorschlug: die Verfälschung von Nahrungsmitteln, die Notwendigkeit, den Besitzlosen Erziehungsmöglichkeiten zu geben, Straßenmusikanten oder den wahllosen Verkauf von Giften. Amy Cruse, die ausgezeichnete Kennerin des viktorianischen Publikumsgeschmacks, der wir das Beispiel verdanken, fügt hinzu, daß Trollope damit den Charakter dieser Literaturgattung mit bewundernswerter Vollständigkeit beschreibe.

Die Schriftsteller von Rang spotten nicht nur über die billigen Kitschjournale, sie lernen daraus, was das Volk liest, und berücksichtigen diese Wünsche in der

Form und im Gehalt in ihrem eigenen Werk, mit dem sie sich an beide Nationen wenden und in ihren genialsten Leistungen auch bei beiden Nationen die gleiche begeisterte Aufnahme finden.

Bei der Publikation trägt man dem Verlangen nach billigen Heften Rechnung: Die Romane werden in Fortsetzungen veröffentlicht – noch Mrs. Gaskells Cranforder Damen rümpfen darüber die Nase –, Familienzeitschriften gegründet – wie Dickens' »Household Words« (seit 1850) mit der Fortsetzung »All the Year Round«, für die mehrere Erzähler unseres Bandes schrieben, außer Dickens selbst Reade, Collins und Mrs. Gaskell –, und diese Zeitschriften stehen vor allem den Kurzgeschichten offen, deren Volkstümlichkeit sich auf ihre beiden Wesensmerkmale, auf die Kürze und die Geschichte, gründen. Die breiten Massen hatten wenig Zeit für die Lektüre übrig, in dieser Zeit aber wollten sie das trostlose Einerlei des langen Arbeitstages und der häßlichen Umgebung vergessen, verlangten nach Unterhaltung und Freude. Dickens und nach ihm viele englische soziale Schriftsteller haben sich dieser Forderungen angenommen – der Mensch lebt nicht vom Brot allein, ist das Thema des Romans »Harte Zeiten« – und ihren Teil dazu beigetragen, die Sehnsucht des Volkes nach Schilderungen der Welt, von der es ausgeschlossen war, und nach den Kulturgütern dieser Welt zu befriedigen, freilich in anderer Form und auf anderem Niveau als die billigen sensationellen Geschichten.

Auch sie erzählen aufregende Kriminalfälle, aber die Verbrecherwelt, wie sie in Collins' für die »Household Words« geschriebenen »Geschichte von einem schauerlich seltsamen Bett« geschildert wird, hat nichts Verlockendes mehr, sie ist realistisch in all ihrer schäbigen Häßlichkeit und Misere gezeichnet, und nicht die Verbrecher sind die Helden der Erzählung, das Opfer spielt die Hauptrolle. Das Spannungselement liegt besonders in der Schilderung krankhafter Seelenzustände, für die Collins das gleiche psychologische Interesse zeigt wie seine Zeit überhaupt.

Die typische Gespenstergeschichte dieser Zeit ist nicht gruselig wie unsere erste romantische Erzählung von Scott und unsere letzte neuromantische von Stevenson, sondern humoristisch, wie Dickens' »Geschichte des Handlungsreisenden«, wo der merkwürdige alte Stuhl sich in einen Kavalier des achtzehnten Jahrhunderts, einen rechten Liederjan verwandelt, realistische Züge erhält – seine ehrwürdigen alten Locken sind in Wirklichkeit ein paar vereinzelte Pferdehaare – und gleich anderen Gespenstern der Zeit häufig Ursache hat, sich über die mangelnde Respektlosigkeit der Menschen zu beklagen.

Die Vergangenheit und ihre Helden werden in Barhams »Ingoldsby Sagen«, denen »Frau Rohesia« entnommen ist, statt romantisch verklärt, burlesk dargestellt, wobei die Wirkung auf dem Nebeneinander des Heroischen und Trivialen beruht. Die Kurzgeschichte ist für diese Groteske die gegebene Form, im Roman würde die Verzerrung bald aufhören, komisch zu wirken.

Die vornehme Welt, für die sich die weibliche Leserschaft besonders interessierte, ist in Thackerays »Yellowplush-Memoiren« ihres Glanzes beraubt und erst recht die Schicht, die wie die Shums nur die Manieren der Gesellschaft nachäfft. Thackeray zeichnet diese schäbig-vornehmen Leute aus der Lakaienperspektive, die für die satirische Darstellung besonders glücklich gewählt ist. Sein Yellowplush, der Bediente mit den Neigungen eines Gentleman, ist aber auch Sprachrohr des Dichters, Gesellschaftskritiker, wie es eine Lakaienseele nie sein könnte.

Den Reiz der Ferne schildert die frühviktorianische Kurzgeschichte kaum – sehr im Unterschied zu späteren Erzählern wie Stevenson mit seinen »Südseenachtgeschichten«. Für George Walker aus London, Friday Street, ist Suez der widerwärtigste, unerfreulichste und uninteressanteste Ort auf dem ganzen Erdball, die erwartete Wunderwelt des Orients recht wenig romantisch – der Brunnen des Moses eine kleine Salzpfütze, der Ritt auf dem Kamel schmerzhaft für seine Knochen –, er sehnt sich nach der Friday Street zurück, so wie Dickens und schon vor ihm Lamb nicht ohne die Straßen Londons leben konnten, wenn sie auch ein offeneres Auge für fremde Landschaften hatten. »Ich kann nicht sagen«, schreibt Dickens aus Lausanne, »wie sehr mir die Straßen fehlen. Es ist, als ob sie meinem Gehirn etwas gäben, das es, wenn es arbeiten soll, nicht entbehren kann. Eine Woche, vierzehn Tage kann ich wunderbar schreiben an einem entlegenen Ort; ein Tag in London genügt dann, mich wieder aufzuziehen und von neuem loszuschießen. Aber die Mühe und Arbeit, Tag für Tag zu schreiben, ohne diese Laterna magica ist ungeheuer...« Und Lamb hat »in London und nur in London Wurzeln geschlagen«.

Die große, weite, heroische Welt wird also vorwiegend satirisch oder humoristisch dargestellt. Der komische Geist soll dabei »das Schwert des gesunden Menschenverstandes« sein; er soll jedoch keinen tödlichen Schlag versetzen, vielmehr das Kranke vom Gesunden trennen und den Organismus heilen.

Wichtiger als die große Welt aber ist unseren Erzählern die kleine. Sie machen es sich zur Aufgabe, die allernächste Umgebung zu entdecken: Unser Dorf, unsere Straße. Die Heimatkunst spielt auch in der englischen Kurzgeschichte eine große Rolle. Die Schriftsteller füllen ihre Skizzenmappen, wie einer von ihnen einmal sagt, nicht mit den Ansichten weltberühmter Baudenkmäler oder Naturschönheiten, sondern mit Hütten und unbekannten Landschaften: Ein kleines Gut in Cumberland irgendwo in der Nähe der Küste, eine einsame Moorlandschaft in den Bergen, eine Hütte in einem Felsspalt an der Steilküste Cornwalls, ein altertümlicher Ausspann oder eine Dorfpfarre, das ist der Hintergrund, auf dem sich unsere Geschichten abspielen, und von London und anderen Städten werden jetzt weniger die vornehmen Viertel als die Märkte und Vergnügungsstätten des Volkes, die Läden und Wohnungen der Kleinbürger und die Elendsquartiere geschildert.

Wie das Milieu, so sind auch die Menschen alltäglich. Die Gesellschaft weiß nichts von ihnen. Es sind »zwei Nationen«, sagte Disraeli, »zwischen denen es keinen Verkehr und keine Sympathie gibt; von denen die eine so wenig die Gewohnheiten, Gedanken und Gefühle der anderen kennt, als ob sie verschiedene Zonen oder Planeten bewohnten; die durch verschiedene Erziehung geformt, verschiedene Nahrung ernährt, verschiedene Sitten beherrscht werden und nicht den gleichen Gesetzen unterworfen sind«. Die Schriftsteller aber gewinnen die Sympathie der einen Nation für die Menschen der anderen. Sie zeigen Helden des Alltags und appellieren an den Leser, ihre Tugenden um so höher zu schätzen, da sie diese allein sich selbst verdankten, und ihre Schwächen milder zu beurteilen, weil die Umstände weitgehend dafür verantwortlich seien.

Die Aufopferungsfähigkeit ist die Kardinaltugend. Der verwaiste unbeholfene Schäfer, der es niemand recht machen kann, opfert sein Leben für den Stiefbruder, Mally Trenglos zieht den verhaßten Feind, der ihr die Gaben des Meeres streitig macht, aus Maleachis Bucht und hätte dabei leicht selbst ihr Ende finden können. Vor allem die Selbstlosigkeit innerhalb der Familie wird hoch gepriesen, und die Familie ist die Gemeinschaft, in der die Menschen gezeigt werden. Selten freilich steht ein Ehepaar, es sei denn ein weißhaariges, im Mittelpunkt der Erzählung, aber die

Mutterliebe oder das Verhältnis des Vaters zu seinen mutterlosen Kindern, der jungen Enkelin zu dem hilflosen Großvater, von Geschwistern oder Halbgeschwistern zueinander wird immer wieder geschildert. Man vertieft sich in das kindliche Seelenleben. Die Frage der Erziehung und besonders die Bildung des Gemüts spielt, wie in unserer Erzählung von Mary Lamb, eine wichtige Rolle. Häufig werden auch die innigen Beziehungen der Kinder zu den treuen alten Dienern dargestellt, und dieser Stand war in England damals zahlenmäßig größer als die Arbeiterschaft der Textilfabriken, des wichtigsten Industriezweiges.

Auch auf die sozialen Fragen werfen die Kurzgeschichten ein Licht, etwa wenn Mrs. Gaskell erzählt, wie die beiden Schwestern, die für die großen Glasgower Konfektionsgeschäfte arbeiten, nicht genügend Lohn erhalten, um sich sattessen zu können, und die eine durch die lange Näharbeit bei Kerzenlicht sich die Augen so verdirbt, daß sie nichts mehr verdienen kann. Doch gibt es noch nicht den Typ der sozialen Kurzgeschichte in der frühviktorianischen Zeit, so wie es eine soziale Lyrik, einen sozialen Roman oder auch längere soziale Erzählungen (Tales) gibt. Das mag verwunderlich erscheinen, da viele Schriftsteller unseres Bandes in der Geschichte der sozialen Literatur Englands einen hervorragenden Namen haben: Hood ist der Dichter des Liedes vom »Hemd«, Mrs. Gaskell schuf mit »Mary Barton, einer Erzählung aus dem Leben Manchesters«, einen der ersten Romane aus dem englischen Arbeiterleben, Dickens und Reade haben in ihren Romanen und Erzählungen unermüdlich die sozialen Mißstände kritisiert und sich für Reformen eingesetzt – des Armengesetzes und des Strafvollzugs, der Schulverhältnisse usw. Um die Erscheinung zu erklären, erinnern wir uns noch einmal an »Sir Anthony Allan-a-dale und den Baron von Ballyporeen«, wo neben oder vor der Behandlung sozialer Fragen von einem Schriftsteller des Volkes gefordert wird, daß er unterhält und den Zugang zu der geistigen Kultur der Zeit erschließt. Die Massen verlangten nach Freude, nach Volksbelustigungen und nach edlerem Vergnügen. Ein Schwankbuch wie die »Pickwickier« gewann Schichten für die Literatur, die sich früher mit Bänkelsang und Schauergeschichten begnügt hatten, und einem Volksschriftsteller wie Dikkens folgte dieses neue breite Publikum auch, wo er höhere Anforderungen an den Leser stellte. Er ebnete den Weg zum guten Buch, und diese neue Quelle des Vergnügens wurde für viele zum Mittelpunkt des geistigen Lebens überhaupt.

Die Literatur nahm damals einen höheren Platz ein als in der vergangenen und folgenden Zeit, sie trat an die Stelle, die früher die Religion und später die Politik innehatte; sie verdrängte die Politik gelegentlich sogar aus ihrem eigensten Bereich, wofür sich ein aufschlußreiches Beispiel in Thackerays »Newcomes« findet: Sir Barnes Newcome, ein nüchterner, gänzlich amusischer Geschäftsmann, sucht sich dort in seinem Wahlkreis dadurch beliebt zu machen, daß er Vorträge über die Poesie des Kindes hält.

Wenn schon die Politiker auf diese Weise den literarischen Interessen des Publikums entgegenkommen, so natürlich erst recht die Schriftsteller. Mit den »quälenden« Schilderungen der Elendswelt in ihren Romanen wandten sie sich wohl in erster Linie an die sozial empfindenden Menschen aus glücklicheren Verhältnissen, so wie auch Mrs. Brownings Gedicht »Schrei der Kinder« zuerst in einem konservativen Journal erschien, das seine Leser in der Oberschicht hatte. Diejenigen, die ständig mit der Not kämpfen mußten, bevorzugten eine freundlichere Lektüre, liebten Dickens, weil er in der Dunkelheit ihres Alltags auch viel Licht sah – menschliche Hilfsbereitschaft und Aufopferungsfähigkeit – und seine Unzuträglichkeiten durch Humor verklärte, so daß ein befreiendes Lachen möglich war.

Dickens und die frühviktorianischen Schriftsteller haben immer wieder in den verschiedensten Wendungen zum Ausdruck gebracht, daß sie die beiden Nationen, Arm und Reich, versöhnen wollten. Sie erreichten, daß die humanitäre Gesinnung zu einer Macht im politischen Leben wurde, und wenn auch die neuen Armen- und Jugendschutzgesetze nicht allein auf die zurückgingen, wie sie selbst es manchmal glaubten und Literarhistoriker es gern darstellen, so waren sie doch die wichtigsten Mitstreiter der sozialen Reformer verschiedenster Herkunft. Klassenkämpfer oder Revolutionäre sind sie nicht gewesen. Sie wollten den Staat nicht von Grund auf umgestalten, sondern die Nation der Entrechteten in den Staat eingliedern – auf politischem, sozialem und kulturellem Gebiet. Weil das letzte das eigentliche Bereich des Schriftstellers ist, waren sie auch dort am erfolgreichsten. Ihre wertvollste Leistung bestand darin, daß sie den breiten Massen einen Weg zur Kultur erschlossen. Indem sie eine Literatur schufen, die volkstümlich war und zugleich den höchsten Anforderungen genügte, und ein Publikum, das sich aus den verschiedensten Schichten zusammensetzte, haben sie ihre Versöhnungspolitik am besten verwirklicht.
Der Lebensmacht der Freude, an der sie das Volk teilhaben lassen wollten, wurde ein Werk geweiht, das wir als Symbol der Wechselbeziehungen zwischen Literatur und Leben und als Schlußstein dieser Epoche betrachten können. Walter Besant, der Dickensschüler, hatte in seinem Roman »All Sorts and Conditions of Men« (1882) von seinen beiden Helden einen »Palace of Delight«, einen Palast der Freude planen und ausführen lassen mit Lese- und Klubzimmern und Räumen für Gemäldeausstellungen, Vorträge, Kon-

zert- und Theateraufführungen, wo die Enterbten der Londoner Slums erkennen lernen sollten, was wahres Vergnügen und edler Genuß sei. Im Jubiläumsjahr 1887 wurde der Traum des Schriftstellers in dem großartigen Volkspalast (People's Palace) in Ost-London Wirklichkeit.

1887 und ein letztes Mal 1897 beim goldenen und diamantenen Thronjubiläum der Königin passierte das viktorianische Zeitalter mit großem Schaugepränge Revue, aber alle Prunkentfaltung konnte nicht darüber hinwegtäuschen, daß sich die Epoche ihrem Ende näherte. Kipling, dessen »Schlußchoral« (1897) warnend den Untergang von Ninive und Tyrus heraufbeschwört, sah die innere Morschheit genauso klar wie die Sozialkritiker George Gissing (»Im Jubiläumsjahr«) und Richard Whiteing, der seinen Roman »Nr. 5, John Street« (1899) mit den Worten beginnt, er sei im Jahre des diamantenen Jubiläums in dieses elende Haus in den Slums gezogen, um zu lernen, was es heißt, eine halbe Krone am Tag zu verdienen und davon zu leben.

Die Schriftsteller beider Nationen, der armen und reichen, haben ihren Glauben an die Politik der sozialen Versöhnung aufgegeben. Die ästhetische Bewegung, die jetzt ihrem Höhepunkt zustrebt, um dann jäh zu enden, verfolgt mit der Kunst keine ethischen Ziele mehr, sondern will sie nur um ihrer selbst willen pflegen, weil sie ihr den höchsten Genuß jedes flüchtigen Augenblicks verheißt. Sie wendet sich nicht mehr an das ganze Volk, nur noch an die Erwählten. Walter Horatio Pater, der sich aus der Welt des Kampfes in die Studierstube zurückgezogen hat, vertritt diese Anschauungen mit dem Ernst des Gelehrten, der anderen Lehrer im wahren Kunstgenuß sein will; bei Oscar Wilde, seinem Schüler, verbinden sie sich mit dem Stutzertum der Dekadenz, als dessen bedeutendster Vertreter er das Ärgernis der bürgerlichen Welt erregte, die schließlich über ihn triumphierte, als er 1895 zu einer mehrjährigen Zuchthausstrafe verurteilt wurde.

Es ist charakteristisch für die Zeitsituation, daß auch ein Ästhet wie Oscar Wilde nicht umhin kann, sich mit den Problemen Künstler und Gesellschaft und Kunst und Gesellschaft auseinanderzusetzen und die Entscheidung – im »Jungen König« – zugunsten der leidenden Menschheit und nicht der Kunst ausfällt. Weil ihm dic soziale Wirklichkeit unbekannt war, wählte er die Form des sozialen Märchens.

Die Realisten und Naturalisten, die seit dem letzten Jahrzehnt des neunzehnten Jahrhunderts den neuen Typ der sozialen Kurzgeschichte schaffen, sind in unserem Bande nicht mehr vertreten. Sie unterscheiden sich von den viktorianischen Erzählern dadurch, daß sie unabhängig von ihrem politischen Standort nicht mehr an den Fortbestand der alten Ordnung glauben, während Dickens und seine Zeitgenossen, selbst Thackeray in seinen bittersten Stimmungen nie daran gezweifelt haben, heißt es in einem literarsoziologischen Überblick Shaws.

Mit George Gissing, der, wie viele Schriftsteller der Jahrhundertwende, das Elend des Proletariats aus eigenem, bitterem Erleben kannte, endete die Dickens-Schule in Empörung. Gissing, der Dickens seinen Lehrer nannte, sich eingehend mit ihm beschäftigt hat und als Milieuschilderer und Gesellschaftskritiker von ihm beeinflußt ist, hatte mit dem Glauben an die Versöhnungspolitik den Glauben an jedc Sozialpolitik überhaupt verloren; er sah keinen Ausweg aus den trostlosen Zuständen, die er mit bedrückender Eindringlichkeit schilderte. Für die Herbeiführung einer neuen Gesellschaftsform setzten sich vor allem die sozialistischen Schriftsteller verschiedenster Prägung ein, die sich in den achtziger Jahren in der Social Democratic League (1882), der Socialist League (1884) und der Fabian Society (1884) zusammenschlossen, von denen besonders die Fabier für die literarische Entwicklung wichtig wurden. Sie gingen in ihren Schilderungen der Slums und des Proletariats weit über die Viktorianer hinaus, deren gesellschaftliche Kenntnisse im wesentlichen beim unteren Mittelstand aufhörten. Ihr soziales Verdienst aber lassen auch sie unbestritten. Die frühviktorianischen Erzähler, so heißt es in einem typischen Urteil Shaws, geißelten die sozialen Mißstände schärfer als alle berufsmäßigen Politiker ihrer Zeit; sie sind eine ausgezeichnete Quelle für die gesellschaftliche Entwicklung des Jahrhunderts.

Ilse Hecht

ENGLISCHE MEISTERERZÄHLUNGEN

VON SCOTT BIS WILDE

SIR WALTER SCOTT

Sir Walter Scott (1771–1832) wurde in Edinburgh geboren und stammt beiderseits von alten Grenzlandfamilien ab. Wie sein Vater Jurist, begann er seine literarische Tätigkeit mit Übersetzungen aus dem Deutschen und romantisch-historischen Versnovellen. Seine Waverley Novels machen ihn zum Begründer des historischen Prosaromans. Von starkem Einfluß auf die deutsche Literatur (Alexis, Hauff) nimmt er auch heute noch, was die Zahl der Übersetzungen betrifft, die dritte Stelle unter den älteren englischen Autoren nach Shakespeare und Dickens ein. – Sein Meisterwerk auf dem Gebiet der Kurzgeschichte, »Die Erzählung des blinden Spielmanns«, findet sich als Einschaltung in dem Roman »Redgauntlet« 1824. Nach der amerikanischen Theorie, die die Verquickung von Roman und Kurzgeschichte ablehnt, ist es deshalb keine eigentliche Kurzgeschichte, sondern nur eine Vorstufe dazu, was jedoch nicht nur durch die Praxis der hervorragendsten Romanschriftsteller der Weltliteratur widerlegt wird, sondern auch theoretisch nicht haltbar ist – was wäre dann ein eingeschaltetes lyrisches Gedicht? Die Geschichte paßt vorzüglich an ihren Ort, und bis auf die Überschrift, in der Wandering Willie durch blinder Spielmann ersetzt wurde, um die notwendige Charakteristik des Erzählers zu geben, und ein einziges Wort in einer parenthetischen Bemerkung ist sie vollkommen unabhängig von dem Roman verständlich.

DIE ERZÄHLUNG DES BLINDEN SPIELMANNS

Sie haben sicher schon von Sir Robert Redgauntlet auf Redgauntlet gehört, der vor den teuren Jahren in dieser Gegend lebte. Lange noch wird man sich hierzulande seiner erinnern; und unsere Väter atmeten schwer, wenn sie nur seinen Namen hörten. Zu Montroses Zeit zog er mit den Hochländern zu Felde, dann war er wieder mit Glencairn im Jahre 1652 in den Bergen, und als König Karl II. auf den Thron zurückkam, stand daher der Herr von Redgauntlet in hoher Gunst. Er wurde im Londoner Schloß mit des Königs eigenem Schwert zum Ritter geschlagen, und da er ein fanatischer Anhänger der Bischöfe war, wütete er, als er hier herunterkam, wie ein Löwe – er hatte Statthalter-Vollmachten, um die Whigs und Presbyterianer im Lande zu unterdrücken. Wild ging es dabei her, denn die Whigs waren so hartnäckig wie die Tories leidenschaftlich, und es kam darauf an, wer den längsten Atem hatte. Redgauntlet war stets für Gewaltmaßnahmen, und sein Name ist bei uns so bekannt wie der Tam Dalyells oder Claverhouses. Weder Fels- noch Waldschlucht, weder Gipfel noch Höhle konnte das arme Bergvolk schützen, wenn Redgauntlet mit den Hörnern und Bluthunden hinter ihm her war, als ob es Freiwild wäre. Und wenn er und seine Leute es dann aufgespürt hatten, machten sie, meiner Treu, nicht viel mehr Umstände mit ihm als ein Hochländer mit einem Rehbock. Es hieß nur: »Willst du den Eid leisten?« – Wenn nicht: »Achtung – fertig – Feuer!« – Und da lag der Dissenter.

Weit und breit wurde Sir Robert gehaßt und gefürchtet. Die Menschen glaubten, er hätte einen Pakt mit dem Teufel geschlossen, daß der Stahl an ihm abglitt und die Kugeln von seinem Lederkoller absprangen wie Hagelkörner von einem Herd; sie erzählten, er hätte ein Pferd, das sich am Abgrund von Carrifragawns in einen Hasen verwandelte, und mehr dergleichen Dinge, worüber ich noch berichten werde. Der beste Segen, den sie für ihn übrig hatten, lautete: »Der Teufel möge Redgauntlet holen.« Seinen eigenen Leuten war er kein schlechter Herr, und die Pächter hatten ihn gern; und gar die Dienstmannen und Reiter, welche die »Verfolgungen« mitmachten, wie die Whigs jene mörderischen Jahre nannten, die hätten sich, wenn's drauf ankam, jederzeit auf sein Wohl blind getrunken.

Nun muß ich erzählen, daß mein Großvater auf Redgauntlets Grund und Boden lebte – der Ort heißt Primrose-Knowe. Wir hatten auf dieser Scholle unter den Redgauntlets seit der Zeit der Ausritte und schon lange vorher gesessen. Es war ein hübsches Stück Land, und ich glaube, die Luft ist frischer dort als irgendwo sonst bei uns. Jetzt ist dort alles öde; und als ich vor drei Tagen an der verfallenen Tür saß, war ich froh, daß ich nicht sehen konnte, in welch traurigem Zustand sich das Gut befand; aber das gehört nicht zur Sache. Dort wohnte mein Großvater Steenie Steenson, und in seinen jungen Jahren war er ein unruhiger, lärmender Bursche gewesen, der den Dudelsack gut spielen konnte; berühmt waren seine »Faßbinder und Küfer«, und kein Cumberlander konnte an ihn heran, wenn er »Jockie Lattin« blies, und zwischen Berwick und Carlisle hatte er die geschicktesten Finger für den Dudelsack. Leute wie Steenie waren nicht aus dem Holz geschnitzt, aus dem man Whigs machte. So wurde er Tory einfach aus einer Art Notwendigkeit heraus, zu einer oder der anderen Seite zu gehören. Gegen die Whigmenschen hegte er keinen Groll, und er sah das Blut nicht gern fließen, obgleich er, da er verpflichtet war, Sir Robert auf seinen Jagden und Heerzügen zu folgen, für ihn zu wachen und Posten zu stehen, viel Unrecht sah und vielleicht auch gelegentlich eins beging, wenn es sich nicht vermeiden ließ.

Nun war Steenie eine Art Günstling seines Herrn und kannte alle die Leute im Schloß, und oft holte man ihn zum Dudelsackspielen, wenn es dort hoch herging. Der alte Dougal MacCallum, der Verwalter, der Sir Robert in guten und schlechten Zeiten, durch dick und dünn, Pfuhl und Fluß gefolgt war, hörte den Dudelsack besonders gern, und er legte bei Redgauntlet ein gutes Wort für meinen Großvater ein, denn Dougal konnte seinen Herrn um den Finger wickeln.

Nun, es kam die Revolution, und sie brach den beiden, Dougal und seinem Herrn, fast das Herz. Aber der Umsturz war nicht ganz so groß, wie sie fürchteten und andere Leute sich einbildeten. Die Whigs machten zwar ein großes Geschrei, was sie mit ihren alten Feinden und besonders mit Sir Robert Redgauntlet anstellen wollten. Aber es hatten zu viele große Leute ihre Hände im Spiel gehabt, um eine nagelneue Welt zu schaffen. So ging das Parlament darüber hinweg, und Sir Robert, ausgenommen daß er jetzt Füchse statt Presbyterianer jagte, blieb der Mann, der er war. Seine Gelage waren so lärmend und seine Halle so gut beleuchtet wie je, wenn ihm vielleicht auch die Strafgelder der Dissenters fehlten, die früher seiner Speisekammer und seinem Keller zugute gekommen waren; denn es steht fest, daß er den Zins schärfer eintrieb, als es seine Pächter gewöhnt waren, und entweder waren sie am Zahltag pünktlich zur Stelle, oder aber der Herr war ungnädig. Und er war ein so fürchterlicher Patron, daß niemand ihn gern reizte; er fluchte so entsetzlich und geriet in solche rasende Wut und sah so schrecklich aus, daß die Leute manchmal glaubten, er wäre der fleischgewordene Teufel.

Nun, mein Großvater war kein guter Wirt – nicht daß er ein Verschwender gewesen wäre –, aber er verstand nicht zu sparen und war zwei Termine mit dem Pachtzins im Rückstand. Aus der ersten Klemme zu Pfingsten half er sich mit schönen Worten und Pfeifen heraus, aber als der Martinstag herankam, erhielt Steenie eine Aufforderung von dem Landrentmeister, mit der Pachtsumme an einem bestimmten Tage zu erscheinen, oder aber er würde fliegen. Saure Arbeit war es für ihn, das Silber aufzubringen, aber er hatte gute Freunde, und schließlich hatte er das Ganze zusammengekratzt – tausend schottische Mark –, das meiste von einem Nachbarn, der Laurie Lapraik hieß, einem schlauen Fuchs. Laurie verstand sich auf viele Gangarten – er konnte mit den Hunden jagen und den Hasen rennen, Whig oder Tory, Heiliger oder Sünder sein, wie der Wind blies. Er gehörte in dieser Revolutionswelt zu den Bekennern, aber gelegentlich gefiel ihm auch ein Hauch der irdischen Welt und eine Melodie auf dem Dudelsack recht gut, und außerdem glaubte er, er hätte gute Sicherheiten für das Silber, das er meinem Großvater in Primrose-Knowe aus dem Strumpf lieh.

Da trottet nun mein Großvater nach Schloß Redgauntlet mit schwerem Beutel und leichtem Herzen, froh, daß die Gefahr, die von dem Gutsherrn drohte, vorüber war. Nun, das erste, was er im Schloß erfuhr, war, daß sich Sir Robert so lange geärgert hatte, bis ihn die Gicht wieder packte, weil er nicht vor zwölf Uhr erschienen war. Es war nicht allein des Geldes wegen, so dachte Dougal, sondern es hätte ihm leid getan, meinen Großvater von seinem Land zu jagen. Dougal freute sich, als er Steenie sah, und brachte ihn in die geräumige eichene Halle, und dort saß der Lord ganz allein und hatte nur einen großen, häßlichen Affen neben sich, an dem er hing; ein giftiges Biest war dieser Affe, und manch einen bösartigen Streich hatte er schon gespielt – schwer konnte man seine Zuneigung gewinnen, und leicht war er gereizt –, er rannte im ganzen Schloß herum, schwatzte und heulte, kniff und biß die Leute, besonders wenn schlechtes Wetter bevorstand oder Unruhen im Staat. Sir Robert nannte ihn Major Weir nach dem Zauberer, den man verbrannt hatte; und es gab wenige, denen der Name oder die Lebensweise des Tieres gefallen hätten – sie meinten, daß etwas nicht ganz geheuer an ihm wäre –, und meinem Großvater war es nicht besonders leicht zumute, als die Tür hinter ihm zuschlug und er sich allein im Zimmer befand mit niemand als dem Lord, Dougal MacCallum und dem Major, denn das war ihm früher noch nie begegnet.

Sir Robert saß, oder genauer gesagt, er lag in einem großen Lehnstuhl in seinem prächtigen Samtrock, die Füße auf einem wiegenartigen Gestell, denn er hatte die Gicht und die Steinkrankheit, und sein Gesicht sah so grimmig und grausig aus wie das des Teufels. Major Weir saß ihm gegenüber in einem rotbesetzten Rock, die Perücke des Lords auf dem Kopf, und immer, wenn Sir Robert vor Schmerz die Zähne fletschte, fletschte sie der Affe auch wie ein Schafskopf unter der Schere – ein häßliches, furchtbares Paar war das. Das Lederkoller des Lords hing an einem Nagel hinter ihm und sein breites Schwert und die Pistolen in Reichweite, denn er hielt an der alten Sitte fest, die Waffen griffbereit und ein Pferd Tag und Nacht gesattelt zu haben, genauso wie er es gewöhnt war, als er noch auf das Pferd springen und das Bergvolk jagen konnte, wenn es ihm gemeldet wurde. Einige sagten, das täte er aus Angst, die Whigs könnten Rache nehmen, aber ich denke, es geschah nur aus alter Gewohnheit – er war nicht der Mann, der sich fürchtete. Das Pachtbuch mit dem schwarzen Einband und den Messingschließen lag neben ihm, und zwischen den Seiten steckte ein Buch mit unanständigen Liedern, um es dort offen zu halten, wo es gegen den Hausherrn von Primrose-Knowe Zeugnis ablegte, der mit seinem Pachtzins und seinen Abgaben im Rückstand war. Sir Robert warf einen Blick auf meinen Großvater, als ob er ihm das Herz in der Brust verbrennen wollte. Sie müssen wissen, er hatte eine Art, die Brauen zusammenzuziehen, daß die Menschen deutlich das Zeichen eines Hufeisens auf seiner Stirn sahen, tief eingegraben, als ob es dort mit dem Prägstock hingedrückt worden wäre.

»Kommst du mit leeren Händen, du Sohn einer hohlen Pfeife?« sagte Sir Robert. »Sakerment! Wenn dem so ist –«

Mein Großvater mit soviel Haltung, wie er aufbringen konnte, machte einen Kratzfuß und stellte den Beutel Geld schneidig auf den Tisch, wie jemand, der etwas Kluges tut. Der Lord zog ihn hastig zu sich heran – »Ist alles drin, Steenie, Mann?«

»Euer Gnaden werden es in Ordnung finden«, antwortete mein Großvater.

»He, Dougal«, sagte der Lord, »gib Steenie unten einen Becher Branntwein, bis ich das Silber gezählt und die Quittung geschrieben habe.«

Aber sie waren noch nicht ganz aus dem Zimmer heraus, als Sir Robert einen gellenden Schrei ausstieß, daß der Schloßfelsen wankte. Dougal rannte zurück, die Dienerschaft kam herein – Schrei auf Schrei stieß der Lord aus, einen immer schrecklicher als den anderen. Mein Großvater wußte nicht, sollte er stehenbleiben oder fliehen, schließlich wagte er sich in die Stube zurück, wo das Oberste zuunterst war – und niemand, der »Herein« rief oder »Draußen bleiben«. Der Lord schrie entsetzlich nach kaltem Wasser für seine Füße und nach Wein, um den Brand in seiner Kehle zu löschen; und die Hölle, Hölle, Hölle und ihre Flammen waren die Worte, die er fortwährend im Munde führte. Sie brachten ihm Wasser, und als er seine geschwollenen Füße in den Bottich getaucht hatte, brüllte er, es wäre kochend heiß, und die Leute sahen, daß es tatsächlich wallte und perlte wie ein siedender Kessel. Er warf Dougal den Becher an den Kopf und schrie, er hätte ihm Blut statt Burgunder gegeben, und fest steht, daß das Mädchen am nächsten Tage geronnenes Blut vom Teppich wusch. Der Affe, der Major Weir hieß, plapperte und schrie, als ob er seinen Herrn verspottete; meinem Großvater begann es im Kopfe zu drehen – er vergaß Silber und Quittung und polterte die Treppe hinunter; aber als er rannte, wurden die Schreie immer schwächer; es gab ein tiefes, zitterndes Stöhnen, und im Schloß erzählte man sich, der Lord sei tot.

Nun, mein Großvater war davongekommen, aber er ließ die Ohren hängen, und er setzte seine ganze Hoffnung darauf, daß Dougal den Geldsack gesehen und gehört hatte, daß sein Herr die Quittung ausstellen wollte. Der junge Herr, Sir John, kam aus Edinburgh, um nach dem Rechten zu sehen. Sir John und sein Vater hatten sich nie gut gestanden. Sir John hatte Jura studiert und war Rechtsanwalt geworden, später saß er im letzten schottischen Parlament und stimmte für die Vereinigung mit England – was sich, wie man annahm, gut für ihn bezahlt machte –, wenn sein Vater aus dem Grabe hätte aufstehen können, würde er ihm dafür an seinem eigenen Herd den Schädel zertrümmert haben. Es gab Leute, die annahmen, daß man leichter mit dem alten, rauhen Lord reden konnte als mit dem höflichen jungen – davon bald mehr.

Dougal MacCallum, der arme Kerl, jammerte und stöhnte nicht, aber ging so geisterhaft im Hause herum wie eine Leiche; doch besorgte er, wie das seine Pflicht war, das ganze großartige Leichenbegängnis. Am schlechtesten sah Dougal immer aus, wenn es Nacht wurde, und er war stets der letzte, der schlafen ging. Sein Bett stand in dem kleinen runden Turmzimmer gegenüber dem Raum mit der Estrade, das sein Herr, solange er lebte, bewohnt hatte und wo er jetzt auf dem Paradebett lag, wie man das nannte, Gott sei's geklagt. Die Nacht vor dem Begräbnis konnte Dougal es nicht länger allein aushalten, sein Stolz brach zusammen, und er bat den alten Hutcheon geradeheraus, eine Stunde auf sein Zimmer zu kommen. Als sie in dem runden Zimmer waren, trank Dougal einen Becher Schnaps und goß auch Hutcheon ein, wünschte ihm Gesundheit und langes Leben und sagte, daß er selbst nicht mehr lange von dieser Welt wäre; denn jede Nacht seit Sir Roberts Tod hätte er die silberne Pfeife im Staatszimmer gehört, genauso wie nachts zu seinen Lebzeiten, um Dougal zu rufen, ihm zu helfen, wenn er sich im Bett umdrehen wollte. Dougal sagte, er hätte nie gewagt, dem Ruf zu folgen, da er auf diesem Flur des Turmes allein mit dem Toten war (denn niemand mochte bei Sir Robert Redgauntlet die

Totenwache halten wie bei einer anderen Leiche), daß er sich aber jetzt Vorwürfe machte, seine Pflicht vernachlässigt zu haben; denn wenn es auch heißt »der Tod löst das Dienstverhältnis auf«, sagte Dougal MacCallum, »so soll er doch niemals mein Dienstverhältnis zu Sir Robert auflösen, und wenn er das nächste Mal pfeift, werde ich gehen, sofern du bei mir stehen wirst, Hutcheon.«

Hutcheon hatte keine rechte Lust zu der Sache, aber er hatte neben Dougal im Kampfgewühl gestanden und wollte ihn in dieser Klemme nicht im Stich lassen. So saßen die Männer über ihrem Schnaps, und Hutcheon, der etwas von einem Geistlichen an sich hatte, hätte ein Kapitel aus der Bibel gelesen, aber Dougal wollte nichts anderes hören als eine Auswahl aus Davie Lindsay, und das war nicht so gut als Vorbereitung.

Als die Mitternacht kam und das Haus still war wie ein Grab, hörten sie nur zu gut, daß die silberne Pfeife so scharf und schrill erklang, als ob Sir Robert sie bliese; die beiden alten Dienstmannen standen auf und wankten in den Raum, wo der Tote lag. Hutcheon sah auf den ersten Blick genug, denn es waren Fackeln im Zimmer, die ihm den Erzfeind in eigener Person auf dem Sarge des Lords sitzend zeigten! Er kippte um, als ob ihn der Schlag gerührt hätte. Wie lange er an der Tür gelegen hatte, konnte er nicht sagen, aber als er zu sich gekommen war, rief er seinen Nachbarn, und da er keine Antwort bekam, weckte er das Haus, und man fand Dougal tot zwei Schritte von der Estrade entfernt, auf der der Sarg seines Herrn stand. Was die Pfeife betrifft, so war sie ein für allemal verschwunden; aber oft wurde sie auf dem Dach des Hauses gehört, wo das Erkertürmchen war, und zwischen den alten Schornsteinen und Zinnen, wo die Eulen nisten. Sir John vertuschte die Sache, und das Begräbnis ging vorüber ohne weiteren Spuk.

Aber als alles vorbei war und der junge Herr anfing, seine Geschäfte in Ordnung zu bringen, wurde jeder Pächter gemahnt, seine Rückstände zu zahlen, und mein Großvater um die volle Summe, die im Pachtbuch noch offenstand. Nun, er trottete ins Schloß, um seine Geschichte zu erzählen, und dort wurde er Sir John vorgestellt, der auf dem Stuhle seines Vaters saß in tiefer Trauer mit schwarzem Flor und hängender Krawatte und einem kleinen Ausgehdegen an der Seite statt des alten Breitschwerts, das seinen Zentner wog – Klinge, Ortband und Korbgefäß. Ich habe ihr Gespräch so oft erzählen hören, daß ich fast glaube, ich wäre zugegen gewesen, obgleich ich damals noch gar nicht geboren war. (Und wirklich, Alan, ahmte mein Begleiter mit einem gut Teil Humor den schmeichelnden, versöhnlichen Ton der Ansprache des Pächters nach und den heuchlerischen, melancholischen der Erwiderung des Lords. Sein Großvater, so sagte er, hätte. während er sprach, die Augen auf das Pachtbuch geheftet, als ob es eine Dogge wäre und er fürchtete, sie würde aufspringen und ihn beißen.)

»Ich wünsche Ihnen Freude, Sir, auf dem Hochsitz und weißes Brot und die uneingeschränkte Herrschaft, Ihr Vater war seinen Freunden und Gefolgsleuten ein gütiger Herr. Gott gewähre Ihnen gnädig, Sir John, daß Sie in seine Schuhe passen – in seine Stiefel sollte ich sagen, denn er trug selten Schuhe, es sei denn Filzpantoffeln, wenn er die Gicht hatte.«

»Ja, Steenie«, sagte der Lord, seufzte tief und hielt das Tuch an die Augen; »er wurde plötzlich abberufen, und man wird ihn im Lande vermissen; keine Zeit, sein Haus in Ordnung zu bringen – gut vorbereitet fürs Jenseits, zweifellos, worauf es im Grunde ankommt –, aber uns ließ er einen verfitzten Knäuel zum Entwirren zurück, Steenie. – Hem! Hem! Wir müssen zum Geschäftlichen übergehen, Steenie; viel zu tun und wenig Zeit dazu.«

Hier öffnete er das verhängnisvolle Buch. Ich habe von einem Ding gehört, das man das »Buch des letzten Gerichts« nennt – ich bin mir darüber im klaren, daß es ein Zinsbuch rückständiger Pächter war.

»Stephen«, sagte Sir John, immer noch in derselben sanften, öligen Stimme – »Stephen Stevenson oder Steenson, hier steht, daß Ihr mit einem Jahr Pacht im Rückstand seid – die beim letzten Termin fällig war.«

Stephen: »Euer Gnaden verzeihen, Sir John, ich habe sie Ihrem Vater bezahlt.«

Sir John: »Ihr bekamt zweifellos eine Quittung, Stephen, und könnt sie vorweisen?«

Stephen: »Fürwahr, ich hatte nicht die Zeit dazu, Euer Gnaden belieben; denn kaum hatte ich das Silber hingestellt, und gerade als Seine Gnaden, Sir Robert, der dahin ist, es zu sich zog, um es zu zählen und die Quittung zu schreiben, packten ihn die Schmerzen, die ihn wegrafften.«

»Das traf sich unglücklich«, sagte Sir John nach einer Pause. »Aber vielleicht habt Ihr es in Gegenwart eines Zeugen bezahlt. Ich möchte nur einen *talis qualis* Beweis. Ich würde einem armen Mann nie zu hart zusetzen.«

Stephen: »Wirklich, Sir John, es war niemand im Zimmer außer Dougal MacCallum, dem Verwalter, und wie Euer Gnaden wissen, ist er seinem alten Herrn gefolgt.«

»Das trifft sich wieder sehr unglücklich, Stephen«, sagte Sir John, ohne den Klang seiner Stimme auch nur im geringsten zu ändern. »Der Mann, dem Ihr das Geld bezahlt habt, ist tot – und der Mann, der bei der Zahlung zugegen war, ist auch tot – und das Silber, das zur Stelle sein sollte, ist an seinem Aufbewahrungsort weder zu sehen, noch hat man davon gehört. Wie soll ich das glauben?«

Stephen: »Das weiß ich nicht, Euer Gnaden, aber die Münzen selbst sind eine Art Urkunde; denn Gott steh' mir bei! Ich mußte sie aus zwanzig Beuteln borgen, und ich bin überzeugt, daß jeder Mann, der dort niedergeschrieben ist, den großen Eid schwören wird, zu welchem Zweck ich das Geld borgte.«

Sir John: »Ich zweifle nicht daran, daß Ihr das Geld geborgt habt, Steenie. Für die Zahlung an meinen Vater will ich den Beweis haben.«

Stephen: »Das Silber muß doch irgendwo im Hause sein, Sir John. Und da Euer Gnaden es nicht empfangen haben und Seine Gnaden es nicht mitgenommen haben kann, hat es vielleicht jemand von der Familie gesehen.«

Sir John: »Wir werden die Diener verhören, Stephen; das ist nur billig.«

Aber Lakaien und Mädchen, Pagen und Stallknechte, alle leugneten hartnäckig, je so einen Beutel mit Geld gesehen zu haben, wie ihn mein Großvater beschrieb. Was noch schlimmer war, er hatte unglücklicherweise gegen keinen einzigen von ihnen erwähnt, daß er den Pachtzins bezahlen wollte. Eine Frau hatte etwas unter seinem Arm bemerkt, aber für seinen Dudelsack gehalten.

Sir John Redgauntlet schickte die Diener aus dem Zimmer und sagte dann zu meinem Großvater: »Nun, Steenie, Ihr seht, ich bin anständig mit Euch verfahren, und da ich nicht zweifle, daß Ihr besser wißt als jeder andere, wo das Silber ist, bitte ich Euch, wie billig und zu Eurem eigenen Besten, daß Ihr keine Schwierigkeiten weiter macht; denn, Stephen, Ihr müßt bezahlen, oder Ihr fliegt.«

»Der Herr vergebe Euch Eure Worte«, sagte Stephen, der am Rande der Verzweiflung war, »ich bin ein ehrlicher Mann.«

»Ich auch«, sagten Seine Gnaden, »und alle Leute im Haus, wie ich hoffe. Aber wenn ein Schurke unter uns ist, dann kann es nur der sein, der eine Geschichte erzählt, ohne sie zu beweisen.« Er hielt inne und fügte dann ernster hinzu: »Wenn ich Euren Trick recht verstehe, mein Herr, dann wollt Ihr Euch einige boshafte Gerüchte über meine Familie und besonders über den plötzlichen Tod meines Vaters zunutze machen, dadurch mich um mein Geld betrügen und mir vielleicht meinen guten Ruf nehmen, indem Ihr andeutet, daß ich die Pacht, die ich verlange, empfangen habe. – Wo soll denn das Geld Eurer Meinung nach sein? – Ich bestehe darauf, das zu wissen.«

Mein Großvater sah, wie sich alles gegen ihn wendete, und war fast verzweifelt – er trat von einem Bein aufs andere, sah in jede Ecke des Zimmers und gab keine Antwort.

»Sprecht, Kerl« sagte der Lord und nahm die Haltung seines Vaters an, eine ganz besondere, wenn dieser sehr wütend war – es schien, als ob die Falten in der Mitte seiner Stirn dieselbe furchterregende Form des Hufeisens annahmen. – »Sprecht, mein Herr; ich *will* wissen, was Ihr denkt – glaubt Ihr vielleicht, ich habe das Geld?«

»Das sei weit von mir«, sagte Stephen.

»Bezichtigt Ihr irgend jemand von meinen Leuten, es genommen zu haben?«

»Ich möchte niemand verdächtigen, der vielleicht unschuldig ist«, sagte mein Großvater, »und wenn jemand schuldig ist, so habe ich keinen Beweis.«

»Irgendwo muß das Geld doch sein, wenn an Eurer ganzen Geschichte ein wahres Wort ist«, sagte Sir John; »ich frage, wo es Eurer Meinung nach ist, und verlange eine klare Antwort.«

»In der Hölle, wenn Sie nun einmal meine Meinung hören wollen«, sagte mein Großvater, dem jetzt alles gleich war – »in der Hölle! Mit Ihrem Vater, seinem Affen und der silbernen Pfeife.«

Er rannte die Treppe hinunter (denn die Halle war kein Platz mehr für ihn nach einem solchen Wort), und er hörte, wie der Lord auf Tod und Teufel fluchte, so schlimm wie nur je Sir Robert, und wie er mit dem Gericht drohte.

Mein Großvater ritt zu seinem Hauptgläubiger (zu dem, der Laurie Lapraik hieß), um zu versuchen, ob er bei ihm nicht etwas locker machen konnte; aber als er seine Geschichte erzählte, schimpfte dieser ihm nur die Hucke voll – Dieb, Bettler und Schuldenmacher waren noch die zahmsten Ausdrücke; und obendrein wärmte er die alte Geschichte wieder auf, daß an seinen Händen das Blut des Heiligen Gottes klebe, gerade als ob ein Pächter sich hätte weigern können, mit seinem Lord auszureiten, einem Lord noch dazu wie Sir Robert Redgauntlet. Mein Großvater hatte inzwischen längst alle Mäßigung vergessen, und als er und Laurie sich gegenseitig mit Schimpfwörten übertrumpften, hatte er das Pech, nicht nur Lapraik, den Mann, sondern auch seine Konfession anzugreifen, und er sagte Dinge, daß alle, die es hörten, eine Gänsehaut überlief – er war einfach außer sich und hatte zu seiner Zeit in einer wilden Umgebung gelebt.

Schließlich trennten sie sich, und mein Großvater machte sich auf den Heimweg durch den Pitmurkiewald, der ganz voller schwarzer Fichten steht, wie es heißt. Ich kenne den Wald, aber die Bäume könnten schwarz oder auch weiß sein, für mich ist das eins. – Am Eingang des Waldes war ein wilder Anger und am Rande des Angers ein kleines, einsames Wirtshaus, das damals von der Frau eines Stallknechts bewirtschaftet wurde, die Tibbie Faw hieß, und dort rief der arme Steenie nach einem Nößel Branntwein, denn er hatte den ganzen Tag nichts genossen. Tibbie drang in ihn, er solle erst einen Bissen Fleisch essen, aber daran war nicht zu denken, und er wollte auch seinen Fuß nicht aus dem Steigbügel nehmen; er kippte den ganzen Branntwein in zwei Zügen hinter und brachte bei jedem einen Toast aus: – den ersten auf das Gedächtnis Sir Robert Redgauntlets und daß er so lange im Grabe keine Ruhe finden möge, bis er seinem armen Pächter zu seinem Recht verholfen hätte, und den zweiten auf das Wohl des Erbfeindes, wenn er ihm den Beutel voll Silber wieder beschaffte oder ihm sagte, was daraus geworden wäre, denn er sah, daß die ganze Welt ihn als Dieb und Betrüger betrachten würde, und das nahm er noch schwerer als die Vertreibung von Haus und Hof.

Er ritt weiter und kümmerte sich wenig darum, wohin. Es war eine dunkle Nacht, und die Bäume machten sie noch dunkler, und im Walde ließ er dem Tiere freien Lauf; müde und abgespannt, wie der Gaul war, fing er auf einmal an zu springen und zu fliehen und sich auf die Hinterbeine zu stellen, daß sich mein Großvater kaum im Sattel halten konnte. – Da sagte ein Reiter, der plötzlich neben ihm auftauchte: »Ihr habt da ein feuriges Tier, Freund, wollt Ihr es verkaufen?« Und während er so sprach, berührte er den Hals des Pferdes mit seiner Reitgerte, und es fiel in seinen alten, schläfrigen, stolpernden Trott zurück. »Aber sein Feuer ist bald verpufft«, fuhr der Fremde fort, »und so geht es vielen mutigen Leuten, die glauben, sie würden große Dinge tun, bis sie auf die Probe gestellt werden.«

Mein Großvater hörte kaum zu, mit einem »Ich wünsche Ihnen einen guten Abend, Freund,« trieb er sein Pferd an.

Aber es schien, daß der Fremde einer war, der sich nicht so leicht abschütteln ließ; denn Steenie konnte reiten, wie er wollte, er war stets neben ihm und hielt mit ihm Schritt. Schließlich war mein Großvater Steenie Steenson halb ärgerlich, und, um die Wahrheit zu sagen, er fürchete sich auch ein wenig.

»Nun, und was wollt Ihr von mir, mein Freund?« sagte er. »Seid Ihr ein Räuber, so habe ich kein Geld, seid Ihr ein ehrlicher Mann, der nur Gesellschaft sucht, so bin ich nicht zu Fröhlichkeit und Unterhaltung auf-

gelegt, und wollt Ihr den Weg wissen, so weiß ich ihn selbst kaum.«
»Wenn Ihr mir Euren Kummer erzählen wollt«, sagte der Fremde, »so bin ich, wenn mir auch die Welt sehr viel Übles nachsagt, doch der einzige, der seinen Freunden wirklich unter die Arme greifen kann.«
So erzählte mein Großvater, mehr um sein Herz zu erleichtern, als weil er auf irgendwelche Hilfe hoffte, die Geschichte von Anfang bis Ende.
»Ihr seid arg in der Klemme«, sagte der Fremde, »aber ich denke, ich kann Euch helfen.«
»Wenn Sie mir das Geld leihen könnten, mein Herr, und sich mit der Rückzahlung lange gedulden würden, eine andere Hilfe auf dieser Erde sehe ich nicht«, sagte mein Großvater.
»Aber vielleicht unter der Erde«, meinte der Fremde. »Kommt, ich will ehrlich mit Euch reden; ich könnte Euch das Geld gegen einen Schuldschein leihen, aber Ihr würdet wahrscheinlich Gewissensbisse über meine Bedingungen haben. Nun weiß ich, daß Eure Flüche und das Wehklagen Eurer Familie den alten Lord im Grabe stören, und wenn Ihr es wagt, zu ihm zu gehen, wird er Euch die Quittung geben.«
Meinem Großvater standen bei diesem Vorschlag die Haare zu Berge, aber er dachte, sein Begleiter wäre vielleicht ein launischer junger Herr, der versuchte, ihn zu erschrecken, und ihm am Schluß doch das Geld leihen würde. Außerdem hatte ihn der Branntwein mutig und der Kummer verzweifelt gemacht, und er antwortete, er wage es, nach der Quittung bis an das Tor der Hölle und auch noch einen Schritt weiter zu gehen. – Der Fremde lachte.
Nun, sie ritten weiter durch den allerdichtesten Wald, als das Pferd plötzlich an der Tür eines großen Hauses stehenblieb, und wenn mein Großvater nicht gewußt hätte, daß Schloß Redgauntlet zehn Meilen entfernt war, hätte er gedacht, er wäre dort. Sie ritten in

den äußeren Hof über die große Zugbrücke und unter dem Fallgatter hindurch; und die ganze Front des Hauses war beleuchtet, und es waren Pfeifen und Fiedeln da, und es wurde getanzt und gelärmt wie nur je in Sir Roberts Haus zu Ostern oder Weihnachten und solchen hohen Festen. Sie sprangen ab, und meinem Großvater schien es, als ob er sein Pferd an demselben Ringe festmachte, an dem er es am Morgen angebunden hatte, als er dem jungen Sir John seine Aufwartung machte.

»Gott!« sagte mein Großvater, »wenn Sir Roberts Tod bloß ein Traum wäre!«

Er klopfte wie gewöhnlich an die Tür der Halle, und sein alter Bekannter Dougal MacCallum öffnete – auch wie gewöhnlich – die Tür und sagte: »Pfeifer Steenie, seid Ihr da, Bursche? Sir Robert hat die ganze Zeit nach Euch gerufen.«

Meinem Großvater ging es wie einem Mann, der träumt – er sah sich nach dem Fremden um, doch der war für jetzt gegangen. Schließlich versuchte er zu reden: »Ha! Dougal MacCallum, lebt Ihr? Ich dachte, Ihr wärt gestorben.«

»Kümmert Euch nicht um mich«, sagte Dougal, »sondern paßt auf Euch selbst auf, und nehmt nichts von irgendeinem hier an, weder Speise, Trank noch Silber außer der Quittung, die Euch gehört.«

Und indem er so sprach, führte er ihn durch Hallen und Gänge, die meinem Großvater wohlbekannt waren, in den alten eichenen Wohnraum; und dort wurden genau solche gemeine Lieder gesungen und Zoten gerissen, es wurde so gelästert und so viel roter Wein getrunken wie je in Schloß Redgauntlet, wenn es am höchsten herging.

Aber Gott behüte uns! Was für eine Gesellschaft grausiger Zecher das war, die da um den Tisch herum saßen. Mein Großvater kannte viele, die schon längst den Weg alles Irdischen gegangen waren; denn dem größten Teil hatte er oft in der Halle von Redgauntlet aufgespielt. Dort war der wilde Middleton und der Wüstling Rothes und der schlaue Lauderdale; und Dalgell mit dem kahlen Kopf und dem Bart bis an den Gürtel; und Earlshall mit Camerons Blut an den Händen, und der wilde Bonshaw, der des seligen Herrn Cargills Glieder fesselte, bis das Blut heraussprang, und Dunbarton Douglas, der zweimal zum Verräter wurde, an seinem Land und an seinem König. Dort war der blutige Advokat MacKenyie, der den anderen wegen seiner Weltgewandtheit und Klugheit als ein Gott erschienen war; und dort Claverhouse, so schön wie im Leben mit seinen langen, dunklen, krausen Locken, die über sein geschnürtes Lederkoller herabfielen, die linke Hand immer auf dem rechten Schulterblatt, um die Wunde zu verdecken, die die silberne Kugel gemacht hatte. Er saß abseits von ihnen allen und sah sie mit schwermütigen, stolzen Blicken an, während die anderen lärmten und sangen und lachten, daß der Raum tönte. Aber von Zeit zu Zeit war ihr Lächeln schrecklich verzerrt, und ihr Gelächter ging in so wilde Laute über, daß meinem Großvater die Nägel blau wurden und das Mark in den Knochen fror.

Diejenigen, die bei Tisch bedienten, waren eben die schlechten Dienstmannen und Reitersleute, die auf Erden ihr Teil getan hatten, indem sie grausame Befehle ausführten. Dort war der lange Lad von der Nethertown, der geholfen hatte, Argyle zu fangen, und der Gerichtsbote des Bischofs, den man die Teufelsklapper nannte, und die schlechten Wächter in ihren mit Schnüren besetzten Röcken, und die wilden Amoriter des Hochlands, die Blut wie Wasser vergossen, und manch ein stolzer Dienstmann mit hochmütigem Herzen und blutigen Händen, der vor den Reichen liebdienerte und sie noch schlechter machte, als sie ohnehin schon waren, und die Armen zu Staub zermalmte, nachdem sie von den Reichen in Stücke gebrochen worden waren. Und viele, viele kamen und gingen und waren so geschäftig in ihrem Beruf, als ob sie noch lebten.

Mitten in dieser fürchterlichen Schwelgerei rief Sir Robert Redgauntlet mit donnernder Stimme den Pfeifer Steenie, er solle zum oberen Ende der Tafel kommen, wo er saß, die Füße ausgestreckt und in Flanell gewickelt, die Halfterpistolen neben sich, während das große Breitschwert an den Stuhl gelehnt war, genauso wie ihn mein Großvater das letztemal auf Erden gesehen hatte – sogar das Kissen für den Affen lag dicht neben ihm, aber das Tier selbst war nicht da, es war wahrscheinlich nicht seine Stunde; denn als er näher kam, hörte er jemand fragen: »Ist denn der Major noch nicht gekommen?« Und ein anderer antwortete: »Der Affe wird morgen früh hier sein.« Mein Großvater trat an den Tisch, und Sir Robert oder sein Geist oder der Teufel in seiner Gestalt sprach: »Nun, Pfeifer, hast du die Pachtangelegenheit mit meinem Sohn geregelt?«

Mit knapper Not konnte mein Großvater, dem es fast die Kehle abschnürte, antworten, daß Sir John die Sache nicht regeln wollte, ohne die Quittung Seiner Gnaden.

»Die sollst du auch haben für eine Melodie auf dem Dudelsack, Steenie«, sagte die Erscheinung Sir Roberts, »fang an mit ›Gut gehudelt, Mütterchen!‹«

Nun war das eine Weise, die mein Großvater von einem Zauberer gelernt hatte, und dieser wieder hatte sie gehört, wenn sie bei ihren Zusammenkünften dem Satan huldigten; und mein Großvater hatte sie manchmal bei den lärmenden Gelagen in Schloß Redgauntlet gespielt, aber nie sehr gern, und jetzt überlief es ihn kalt bei dem bloßen Namen, und als Entschuldigung brachte er vor, er hätte seinen Dudelsack nicht bei sich.

»MacCallum, du Satansbraten«, sagte der fürchterliche Sir Robert, »bring Steenie den Dudelsack, den ich für ihn da habe!«
MacCallum brachte ein paar Pfeifen, mit denen der Rattenfänger hätte zufrieden sein können. Aber er gab meinem Großvater einen Rippenstoß, als er sie ihm reichte; und als Steenie heimlich, aber scharf hinsah, merkte er, daß die Tenorpfeife aus Stahl und bis zur Weißglut erhitzt war, und das diente ihm zur Warnung, die Finger davonzulassen. So entschuldigte er sich wieder und sagte, ihm wäre schwach und bange. und er hätte nicht genug Luft, um den Sack aufzublasen.
»Dann mußt du essen und trinken, Steenie«, sagte die Gestalt, »wir tun hier fast nichts anderes, und zwischen einem satten Mann und einem, der hungert, kommt keine gute Unterhaltung zustande.«
Nun waren das dieselben Worte, die der blutige Graf Douglas sprach, um den Boten des Königs aufzuhalten, während er in Schloß Threave MacLellan von Bombie den Kopf abschnitt. Steenie war also noch mehr auf der Hut, und er sprach wie ein Mann und sagte, er käme weder um zu essen und zu trinken noch um den Spielmann zu machen, sondern lediglich in seiner eigenen Angelegenheit – um zu erfahren, was aus dem Gelde geworden wäre, das er bezahlt hätte, und um eine Quittung dafür zu erhalten, und inzwischen war er so beherzt geworden, daß er Sir Robert bei seinem Gewissen ermahnte – (er hatte nicht die Kraft, den heiligen Namen auszusprechen) –, und wenn er je auf Frieden und Ruhe hoffte, ihm keine Fallen zu stellen, sondern ihm das zu geben, was ihm zustände.
Die Erscheinung knirschte mit den Zähnen und lachte aber nahm aus einer großen Brieftasche die Quittung und gab sie Steenie. »Hier ist deine Quittung, du elender Köter, und was das Geld anbetrifft, so mag das

mein Hund von einem Sohn in der Katzenwiege suchen.«

Mein Großvater dankte vielmals und wollte sich gerade entfernen, als Sir Robert laut brüllte: »Halt! Du dudelnder Hurensohn! Ich bin noch nicht fertig mit dir. Für nichts gibt es hier nichts; pünktlich heute übers Jahr mußt du zurückkommen, um deinem Herrn zu huldigen, wie du mir das für meine Gunst schuldig bist.«

Plötzlich war meinem Großvater die Zunge gelöst, und er sagte laut: »Ich stelle mich unter Gottes Schutz und nicht unter Ihren.«

Kaum hatte er diese Worte ausgesprochen, als alles um ihn herum finster wurde, und so plötzlich war die Erschütterung, die ihn auf die Erde zurückversetzte, daß ihm Hören und Sehen verging.

Wie lange Steenie dort lag, konnte er nicht sagen, aber als er zu sich kam, war er auf dem alten Friedhof des Kirchspiels gerade neben der Tür zu der Familiengruft der Redgauntlets, und das Wappenschild Sir Roberts hing über seinem Kopf. Ein tiefer Morgennebel lag auf dem Gras und den Grabsteinen um ihn herum, und sein Pferd weidete ruhig neben den zwei Kühen des Geistlichen. Steenie hätte gedacht, das Ganze wäre ein Traum gewesen, doch hatte er die Quittung in der Hand, sauber geschrieben und von dem alten Lord unterzeichnet, nur die letzten Buchstaben seines Namens waren ein bißchen unordentlich, als ob ihn beim Schreiben ein plötzlicher Schmerz gepackt hätte.

Schlimm beunruhigt verließ er den düsteren Ort, ritt durch den Nebel nach Schloß Redgauntlet und erreichte es mit vieler Mühe, bei dem jungen Herrn vorgelassen zu werden.

»Nun, du bankrotter Pächter«, war dessen erstes Wort, »bringst du mir mein Geld?«

»Nein«, sagte mein Großvater, »das bringe ich nicht; aber ich habe Euer Gnaden Sir Roberts Quittung dafür gebracht.«

»Wie, Kerl? – Sir Roberts Quittung! – Ihr habt mir doch erzählt, er hätte Euch keine gegeben.«

»Wollen Euer Gnaden geruhen zu prüfen, ob diese paar Zeilen richtig sind?«

Sir John sah sich jede Zeile und jeden Buchstaben sehr aufmerksam an; und schießlich beim Datum, das mein Großvater nicht beachtet hatte, las er: »*Von dem mir zugewiesenen Ort den fünfundzwanzigsten November.*« –

»Was! – Das ist gestern! – Schurke, Ihr müßt es aus der Hölle geholt haben!«

»Ich bekam es von Euer Gnaden Vater – ob er im Himmel oder in der Hölle ist, weiß ich nicht«, sagte Steenie.

»Ich werde Euch als Zauberer beim Geheimen Rat anzeigen!« sagte Sir John. »Ich werde Euch zu Eurem Herrn, dem Teufel, schicken mit Hilfe eines Teerfasses und einer Fackel!«

»Ich beabsichtige, gegen mich selbst beim Kirchenkollegium Anzeige zu erstatten«, sagte Steenie, »und ihnen alles, was ich in der letzten Nacht gesehen habe, zu erzählen, denn sie können darüber besser urteilen als ein armer Bauer wie ich.«

Sir John hielt inne, beruhigte sich und wollte die ganze Geschichte hören, und mein Großvater erzählte sie ihm Punkt für Punkt, wie ich sie Ihnen auch erzählt habe – Wort für Wort, nicht weniger und nicht mehr.

Sir John schwieg lange, und zuletzt sagte er sehr ruhig: »Steenie, die Geschichte, die Ihr mir da erzählt, betrifft die Ehre mancher edlen Familie außer meiner eigenen; und wenn das ein Lügenmärchen ist, um mir die Hände zu binden, dann ist das Geringste, was Ihr zu erwarten habt, ein rotglühendes Eisen, das man Euch durch die Zunge treiben wird, und das wird genauso schlecht sein, als wenn Ihr Euch die Finger an der rotglühenden Pfeife verbrannt hättet. Aber es kann immerhin wahr sein, und wenn das Geld zum Vorschein kommt, dann weiß ich nicht, was ich denken soll. – Aber wo, meint Ihr, sollen wir denn die ›Katzenwiege‹ suchen? Es gibt genug Katzen in diesem alten Haus, aber ich glaube, sie werfen Junge ohne ein förmliches Wochenbett und ohne Wiege.«

»Am besten wäre es, wir fragten Hutcheon«, antwortete mein Großvater, »er kennt alle seltsamen Winkel hier herum genausogut wie – ein anderer Dienstmann, der jetzt gegangen ist und den ich nicht gern nennen möchte.«

Nun, als man Hutcheon fragte, sagte er ihnen, es gäbe einen verfallenen Turm neben dem Glockenhaus, der schon lange nicht mehr benutzt würde und nur durch eine Leiter zugänglich wäre, denn die Tür läge an der Außenseite hoch über den Zinnen, und diesen Turm hätte man früher die Katzenwiege genannt.

»Dorthin werde ich sofort gehen«, sagte Sir John, und er nahm (weiß der Himmel zu welchem Zweck) eine der Pistolen seines Vaters von dem Tisch in der Halle, wo sie seit der Nacht, in der er gestorben war, gelegen hatten, und eilte zu den Zinnen.

Es war gefährlich, dort hinaufzuklettern, denn die Leiter war alt und schwach, und es fehlten ein oder zwei Sprossen. Doch Sir John kam oben an und trat durch die Turmtür, wo sein Körper das bißchen Licht aussperrte, das sonst in den Turm fiel. Etwas stürzt sich mit Macht gegen ihn, wirft ihn fast rücklings über – paff! geht die Pistole los, und Hutcheon, der die Leiter hielt, und mein Großvater, der neben ihm stand, hören einen lauten, schrillen Schrei. Eine Minute später wirft ihnen Sir John die Leiche des Affen herunter und schreit, daß das Silber gefunden sei und sie heraufkommen und ihm helfen sollten. Und dort war wirklich der Sack mit dem Silber und dazu viele andere Sachen, die seit langem fehlten. Und nachdem Sir John den Turm gut durchsucht hatte, führte er meinen Großvater in das Speisezimmer, nahm ihn bei der Hand, sprach freundlich mit ihm und sagte, es täte ihm leid, daß er seine Worte bezweifelt hätte, und er wolle ihm in Zukunft ein guter Herr sein, um das wieder wettzumachen.

»Und nun, Steenie«, sagte Sir John, »obgleich die Erscheinung, die Ihr gehabt habt, im ganzen ein gutes Licht auf meinen Vater wirft, als auf einen ehrlichen Mann, der selbst nach seinem Tode einem armen Menschen wie Euch noch Gerechtigkeit widerfahren lassen will, so versteht Ihr doch, daß mißgünstige Leute daraus Übles ableiten könnten, was sein Seelenheil betrifft. So denke ich, wir legen das ganze Unheil jenem boshaften Wesen, Major Weir, zur Last und sagen nichts über Euren Traum im Walde von Pitmurkie. Ihr hattet ohnehin zuviel Branntwein getrunken, um über irgend etwas sicher zu sein; und, Steenie, diese Quittung« (seine Hand zitterte, als er sie ausstreckte) »ist doch ein seltsames Dokument, und es ist am besten, denke ich, es ruhig ins Feuer zu werfen.«

»Je! Aber so seltsam es sein mag, es ist doch die einzige Unterlage für meine Pachtzahlung, die ich habe«, sagte mein Großvater, der vielleicht fürchtete, ihm könne der Nutzen, den ihm Sir Roberts Empfangsschein bringen sollte, verlorengehen.

»Ich werde den Inhalt zu Euren Gunsten in das Pachtbuch eintragen und Euch eigenhändig eine Quittung ausstellen«, sagte Sir John, »und zwar sofort. Und, Steenie, wenn Ihr über diese Sache den Mund halten könnt, sollt Ihr von diesem Termin an einen niedrigeren Pachtzins zahlen.«

»Euer Gnaden seien vielmals bedankt«, sagte Steenie, der merkte, aus welcher Ecke der Wind wehte, »zweifellos werde ich allen Befehlen Euer Gnaden nachkommen; nur möchte ich gern mit einem tüchtigen Geistlichen über die Sache sprechen, denn mir gefällt die Art Vorladung, welche Euer Gnaden Vater –«

»Nennt das Gespenst nicht meinen Vater!« sagte Sir John, indem er ihn unterbrach.

»Nun denn, das Ding, das ihm glich«, sagte mein Großvater; »er sprach davon, daß ich übers Jahr zurückkommen sollte, und das lastet auf meinem Gewissen.«

»Nun gut«, sagte Sir John, »wenn Euch das so eine Sorge ist, dürft Ihr mit unserem Dorfgeistlichen darüber reden; er ist ein verschwiegener Mann, was die Ehre unserer Familie betrifft, um so mehr, da er vielleicht eine Gunst von mir erwartet.«

Jetzt war mein Großvater auch einverstanden, daß die Quittung verbrannt wurde, und der Lord warf sie mit seinen eigenen Händen in den Kamin. Doch wollte sie nicht verbrennen, sondern flog den Schornstein hinauf mit einem langen Funkenschwanz und einem zischenden Geräusch wie ein Schwärmer bei einem Feuerwerk.

Mein Großvater ging zum Pfarrhaus hinunter, und als der Pfarrer die Geschiche gehört hatte, sagte er ihm offen seine Meinung: mein Großvater wäre zwar weit gegangen im Spiel mit gefährlichen Dingen, doch da er des Teufels Handgeld abgewiesen hätte (denn das war das Angebot von Speise und Trank) und da er sich geweigert hätte, ihm zu huldigen, indem er ihm aufspielte, so hoffe er, wenn er hinfort einen besonneneren Lebenswandel führe, werde der Satan wenig Vorteil aus dem, was gewesen und vergangen sei, ziehen können. Und tatsächlich hat mein Großvater aus freien Stücken dem Branntwein und dem Dudelsack lange Zeit abgeschworen – nicht eher, als bis das Jahr abgelaufen und der verhängnisvolle Tag vorüber war, hat er die Fiedel auch nur angerührt oder ein Gläschen Korn und Dünnbier getrunken.

Sir John stutzte die Geschichte über den Affen so zurecht, wie er sie gerne haben wollte, und manche glauben bis auf den heutigen Tag, daß nichts weiter an der Sache dran ist als die diebische Natur des Viehs. Tatsächlich wird niemand es hindern können, daß manche erklären, es wäre keineswegs der Alte Feind gewesen, den Dougal und mein Großvater im Zimmer des Lords sahen, sondern nur das Unglückstier, der Major, der auf dem Sarge Kapriolen machte; und wenn man nach dem Tode des Lords gehört hatte, wie seine silberne Pfeife geblasen wurde, so verstand sich das schmutzige Biest genausogut darauf wie sein Herr, wenn nicht besser. Doch der Himmel weiß die Wahrheit, die zuerst durch die Pfarrersfrau ans Licht kam, als Sir John und ihr eigener Mann beide schon im Grabe lagen. Und dann mußte mein Großvater, der zwar schwach auf den Beinen war, aber noch nicht im Kopfe und mit dem Gedächtnis – wenigstens nicht in dem Maße, daß es erwähnenswert gewesen wäre –, seinen Freunden die wahre Geschichte erzählen, um seinen eigenen guten Namen zu retten. Man hätte ihn sonst der Zauberei anklagen können.

SAMUEL LOVER

Samuel Lover (1797–1868) wurde in Dublin als Sohn einer protestantischen englischen Familie geboren, studierte Malerei und verdiente bis 1833 seinen Lebensunterhalt als Miniaturmaler. Die Kleinform liegt ihm auch in der Literatur am besten. Während seine Romane und Dramen heute vergessen sind, haben sich seine irischen Sagen und Erzählungen, die zuerst in den »Legends and Stories of Ireland« (1832, 2. Folge 1837) und in zahlreichen Zeitschriften erschienen, in den englischen Kurzgeschichtensammlungen, Sagen-, Märchen- und Lesebüchern einen festen Platz erobert. – »Die wunderbare Geschichte von Tom Connors Katze« wurde nach dem Abdruck in »Short Stories of Yesterday«, herausgegeben von F.H. Pritchard 1929, übersetzt.

DIE WUNDERBARE GESCHICHTE VON TOM CONNORS KATZE

»Es war ein Mann in dieser Gegend, müssen Sie wissen, mein Herr, der Tom Connor hieß, und er hatte eine Katze, die manches Dutzend Rattenfallen wert war, und er war stolz auf das Tier und das mit Recht; denn für ihn konnte sie nicht mit Gold aufgewogen werden, so viel Säcke Mehl rettete sie ihm vor den diebischen Ratten und Mäusen; Tom war nämlich ein großer Kornhändler und beeinflußte das Steigen und Fallen dieses Artikels auf dem Markt bis zu dem Ausmaß eines vollen Dutzends Säcken auf einmal, die er entweder behielt oder verkaufte, je nachdem ob der Geist des Freihandels oder der Monopolpolitik über ihn kam. Tatsächlich trug sich Tom einmal ernsthaft mit dem Gedanken, eine Eingabe an die Regierung zu machen und um militärischen Schutz für sein Kornlager nachzusuchen, als in der Grafschaft eine Hungersnot drohte.«

»Ach was! Mein Herr«, sagte der prosaische kleine Mann, »als ob ein Dutzend Säcke in einer ganzen Grafschaft auch nur die geringste Bedeutung hätten – ach was!«

»Je nun, mein Herr«, sagte Murphy, »ich kann es nicht ändern, wenn Sie mir meine Geschichte nicht glauben; aber was ich Ihnen erzähle, ist die reine Wahrheit, unterbrechen Sie mich deshalb nicht, auch wenn es Ihnen unglaublich vorkommen sollte; bin ich erst einmal zu Ende, werden Sie Dinge gehört haben, die seltsamer sind als *das* – auch sollten Sie nicht vergessen, daß Sie fremd hierzulande sind und keine Ahnung von den seltsamen Dingen haben – den physischen, metaphysischen und magischen –, welche die Idiosynkrasie des ländlichen Schicksals ausmachen.«

Der kleine Mann verstand die Bedeutung von Murphys letztem Satz nicht – Murphy übrigens auch nicht; da er aber dem kleinen Mann mit seinen großen Worten den Mund gestopft hatte, fuhr er fort:

»Diese Katze, müssen Sie wissen, mein Herr, war sein Liebling und so jeder Situation gewachsen, daß Tom schwor, sie wäre fast wie ein Christenmensch, nur daß sie nicht sprechen könnte, und hätte so einen vernünftigen Blick, daß er sich vollkommen sicher war, die Katze verstand jedes Wort, was man ihr sagte. Jeden Morgen saß sie beim Frühstück neben ihm, und der beredt emporgerichtete Schwanz sagte, wenn sie sich gegen sein Bein rieb: ›Gib mir etwas Milch, Tom Connor‹, so klar wie sonstwas, und ihr Schnurren hinterher hatte eine Fülle und sprach von einer Dankbarkeit, für die Worte nicht ausreichten. – Nun, eines Morgens wollte Tom in die benachbarte Stadt auf den Markt gehen, und er versprach seiner Frau, von dem Erlös des Korns Schuhe für die Kinder mitzubringen; und richtig, ehe er sich an den Frühstückstisch setzte, nahm er bei den Kindern für die Schuhe Maß, indem er Kerben in einen Stock hineinschnitt; und seine Frau ermahnte ihn so oft, er solle für Billys hübsche Füße einen nett sitzenden Schuh mitbringen, daß Tom in dem Bestreben, das engstmögliche Maß einzukerben, dem Kind die Zehe abschnitt. Das störte die Ein-

tracht der Gruppe, und Tom sah sich gezwungen, allein zu frühstücken, während die Mutter versuchte, Billys Wunde zu heilen. Nun, mein Herr, die ganze Zeit über, während Tom für die Schuhe Maß nahm, beobachtete ihn die Katze mit jenen eigenartig leuchtenden Augen, die für ihre Gattung so bezeichnend sind; und als sich Tom zum Frühstück setzte, rieb sich die Katze heftiger als gewöhnlich gegen ihn, aber Tom, der etwas benommen war von dem erträumten Gewinn, den das Korn bringen sollte, und dem tatsächlichen Verlust der Zehe seines Kindes, beachtete sie auch weiterhin nicht, bis die Katze knurrig miauend ihm einen Schlag mit den Pfoten versetzte, die glatt durch seine Ledergamaschen und noch ein wenig weiter drangen. ›Au!‹ sagt Tom, springt auf, schlägt mit der Hand auf die Stelle und reibt sie; ›beim Teufel, du hast mich zur Ader gelassen‹, sagt Tom, ›du miserablichtes Biest – psch! – scher dich fort!‹ sagt er und will ihr einen Tritt geben. Darauf sah ihn die Katze vorwurfsvoll an, und ihre Augen glänzten gerade wie zwei Postkutsch-Lampen im Nebel. Darauf, mein Herr, heftete die Katze mit einem geheimnisvollen ›Mi-au‹ einen äußerst durchdringenden Blick auf Tom und sprach deutlich seinen Namen aus.
Tom fühlte, wie jedes einzelne Haar auf seinem Kopf steif wie ein Pumpenschwengel stand – er traute seinen Ohren kaum und blickte seinerseits die Katze forschend an, die sehr ruhig mit einer Art näselnder Aussprache sagte –
›Tom Connor‹, sagt sie.
›Der Herr sei mir gnädig‹, sagt Tom, ›ich glaube, sie spricht.‹
›Tom Connor‹, sagt sie noch einmal.
›Ja, gnädige Frau‹, antwortet Tom.
›Komm hierher‹, sagt sie, ›sprich leise – ich möchte mit dir reden, Tom‹, sagt sie, ›und zwar ganz im Vertrauen‹, und sie richtet sich auf den Schenkeln auf und

winkt ihm mit der Pfote nach draußen und zwinkert dabei und wirft den Kopf zurück, wie es eine Putzmacherin nicht besser gekonnt hätte.

Nun, wie Sie sich wohl vorstellen können, wußte Tom nicht, ob er auf dem Kopf oder den Füßen stand, doch folgte er der Katze, die davonlief und sich unter die Hecke einer kleinen Pferdekoppel hinter Toms Haus kauerte, und als er um die Ecke kam, hielt sie wieder ihre Pfote hoch und legte sie an die Lippen, als wollte sie sagen, ›Sei vorsichtig, Tom.‹ Weiß der Teufel, wie es zuging, aber Tom konnte vor lauter Schreck kein Wort sagen, so tritt er nur näher an die Katze heran, und sie spricht –

›Tom‹, sagt sie, ›ich habe große Achtung vor dir, und ich muß dir etwas sagen, weil du an Ansehen bei deinen Nachbarn einbüßt‹, sagt sie, ›durch dein Verhalten‹, sagt sie, ›und eben weil ich dich so achte, muß ich es dir sagen.‹

›Vielen Dank, gnädige Frau‹, antwortet Tom.

›Du gehst in die Stadt‹, sagt sie, ›um Schuhe für die Kinder zu kaufen‹, sagt sie, ›und hast niemals daran gedacht, mir auch ein Paar zu besorgen.‹

›Ihnen!‹ sagt Tom.

›Jawohl, mir, Tom Connor‹, sagt sie, ›und die Nachbarn wundern sich, daß ein geachteter Mann wie du seine Katze barfuß im Lande herumlaufen läßt‹, sagt sie.

›Steht es denn einer Katze an, Schuhe zu tragen?‹ fragt Tom.

›Warum nicht?‹ sagt sie, ›tragen denn nicht die Pferde Schuhe – und ich habe hübschere Füße als ein Pferd, hoffe ich doch‹, sagt sie und wirft den Kopf zurück.

›Weiß Gott, sie spricht wie ein Weib; so stolz auf ihre Füße‹, sagt sich Tom, der, wie Ihr Euch denken könnt, staunte, aber die ganze Zeit über vorgab, er fände nichts Bemerkenswertes an der Sache; und so fuhr er mit dem Gespräch fort und sagt: ›Das ist wahr, was Sie da sagen, gnädige Frau‹, sagt er, ›daß Pferde Schuhe tragen – aber das ist nicht mehr als recht und billig, wenn man bedenkt, was ihre Füße auf den harten Straßen aushalten müssen.‹

›Und was weißt du davon, wieviel meine Füße aushalten müssen?‹ sagt die Katze ziemlich schnippisch.

›Aber gnädige Frau‹, sagt Tom, ›ich kann mir nicht recht vorstellen, wie ein Schuh bei Ihnen halten soll‹, sagt er.

›Überlaß das ruhig mir‹, antwortet die Katze.

›Hat dir vielleicht schon mal einer Walnußschalen angesteckt, Miezchen?‹ fragt Tom grinsend.

›Mehr Respekt, Tom Connor‹, sagt die Katze und runzelt die Stirn.

›Ich bitte um Verzeihung‹, sagt er, ›aber wenn die Pferde Schuhe tragen, wie Sie erwähnten, so wissen Sie wohl, daß ihre Schuhe mit Nägeln befestigt sind, und wie würde man Ihre Schuhe festmachen?‹

›Ach du blöder Kerl‹, sagt sie, ›habe ich nicht selbst elegante Nägel?‹ und damit versetzte sie ihm einen Schlag mit ihrer Pfote, daß er aufschrie.

›Oh! Mord!‹ sagt er.

›Hört jetzt auf mit Eurem Palaver, Herr Connor‹, sagt die Katze, ›macht Euch auf den Weg und verschafft mir die Schuhe.‹

›Himmelkreuzdonnerwetter‹, sagt Tom, ›was soll aus mir werden, wenn ich noch meinen Katzen Schuhe besorgen muß?‹ sagt er; ›viermal im Jahr Familienzuwachs und jedesmal sechs oder sieben‹, sagt er, ›und natürlich braucht jedes von euch zwei Paar – ojemine! – die Ausgaben für das Schuhleder werden mich zugrunde richten‹, sagt Tom.

›Laß jetzt den Unsinn‹, sagt die Katze, ›und bleibe nicht länger hier hinter der Hecke stehen und schwatze – oder wir werden unseren guten Ruf verlieren –, denn ich habe beobachtet, Tom, daß deine Frau eifersüchtig ist.‹

›Bei meiner Seele, das ist wahr‹, sagt Tom schmunzelnd.

›Sie ist, weiß Gott, närrisch‹, sagt die Katze, ›denn auf Ehre, Tom, du bist so häßlich, als ob dich einer verhext hätte.‹

Mit diesen Worten lief die Katze fort und ließ den verdutzten Tom allein; – er sagte seiner Familie nichts aus Angst, er könnte sie erschrecken, und machte sich auf den Weg zur *Stadt*, wie er *vorgab* – denn er sah, daß ihn die Katze durch ein Loch in der Hecke beobachtete; aber als er an eine Wegbiegung kam, kümmerte er sich den Teufel um den Markt, der seinetwegen gut oder schlecht sein konnte, sondern ging zu dem Rittergutsbesitzer Botherum, dem Friedensrichter, um eine Klage gegen die Katze anzustrengen.«

»Ach was! Unsinn!« unterbrach ihn der kleine Mann, der soweit Murtough mit einem Gemisch von Verwunderung und Verachtung zugehört hatte, während der Rest der Gesellschaft dem Unsinn willig die Zügel überließ und sich über Murtoughs Geschichte genauso wie über die noch unsinnigere nüchterne Verständigkeit ihres Gefährten freute.

»Unterbrecht ihn nicht, Goggins«, sagte Herr Wiggins.

»Wie kann man sich solchen Unsinn anhören?« entgegnete Goggins. »Eine Klage gegen eine Katze anstrengen, jawohl! ha! ha!«

»Mein lieber Herr«, sagte Murtough, »bedenken Sie, daß das ein Märchen ist und das ganze Land hier herum voller Verzauberung. Wie ich schon gesagt habe, ging Tom, eine Klage anstrengen.«

»Ja, ja!« riefen alle außer Goggins, »fahrt fort mit der Geschichte.«

»Und als man Tom aufforderte, die Ereignisse des Morgens zu erzählen, die ihn vor den Rittergutsbesitzer Botherum brachten, gingen ihm sein Korn und die Katze und die Zehe des Kindes durch den Kopf, und er gab einen sehr verworrenen Bericht.

›Erzähle die Geschiche von Anfang an‹, sagte der Richter zu Tom.
›Ach, Euer Gnaden‹, sagt Tom, ›ich wollte heute morgen auf den Markt gehen, um das Korn des Kindes zu verkaufen – ich bitte um Entschuldigung, meine eigenen Zehen, meine ich, Herr.‹
›Deine Zehen verkaufen?‹ sagte der Rittergutsbesitzer,
›Nein, mein Herr, die Katze wollte ich auf den Markt bringen, ich meine –‹
›Eine Katze auf den Markt bringen?‹ sagte der Rittergutsbesitzer; ›du bist betrunken, Mann.‹
›Nein, Euer Gnaden, nur ein wenig durcheinander. denn als die Zehen anfingen zu reden – die Katze, meine ich –, wurde ich ganz verdreht –‹
›Die Katze sprach zu dir?‹ sagte der Rittergutsbesitzer; ›schlimmer als zuvor; du bist betrunken, Tom!‹
›Nein, Euer Gnaden, wegen der Katze bin ich hier, um mit Ihnen zu sprechen.‹
›Ich glaube, wegen einem Nößel Schnaps, Tom –‹
›Ich schwöre Ihnen, Euer Gnaden, es ist nur wegen der Katze.‹ Und Tom erzählte ihm alles über die Angelegenheit, und der Rittergutsbesitzer war regelrecht erstaunt. Gerade da kamen zufällig der Bischof der Diözese und der Priester des Kirchspiels herein und hörten die Geschichte, und der Bischof und der Priester stritten sich zwei Stunden lang erbittert über den Fall; der erstere schwor, sie müsse eine Hexe sein – der Priester dagegen leugnete *das* ab, behauptete, sie wäre *nur* verzaubert –, und dieser Teil der Streitfrage wurde später dem Primas vorgelegt und in der Folge der Konklave im Rom; aber der Papst lehne es ab, sich mit Katzen zu befassen, und sagte, er hätte vollauf mit seinen eigenen Bullen zu tun.
›Und was machen wir inzwischen mit der Katze?‹ sagt Botherum.

›Verbrennt sie‹, sagt der Bischof, ›sie ist eine Hexe.‹
›*Nur* verzaubert‹, sagt der Priester, ›und das geistliche Gericht vertritt den Standpunkt, daß –‹
›Zum Kuckuck mit Eurem geistlichen Gericht!‹ sagte der Richter; ›ich kann nur nach irgendeinem Paragraphen gegen sie vorgehen‹, und mit diesen Worten zog er alle juristischen Bücher in seiner Bibliothek heraus und durchstöberte die Gesetze von der Königin Elisabeth an, und er fand, daß es in Irland gegen alles Gesetze gab *außer gegen Katzen*. – Nichts schlüpfte ihnen durch die Maschen als die Katze, die unter keine einzige Parlamentsakte fiel – *die Katzen allein waren entwischt*.
›Da ist natürlich das Ausländergesetz‹, sagte der Richter, ›und vielleicht ist sie eine verkleidete französische Spionin.‹
›Sie spricht wie eine französische Spionin, ganz gewiß‹, sagt Tom.
›Das ist verdächtig‹, sagt der Rittergutsbesitzer, ›aber eine Verurteilung dürfte schwierig sein, und da kommt mir ein frischer Gedanke‹, sagt Botherum.
›Er wird sich bei diesem heißen Wetter nicht lange frisch halten‹, sagt Tom, ›so wäre es am besten, wenn Euer Gnaden ihn gleich benutzten.‹
›Richtig‹, sagt Botherum, ›wir werden sie nach den Wildgesetzen fassen; wir werden sie jagen‹, sagt er.
›Oh! – Wie elegant!‹ sagt Tom, ›das wird ein ordentliches Rennen geben.‹
›Trefft mich am Kreuzweg‹, sagt der Rittergutsbesitzer, ›morgens, und ich werde die Meute bereit haben.‹
Also ging Tom nach Hause, und er zerbrach sich den Kopf, wie er sich bei der Katze herausreden sollte, weil er ihr die Schuhe nicht mitgebracht hatte, und schließlich – er hatte nur noch etwa eine halbe Meile bis zu seinem Hause – fiel ihm etwas ein, gerade als sie angetrabt kam.
›Wo sind die Schuhe, Tom?‹ sagt sie.

›Ich habe sie heute nicht bekommen, gnädige Frau‹, sagt er.
›Hältst du so deine Versprechungen, Tom?‹ sagt sie; ›ich werde dir etwas sagen, Tom – ich werde den Kindern die Augen auskratzen, wenn du mir nicht die Schuhe verschaffst.‹
›Pscht! pscht!‹ sagt Tom, der aus lauter Angst um die Augen der Kinder fast den Verstand verlor. – ›Reg dich nicht auf, Miez. Der Schuster sagte, er hätte keine Schuhe im Laden, wenigstens keine, die Ihnen paßten, und er sagt, ich muß Sie in die Stadt bringen, damit er Maß nehmen kann.‹
›Und wann werden wir gehen?‹ sagt die Katze, die ganz wild aussieht.
›Morgen‹, antwortete Tom.
›Dein Glück, daß du das gesagt hast, Tom‹, sagt die Katze, ›oder ich hätte, bei Gott, diese Nacht kein Auge von deiner Familie übriggelassen‹ – und damit hüpfte sie davon.
Tom zitterte, so böse blickte sie ihn an.
›Vergiß es nicht!‹ sagt sie über die Hecke weg mit einem bitteren Miau.
›Keine Angst‹, sagt Tom.
Und tatsächlich saß die Katze am nächsten Morgen beim ersten Hahnenschrei da und leckte sich blitzsauber, um in die Stadt zu gehen, und dann kam Tom heraus, mit einem Sack unter dem Arm, und die Katze war sofort hinter ihm her.
›Krieche hier hinein, und ich werde dich in die Stadt tragen‹, sagt Tom und macht den Sack auf.
›Ich werde doch wohl mit dir laufen dürfen‹, sagt die Katze.
›Das geht nicht‹, sagt Tom; ›die Leute in der Stadt sind ein neugieriges, klatschhaftes Volk, und es würden bestimmt häßliche Gerüchte in Umlauf kommen, wenn man mich mit einer Katze an der Seite sehen würde – der Hund ist von Natur der Ge-

fährte des Menschen, aber eine Katze – kommt nicht in Frage.‹

Nun, die Katze sah, daß es keinen Zweck hatte, weiter zu reden, kroch in den Sack, und Tom machte sich auf nach dem Kreuzweg mit dem Sack über der Schulter und kam mit einer *Unschuldsmiene* an die Ecke, wo der Rittergutsbesitzer mit seinem Jäger stand und den Hunden und einer Meute Menschen, die da warteten. Plötzlich trat der Gutsherr vor, als ob es reiner Zufall wäre.

›Grüß Gott, Tom‹, sagt er.

›Schön grüß Gott, mein Herr‹, sagt Tom.

›Was für einen Sack hast du denn da auf dem Rücken?‹ sagt der Gutsherr.

›Oh, nichts weiter, mein Herr‹, sagt Tom und macht dabei die ganze Zeit über ein Gesicht, als ob er sagen wollte, ich habe sie sicher.

›Oh, irgend etwas ist in dem Sack, denke ich‹, sagt der Gutsherr, ›und du mußt es mir zeigen.‹

›Wenn du mich verrätst, Tom Connor‹, sagt die Katze mit einer tiefen Stimme, ›beim Teufel, ich werde nicht mehr mit dir reden!‹

›Auf Ehre, Herr‹, sagt Tom mit einem Zwinkern und deutet dabei mit dem Daumen auf den Sack, ›ich habe nichts darin.‹

›Mir sind jetzt öfters Kartoffeln weggekommen‹, sagt der Gutsherr, ›und ich möchte mir den Sack gern einmal ansehen‹, sagt er.

›Sie zweifeln an meiner Ehrlichkeit, Herr?‹ sagt Tom und gibt vor, in Wut zu geraten.

›Tom, bei deiner Seele!‹ sagt die Stimme in dem Sack, ›*wenn du die Katze aus dem Sack läßt*, ermorde ich dich.‹

›Ein ehrlicher Mann würde nichts dagegen einwenden, wenn man ihn durchsuchen will‹, sagte der Gutsherr, ›und ich bestehe darauf‹, sagt er und bekommt den Sack zu fassen, und Tom tut die ganze Zeit so, als ob er Widerstand leistete; aber, mein Bester, nicht zwei Minuten vergingen, und sie schüttelten die Katze aus dem Sack, und sie schoß davon mit einem Schwanz so dick wie ein Besen, und der Gutsherr, mit einem donnernden Hallo hinterdrein, hetzte ihr die Hunde nach, und sie alle jagten davon, als ob es das Leben gälte. Nie sah man ein solches Rennen – die Katze wandte sich nach einem Sumpf, dem einsamsten Ort im ganzen Land – und dort fielen die Reiter alle aus bis auf den Jäger, der absichtlich ein schwimmfüßiges Pferd für den weichen Boden ritt, und den Priester, dessen Pferd überall treten konnte wegen dem Priestersegen; und der Jäger und Seine Hochwürden hingen an der Jagd wie Wachs; und gerade als die Katze am Rande des Sumpfes war, sahen sie, wie sie sich krümmte, als der vorderste Hund sie eingeholt hatte, denn er hatte sie in die Seite gebissen. Doch sie jagte weiter und lag gut in Führung auf eine alte Lehmhütte zu mitten im Sumpf, und sie sahen, wie sie dort durchs Fenster sprang, und in der nächsten Minute waren die Hunde da und sammelten sich um das Haus mit dem scheußlichsten Geheul, das man je gehört hat. Der Jäger stieg ab und ging in das Haus, um die Katze hinauszuwerfen – aber was sah er da? Eine alte Hexe, die in einem Bett in der Ecke lag –

›Habt Ihr eine Katze hier hereinkommen sehen?‹ sagt er.

›Oh, nei-i-i-n!‹ kreischte die alte Hexe mit zitternder Stimme, ›es ist keine Katze hier‹, sagt sie.

›Kläff, kläff, kläff!‹ machten draußen die Hunde.

›Oh, laßt die Hunde nicht herein‹, sagte die alte Hexe, ›oh – oh – oh!‹, und der Jäger sah, wie ihre Augen unter der Decke funkelten, genauso wie die einer Katze.

›Hallo!‹ sagte der Jäger und zog die Decke weg – und da sah er, wie die Seite der alten Hexe ganz voller geronnenen Blutes war.

›Oh, oh! alte Teufelin – bist du's? du alte Katze?‹ sagte er und öffnete die Tür.

Die Hunde stürzten herein – die alte Hexe sprang auf und verwandelte sich vor ihren Augen in eine Katze, sie schoß wieder durchs Fenster hinaus und rannte noch einmal um ihr Leben; aber sie entkam nicht, und die Hunde verschlangen sie im Nu. Aber am allerbemerkenswertesten an dieser außerordentlichen Geschichte ist, meine Herren, daß die Koppel von dem Tag an verdorben war, denn nachdem sie die verzauberte Katze gefressen hatte, *wollte sie später, weiß der Teufel, nichts anderes als Mäuse jagen.*«

THOMAS CROFTON CROKER

Thomas Crofton Croker (1798–1854) wurde als Sohn eines Majors in Cork geboren, von 1818–1850 Sekretär der Admiralität in London, begabter Landschaftsmaler, Sammler und Erforscher irischer Altertümer. – »Fingerhütchen« ist seinem bekanntesten Werk, den »Fairy Legends and Traditions of the South of Ireland«, 1825, entnommen, zu deren Herausgabe er durch die Grimmschen Märchen angeregt wurde. Die Sammlung wurde 1826 von den Brüdern Grimm ins Deutsche und 1828 von Dufour ins Französische übersetzt und in späteren Ausgaben mit Holzschnitten nach Zeichnungen des Verfassers geschmückt. Sir Walter Scott, der sich wie auch die Brüder Grimm sehr lobend über das Werk ausspricht, kennt zu fast allen Geschichten schottische Parallelen.

FINGERHÜTCHEN

Übersetzt von den Brüdern Grimm

Es war einmal ein armer Mann, der lebte in dem fruchtbaren Tale von Acherlow an dem Fuße des finsteren Galti-Berges. Er hatte einen großen Höcker auf dem Rücken, und es sah gerade aus, als wäre sein Leib heraufgeschoben und auf seine Schultern gelegt worden. Von der Wucht war ihm der Kopf so tief herabgedrückt, daß, wenn er saß, sein Kinn sich auf seine Knie zu stützen pflegte. Die Leute in der Gegend hatten Scheu, ihm an einem einsamen Orte zu begegnen, und doch war das arme Männchen so harmlos und friedliebend wie ein neugeborenes Kind. Aber seine Ungestaltheit war so groß, daß er kaum wie ein menschliches Geschöpf aussah, und boshafte Leute hatten seltsame Geschichten von ihm verbreitet. Man erzählte sich, er besitze große Kenntnis der Kräuter und Zaubermittel, aber gewiß ist, daß er eine geschickte Hand hatte, Hüte und Körbe aus Stroh und Binsen zu flechten, auf welche Weise er sich auch sein Brot erwarb.

Fingerhütchen war sein Spottname, weil er allezeit auf seinem kleinen Hut einen Zweig von dem roten Fingerhut oder dem Elfenkäppchen trug. Für seine geflochtenen Arbeiten erhielt er einen Groschen mehr als andere, und aus Neid darüber mögen einige wohl die wunderlichen Geschichten von ihm in Umlauf gebracht haben. Damit verhalte es sich nun, wie es wolle, genug, es trug sich zu, daß Fingerhütchen eines Abends von der Stadt Cahir nach Cappagh ging, und da er wegen des lästigen Höckers auf dem Rücken nur langsam fortkonnte, so war es schon dunkel, als er an das alte Hünengrab von Knockgrafton kam, welches rechter Hand an dem Wege liegt. Müde und abgemattet, niedergeschlagen durch die Betrachtung, daß noch ein gutes Stück Weg vor ihm liege und er die ganze Nacht hindurch wandern müsse, setzte er sich unter den Grabhügel, um ein wenig auszuruhen, und sah ganz betrübt den Mond an, der eben silberrein aufstieg.

Auf einmal drang eine fremdartige, unterirdische Musik zu den Ohren des armen Fingerhütchens. Er lauschte, und ihm deuchte, als habe er noch nie so etwas Entzückendes gehört. Es war wie der Klang vieler Stimmen, deren jede zu der anderen sich fügte und wunderbar einmischte, so daß es nur eine einzige zu sein schien, während doch jede einen besonderen Ton hielt. Die Worte des Gesanges waren diese: Da Luan, Da Mort, Da Luan, Da Mort, Da Luan, Da Mort. Danach kam eine kleine Pause, worauf die Musik von vorne wieder anfing.

Fingerhütchen horchte aufmerksam und getraute sich kaum, Atem zu schöpfen, damit ihm nicht der geringste Ton verlorenginge. Er merkte nun deutlich, daß der Gesang mitten aus dem Grabhügel kam, und obgleich anfangs auf das höchste davon erfreut, ward er es doch endlich müde, denselben Rundgesang in einem fort, ohne Abwechslung, anzuhören. Als abermals Da Luan, Da Mort dreimal gesungen war, benutzte er die kleine Pause, nahm die Melodie auf und führte sie weiter mit den Worten: augus Da Cadine! Dann fiel er mit den Stimmen in dem Hügel ein, sang Da Luan, Da Mort, endigte aber bei der Pause mit seinem augus Da Cadine.

Die Kleinen in dem Hügel, als sie den Zusatz zu ihrem Geistergesang vernahmen, ergötzten sich außerordentlich daran und beschlossen, sogleich das Menschenkind hinunterzuholen, dessen musikalische Geschicklichkeit die ihrige so weit übertraf, und Fingerhütchen ward mit der kreisenden Schnelligkeit des Wirbelwindes zu ihnen getragen.

Das war eine Pracht, die ihm in die Augen leuchtete, als er in den Hügel hinabkam, rundumher schwebend, leicht wie ein Strohhälmchen! Und die lieblichste Musik hielt ordentlich Takt bei seiner Fahrt. Die größte Ehre wurde ihm aber erzeigt, als sie ihn über alle die Spielleute setzten. Er hatte Diener, die ihm aufwarten mußten, alles, was sein Herz begehrte, wurde erfüllt, und er sah, wie gerne ihn die Kleinen hatten; kurz, er wurde nicht anders behandelt, als wenn er der erste Mann im Lande gewesen wäre.

Darauf bemerkte Fingerhütchen, daß sie die Köpfe zusammensteckten und miteinander ratschlagten, und sosehr ihm auch ihre Artigkeit gefiel, so fing er doch an, sich zu fürchten. Da trat einer der Kleinen zu ihm hervor und sagte:

»Fingerhut, Fingerhut!
Faß dir frischen Mut!
Lustig und munter,
Dein Höcker fällt herunter,
Siehst ihn liegen, dir geht's gut,
Fingerhut, Fingerhut!«

Kaum waren die Worte zu Ende, so fühlte sich das Fingerhütchen so leicht, so selig, daß es wohl in einem

Satz über den Mond weggesprungen wäre wie die Kuh in dem Märchen von der Katze und der Geige. Er sah mit der größten Freude von der Welt den Hökker von seinen Schultern herab auf den Boden rollen. Er versuchte darauf, ob er seinen Kopf in die Höhe heben könnte, tat es aber mit Vorsicht und Verstand, aus Furcht, er möchte ihn an dem Tafelwerk der großen Halle einstoßen. Dann aber schaute er ringsherum mit der größten Bewunderung und ergötzte sich an all den Dingen, die ihm immer schöner vorkamen. Zuletzt ward er so überwältigt von der Betrachtung des glänzenden Aufenthalts, daß ihm der Kopf schwindelte, die Augen geblendet wurden und er in einen tiefen Schlaf verfiel.

Bei seinem Erwachen war es voller Tag geworden. Die Sonne schien hell, die Vögel sangen, und er lag gerade an dem Fuße des Riesenhügels, während Kühe und Schafe friedlich um ihn her weideten. Nachdem Fingerhütchen sein Gebet gesagt hatte, war sein erstes Geschäft, mit der Hand nach seinem Höcker zu greifen, aber es war auf dem Rücken keine Spur davon zu finden, und er betrachtete sich nicht ohne Stolz, denn aus ihm war ein wohlgebildeter, behender Bursche geworden, und, was keine Kleinigkeit schien, er sah sich von Kopf bis zu den Füßen in neuen Kleidern und merkte wohl, daß die Geister ihm diesen Anzug besorgt hatten.

Nun machte er sich auf den Weg nach Cappagh, er ging so tapfer daher und sprang bei jedem Schritte, als wenn er es sein Lebtag nicht anders gewohnt gewesen wäre. Niemand, der ihm begegnete, erkannte Fingerhütchen ohne den Höcker, und er hatte große Mühe, die Leute zu überreden, daß er es wirklich wäre, und in der Tat, seinem Aussehen nach war er es auch nicht mehr.

Wie es aber zu gehen pflegt, die Geschichte von Fingerhütchens Höcker wurde überall bekannt und viel

Wesens davon gemacht. Meilenweit in der Gegend redete jedermann, vornehm oder gering, von nichts als von dieser Begebenheit.

Eines Morgens saß Fingerhütchen an seiner Haustüre und war guter Dinge. Da trat eine alte Frau zu ihm und sagte: »Zeigt mir doch den Weg nach Cappagh.«

»Ist nicht nötig, liebe Frau«, antwortete er, »denn das ist Cappagh hier; aber wo kommt Ihr her?«

»Ich komme aus der Gegend von Decie in der Grafschaft Waterford und suche einen Mann, der Fingerhütchen genannt wird und dem die Elfen sollen einen Höcker von der Schulter genommen haben. Da ist der Sohn von meiner Gevatterin, der hat einen Höcker auf sich sitzen, der ihn noch totdrücken wird; vielleicht würde er davon erlöst, wenn er wie Fingerhütchen ein Zaubermittel anwenden könnte. Nun stellt Ihr Euch leicht vor, warum ich so weit hergekommen bin, ich möchte, wenn's möglich wäre, etwas von dem Zaubermittel erfahren.«

Fingerhütchen, das immer gutmütig gewesen war, erzählte der alten Frau den Hergang ganz umständlich, wie es den Gesang der Elfen in dem Grabhügel fortgeführt, wie sie den Höcker von seinen Schultern weggenommen und wie sie ihm einen neuen Anzug von Kopf bis zu Füßen noch obendrein gegeben hätten.

Die alte Frau dankte tausendmal und machte sich wieder auf den Heimweg, zufriedengestellt und ganz glücklich in ihren Gedanken. Als sie bei ihrer Gevatterin in der Grafschaft Waterford angelangt war, erzählte sie genau, was sie von Fingerhütchen erfahren hatte. Danach setzte sie den kleinen buckeligen Kerl, der sein Leben lang ein heimtückisches, hämisches Herz gehabt hatte, auf einen Wagen und zog ihn fort. Es war ein langer Weg; aber was tut das, dachte sie, wenn er nur den Höcker los wird; eben als die Nacht einbrach, langte sie bei dem Riesenhügel an und legte ihn dabei nieder.

Hans Madden, denn das war der Name des Buckeligen, hatte noch gar nicht lange gesessen, so hub schon die Musik in dem Hügel an, noch viel lieblicher als je, denn die Elfen sangen ihr Lied mit dem Zusatz, den sie von Fingerhütchen gelernt hatten: Da Luan, Da Mort, Da Luan, Da Mort, Da Luan, Da Mort, augus Da Cadine, ohne Unterbrechung. Hans, der nur geschwind seinen Höcker los sein wollte, wartete nicht, bis die Elfen mit ihrem Gesang fertig waren, noch achtete er auf einen schicklichen Augenblick, um die Melodie weiter als Fingerhütchen fortzuführen, sondern als sie ihr Lied mehr als siebenmal in einem fort gesungen hatten, so schrie er ohne Rücksicht auf Takt und Weise der Melodie und wie er seine Worte passend anbringen könnte, aus vollem Halse: »Augus Da Dardine, augus Da Hena«, und dachte: »War ein Zusatz gut, so sind zwei noch besser, und hat Fingerhütchen einen neuen Anzug erhalten, so werden sie mir wohl zwei geben.«

Kaum waren die Worte über seine Lippen gekommen, so ward er aufgehoben und mit wunderbarer Gewalt in den Hügel hineingetragen. Hier umringten ihn die Elfen, waren sehr böse, und schreiend und kreischend riefen sie: »Wer hat unseren Gesang geschändet? Wer hat unseren Gesang geschändet?« Einer trat hervor und sprach zu ihm:

»Hans Madden, Hans Madden!
Deine Worte schlecht klangen,
So lieblich wir sangen;
Hier bist du gefangen,
Was wirst du erlangen?
Zwei Höcker für einen! Hans Madden!«

Und zwanzig von den stärksten Elfen schleppten Fingerhütchens Höcker herbei und setzten ihn oben auf den Buckel des unglückseligen Hans Madden, und da saß er so fest, als wenn er mit Zwölfpfennigsnägeln von dem besten Zimmermann, der je Nägel eingeschlagen hat, aufgenagelt wäre. Danach stießen sie ihn mit den Füßen aus ihrer Wohnung, und am Morgen, als Hans Maddens Mutter und ihre Gevatterin kamen, nach dem kleinen Kerl zu sehen, so fanden sie ihn an dem Fuß des Hügels liegen, halbtot mit einem zweiten Höcker auf seinem Rücken. Sie betrachteten ihn eine nach der anderen, aber es blieb dabei; am Ende ward ihnen angst, es könnte ihnen auch ein Höcker auf den Rücken gesetzt werden. Sie brachten den armseligen Hans wieder heim, so betrübt im Herzen und so jämmerlich anzusehen als noch je ein paar alte Weiber. Hans, durch das Gewicht des zweiten Höckers und die lange Fahrt erschöpft, starb bald hernach, indem er jedem eine schwere Verwünschung hinterließ, der auf den Gesang der Elfen horchen wollte.

MARY LAMB

Mary Lamb (1764–1847) wurde in London als Tochter eines Schreibers geboren; Schwester von Charles Lamb, mit dem sie die »Tales from Shakespeare« 1807 und »Mrs. Leicester's School« 1808 verfaßte, die beide als Jugendlektüre noch heute in England sehr beliebt sind, in Deutschland fand nur das erste Buch Verbreitung. – »Mein Onkel, der Seemann« eröffnet den Kranz der Geschichten, die sich nach der Fiktion des Rahmens zehn Mädchen, das jüngste erst sieben Jahre alt, am ersten Tage ihres Aufenthalts in Frau Leicesters Schule für junge Damen erzählen, um das Heimweh zu bannen. Sie bedeuten einen großen Fortschritt in der Darstellung der Kinderseele, in der um die Jahrhundertmitte Charlotte Brontë und George Eliot so Hervorragendes leisteten.

MEIN ONKEL, DER SEEMANN

Mein Vater ist Geistlicher an einer Dorfkirche, die ungefähr fünf Meilen von Amwell entfernt liegt. Ich wurde in dem Pfarrhaus, das an den Friedhof grenzt, geboren. Meine erste Erinnerung ist, wie mein Vater mich das Abc nach den Buchstaben eines Steines lehrte, der am Grab meiner Mutter stand. Wie oft klopfte ich an die Tür des Studierzimmers meines Vaters; ich denke, ich höre ihn jetzt noch sagen: »Wer ist dort? – Was willst du kleines Mädchen?« – »Mama besuchen. Hübsche Buchstaben lernen.« Viele Male im Laufe des Tages legte mein Vater seine Bücher und Papiere beiseite und führte mich nach diesem Fleck. Er ließ mich die Buchstaben zeigen und Silben und Wörter buchstabieren, und auf diese Weise mit der Inschrift auf dem Grabstein meiner Mutter als Fibel und Abc-Buch lernte ich lesen.

Eines Tages saß ich auf den Stufen, die über den Kirchhofszaun führten, als ein Herr, der vorüberging, mich deutlich die Buchstaben wiederholen hörte, die den Namen meiner Mutter bildeten, und dann sagte ich *Elizabeth Villiers* in einem so bestimmten Ton, als ob ich etwas Großes zuwege gebracht hätte. Dieser Herr war mein Onkel Jakob, der Bruder meiner Mutter. Er war Leutnant bei der Marine und hatte England ein paar Wochen nach der Heirat meines Vaters und meiner Mutter verlassen. Jetzt kam er von einer langen Seereise zurück, um meine Mutter zu besuchen. Die Nachricht von ihrem Tode hatte ihn noch nicht erreicht, obwohl sie schon vor mehr als einem Jahr gestorben war.

Als mein Onkel mich auf dem Zauntritt sitzen sah und den Namen meiner Mutter aussprechen hörte, sah er mir ernst ins Gesicht und begann, eine Ähnlichkeit mit seiner Schwester zu entdecken und zu denken, ich könnte ihr Kind sein. Ich war zu eifrig bei der Sache, um ihn zu bemerken, und fuhr mit Buchstabieren fort. »Wer hat dich gelehrt, so hübsch zu buchstabieren, mein kleines Mädchen?« sagte mein Onkel. »Mama«, antwortete ich, denn ich glaubte, daß die Worte auf dem Grabstein irgendwie ein Teil meiner Mutter wären und sie mich unterrichtet hätte. »Und wer ist deine Mama?« fragte der Onkel. »Elizabeth Villiers«, antwortete ich; und dann nannte mich mein Onkel seine liebe, kleine Nichte und sagte, er würde mit mir zu Mama gehen, faßte mich bei der Hand und wollte mich nach Hause führen, erfreut, daß er herausgefunden hatte, wer ich wäre, weil er glaubte, es würde so eine hübsche Überraschung für seine Schwester sein, wenn ihr Töchterchen mit dem Onkel, dem lang verlorenen Seemann, heimkäme.

Ich war einverstanden, ihn zu Mama zu bringen, aber wir hatten eine Auseinandersetzung über den Weg dorthin. Mein Onkel wollte die Straße entlanggehen, die gerade zu unserem Hause führte, ich zeigte auf den Friedhof und sagte, das wäre der Weg zu Mama. Obgleich er ungeduldig über jede Verzögerung war, mochte er deswegen doch keinen Streit mit seiner neuen Verwandten anfangen, er hob mich über den

Zaun, um mit mir den Pfad entlang zu einem Pförtchen zu gehen, das, wie er wußte, am Ende unseres Gartens war; aber nein, ich wollte auch diesen Weg nicht gehen. Ich ließ seine Hand los und sagte: »Du weißt den Weg nicht – ich werde ihn dir zeigen.« Und ich lief, so schnell ich konnte, durch das hohe Gras und die Disteln und sprang über die niedrigen Gräber. »Was für ein eigenwilliges Geschöpf meine kleine Nichte ist«, sagte er und folgte meinem »Schritt vom Wege«, wie er das nannte. »Ich kannte den Weg zum Hause deiner Mutter, ehe du geboren wurdest, Kind.« Zuletzt blieb ich am Grabe meiner Mutter stehen, zeigte nach dem Stein und sagte: »Hier ist Mama!« in einem triumphierenden Ton, als ob ich ihn jetzt überzeugt hätte, daß ich den Weg besser wüßte. Ich blickte zu seinem Gesicht auf, um zu sehen, ob er seinen Fehler zugab, aber oh! was für ein unglückliches Gesicht sah ich! So erschrocken war ich, daß ich mich an das, was folgte, nur undeutlich erinnere. Ich weiß, daß ich ihn am Rock zupfte und rief: »Herr, Herr!« und versuchte, ihn fortzuziehen. Ich wußte nicht, was ich machen sollte; ich geriet in die seltsamste Verwirrung; ich dachte, ich hätte etwas Schlechtes getan, als ich den Herrn zu Mama brachte, weil er so schmerzlich weinte, aber was es war, wußte ich nicht. Das Grab war für mich immer ein Ort der Freude gewesen. Zu Hause wurde der Vater oft meines Geplappers müde und schickte mich weg; aber hier gehörte er mir ganz. Hier konnte ich sagen, was mir gefiel, und so ausgelassen sein, wie ich wollte; unsere Besuche bei Mama, wie wir das nannten, waren lauter Freude und Heiterkeit. Mein Vater erzählte mir dann, wie ruhig die Mutter dort schlief, und daß er und seine kleine Betsy eines Tages neben Mama in diesem Grabe schlafen würden, und wenn ich zu Bett ging und mein Köpfchen auf das Kissen legte, dann wünschte ich, daß ich im Grabe mit Papa und Mama zusammen schliefe, und in meinen kindlichen Träumen stellte ich mir vor, wie ich dort lag, es war ein Platz in der Erde, ganz glatt und weich und grün. Ich machte mir nie ein Bild von Mama, sondern es war der Grabstein und Papa und das weiche, grüne Gras, und mein Kopf ruhte auf dem Ellbogen des Vaters.

Wie lange mein Onkel vom Schmerz überwältigt dastand, weiß ich nicht; mir schien es eine sehr lange Zeit. Schließlich nahm er mich in seine Arme und hielt mich so fest, daß ich anfing zu weinen und nach Hause zu meinem Vater lief und ihm erzählte, daß ein Herr über Mamas hübsche Buchstaben weinte.

Zweifellos war es ein sehr ergreifendes Wiedersehen zwischen meinem Vater und meinem Onkel. Ich erinnere mich, es war das erstemal, daß ich meinen Vater weinen sah, ich war sehr betrübt und ging in die Küche, um Susanne, unserem Mädchen, zu erzählen, daß Papa weinte, und sie wollte mich bei sich behalten, damit ich die Unterhaltung nicht störte; aber trotzdem kehrte ich zurück in das Wohnzimmer zu dem »armen Papa«; ich ging leise hinein und schlich mich zwischen Vaters Knie. Mein Onkel wollte mich auf den Arm nehmen, aber ich wendete mich ab und schmiegte mich um so enger an meinen Vater, denn gegen meinen Onkel hatte ich eine Abneigung gefaßt, weil er meinen Vater zum Weinen gebracht hatte.

Jetzt erst erfuhr ich, daß der Tod meiner Mutter ein schweres Leid war, denn ich hörte meinen Vater eine ergreifende Geschichte erzählen von ihrer langen Krankheit und ihrem Tod und davon, wie er durch ihren Verlust gelitten hatte. Mein Onkel sagte, wie traurig es für meinen Vater sei, mit einem so jungen Kinde allein zurückzubleiben, aber mein Vater antwortete, seine kleine Betsy wäre sein ganzer Trost, und wenn ich nicht gewesen wäre, dann hätte er vor Schmerz sterben müssen. Wie ich ein Trost für meinen Vater sein konnte, setzte mich in Erstaunen. Ich wußte, daß ich vergnügt war, wenn er mit mir spielte und sprach, aber ich glaubte, das geschähe alles nur aus Güte und Freundlichkeit zu mir, ich hatte keine Ahnung, wie ich ein Teil seines Glückes ausmachen konnte. Der Kummer, den er, wie ich jetzt hörte, erlitten hatte, war etwas Neues und Seltsames für mich. Ich hatte keine Ahnung, daß er jemals unglücklich gewesen war, seine Stimme klang immer lieb und heiter, ich hatte ihn nie vorher weinen sehen oder Zeichen von Sorge bemerkt wie die, in denen ich meine kleinen Kümmernisse auszudrücken pflegte. Meine Gedanken über diese Dinge waren verwirrt und kindlich, aber von dieser Zeit an habe ich nie aufgehört, über die traurige Geschichte meiner toten Mama zu grübeln.

Am nächsten Tage ging ich, wie es meine Gewohnheit war, an die Tür des Studierzimmers, um meinen Vater nach dem geliebten Grab zu rufen; mir wurde angst, und ich konnte nicht an die Tür pochen. Ich ging zwischen der Küche und dem Studierzimmer hin und her und wußte nicht, was ich mit mir anfangen sollte. Mein Onkel traf mich auf dem Korridor und sagte: »Betsy, willst du mit mir im Garten spazierengehen?« Das lehnte ich ab, denn das war es nicht, was ich wollte, sondern das alte Vergnügen, am Grabe zu sitzen und mich mit Papa zu unterhalten. Mein Onkel versuchte, mich zu überreden, aber ich wiederholte nur »Nein, nein« und lief weinend in die Küche. Als er mir dorthin folgte, sagte Susanne: »Das Kind ist heute so weinerlich, ich weiß nicht, was ich mit ihm anfangen soll.« – »Ach«, sagte mein Onkel, »ich glaube, mein armer Schwager verwöhnt es, da er nur das eine hat.« Diese Bemerkung über meinen Papa führte einen kleinen Wutanfall bei mir herbei; denn ich hatte nicht vergessen, daß mit dem neuen Onkel die Sorge in unser Haus eingekehrt war: ich kreischte laut, bis mein Vater herauskam, um zu erfahren, was los war. Er schickte meinen Onkel in das Wohnzimmer und sagte, er würde die kleine Kratzbürste selbst in die Hand nehmen. Als mein Onkel gegangen war, hörte ich mit Weinen auf; mein Vater vergaß, mir wegen meiner Launenhaftigkeit eine Strafpredigt zu halten oder auch nur nach dem Grund zu fragen, und bald saßen wir an dem Grabstein. An diesem Tag gab es keinen Unterricht, kein Gespräch über die hübsche Mama, die in dem grünen Grab schlief, kein Gehüpfe vom Grabstein auf den Erdboden; keine vergnügten Scherze oder lustigen Geschichten. Ich saß auf meines Vaters Knie, sah ihm ins Gesicht und dache: »Wie traurig Papa aussieht«, bis ich, vom Weinen schon ermüdet und jetzt von meinen Gedanken bedrückt, fest einschlief.

Mein Onkel erfuhr bald von Susanne, daß dieser Platz unser Lieblingsaufenthalt war; sie sagte ihm, daß sie fest überzeugt wäre, ihr Herr würde nie über den Tod ihrer Herrin hinwegkommen, solange er das Kind an dem Grabstein lesen lehrte; denn wenn es vielleicht auch seinen Schmerz linderte, so hielt es ihn doch stets frisch im Gedächtnis. Der Anblick des Grabes der Schwester hatte meinen Onkel so erschüttert, daß er Susannes Befürchtungen bereitwillig Glauben schenkte, und in der Annahme, daß für diese Besuche am Grabe kein Vorwand mehr da wäre, wenn man mir irgendein anderes Lehrmittel in die Hand gäbe, eilte mein lieber Onkel in den nächsten Marktflecken, um mir ein paar Bücher zu kaufen.

Ich hörte die Beratung zwischen meinem Onkel und Susanne und billigte nicht, daß er sich in unser Vergnügen mischte. Ich sah, wie er seinen Hut nahm und fortging, und hoffte im stillen, daß er wieder »Über das Meer« fuhr, von wo er, wie mir Susanne gesagt hatte, gekommen war. Wo »Über dem Meer« war, konnte ich nicht sagen, aber ich vermutete, daß es irgendwo weit weg wäre. Ich nahm wieder meinen Sitz auf dem Friedhofszaun ein, sah lange die Straße hinunter und sagte: »Ich hoffe, ich sehe meinen Onkel nicht wieder. Ich hoffe, mein Onkel wird nie mehr von ›Über dem Meere‹ zurückkommen«, aber ich sagte es sehr leise und hatte ein unbestimmtes Gefühl, daß ich in einer üblen, störrischen Laune war. Hier saß ich, bis mein Onkel mit seinen neuen Einkäufen von dem Marktflecken zurückkam. Ich beobachtete ihn, wie er sehr schnell lief mit einem Päckchen unter dem Arm. Ich sah ihn nicht gern kommen, runzelte die Stirn und versuchte, ein böses Gesicht zu machen. Er löste den Faden und sprach: »Betsy, ich habe dir ein hübsches Buch gekauft.« Ich wendete meinen Kopf ab und sagte: »Ich will kein Buch«, aber ich brachte es doch nicht fertig, ich mußte noch einen Blick hinwerfen. Er hatte das Päckchen so eilig geöffnet, daß die Bücher alle auf den Erdboden gefallen waren, und dort sah ich feine, goldbedruckte Einbände und Bilder in leuchtenden Farben bunt durcheinanderliegen. Was für ein hübscher Anblick! – All mein Zorn schwand dahin, und ich hielt ihm mein Gesicht zum Küssen hoch, denn auf diese Art dankte ich immer meinem Vater für irgendeine außergewöhnliche Gunst.

Mein Onkel hatte sich ein ziemlich mühsames Amt aufgeladen; er hatte mich so gut buchstabieren hören, daß er glaubte, es wäre nichts weiter zu tun, als mir Bücher in die Hand zu geben, und ich würde lesen; aber wenn ich auch erträglich buchstabierte, so waren doch die Buchstaben in meiner neuen Bibliothek um so viel kleiner als die, an die ich gewöhnt war, daß sie für mich wie griechische Schriftzeichen waren; ich konnte überhaupt nichts damit anfangen. Der ehrliche Seemann war durch diese Schwierigkeit nicht entmutigt; obwohl er es nicht gewöhnt war, den Schulmeister zu spielen, lehrte er mich mit unermüdlicher Hingabe und Geduld kleinen Druck lesen, und immer, wenn er merkte, daß mein Vater und ich so aussahen,

als ob wir unsere Besuche bei dem Grab wiederaufnehmen wollten, schlug er einen hübschen Spaziergang vor; und wenn dann mein Vater sagte, so weit könne ein Kind nicht laufen, nahm er mich auf die Schulter und sprach: »Dann soll Betsy reiten«; und auf diese Weise hat er mich viele, viele Meilen getragen.
Auf diesen schönen Ausflügen vergaß mein Onkel selten, von Susanne eine Mahlzeit für sich einpacken zu lassen, und obgleich das im allgemeinen jeden Tag geschah, war es doch eine ständige Überraschung für meinen Papa und mich, wenn wir uns unter einen schattigen Baum gesetzt hatten und er sie aus seiner Tasche zog und seinen kleinen Vorrat verteilte; und dann guckte ich immer in die andere Tasche, um zu sehen, ob Johannisbeerwein darin war und die kleine Flasche mit Wasser für mich; vielleicht war das Wasser vergessen, dann gab es neuen Spaß – man mußte die arme Betsy zwingen, ein Tröpfchen Wein zu trinken. Es sind dies alles kindliche Dinge, von denen ich spreche, und ich wollte, an Stelle meiner eigenen törichten Erlebnisse könnte ich mich an die unterhaltsamen Geschichten erinnern, die uns mein Onkel von seinen Reisen zu Wasser und zu Land erzählte, während wir im Schatten der Bäume saßen und unser Mittagsmahl verzehrten.
Der lange Besuch meines Onkels war so ein wichtiges Ereignis in meinem Leben, daß ich fürchte, ich werde mit meinem Bericht darüber eure Geduld auf die Probe stellen; aber wenn er gegangen ist, wird meine Geschichte bald zu Ende sein.
Die Sommermonate vergingen, doch nicht schnell; – die hübschen Spaziergänge und die fesselnden Erzählungen über die Abenteuer meines Onkels ließen sie mir wie Jahre erscheinen; das Herannahen des Winters ist in meiner Erinnerung verbunden mit dem warmen Mantel, den er mir kaufte, und wie stolz ich war, als ich ihn das erstemal anzog, und daß er mich Rot-

käppchen nannte und bat, ich solle mich vor den Wölfen vorsehen, und ich lachte und sagte, so etwas gäbe es heute nicht mehr; und dann erzählte er mir, wie vielen Wölfen und Bären und Tigern und Löwen er begegnet wäre in unbewohnten Ländern, die Robinson Crusoes Insel glichen. Oh, das waren glückliche Tage!

Im Winter waren unsere Spaziergänge kürzer und nicht so häufig. Meine Bücher waren jetzt mein Hauptvergnügen, obwohl das Lernen oft dadurch unterbrochen wurde, daß wir uns richtig austobten, der Onkel und ich, was nur zu oft mit einem Streit endete, weil er so derb spielte; doch schon lange vorher liebte ich meinen Onkel zärtlich, und solange er bei uns war, machte ich sehr große Fortschritte. Ich konnte jetzt sehr gut lesen, und die beständige Gewohnheit, der Unterhaltung meines Vaters und Onkels zuzuhören, machte mich zu einem verständigen kleinen Mädchen, so daß mein Vater zu ihm sagte: »Jakob, du hast aus meinem Kind ein recht umgängliches kleines Wesen gemacht.«

Mein Vater ließ mich oft allein mit meinem Onkel; manchmal, um seine Predigten zu schreiben; manchmal, um die Kranken zu besuchen oder um seine armen Nachbarn zu beraten; dann hatte mein Onkel lange Gespräche mit mir, in denen er mir sagte, wie ich mich bemühen sollte, meinen Vater glücklich zu machen, und danach trachten, mich selbst zu erziehen, wenn er weg wäre. Jetzt fing ich an, wirklich zu verstehen, warum er sich solche Mühe gegeben hatte, meinen Vater von den Besuchen am Grabe meiner Mutter abzuhalten, von diesem Grabe, zu dem ich mich oft heimlich hinstahl, um es zu betrachten, aber jetzt nie ohne Scheu und Ehrfurcht; denn mein Onkel pflegte mir zu erzählen, was für eine vortreffliche Dame meine Mutter gewesen war, und jetzt dachte ich an sie wie an eine wirkliche Mama, während sie vorher ein ideales Etwas war ohne Verbindung zum Leben. Und er sagte mir, daß die Damen vom Rittergut, die im besten Kirchstuhl saßen, nicht so anmutig und die besten Frauen im Dorf nicht so gut wären wie meine liebe Mama; und daß ich es, wenn sie noch lebte, nicht nötig hätte, ein wenig Wissen von ihm, dem ungeschliffenen Seemann, aufzulesen oder stricken und nähen bei Susanne zu lernen, sondern sie hätte mich in allen feinen weiblichen Arbeiten unterwiesen, hätte mir ein wohlerzogenes Benehmen und vollendete Manieren beigebracht und die passenden Bücher für mich ausgewählt, die am geeignetsten waren, meinen Geist zu belehren, und von denen er nichts wußte. Wenn ich je in meinem Leben den richtigen Sinn dafür bekomme, was vorzüglich und geziemend im weiblichen Charakter ist, dann danke ich es diesen Lehren meines derben, ungeschliffenen Onkels; denn indem er mir erzählte, was meine Mutter aus mir gemacht hätte, lehrte er mich, was ich mir wünschen sollte zu sein. Und als ich, bald nachdem mein Onkel uns verlassen hatte, den Damen des Ritterguts vorgestellt wurde, ließ ich nicht wie ein kleines Bauernmädel meinen Kopf vor Scham hängen, wie ich das getan hätte, ehe mein Onkel kam, sondern ich versuchte, deutlich und unbefangen und mit sanfter Bescheidenheit zu sprechen, wie es, nach dem, was mir der Onkel sagte, meine Mutter getan hatte; statt den Kopf scheu hängen zu lassen, blickte ich auf zu ihnen und dachte, was für ein hübscher Anblick eine schöne Dame ist und wie gut meine Mutter ausgesehen haben mußte, da sie soviel anmutiger als diese Damen gewesen war; und als ich hörte, wie sie meinen Vater zu dem tadellosen Benehmen seines Kindes beglückwünschten und sagten, wie gut er mich erzogen hätte, dachte ich bei mir: »Papa liegt nicht viel an meinen Manieren, solange ich nur ein artiges Mädel bin; der Onkel war es, der mich lehrte, mich so zu betragen wie Mama.« –

Ich kann nicht mehr glauben, daß mein Onkel so derb und ungeschliffen war, wie er von sich sagte, denn seine Lehren waren so gut und eindrucksvoll, daß ich sie nie vergessen werde, und ich hoffe, sie werden mir nützen, solange ich lebe. Er pflegte mir zu erklären, was alle die Worte, die er brauchte, bedeuteten, wie Anmut und Sittsamkeit, bescheidene Zurückhaltung und Ziererei, indem er mir als Beispiele für das, was er mit diesen Worten meinte, die Manieren der Damen und ihrer jungen Töchter zeigte, die in unsere Kirche kamen; denn außer den Damen des Rittergutes kamen viele benachbarte Familien in unsere Kirche, weil mein Vater so gut predigte.

Es muß zeitig im Frühling gewesen sein, als mein Onkel wegging; denn die Krokusse waren gerade im Garten aufgeblüht, und die Primeln begannen unter den jungen, knospenden Hecken hervorzugucken. – Ich weinte, als ob mir das Herz brechen wollte, als ich durch eine kleine Öffnung zwischen den Bäumen ihn zum letztenmal sah, wie er die Straße entlangging. Mein Vater begleitete ihn bis zu dem Marktflecken, von wo er mit der Postkutsche nach London weiterfahren sollte. Wie lästig schienen mir all die Bemühungen Susannes, mich zu trösten. Mir fiel der Zauntritt ein, wo ich meinen Onkel zum erstenmal gesehen hatte, und ich dachte, ich wollte dorthin gehen, mich hinsetzen und an jenen Tag denken; aber kaum hatte ich mich niedergelassen, als ich mich daran erinnerte, wie ich ihn erschreckt hatte, indem ich ihn so töricht ans Grab meiner Mutter brachte, und dann wieder, wie ungezogen ich gewesen war, als ich auf ebendiesem Zauntritt saß, vor mich hin murmelte und wünschte, daß er, der so weit gegangen war, um mir Bücher zu kaufen, nie mehr zurückkommen möge. Alle meine kleinen Zankereien mit meinem Onkel kamen mir wieder in den Sinn, jetzt, wo ich nie mehr mit ihm spielen konnte, und es brach mir fast das Herz. Ich

mußte ins Haus zu Susanne laufen nach eben dem Trost, den ich gerade verschmäht hatte.
Einige Tage später, als ich mit meinem Vater am Feuer saß, nachdem es dunkel geworden war und ehe die Kerzen angezündet wurden, gestand ich ihm, was für ein schlechtes Gewissen ich hatte. Ich erzählte ihm, welche Vorwürfe ich mir auf dem Zauntritt nach dem Friedhof gemacht hatte, wo ich mich daran erinnerte. wie unfreundlich ich zu meinem Onkel gewesen war, als er zu uns kam, und wie traurig ich noch war, sooft ich an die vielen Streitigkeiten dachte, die ich mit ihm gehabt hatte.
Mein Vater lächelte, faßte mich bei der Hand und sagte: »Ich will dir alles darüber erzählen, kleiner, reuiger Sünder. Das gleiche fühlt jeder von uns, wenn diejenigen, die wir lieben, von uns genommen werden. – Solange unsere lieben Freunde bei uns sind, freuen wir uns über ihre Gesellschaft, ohne viel darüber nachzudenken oder uns Gedanken zu machen über das Glück, das wir besitzen; auch wägen wir das Maß unserer täglichen Handlungen nicht zu genau ab; – wir lassen sie frei an unseren freundlichen und mißmutigen Stimmungen teilhaben, und wenn einige kleine Zänkereien unsere Freundschaft stören, dann machen sie uns einander nur um so lieber, wenn wir in einer glücklicheren Gemütsverfassung sind. Aber diese Dinge legen sich auf uns wie drückende Fehler, wenn der Gegenstand unserer Zuneigung für immer gegangen ist. Deine liebe Mama und ich hatten keinen Streit, aber wie viele Dinge kamen mir in den ersten Tagen meiner schmerzlichen Einsamkeit ins Gedächtnis, die ich hätte tun können, um sie glücklicher zu machen. So ist es auch mit dir, mein Kind. Du hast alles getan, was ein Kind konnte, um deinen Onkel zu erfreuen, und innig hat er dich geliebt, und an diese kleinen Dinge, die jetzt dein zartes Gefühl beunruhigen, erinnerte sich dein Onkel mit Vergnügen. Er hat

mir auf unserem letzten Gang gesagt, vielleicht gerade da, als du traurig daran dachtest, wie schwierig es für ihn war, sich deine Gunst zu erwerben, als er kam; er wird an diese Dinge mit Freude denken, wenn er weit weg ist. Leg diesen unbegründeten Kummer beiseite; nur laß es dir eine Lehre sein, denen so freundlich wie möglich zu begegnen, die du liebst; und vergiß nicht, wenn sie dich für immer verlassen haben, wirst du nie denken, du seist freundlich genug gewesen. Solche Gefühle, wie du sie jetzt beschrieben hast, sind das Los der Menschheit. So wirst du fühlen, wenn ich nicht mehr bin, und so werden deine Kinder fühlen, wenn du tot bist. Aber dein Onkel wird wiederkommen, Betsy, und wir wollen jetzt daran denken, woher wir den Käfig beschaffen können für den sprechenden Papagei, den er uns mitbringen wird, und geh und sage Susanne, sie soll die Kerzen bringen, und frage sie, ob der schöne Kuchen bald fertig ist, den sie uns zum Tee versprochen hat.«

CHARLES LAMB

Charles Lamb (1775–1834) wurde in London als Sohn eines Schreibers geboren; Bruder von Mary Lamb. Mit vierzehn Jahren trat er in den Dienst der Ostindischen Kompanie, in der er bis 1825 in untergeordneter Stellung tätig war. Die Kleinform lag ihm besonders. Berühmt durch seine »Essays of Elia« und »Letters«, schrieb er auch reizvolle Kurzgeschichten. Er gehört in England bis in die Gegenwart hinein zu den beliebtesten Humoristen, in Deutschland wurde er nur durch seine Shakespearegeschichten einem breiteren Publikum bekannt. – »Die Erinnerungen Juke Judkins', Hochwohlgeboren, aus Birmingham« erschienen zuerst in »The New Monthly Magazine« 1826.

ERINNERUNGEN JUKE JUDKINS', HOCHWOHLGEBOREN, AUS BIRMINGHAM

Ich bin der einzige Sohn eines wohlhabenden Birminghamer Kupferschmieds, der, als er im Jahre 1803 starb, mir die Nachfolge in seinem Geschäft hinterließ mit keiner anderen Auflage als einer Art Erbzins: Ich bin angehalten, daraus dreiundneunzig Pfund Sterling im Jahr seiner Witwe, meiner Mutter, zu zahlen, und, Gott sei es gedankt, hat mir die günstige Entwicklung des Unternehmens bisher ermöglicht, sie pünktlich zu entrichten. (Ich sage, ich bin angehalten, die genannte Summe zu zahlen, aber nicht streng genommen verpflichtet, das heißt, nach dem Wortlaut des Testaments würde mich das Gesetz, glaub' ich, von dieser Zahlung lossprechen, aber die Wünsche sterbender Eltern sollten die Gültigkeit von Gesetzen haben.) Würde daher ein nicht sonderlich scharfer Beobachter meine Buchführung ansehen, so bekäme er den Eindruck, als ob sich der Gewinn meines Geschäfts nach dem Durchschnitt der letzten drei oder vier Jahre auf eintausenddreihundertdrei Pfund und einige Schilling jährlich beliefe, während in Wahrheit der Reinertrag hinter dieser Summe zurückbleibt, und zwar um den Betrag der erwähnten Zahlung von dreiundneunzig Pfund Sterling. Ich war immer der Liebling meines Vaters. Bis zuletzt hatte er seine Freude daran, die kleinen, schlauen Possen und unschuldigen Schliche meiner Kindheit wiederzuerzählen. Ein Beispiel davon hörte ich ihn niemals wiederholen, ohne daß ihm Freudentränen die Backen hinuntertropften. Als ich das Vaterhaus im Alter von sechs Jahren und noch nicht ganz einem Monat verließ (27. August 1788), um in die Freischule von Warwick einzutreten, wo mein Vater eine Art Kurator war, scheint danach meine Mutter – Mütter sind bei solchen Gelegenheiten gewöhnlich fürsorglich – eine ungeheure Menge Pfefferkuchen in die Taschen der Kutsche gestopft zu haben, welche mich und sechs andere Kinder meines Alters, die zusammen mit mir in der gleichen Bildungsanstalt aufgenommen werden sollten, dorthin beförderte. Ich erinnere mich noch, wie mein Vater sagte, es wäre zuviel des Guten, und das war es auch, denn wenn ich alles selbst gegessen hätte, wäre es altbacken und schimmelig geworden, ehe ich auch nur die Hälfte verzehrt hätte. Diese Erwägung regte meinen Erfindungsgeist an, wie ich mir selbst so viel Pfefferkuchen sichern konnte, als sich während der nächsten zwei oder drei Tage hielt, ohne doch den Rest sozusagen zu vergeuden. Ich hatte einen kleinen Taschenzirkel, den ich gewöhnlich mit mir herumtrug, um – worin ich immer sehr geschickt war – Zeichnungen und Messungen der verschiedenen Maschinen und technischen Erfindungen zu machen, an denen eine Stadt wie Birmingham reich war. Mit Hilfe dieses Zirkels und eines kleinen Taschenmessers, das mein Vater mir gegeben hatte, schnitt ich die eine Hälfte des Kuchens ab, und nachdem ich überschlagen hatte, daß der Rest für meine Zwecke vernünftigerweise genügen müßte, teilte ich sie in viele kleine Scheiben, die sich seltsam ansahen, so sauber und nett waren sie proportioniert; dann verkaufte ich sie in so vielen Groschenportionen an meine jungen Begleiter, daß sie den ganzen Weg nach Warwick für uns reichten, und das ist eine Entfernung von einigen zwanzig Meilen von unserer Stadt, und ich versichere euch, wir vergnügten uns daran außerordentlich und schlemmten den ganzen Weg. Durch diesen ehrlichen Schachzug bekam ich den doppelten Wert der Gestehungskosten des Pfefferkuchens in meine Börse und sicherte mir selbst so viel, wie sich meiner Rechnung nach während der nächsten zwei oder drei Tage für den eigenen Verbrauch gut und feucht halten würde. Als ich das meinen Eltern bei ihrem ersten Besuch in Warwick erzählte, tätschelte mir mein Vater (der gute Mann) die Backen und streichelte mir das Haar, als ob er nicht genug Aufhebens von mir machen könnte, aber meine Mutter brach unerklärlicherweise in Tränen aus und sagte, »es wäre eine sehr knausrige Art zu handeln« oder so ähnlich, und »sie hätte es lieber, wenn Gott es gefiele, mich zu nehmen« – was, Gott steh mir bei, bedeutet, daß ich sterben sollte –, »als erleben zu müssen, daß ich mich zu einem ›Geizkragen‹ entwickelte«. Das zeigt, wie verschieden Eltern voneinander sein können und wie manche Mütter härter und unduldsamer gegen ihre Kinder sind als die Väter, während man gerade das Gegenteil erwarten würde. Mein Vater aber überhäufte mich von da an mit Geschenken, und darum beneideten mich alle meine Schulkameraden. Als ich merkte, wie dieses Gefühl bei ihnen groß wurde, suchte ich es natürlich mit allen zur Verfügung stehenden Mitteln niederzuhalten, und von da an pflegte ich meine kleinen Pakete mit Obst und anderen netten Sachen so stillschweigend in einer Ecke zu essen, daß sie mich niemals erwischten. Ich erinnere mich, wie ich einmal einen riesigen Apfel geschickt bekam von der Sorte, die man »Katzenköpfe« nennt. Ich versteckte ihn den ganzen

Tag unter meinem Kissen, und nachts, aber erst als ich mich vergewissert hatte, daß mein Bettkamerad fest schlief – ich bewerkstelligte das so, daß ich ihn zweimal oder dreimal ziemlich kräftig zwickte, was er nicht mehr zu bemerken schien als ein Toter, obgleich er ein paarmal eine Bewegung machte, als ob er sich umdrehen wollte, und mich damit erschreckte –, ich sagte, als ich mich ganz sicher fühlte, machte ich mich an die Arbeit, und obwohl er so groß war wie zwei Männerfäuste, brachte ich es fertig, damit zu Ende zu kommen, ehe es Zeit zum Aufstehen war; und ein köstlicheres Mahl habe ich nie verzehrt – ich dachte die ganze Nacht daran, was für gute Eltern ich hatte (ich meine, was für einen guten Vater), daß er mir so viele nette Sachen schickte, während der arme Kerl, der neben mir lag, keine Eltern und Freunde auf der Welt hatte, um ihm irgend etwas Nettes zu senden, und während ich an seine traurige Lage dachte, kaute ich und kaute so leise ich nur konnte, um in ihm keine Gelüste zu erwecken, falls er mich hören sollte; und dennoch, trotz all dieser Rücksichtnahme und Aufmerksamkeit auf die Gefühle anderer Leute war ich nie sehr beliebt bei meinen Schulkameraden, worüber ich mich oft gewundert habe, da ich keinen von ihnen jemals um einen Heller betrog oder den Lehrern Geschichten über sie erzählte, wie das verlogene kleine Jungen tun, sondern bereit war, ihnen allen jeden Dienst zu erweisen, der im Bereich meiner Möglichkeiten lag und sich mit meinem eigenen Wohlbefinden in Einklang bringen ließ. Ich denke, man kann von niemand verlangen, daß er weiter geht. Aber ich halte den Leser zu lange mit dem Bericht über meine Jugendzeit auf. Es wird Zeit, daß ich zu dem Abschnitt meines Lebens komme, als es der natürliche Lauf der Dinge mit sich brachte, daß ich mich mit dem Gedanken trug, zu heiraten und einen Hausstand zu gründen. Trotzdem können meine Betrachtungen über das,

was ich die Periode des Knabenalters nennen will, ihren Nutzen für manchen Leser haben. Es macht Vergnügen, die Züge des Mannes schon in dem Knaben zu finden, Schößlinge der Freigebigkeit in jenen jungen Jahren zu beobachten und der Entwicklung großmütiger Gefühle und, was ich die vornehme Denkart nennen kann, zuzuschauen. Das ist bei manchen Kindern schon in einem sehr frühen Alter erkennbar und bildet gewöhnlich die Grundlage all dessen, was später in dem Charakter des Mannes lobenswert ist.
Es war mein sonderbares Mißgeschick, daß ich nie in den achtbaren Stand der Ehe eingetreten bin, obwohl ich die wärmste Sympathie für diese Lebensform empfinde und zutiefst von ihren großen Vorzügen vor dem Ledigenstand überzeugt bin. Doch war ich einmal sehr nahe daran. In meinem siebenundzwanzigsten Jahre – denn so zeitig begann ich, die Symptome der zarten Leidenschaft zu spüren! – warb ich um eine junge Dame. Sie war wohlhabend, wie man so sagt, aber doch nicht so ein Goldfisch, wie ich es vielleicht, alles in allem genommen, hätte erwarten dürfen. Es war nicht ganz meine eigene Wahl, sondern meine Mutter übte einen starken Druck auf mich aus. Sie hielt es mir immer wieder vor, daß »mein Einkommen groß genug wäre und ich nicht auf eine Mitgift bestehen müßte«, obgleich die junge Dame, um ihr Gerechtigkeit widerfahren zu lassen, ein beträchtliches Vermögen in Aussicht hatte, was trotzdem nicht ganz meiner Stellung entsprach, wie ich schon vorher erzählt habe. Meine Mutter hatte immer die Worte im Munde, »daß ich genug Geld hätte, daß es Zeit wäre, meinen Haushalt zu vergrößern und eine Gesinnung zu zeigen, die meinen Umständen entspräche«. Kurz, ihre Beharrlichkeit, der mein eigener Wunsch zum Teil entgegenkam – denn, wie ich schon sagte, war ich noch nicht ganz siebenundzwanzig, ein Alter, dem man es verzeihen kann, wenn die jugendlichen Gefühle sich

etwas ungestüm äußern –, brachten mich auf Grund all dieser Erwägungen zu dem Entschluß, ans Werk zu gehen und ernsthafte Absichten zu zeigen. Ich war damals ein junger Mann, und da mein Charakter einen Anflug von Romantik hatte (was dem Leser zweifellos schon längst aufgefallen ist), von dem das schöne Geschlecht leicht geblendet wird, hatte ich bald Grund anzunehmen, daß es der jungen Dame alles andere als unangenehm war, wenn ich ihr den Hof machte.

Es ist bestimmt der glücklichste Abschnitt im Leben eines jungen Mannes, wenn er auf die Freite geht. Alle die edelmütigen Regungen sind dann wach, und es ist doppelte Freude, wenn er Hoffnungen und Wünsche mit einem anderen Wesen teilen kann. Kehrt noch einmal für einen kurzen Augenblick zurück, ihr Schwärmereien – flüchtige Entzückungen! ihr Mondscheinwanderungen mit Cleora auf dem Stillen Weg von Vauxhall (NB. ungefähr eine Meile von Birmingham entfernt und ähnlich dem Park gleichen Namens bei London, nur daß der Eintritt billiger ist) – als die Nachtigall im Juni ihren Gesang unterbrach, um unseren Liebesgesprächen zu lauschen, während der Mond über uns stand (denn für gewöhnlich tranken wir bei Cleoras Mutter Tee, ehe wir ausgingen, nicht so sehr, um Geld zu sparen, als um dem Betrieb aus dem Wege zu gehen, der zur Teestunde im Park herrschte, die fast genau mit der Zeit der halben Preise zusammenfiel) – ihr trauten Zwiegespräche der Seele, wenn wir beim Austauschen gegenseitiger Gelübde vom kommenden Glück schwatzten! Was für zärtliche Auseinandersetzungen wir unter diesen Bäumen hatten, wenn wir das eine Haus verwarfen (wir machten Pläne über unser zukünftiges Heim), weil es, wenn auch billig, so doch unfreundlich war, und das andere aufgaben, da es bei einer schönen Lage doch zu teuer vermietet wurde – das eine war zu sehr im Herzen der Stadt, das andere zu weit weg vom Geschäft. Diese

Details werden den Alten und Weisen belanglos vorkommen. Ich schreibe sie nur für die Jungen. Nur junge Liebende, die, da sie jung, zugleich auch leidenschaftlich sind (und das waren Cleora und ich damals), können mich verstehen. Nachdem einige Wochen mit dieser Art verliebter Unterhaltungen, wie ich jetzt sagen darf, vergeudet worden waren, einigten wir uns schließlich auf das Haus in der High Street Nr. 203, das damals gerade durch den Tod des Herrn Hutton, eines Bürgers dieser Stadt, leer geworden war, als auf unser zukünftiges Heim. Ich hatte bis dahin in Untermiete gewohnt (und nur einen Laden fürs Geschäft gemietet), um in der Nähe meiner Mutter zu sein; in der Nähe, sage ich, nicht im selben Haus mit ihr, denn das hätte nur Verwirrung in unsere Haushalte gebracht, und es war wünschenswert, sie auseinanderzuhalten. Oh, die Katzbalgereien aus lauter Liebe, die Meinungsverschiedenheiten mit Cleora, die uns einander nur teurer machten, ehe wir uns endlich für das Haus entschließen konnten, das uns aufnehmen sollte – ich tat so, nur um einen Einwand zu machen, als ob die Miete zu hoch sei, und sie bestand darauf, daß die Steuern verhältnismäßig niedrig wären, und schließlich einte uns die Liebe in derselben Wahl. Ich glaube, es ist nicht zuviel gesagt, daß sie damals alles aus mir hätte herausholen können, wenn sie es nur gewollt hätte. Ich bedauere es nicht und werde es nie bedauern, daß mein Charakter zu jener Zeit durch einen verschwenderischen Zug gekennzeichnet war. Das Alter kommt schnell genug über uns und wird zur guten Zeit alles, was bei diesen Maßlosigkeiten zu weit geht, zurechtstutzen. Vielleicht ist es richtig, daß dem so ist. Die Dinge reiften, wie ich sagte, einer Entscheidung zwischen uns entgegen, nur war das Haus noch nicht fest gemietet – einige notwendige Verhandlungen, welche die Glut meines jugendlichen Ungestüms zu der Zeit kaum abwarten konnte (Liebe und Jugend sind nun einmal draufgängerisch) – einige Vorverhandlungen, sagte ich, mit dem Wirt hinsichtlich des Inventars – und es ist sehr wichtig, daß ein junger Mann, der einen Hausstand gründen will, sie in Betracht zieht, wenn sie sich auch schwer mit meinem damaligen leidenschaftlichen Gemütszustand in Einklang bringen ließen – einige Schwierigkeiten bei der Bewertung dieses Zubehörs hatten bisher (und ich werde immer denken durch eine glückliche Fügung des Schicksals) verhindert, daß ich endgültig mit ihm abschloß, als einer jener Zufälle dazwischenkam, die an sich unbedeutend, doch oft den ernsthaftesten Absichten unseres Lebens eine neue Wendung geben, ein Zufall, der meinen Plänen, ein Weib zu nehmen und einen Hausstand zu gründen, sofort ein Ende machte. Ich hatte niemals viel für Theateraufführungen übrig, das heißt, zu keiner Zeit meines Lebens war ich je das, was man einen regelmäßigen Theaterbesucher nennt; aber aus Anlaß einer Benefizvorstellung, von der man annahm, daß sie sehr viel einbringen würde, wie das auch tatsächlich der Fall war, äußerte Cleora den Wunsch, anwesend zu sein, und das Mindeste, was ich tun konnte, war, ihr und ihrer Mutter einen Parkettsitz anzubieten, und das tat ich auch sehr bereitwillig. Damals war es in unserer Stadt noch nicht üblich, daß Kaufleute, außer denen der allerbesten Familien, Logenplätze nahmen, wie sie das heute tun. Zur festgesetzten Stunde stand ich den Damen zur Verfügung, welche einen jungen Mann mitgebracht hatten, einen entfernten Verwandten, der anscheinend von ihnen eingeladen worden war, mitzukommen. Das brachte mich zunächst ein wenig aus der Fassung, da ich gerade genug Silber bei mir hatte, um für uns drei am Eingang zu bezahlen, und ich zunächst noch nicht wußte, daß der Verwandte vorgeschlagen hatte, für sich selbst zu zahlen. Um dem jungen Mann Gerechtigkeit widerfahren zu lassen, so kaufte er nicht nur für sich selbst, sondern auch für die alte Dame eine Karte und ließ mich demnach nur für zwei bezahlen. Als wir ans Theater kamen, wurde Cleora auf einige Apfelsinenhökerinnen aufmerksam, die vor den Eingängen standen und ihre Waren verkauften. Sie hatte sich bei mir eingehängt, und ich fühlte, daß sie mir ab und zu einen leichten Rippenstoß gab, wie man das nennt, Andeutungen, wie ich hinterher entdeckte, daß ich ihr einige Apfelsinen kaufen sollte. Es scheint, daß es in Birmingham und vielleicht auch anderorts Sitte ist, wenn ein Herr Damen im Theater freihält, und zwar besonders, wenn man annimmt, daß das Haus voll und es daher lästig warm sein wird, sie mit dieser Art Frucht zu versorgen: die Apfelsinen schätzt man dabei wegen ihrer erfrischenden Wirkung. Aber wie konnte ich das ahnen, da ich niemals vorher Damen zu einer Theatervorstellung eingeladen hatte und, wie ich schon sagte, durchaus ein Neuling bei dieser Art Unterhaltung war? Schließlich wurde sie deutlich und bat mich, ich möchte ihr einige von »den Apfelsinen dort« kaufen, wobei sie auf ein besonderes Faß zeigte. Aber als ich die Früchte prüfte, fand ich, daß die Qualität dem Preis nicht entsprach. Auf diese Art ließ ich mehrere Körbe durch meine Hände gehen, doch irgend etwas mißfiel mir an allen. Die einen hatten dünne Schalen, andere waren deutlich überreif, was ein genauso großer Fehler ist, als wenn sie nicht reif genug sind, und ich konnte kein Geschäft machen, wie man so sagt. Während ich dastand und mit den Frauen feilschte und im stillen beschloß, meinen Einkauf aufzuschieben, bis ich ins Theater hineinkam, wo ich hoffte, eine bessere Auswahl zu finden, kam der junge Mann, der Vetter, angerannt, der, anscheinend ohne daß ich ihn vermißt hatte, weggegangen war, die Taschen in- und auswendig, wie man so sagt, vollgestopft mit Apfelsinen. Es scheint, daß ihm das Aussehen der Früchte im Faß nicht besser gefallen hatte als mir, so war er weggeeilt zu einer ausgezeichneten Obsthandlung, die ungefähr drei Häuser entfernt lag – ich war so wenig gewitzt, daß ich nicht daran dachte –, und hatte einen Betrag von zwei Schillingen in einigen der besten St.-Michaels-Apfelsinen angelegt, die ich je verspeist habe. Was für Kleinigkeiten, wie ich schon früher sagte, den wichtigsten Dingen des Lebens eine neue Wendung geben können. Das bloße Nichtbeachten der Tatsache, daß sich eine gute Obsthandlung nur drei Häuser von uns entfernt befand, was mir, obwohl wir gerade daran vorbeigekommen waren, nicht in den Sinn kam, während er es ausnützte, kostete mich die Liebe meiner Cleora. Von da an wurde sie sichtlich kühler mir gegenüber und übertrug ihre Zuneigung sichtlich auf diesen Vetter. Lange konnte ich mir dieses veränderte Benehmen nicht erklären, bis ich, als ich eines Tages mit meiner Mutter allein war, zufällig mit ihr über Apfelsinen sprach und sie eine Art Vorwurf gegen mich einfließen ließ, als ob ich Cleora an jenem Abend durch meine »Genauigkeit«, wie sie es nannte, gekränkt hätte. Selbst jetzt, wo Cleora schon einige Jahre mit diesem, ich darf wohl sagen, überdiensteifrigen Verwandten verheiratet ist, lasse ich mich nur schwer davon überzeugen, daß so eine Kleinigkeit der Grund ihrer Unbeständigkeit sein konnte, denn wie konnte sie annehmen, daß ich meine liebsten Hoffnungen wegen der schäbigen Summe von zwei Schillingen opfern würde, wo ich sie und auch ihre Mutter im Theater freigehalten hätte (eine Ausgabe, die mehr als viermal so groß ist), wenn der junge Mann nicht dazwischengekommen wäre, um für letztere zu zahlen, wie ich schon erwähnt habe? Aber die Launen des anderen Geschlechts sind unergründbar, und ich fange an zu glauben, daß meine Mutter recht hatte; denn zweifellos verstehen Frauen einander besser, als wir uns je einbilden können, sie zu verstehen.

DR. JOHN BROWN

Dr. John Brown (1810–1882) wurde in Biggar, Lanarkshire, Schottland, als Sohn des berühmten Theologen Dr. John Brown geboren. Er studierte in Edinburgh Medizin und lebte dort bis zu seinem Ende als Arzt. Seine literarische Produktion – in der Hauptsache Essays – ist an Umfang gering, ihrem Gehalt nach sehr beachtenswert. In England wird er hoch geschätzt, in deutscher Übersetzung liegt nichts vor. – »Rab und seine Freunde« erschien zuerst 1859. Wie in fast dem ganzen ersten Band seiner »Horae Subsecivae« steht ein Berufserlebnis im Mittelpunkt. Auch mit der Darstellung der Tierseele hat sich Brown oft befaßt, so in dem reizenden Essay »Unsere Hunde«. In dem Ausspinnen kleiner Vorwürfe, der Mischung von Zartheit und feinem Humor hat man ihn mit Charles Lamb verglichen.

RAB UND SEINE FREUNDE

Vierunddreißig Jahre sind es her, als Bob Ainslie und ich vom Gymnasium her die Hospitalstraße heraufkamen, die Köpfe zusammengesteckt und die Arme verschlungen – wie und warum können nur Liebende und Knaben verstehen.

Als wir oben angelangt waren und uns nach Norden wandten, entdeckten wir einen Auflauf an der Tronkirche. »Ein Hundekampf!« schrie Bob und war auf und davon, und ich auch, und wir beide beteten beinahe, daß es noch nicht zu Ende sei, ehe wir dort waren! Und liegt das nicht in der Natur eines Knaben, und in der menschlichen Natur überhaupt, und wünschen wir nicht alle, daß ein brennendes Haus noch nicht gelöscht ist, wenn wir es sehen? Hunde haben ihre Freude am Kampf; der alte Isaak sagt, sie »erfreuen« sich des Kampfes, und aus dem besten aller Gründe; und Jungen sind deshalb noch nicht grausam, weil sie dabei gern zusehen. Sie sehen drei der Kardinaltugenden des Hundes und des Menschen – Mut, Beharrlichkeit und Geschick – in angespannter

Tätigkeit. Das ist etwas ganz anderes als die Lust, mit der manche Menschen Hunde in den Kampf hetzen, ihn genießen und steigern und Gewinn aus dem Schneid der Tiere ziehen. Ein Junge, mag er selbst noch so gern kämpfen, wird, wenn er ein anständiger Junge ist, all das hassen und verachten, aber er würde bestimmt mit Bob und mir rasch hinlaufen. Es ist ein natürliches und kein schlechtes Interesse aller Jungen und Männer, wenn sie angespannte Energie gern in Tätigkeit sehen.

Möchte irgendeine neugierige und ahnungslose Frau wissen, wie Bobs Auge auf den ersten Blick seinem Hirn einen Hundekampf anzeigte? Er sah die Hunde nicht kämpfen – konnte sie nicht sehen, es war ein Gedankenblitz, ein äußerst rascher Schluß aus der Erfahrung. Die Menge, die sich um ein paar kämpfende Hunde sammelt, besteht in der Hauptsache aus Männern, nur gelegentlich läuft eine rührige und mitleidige Frau wild am Rande herum und bearbeitet mit ihrer Zunge und ihren Händen, ohne sich irgendwelchen Zwang anzutun, die Männer, diese Rohlinge; es ist eine ringförmige, dichte und bewegliche Menge, die zentripetal die Augen und Köpfe alle nach unten und innen gekehrt hat, auf einen gemeinsamen Brennpunkt hin.

Nun, Bob und ich sind da, und es ist noch nicht vorüber: ein kleiner, rassiger, weißer Bullterrier ist dabei, einen großen Schäferhund zu erdrosseln, mit dem, obschon er den Krieg nicht kennt, doch nicht zu spaßen ist. Es geht hart her; der kleine Bursche arbeitet methodisch, im besten Stil; sein Feind vom Lande kämpft wild, aber mit sehr scharfen Zähnen und hohem Mut. Methode und Zucht gewannen jedoch bald das Feld. Das kampflustige Kücken, wie Bob den Terrier nannte, arbeitete sich empor, packte endgültig den armen Yarrow bei der Kehle, der keuchend und erledigt dalag. Sein Herr, ein braungebrannter, hübscher, großer junger Schäfer aus Tweedsmuir, hätte am liebsten die Männer niedergeschlagen, »Essig getrunken oder ein Krokodil gegessen«, wenn es sein mußte und sich eine Gelegenheit dazu bot: den kleinen Hund zu treten war zwecklos, dann hätte er nur fester zugebissen. Zu Dutzenden kamen die Ratschläge, wie man es am besten zu Ende bringen könnte. »Wasser!«, aber es war keins in der Nähe, und viele schrien danach, die es von dem Brunnen in der Dominikanergasse hätten holen können. »Beißt ihn in den Schwanz!«, und ein großer, zerstreuter, wohlwollender Mann mittleren Alters mit mehr Eifer als Verstand bekam nach einigen Anstrengungen das buschige Ende von Yarrows Schwanz in seinen großen Mund und biß mit aller Macht zu. Da lief dem geprüften, schweißbedeckten Schäfer die Galle über, und mit einem Freudenstrahl auf seinem breiten Gesicht verabreichte er unserem großen, zerstreuten, wohlwollenden Freund mittleren Alters einen mächtigen Kinnhaken – so daß er wie vom Schlag gerührt zusammensackte.

Immer noch hält das Kücken fest; der Tod ist nicht mehr weit. »Schnupftabak! Eine Prise Schnupftabak!« bemerkte ein ruhiger, elegant gekleideter junger Stutzer mit einem Monokel im Auge. »Jawohl, Schnupftabak!« knurrte die wütende Menge, beleidigt und auf der Lauer. »Schnupftabak! Eine Prise Schnupftabak!« bemerkte der Stutzer noch einmal, aber dringlicher, da bot man ihm mehrere geöffnete Dosen, und aus einem Hornende, das bei Culloden dabei gewesen sein konnte, nahm er eine Prise, kniete nieder und hielt sie dem Kücken vor die Nase. Die Gesetze der Physiologie und des Schnupftabaks nehmen ihren Lauf; das Kücken niest, und Yarrow ist frei.

Der junge, riesenhafte Hirt schreitet davon, hält Yarrow in den Armen und tröstet ihn.

Aber das Blut des Bullterriers ist in Wallung, seine

Seele unbefriedigt; er schnappt nach dem ersten Hundewesen, das ihm begegnet, und als er entdeckt, daß sie, homerisch ausgedrückt, kein Hund ist, leistet er kurz eine Art öffentliche Abbitte, und weg ist er. Die Jungen, Bob und ich an ihrer Spitze, rennen hinterdrein: er läuft die Niddry-Straße hinunter und führt Böses im Schilde; schießt die Kuhgasse hinauf wie ein Pfeil. Bob und ich und die anderen Kerlchen keuchen hinter ihm her. Dort unter dem Bogen der Südbrücke ist ein riesiger Mastiff und schlendert in der Mitte des Fußwegs dahin, wie einer, der die Hände in den Taschen hat: er ist alt, grau, scheckig, so groß wie ein kleiner Hochlandbulle, und seine Shakespearesche Wamme zittert beim Gehen.

Das Kücken läuft geradewegs auf ihn zu und hängt sich ihm an die Gurgel. Zu unserer Verwunderung bleibt das große Tier nur stehen, richtet sich auf und brüllt – jawohl, brüllt, lang, ernst und protestierend. Was ist denn da los? Bob und ich haben sie eingeholt. *Er hat einen Beißkorb!* Der Stadtrat hatte allgemein das Tragen von Beißkörben angeordnet, und sein Herr, dem es hauptsächlich auf Haltbarkeit und Billigkeit ankam, hatte seinen riesigen Kiefer in einen selbstgemachten Apparat gesteckt, den er aus dem Leder uralter Geschirriemen konstruiert hatte. Die Schnauze war so weit offen, wie es ging; vor Wut hatte er die Lippen aufgeworfen – es sah aus wie ein schreckliches Grinsen; seine Zähne leuchteten, bereit, aus der Dunkelheit; der Riemen über seinem Maul war gespannt wie die Sehne eines Bogens, seine ganze Gestalt steif vor Entrüstung und Überraschung; sein Brüllen schien uns alle zu fragen: »Habt ihr je dergleichen gesehen?« Er stand da wie eine Statue des Zorns und der Verwunderung aus Aberdeener Granit gemeißelt.

Bald war eine Menge zusammengelaufen: das Kücken hielt fest. »Ein Messer!« schrie Bob, ein Schuster gab ihm seins, ihr kennt diese Art Messer, schief bis zur

Spitze abgewetzt und stets scharf. Ich legte die Schneide an das gespannte Leder, es gab nach; und dann! – ein plötzlicher Ruck des mächtigen Kopfes, eine Art schmutziger Schaum um das Maul, kein Laut – und der muntere und wilde kleine Bursche ist abgeschüttelt, schlaff, tot. Eine feierliche Pause: Das war mehr, als irgendeiner von uns erwartet hatte. Ich drehte den kleinen Burschen um und sah, daß er ganz tot war – der Mastiff hatte ihn am Kreuz gepackt wie eine Ratte – und es gebrochen.

Er sah besänftigt, beschämt und betroffen auf sein Opfer herab, beschnüffelte und beguckte es gründlich, dann fiel ihm etwas ein, er kehrte sich um und trottete ab. Bob hob den toten Hund auf und sagte: »John, wir wollen ihn nach dem Tee begraben.« – »Ja«, sagte ich und rannte schon hinter dem Mastiff her. Er jagte in vollem Galopp die Kuhgasse hinauf; er hatte irgendeine Verabredung vergessen. Dann wandte er sich nach der Kerzenmachergasse und machte am Harrow-Gasthof halt.

Dort stand ein Fuhrmannsgeschirr im Begriff aufzubrechen, und ein lebhafter, dünner, ungeduldiger, dunkelhäutiger, kleiner Mann, dessen Hand auf dem Kopf des grauen Pferdes lag, hielt ärgerlich nach etwas Ausschau. »Rab, du Dieb!« sagte er und hatte meinem großen Freund einen Tritt zugedacht, der geduckt herankam, dem schweren Schuh mit mehr Gewandtheit als Würde auswich und, indem er die Augen seines Herrn beobachtete, bestürzt unter das Fuhrwerk schlich – die Ohren hingen herunter und was er an Schwanz hatte auch.

Was für ein Mann muß das sein, dachte ich, vor dem mein mächtiger Freund den Schwanz einzieht! Der Fuhrmann sah den Beißkorb zerschnitten und nutzlos am Halse hängen, und ich erzählte ihm eifrig die Geschichte, von der Bob und ich stets gedacht haben und noch denken, daß Homer oder König David oder

Sir Walter allein würdig seien, sie zu erzählen. Der strenge kleine Mann war besänftigt und ließ sich herab zu sagen: »Rab, alter Bursche, armer Rabbie.«
Darauf hob sich der Schwanzstumpf, die Ohren richteten sich auf, und die Augen füllten sich und waren getröstet; die beiden Freunde waren versöhnt. »Hupp!«, und Jeß bekam eins mit der Peitsche ab, und alle drei verschwanden.

Bob und ich begruben das Kücken an diesem Abend (aus dem Tee hatten wir uns nicht viel gemacht) auf dem Rasen hinter seinem Haus in der Melville-Straße 17 mit beträchtlicher Würde und Ruhe; und da wir damals gerade mitten in der Ilias steckten und wie alle Jungen für Troja waren, nannten wir ihn natürlich Hektor.

Sechs Jahre sind vergangen, eine lange Zeit für einen Jungen und einen Hund: Bob Ainslie ist Soldat auf einem fernen Kriegsschauplatz, und ich bin Student der Medizin und Famulus am Minto House Hospital.
Rab sah ich fast jeden Mittwoch, und wir waren auf eine angenehme Art miteinander vertraut. Ich fand den Weg zu seinem Herzen, indem ich ihm oft den mächtigen Kopf kraute und gelegentlich einen Knochen gab. Wenn ich ihn nicht bemerkte, dann pflanzte er sich unmittelbar vor mir auf und blickte mich an, wobei er den Kopf etwas schief hielt. Seinem Herrn begegnete ich gelegentlich, er pflegte mich »Meister John« zu nennen, aber war so lakonisch wie nur irgendein Spartaner.
Als ich an einem schönen Oktobernachmittag aus dem Krankenhaus kam, wurde gerade das große Tor geöffnet, und Rab kam herein in seinem weit ausholenden, leichten, gemächlichen Gang. Er sah aus, als ob er von dem ganzen Ort Besitz ergriffe wie der Herzog von Wellington beim Betreten einer unterworfenen

Stadt voller Sieges- und Friedensgefühle. Nach ihm kam Jeß, die Mähre, die das Alter weiß gemacht hatte, mit ihrem Wagen, und darin lag eine sorgfältig eingehüllte Frau; der Fuhrmann führte das Pferd vorsichtig und schaute sich um. Als Jakob mich erblickte (denn er hieß Jakob Noble), machte er einen knappen, grotesken Diener und sagte: »Meister John, das ist die Frau; es ist etwas mit ihrer Brust nicht in Ordnung – irgendein Geschwür denken wir.«

Jetzt erst sah ich das Gesicht der Frau; sie saß auf einem Strohsack und hatte ihres Mannes Plaid umgelegt und seinen Mantel mit den großen, weißen Metallknöpfen über den Füßen.

Ich habe nie ein unvergeßlicheres Gesicht gesehen – blaß, ernst, *einsam*, zart, lieblich, ohne doch das zu sein, was wir fein nennen. Sie mochte sechzig Jahre alt sein und hatte eine schneeweiße leinene Haube mit schwarzem Band auf; ihr silbernes, glattes Haar hob sich von den dunkelgrauen Augen ab – Augen, wie man sie nur zwei- oder dreimal im Leben sieht, voll des Leids, voll auch der Überwindung des Leids: Ihre Augenbrauen waren schwarz und zart und ihr Mund fest, geduldig und zufrieden, wie das nur selten ein Mund ist.

Wie ich gesagt habe, sah ich nie schönere Gesichtszüge, nie Züge, die mehr auf eine abgeklärte Ruhe gestimmt waren: »Ailie«, sagte Jakob, »das ist Meister John, der junge Doktor, Rabs Freund, weißt du? Wir sprechen oft von Euch, Doktor.« Sie lächelte und machte eine Bewegung, sagte aber nichts und schickte sich an, abzusteigen, indem sie ihr Plaid beiseite legte und sich aufrichtete. Hätte Salomon in all seiner Glorie am Eingang seines Palastes der Königin von Saba aus dem Wagen geholfen, er hätte es nicht feiner, zarter, vornehmer tun können als Jakob, der Fuhrmann von Howgate, als er Ailie, seiner Frau, herunterhalf. Der Gegensatz zwischen seinem schmalen, dunkelhäutigen, wettergebräunten, lebhaften, weltlichen Gesicht und dem ihren – bleich, abgeklärt und schön – war wunderbar. Rab schaute zu, besorgt und verwirrt, aber bereit, falls er irgendwie gebraucht würde – und gälte es, die Schwester, den Pförtner oder auch mich abzuwürgen. Ailie und er schienen gute Freunde zu sein.

»Wie ich schon sagte, es ist etwas mit ihrer Brust nicht in Ordnung, Doktor, würdet Ihr sie Euch einmal ansehen?« Wir gingen alle vier in das Sprechzimmer; Rab finster und komisch, bereit, glücklich und zutraulich zu sein, wenn sich Veranlassung dazu zeigte, bereit auch zum Gegenteil unter den gleichen Bedingungen. Ailie setzte sich, öffnete ihr loses Kleid, nahm ihr Batisttuch, das sie um den Hals trug, ab und zeigte mir ohne ein Wort ihre rechte Brust. Ich sah sie an und untersuchte sie sorgfältig – während sie und Jakob mich beobachteten und Rab uns alle drei ins Auge faßte. Was konnte ich sagen? Da war das, was einst so weich, wohlgeformt, weiß, anmutig und freigebig gewesen war – so »voll aller gesegneten Dinge«, – hart wie Stein, Ausgangspunkt eines scheußlichen Schmerzes und ließ das bleiche Gesicht mit den grauen, glänzenden, verständigen Augen und dem lieblichen, entschlossenen Mund das volle Maß überwundenen Leides ausdrücken. Warum war diese sanfte, bescheidene, zarte Frau, sauber und liebenswert, von Gott verdammt, eine solche Last zu tragen?

Ich brachte sie in ein Bett. »Dürfen Rab und ich bleiben?« fragte Jakob. »*Sie* können hierbleiben und Rab, wenn er sich anständig benimmt.« – »Ich stehe dafür ein, daß er das tut, Doktor«, und das treue Tier schlich sich herein. Ich wünschte, ihr hättet ihn sehen können. Heute gibt es solche Hunde nicht mehr. Er gehörte einem ausgestorbenen Stamm an. Wie ich schon gesagt habe, war er scheckig und grau wie Rubislawer Granit, sein Haar kurz, hart und dicht wie das eines Löwen; sein Körper untersetzt wie der eines kleinen

Bullen – eine Art gedrungener Herkules von einem Hund. Er muß mindestens seine neunzig Pfund gewogen haben; hatte einen großen, flachen Kopf, die Schnauze schwarz wie die Nacht, der Rachen schwärzer als die Nacht mit einem oder zwei Zähnen, die ihm noch geblieben waren und aus dem dunklen Schlund leuchteten. Der narbige Kopf zeigte die Spuren alter Wunden, war gleichsam mit einer Reihe von Schlachtfeldern bedeckt; ein Auge fehlte, ein Ohr war so kurz gestutzt wie das von Erzbischof Leightons Vater; das verbliebene Auge hatte die Macht zweier, und darüber und in beständiger Verbindung mit ihm war ein zerfetzter Rest von einem Ohr, das sich fortgesetzt entfaltete wie eine alte Fahne; und dann dieser Schwanzansatz, ungefähr einen Zoll lang, wenn man ihn überhaupt in irgendeiner Beziehung lang nennen konnte, denn er war so breit wie lang; die Beweglichkeit und Blitzesschnelle dieses Ansatzes waren äußerst komisch und überraschend und sein ausdrucksvolles Zucken und Zittern und die Verbindung, in der er mit dem Auge und Ohr stand, höchst absonderlich und rasch.

Rab hatte die Würde und Einfachheit eines großen Wesens, und da er sich auf der Straße eine absolute Vormachtstellung erkämpft hatte, war er in seinem eigenen Gebiet so mächtig wie Julius Cäsar oder der Herzog von Wellington und besaß den Ernst aller großen Kämpfer.

Ihr habt sicher schon die Ähnlichkeit gewisser Menschen mit gewissen Tieren beobachtet. Wenn ich nun Rab sehe, dann muß ich immer an den großen Baptistenprediger Andreas Fuller denken; dasselbe breite, schwere, drohende, kampfbereite Gesicht, dieselben tiefen Augen, denen man sich nicht entziehen konnte, derselbe Blick wie schlummernder und doch stets wacher Donner – weder mit dem Hund noch mit dem Manne ließ sich spaßen.

Am nächsten Tage untersuchte mein Meister, der Chirurg, Ailie. Zweifellos mußte es sie töten, und zwar bald. Es könnte entfernt werden – käme vielleicht nie wieder – würde ihr schnelle Erlösung bringen – sie sollte es machen lassen. Sie knickste, schaute Jakob an und fragte: »Wann?« – »Morgen«, sagte der freundliche Chirurg, ein Mann, der wenig Worte machte. Sie und Jakob und Rab und ich zogen uns zurück. Ich beobachtete, daß er und sie wenig sprachen, aber alles zu ahnen schienen, was in dem anderen vorging.

Am folgenden Mittag kamen die Studenten und eilten die große Treppe herauf. Auf dem ersten Absatz war an ein kleines, wohlbekanntes schwarzes Brett mit Oblaten ein Stück Papier befestigt neben vielen Überbleibseln alter Oblaten. Auf dem Papier standen die Worte: »Heute Operation. J.B. Famulus.«

Die Jungen rannten herauf, um sich gute Plätze zu sichern, sie drängten sich herein – interessiert und gesprächig. »Was für ein Fall ist es?« – »Welche Seite?«

Denkt nicht, daß sie herzlos sind; sie sind weder besser noch schlechter als du und ich. Sie überwinden die Schrecken ihres Berufes, gewöhnen sich an ihre eigentliche Arbeit; Mitleid als ein *Gefühl*, das sich selbst genug ist oder bestenfalls in Tränen und einem langgezogenen Seufzer endet, läßt bei ihnen nach – Mitleid dagegen als *Motiv* steigert sich und gewinnt an Kraft und Zielstrebigkeit. Es ist gut für die arme menschliche Natur, daß dem so ist.

Das Operationstheater ist überfüllt; man redet und scherzt mit all der Herzlichkeit und Unruhe der Jugend. Der Chirurg mit seinem Stab von Assistenten ist da. Ailie kommt herein; ein Blick, und die lebhaften Studenten sind ruhig. Dieser schönen, alten Frau können sie nicht widerstehen; sie setzen sich, sind stumm und starren sie an. Die derben Jungen fühlen die Macht ihrer Gegenwart. Schnell, doch ohne Hast, schreitet sie herein, sie trägt die leinene Haube, das Brusttuch, das kurze weiße Barchentkleid und den schwarzen Unterrock aus Bombasin, der die weißen wollenen Strümpfe und die Hausschuhe sehen läßt. Hinter ihr kam Jakob mit Rab. Jakob setzte sich in einiger Entfernung und nahm den mächtigen, edlen Kopf zwischen die Knie. Rab sah bestürzt und gefährlich aus; spitzte fortwährend sein Ohr und ließ es ebensoschnell wieder fallen.

Ailie stieg auf einen Hocker und legte sich auf den Tisch, wie ihr Freund, der Chirurg, sie anwies; machte sich fertig, warf Jakob einen raschen Blick zu, schloß die Augen, stützte sich auf mich und nahm meine Hand. Sofort wurde mit der Operation begonnen; notwendigerweise ging sie langsam vor sich, und Chloroform – eine der besten Gaben Gottes für seine leidenden Kinder – war damals noch unbekannt. Der Chirurg verrichtete seine Arbeit. Das bleiche Gesicht verriet die Schmerzen, aber war still und ruhig. Rabs Seele arbeitete in ihm; er sah, daß etwas Seltsames geschah – Blut floß von seiner Herrin, und sie litt; sein zerfetztes Ohr stand hartnäckig aufrecht; er knurrte, bellte ab und zu kurz und ungeduldig; gern hätte er diesem Mann eins ausgewischt. Aber Jakob hielt ihn fest, blickte ihn bisweilen finster an, drohte mit einem Tritt; für Jakob war das nur gut, es lenkte seine Augen und seinen Geist von Ailie ab.

Es ist vorbei: Sie ist wieder angezogen, steigt fein und sittsam von dem Tisch herunter, sieht nach Jakob; dann wendet sie sich dem Chirurgen und den Studenten zu, knickst – und bittet sie in einer tiefen, klaren Stimme um Verzeihung, falls sie sich nicht gut benommen hätte. Die Studenten – wir alle – weinten wie die Kinder; der Chirurg hüllte sie sorgfältig ein, und indem sie sich auf Jakob und mich stützte, ging sie nach ihrem Zimmer; Rab folgte. Wir legten sie zu Bett. Jakob zog seine schweren Zweckenschuhe mit Hacken-

und Spitzeneisen aus, setzte sie sorgsam unter den Tisch und sagte: »Meister John, ich möchte keine von euren fremden Pflegerinnen für Ailie. Ich werde sie pflegen und so leise wie Miezchen in Strümpfen umhergehen.« Und das tat er auch; dieser scharfe, gebieterische kleine Mann mit den harten, hornigen Händen war so geschickt und klug, so schnell und zart wie nur je eine Frau. Alles, was sie bekam, gab er ihr; er schlief nur selten, und oft sah ich, wie sich seine kleinen, listigen Augen in der Dunkelheit auf sie hefteten. Wie vordem sprachen sie wenig.
Rab benahm sich gut, bewegte sich nicht, zeigte uns, wie mild und sanft er sein konnte, und ließ uns nur gelegentlich, wenn er schlief, wissen, daß er irgendeinen Widersacher vernichtete. Jeden Tag machte er mit mir einen Spaziergang, meist nach der Kerzenmachergasse; aber er war ernst und freundlich, lehnte es ab zu kämpfen, obwohl sich einige passende Gelegenheiten dazu boten, ließ sich sogar verschiedene Beleidigungen gefallen; er war stets bereit kehrtzumachen und kam schneller zurück, trabte geschwind die Treppe hinauf und lief stracks nach jener Tür.
Jeß, die Mähre, war mit ihrem verwitterten Fuhrwerk nach Howgate geschickt worden und stellte zweifellos friedlich ihre eigenen verschwommenen Betrachtungen an über die Abwesenheit Rabs und ihres Herrn und ihr unnatürliches Freisein von der Straße und dem Geschirr.
Einige Tage ging es Ailie gut. Die Wunde schloß sich sofort; es war, wie Jakob sagte: »Ailies Haut ist zu sauber, um zu eitern.« Die Studenten kamen leise und besorgt herein und umgaben ihr Bett. Sie sagte, sie sähe ihre jungen, ehrlichen Gesichter gern. Der Chirurg verband sie und sprach in seiner kurzen, freundlichen Art mit ihr, bemitleidete sie nur mit den Augen, Rab und Jakob standen außerhalb des Kreises, Rab versöhnt und sogar herzlich – er war zu dem Schluß

gekommen, daß es bis jetzt noch nicht nötig sei, sich um irgend jemand zu sorgen – doch, wie ihr euch vorstellen könnt, *semper paratus*.

Soweit schien alles gut; aber vier Tage nach der Operation schüttelte es meine Patientin plötzlich und lange, es »schubberte« sie, wie sie es nannte. Ich sah sie bald danach; ihre Augen hatten zuviel Glanz; ihre Backen Farbe; sie war unruhig, schämte sich darüber; die Waage senkte sich, das Unglück nahm seinen Lauf. Die Wunde, die rot angelaufen war, verriet das Geheimnis; ihr Puls ging rasch; sie atmete unruhig und schnell; sie war nicht sie selbst, wie sie sagte, und ärgerte sich, daß sie so ruhelos war. Wir versuchten, was wir konnten. Jakob tat alles, war überall; niemals im Wege, niemals weit weg; Rab zog sich an eine dunkle Stelle unter dem Tisch zurück, war unbeweglich bis auf das Auge, das jedem folgte. Ailie ging es schlechter, sie fing an, ein wenig zu phantasieren, zeigte Jakob ihre Gefühle offener, fragte rasch und war bisweilen scharf. Er war ärgerlich und sagte: »Sie war noch nie so; nein, nie.« Eine Zeitlang wußte sie, daß ihr Kopf nicht in Ordnung war, und sie bat uns fortgesetzt um Verzeihung – die liebe, milde, alte Frau –, dann setzte das Delirium heftig und pausenlos ein. Ihr Verstand trübte sich, es begann jenes schreckliche Schauspiel – »der Geist ging seinen gefahrvoll-dunklen Weg erkunden«; sie sang Teile alter Lieder und Psalmen, brach plötzlich ab, mischte die Psalmen Davids mit den göttlicheren Worten des Sohnes und Herrn, mit allerhand Kleinigkeiten und Brocken aus Balladen.

Nichts Rührenderes und in seiner Weise seltsam Schöneres habe ich je gesehen. Ihre zitternde, rasche, warme, lebhafte, schottische Stimme, der hastige, ziellose, verwirrte Geist, die rätselhaften Äußerungen, die glänzenden und gefährlichen Augen; ein paar wilde Worte, Haushaltsorgen, etwas für Jakob, die Namen der Toten, Rab, der schnell und in einer fremden Stimme gerufen wurde, überrascht aufsprang und sich dann davonschlich, als ob er irgendwie zu tadeln wäre oder nur geträumt hätte, man riefe ihn. Viele lebhafte Fragen und flehentliche Bitten, mit denen Jakob und ich nichts anzufangen wußten und an denen ihr unendlich viel zu liegen schien, bis sie unverstanden zurücksank. Es war sehr traurig. aber besser als vieles, was man nicht traurig nennt. Jakob hing über ihr, fassungslos und elend, aber doch tätig und genau wie immer; wenn eine Pause kam, las er ihr vor, kurze Stücke aus den Psalmen in Prosa und Versen, die letzteren sang er halb in seiner eigenen kunstlosen, ernsten Weise; er fand stets das rechte Wort, führte sich wie ein Mann und war zärtlich zu seiner Ailie. »Ailie, mein Weib.« – »Meine flinke, kleine Traute.«

Das Ende näherte sich: Das goldene Gefäß brach; die silberne Schnur sollte bald gelöst werden – und *animula blandula, vagula, hospes, comesque* waren im Begriff zu entfliehen. Der Körper und die Seele – Gefährten seit sechzig Jahren – wurden getrennt und nahmen Abschied. Sie wanderte allein durch das Tal des Schattens, in das wir eines Tages alle eingehen müssen – und dennoch war sie nicht allein, denn wir wissen, wessen Stecken und Stab sie trösteten.

Eines Nachts war sie ruhig geworden und, wie wir hofften, eingeschlafen; ihre Augen waren geschlossen. Wir schraubten das Gas klein und wachten bei ihr. Plötzlich richtete sie sich im Bett auf, nahm ein Nachtgewand, das dort zusammengerollt lag, und hielt es eifrig an die Brust – an die rechte Seite. Wir konnten sehen, wie sich ihre Augen mit einer überraschenden Zärtlichkeit und Freude an dieses Bündel hefteten. Sie hielt es wie eine Frau ihr saugendes Kind, öffnete ihr Nachthemd ungeduldig, nahm das Bündel dicht an sich heran, neigte sich darüber, murmelte närrische kurze Worte wie eine Mutter, die ihr Kind liebkost,

das saugt und zufrieden ist. Es war traurig und seltsam anzusehen: ihr verfallener, sterbender Blick, scharf und doch unbestimmt – ihre grenzenlose Liebe.
»Behüte mich!« stöhnte Jakob und brach zusammen. Dann schaukelte sie vorwärts und rückwärts, als ob sie es zum Schlafen bringen wollte, lullte es ein und verschwendete ihre unendliche Zärtlichkeit darauf. »Barmherziger! Doktor, ich glaube, sie denkt, es ist das Kind.« – »Welches Kind?« – »Das einzige, das wir gehabt haben, unsere kleine Mysie, und sie ist schon mehr als vierzig Jahre in seinem Königreich.« Es war wirklich so: der Schmerz in der Brust sprach eindringlich zu einem verwirrten, zerstörten Geist, wurde falsch verstanden und gedeutet; er erinnerte sie an das Unbehagen einer Brust, die voll Milch ist, und dann an das Kind; und so waren sie noch einmal vereint, und sie hielt ihre kleine Mysie an die Brust.
Das war das Ende. Ihre Kräfte ließen rasch nach; sie delirierte nicht mehr, aber war, wie sie flüsterte, »einfach albern«; es war der Blitz vor der endgültigen Finsternis. Nachdem sie einige Zeit still gelegen hatte, schlossen sich ihre Augen, sie sagte: »Jakob!« Er kam dicht zu ihr heran, sie blickte mit ihren ruhigen, klaren schönen Augen empor und sah ihn lange an, wendete sich freundlich, aber kurz zu mir, schaute sich nach Rab um, aber konnte ihn nicht sehen, dann kehrte sie sich wieder ihrem Manne zu, als ob sie nie aufhören wollte zu schauen, schloß die Augen und sammelte sich. Eine Zeitlang atmete sie hastig und ging dann so sanft hinüber, daß Jakob, als wir dachten, es wäre vorüber, ihr in seiner altmodischen Art den Spiegel vors Gesicht hielt. Nach einer langen Pause wurde eine kleine, trübe Stelle ausgeatmet, sie verschwand und kehrte nie wieder, sondern hinterließ nur die leere, klare Dunkelheit ohne einen Flecken. »Was ist unser Leben? Es ist wie ein Hauch, der für eine kurze Zeit erscheint und dann dahinschwindet.«

Rab war die ganze Zeit über hellwach und bewegungslos gewesen; er trat neben uns; Ailies Hand, die Jakob gehalten hatte, hing herunter, sie war naß von Tränen; Rab leckte sie sorgfältig ab und kehrte zu seinem Platz unter dem Tisch zurück.
Jakob und ich saßen, ich weiß nicht wie lange, aber doch einige Zeit, schweigend da; unvermittelt stand er auf, ging nicht ohne Geräusch nach dem Tisch und steckte seinen rechten Zeige- und Mittelfinger je in einen Schuh, langte sie vor, zog sie an, zerriß dabei einen der ledernen Schuhriemen und murmelte zornig: »Nie habe ich etwas Ähnliches getan!«
Ich glaube es und auch später nie. »Rab!« sagte er rauh und wies mit dem Daumen auf das untere Bettende. Rab sprang auf und nahm seinen Platz ein; der Kopf und die Augen waren dem toten Gesicht zugekehrt. »Meister John, Ihr werdet auf mich warten«, sagte der Fuhrmann und verschwand in der Dunkelheit; seine schweren Schuhe polterten die Treppe hinunter. Ich lief zu einem Vorderfenster, da war er schon um das Haus herum und aus dem Tor hinaus, er floh wie ein Schatten.
Ich sorgte mich um ihn und auch wieder nicht; so setzte ich mich neben Rab, und da ich abgespannt war, schlief ich ein. Ein plötzlicher Lärm draußen weckte mich. Es war November, und es hatte stark geschneit. Rab war in *statu quo*; auch er hörte das Geräusch und kannte es genau, aber er rührte sich nicht. Ich sah hinaus, und dort an der Pforte in dem trüben Morgen – denn die Sonne war noch nicht aufgegangen – standen Jeß und das Fuhrwerk, und von der alten Mähre stieg eine Dampfwolke auf. Jakob sah ich nicht; er war schon an der Tür, kam die Treppen herauf, trat ins Zimmer. Vor noch nicht drei Stunden war er weggegangen; in größter Eile mußte er – wer weiß wie – nach Howgate gelangt sein, das volle neun Meilen entfernt ist; dort spannte er Jeß an und trieb die Er-

staunte in die Stadt. Er hatte einen Armvoll Decken und triefte vor Schweiß. Er nickte mir zu und breitete auf dem Boden zwei Paar saubere alte Decken aus, an deren Ecken in großen Buchstaben und roter Wolle »A. G., 1794« stand. Dies waren die Anfangsbuchstaben von Alison Graeme, und Jakob hatte sie vielleicht von draußen beobachtet – ungesehen, aber doch in ihren Gedanken –, als er »naß, naß und müde« dastand, nachdem er manche Meile über die Berge gelaufen war, hatte sie vielleicht sitzen sehen, während alle anderen schliefen und sie beim Scheine des Feuers ihren Namen auf die Decken arbeitete für das Bett ihres lieben Jakob.

Er bedeutete Rab, sich zu legen, nahm seine Frau in die Arme, legte sie auf die Decken, hüllte sie sorgfältig und fest ein, wobei er das Gesicht unbedeckt ließ, hob sie auf, nickte mir noch einmal scharf zu, und mit einem entschlossenen, aber höchst unglücklichen Gesicht schritt er, von Rab gefolgt, den Gang entlang und nach unten. Ich folgte mit einem Licht, das er nicht brauchte. Ich ging hinaus und hielt törichterweise die Kerze in der Hand in der ruhigen, frostigen Luft; bald waren wir am Tor. Ich hätte ihm helfen können, aber ich sah, daß er unzugänglich war, auch war er stark und brauchte meine Hilfe nicht. Er legte sie so behutsam und so sicher hin, wie er sie vor zehn Tagen herausgehoben hatte – so behutsam wie damals, als er sie zuerst in den Armen hielt und sie noch »A. G.« war –, rückte sie zurecht und ließ das schöne, versiegelte Gesicht offen unter dem Himmel; dann nahm er Jeß beim Kopf und ging. Er beachtete mich nicht, ebensowenig wie Rab, der den Zug hinter dem Wagen beschloß.

Ich blieb stehen, bis sie durch den langen Schatten des Colleges hindurch waren und sich die Nicolson-Straße hinaufwanden. Ich hörte das einsame Fuhrwerk durch die Straßen rollen, den Ton verschwinden und wiederkommen, und ich kehrte zurück und dachte daran, wie diese Gruppe Libberton Brae hinaufging und dann am Roslin-Moor entlang; während das Morgenlicht die Pentlands berührte, so daß sie wie geisterhafte Zuschauer aussahen; dann den Berg hinab durch den Wald von Auchindinny an dem sagenhaften Woodhouselee vorbei, und wenn das Tageslicht sich über die öden Lammermuirs ergoß und auf seine eigene Schwelle fiel, würden sie haltmachen, und Jakob würde den Schlüssel nehmen und Ailie wieder hochheben und sie auf ihr eigenes Bett legen, und nachdem Jeß versorgt war, würde er mit Rab zurückkommen und die Tür schließen.

Jakob begrub sein Weib, die Nachbarn bildeten das Trauergefolge, und Rab beobachtete die Feierlichkeit aus der Entfernung. Es lag Schnee, und das schwarze, unebene Loch muß seltsam ausgesehen haben inmitten des gewölbten, fleckenlosen, weißen Kissens. Jakob kümmerte sich um alles; dann wurde er ziemlich plötzlich krank und mußte sich legen, war besinnungslos, als der Arzt kam, und starb bald. Eine fiebrige Erkrankung ging im Dorf um, und der fehlende Schlaf, die Erschöpfung und Niedergeschlagenheit hatten ihn anfällig gemacht. Es war nicht schwer, das Grab wieder zu öffnen. Frischer Schnee hatte wieder alles weich und weiß gemacht; Rab schaute noch einmal zu und schlich sich nach Hause in den Stall.

Und was wurde aus Rab? Ich erkundigte mich in der folgenden Woche bei dem neuen Fuhrmann nach ihm, der Jakobs Geschäft übernahm und dem jetzt Jeß und das Fuhrwerk gehörten. »Was macht Rab?« Er wich mir aus und sagte ziemlich grob: »Was geht *Sie* der Hund an?« Doch ich ließ mich nicht so abfertigen. »Wo ist Rab?« Er wurde verwirrt und rot und sagte, indem er sich durchs Haar fuhr: »Je, Herr, Rab ist tot.« – »Tot! Woran ist er denn gestorben?« – »Ach,

mein Herr«, sagte er und wurde noch röter, »er ist nicht gerade gestorben, er wurde getötet. Ich mußte ihm mit einem Reitel den Kopf zerschmettern; man kam nicht an ihn heran. Er lag im Stall bei der Mähre und wollte nicht herauskommen. Ich habe ihn mit Kohl und Fleisch gelockt, aber er wollte nichts nehmen und ließ mich das Tier nicht füttern, er knurrte und knurrte und schnappte immerzu nach meinen Beinen. Es fiel mir schwer, den alten Hund umzubringen, er hatte zwischen hier und Thornhill nicht seinesgleichen – aber wirklich, mein Herr, mir blieb nichts weiter übrig.«
Ich glaubte ihm. Ein passendes Ende für Rab, schnell und vollständig. Die Zähne und die Freunde hatte er verloren, warum sollte er Ruhe geben und manierlich sein?
Er wurde am Abhang in der Nähe des Baches begraben; die Dorfkinder – seine Gefährten, die sich viel Freiheiten mit ihm erlaubt hatten und auf seinem Bauch saßen, wenn er halb im Schlaf in der Sonne lag – beobachteten die Feierlichkeiten aus der Entfernung.

CHARLES DICKENS

Charles Dickens (1812–1870) wurde in Landport bei Portsmouth als Sohn eines Kanzlisten geboren und mußte schon als Kind zum Unterhalt der Familie durch Arbeit in einer Schuhwichsefabrik beitragen, später Parlamentsberichterstatter, Gründer und Herausgeber verschiedener Zeitungen und Zeitschriften, errang mit seinem ersten größeren Werk, den »Pickwick Papers«, sofort Weltruhm. Von seinen zahlreichen Romanen, in denen er die kleinbürgerliche Welt und ihre Ideale mit gemütvollem Humor schildert und meist auch sozialpolitische Tendenzen verfolgt, sind bei uns besonders »Oliver Twist« und der autobiographische »David Copperfield« beliebt, von den Weihnachtserzählungen »A Christmas Carol in Prose«. – »Die Geschichte des Handlungsreisenden« ist den »Pickwick Papers« 1836/37 entnommen. »Ein Kind träumt von einem Stern« schrieb Dickens für die zweite Nummer seiner Familienzeitschrift »Household Words« 1850, weil er beim Durchlesen der ersten Nummer das unbestimmte Gefühl hatte, es fehle noch etwas Zartes, das an eine allgemeine Erkenntnis jeder Familie rührt; während einer nächtlichen Eisenbahnfahrt (stets ein wunderbar anregender Ort für ihn, wenn er allein war) schaute er zu den Sternen auf, sann über sie nach, verknüpfte dann eins mit dem andern und schrieb auf der Stelle die kleine Träumerei (Bericht an Forster vom 14. März 1850).

EIN KIND TRÄUMT VON EINEM STERN

Es war einmal ein Kind, ein Knabe, und er streifte viel umher und dachte an mancherlei Dinge. Er hatte eine Schwester, die war auch ein Kind und seine ständige Begleiterin. Diese zwei wunderten sich oft den ganzen lieben Tag lang. Sie wunderten sich über die Schönheit der Blumen; sie wunderten sich über die Höhe und das Blau des Himmels; sie wunderten sich über die Tiefe des klaren Wassers; sie wunderten sich über die Güte und Macht Gottes, der die wunderschöne Welt gemacht hat.

Manchmal sagten sie zueinander: Wenn nun alle Kinder auf der Erde sterben müßten, würden die Blumen und das Wasser und der Himmel traurig sein? Sie glaubten, sie würden traurig sein. Denn, sagten sie, die Knospen sind die Kinder der Blumen, und die kleinen, spielerischen Bäche, die lustig die Abhänge der Berge hinunterhüpfen, sind die Kinder des Wassers, und die kleinsten, hellen Flecke, die die ganze Nacht am Himmel Versteck spielen, sind sicher die Kinder der Sterne; und sie alle wären betrübt, wenn sie ihre Spielkameraden, die Menschenkinder, nicht mehr sähen.

Es war da ein heller, leuchtender Stern, der immer vor den anderen am Himmel herauskam in der Nähe des Kirchturmes über den Gräbern. Er war größer und schöner, dachten sie, als alle anderen, und jeden Abend standen sie Hand in Hand am Fenster und warteten auf ihn. Wer immer ihn zuerst sah, rief: »Ich sehe den Stern!« Und oft riefen sie beide zugleich, denn sie wußten genau, wann er aufging und wo. So wurden sie so gut Freund mit ihm, daß sie, ehe sie sich niederlegten in ihre Betten, stets noch einmal hinaussahen, um ihm Gute Nacht zu sagen; und wenn sie sich herumdrehten, um zu schlafen, sagten sie: »Gott segne den Stern!«

Aber als sie sehr jung war, oh, sehr, sehr jung, sank die Schwester dahin und wurde so schwach, daß sie nicht länger abends am Fenster stehen konnte; und dann sah das Kind traurig allein hinaus, und wenn es den Stern sah, drehte es sich herum und sagte zu dem geduldigen, bleichen Gesicht auf dem Bett: »Ich sehe den Stern!«, und dann kam immer ein Lächeln über das Gesicht, und eine kleine, schwache Stimme sagte: »Gott segne meinen Bruder und den Stern!«

Und so kam die Zeit, ach zu bald! als das Kind allein hinaussah und kein Gesicht auf dem Bett war und als ein kleines Grab unter den Gräbern war, das früher fehlte, und der Stern lange Lichtstrahlen hinunterschickte zu ihm, der ihn durch seine Tränen sah.

Nun waren diese Strahlen so hell, und sie schienen so einen leuchtenden Weg von der Erde zum Himmel zu machen, daß das Kind, wenn es in sein einsames Bett ging, von dem Stern träumte und träumte, daß es, wie es so dalag, einen Zug Menschen sah, den Engel diese funkelnde Straße hinaufholten. Und der Stern öffnete sich und zeigte ihm eine große Welt des Lichts, wo viel mehr solcher Engel warteten, um sie zu empfangen.

Alle diese Engel, die warteten, wandten ihre strahlenden Augen auf die Menschen, die in den Stern hineingetragen wurden, und manche kamen heraus aus den langen Reihen, in denen sie standen, und fielen den Menschen um den Hals und küßten sie innig und gingen weg mit ihnen breite Lichtstraßen hinunter und waren so glücklich in ihrer Gesellschaft, daß das Kind, wie es in seinem Bett lag, vor Freude weinte.

Aber es waren auch viele Engel, die nicht mit ihnen gingen, und unter ihnen einer, den es kannte. Das geduldige Gesicht, das einst auf dem Bett gelegen hatte, war verklärt und leuchtete, aber sein Herz fand die Schwester unter der himmlischen Heerschar heraus.

Seiner Schwester Engel hielt sich nahe am Eingang des Sternes auf und sagte zu dem Führer derer, die die Menschen dorthin gebracht hatten:

»Ist mein Bruder gekommen?«

Und er sagte: »Nein.«

Sie wandte sich hoffnungsvoll weg, als das Kind seine Arme ausstreckte und rief: »O Schwester, hier bin ich! Nimm mich!« Und dann wandte sie ihre strahlenden Augen auf ihn, und es war Nacht, und der Stern leuchtete in das Zimmer und schickte lange Lichtstrahlen hinunter zu ihm, das ihn durch seine Tränen sah.

Von dieser Stunde an blickte das Kind auf den Stern wie auf die Heimat, zu der es gehen würde, wenn seine Stunde kam, und es dachte, daß es nicht nur der Erde gehörte, sondern auch dem Stern, weil seiner Schwester Engel vorangegangen war.

Es wurde ein Kindlein geboren, das ihm Bruder sein sollte, und als es so klein war, daß es noch kein Wort gesprochen hatte, streckte es seine winzige Gestalt aus auf dem Bett und starb.

Wieder träumte das Kind von dem geöffneten Stern und von der Gesellschaft der Engel und dem Zug Menschen und den Reihen Engeln mit ihren strahlenden Augen, die alle auf die Gesichter dieser Menschen gewandt waren.

Und seiner Schwester Engel sagte zu dem Führer:

»Ist mein Bruder gekommen?«

Und er sagte: »Nicht dieser, sondern ein anderer.«

Als das Kind den Engel seines Bruders in ihren Armen schaute, rief er: »O Schwester! Hier bin ich! Nimm mich!« Und sie wandte sich um und lächelte ihn an, und der Stern leuchtete.

Er wurde ein junger Mann und saß eifrig hinter seinen Büchern, als ein alter Diener zu ihm kam und sagte: »Deine Mutter ist nicht mehr. Ich bringe ihrem liebsten Sohn ihren Segen!«

Wieder sah er nachts den Stern und all die frühere Gesellschaft. Und seiner Schwester Engel sagte zu dem Führer:

»Ist mein Bruder gekommen?«

Und er sagte: »Deine Mutter.«

Ein mächtiger Freudenschein ging durch den ganzen Stern, weil die Mutter wieder mit ihren zwei Kindern vereint war. Und er streckte seine Arme aus und rief: »O Mutter, Schwester und Bruder, hier bin ich! Nehmt mich!« Und sie antworteten ihm: »Noch nicht.« Und der Stern leuchtete.

Er wurde ein Mann, dessen Haar ergraute, und er saß in seinem Stuhl am Kamin, gebeugt vor Gram und das Gesicht von Tränen benetzt, als sich der Stern wieder öffnete.

Und seiner Schwester Engel sagte zu dem Führer:

»Ist mein Bruder gekommen?«

Und er sagte: »Nein, aber seine jungfräuliche Tochter.« Und der Mann, der das Kind gewesen war, sah seine Tochter, die er eben verloren hatte, als himmlisches Wesen unter diesen Dreien, und er sagte: »Meiner Tochter Kopf ist auf dem Busen meiner Schwester, und ihr Arm ist um den Hals meiner Mutter, und zu ihren Füßen ist das Kindlein aus der alten Zeit, und ich kann die Trennung von ihr tragen, Gott sei gepriesen!«

Und der Stern leuchtete.

So wurde das Kind ein alter Mann, und sein einst glattes Gesicht war runzelig, und seine Schritte wurden langsam und schwach und sein Rücken gebeugt. Und eines Nachts, als er im Bett lag und seine Kinder um ihn herumstanden, rief er, wie er vor langer Zeit gerufen hatte:

»Ich sehe den Stern!«

Sie flüsterten untereinander: »Er stirbt.«

Und er sagte: »Ja. Mein Alter fällt von mir wie ein Gewand, und ich bewege mich zu dem Stern hin als Kind. Und, o mein Vater, jetzt danke ich dir, daß er sich so oft geöffnet hat, um die Lieben zu empfangen, die mich erwarten!«

Und der Stern leuchtete, und er leuchtet auf sein Grab.

DIE GESCHICHTE DES HANDLUNGSREISENDEN

An einem Winterabend gegen fünf Uhr, als es eben anfing dunkel zu werden, hätte man einen Mann in einem Gig sehen können, wie er sein müdes Pferd die Straße entlang trieb, die über die Marlboroughberge nach Bristol führt. Ich sage: man hätte ihn sehen können, und ich zweifle auch nicht, daß man ihn gesehen hätte, wenn irgend jemand, der nicht blind war, zufällig diesen Weg nahm; aber das Wetter war so schlecht und die Nacht so kalt und naß, daß weit und breit nichts zu sehen war als Wasser, und so trottete der Reisende einsam und traurig mitten auf der Straße dahin. Wenn ein Handlungsreisender jener Zeit das kleine, halsbrecherische Gig erblickt hätte mit seinem tonfarbenen Kasten und den roten Rädern und die launische, übelgestimmte, rasch dahintrabende braune Mähre, die wie eine Kreuzung von einem Fleischergaul und einem Groschenpostklepper aussah, so hätte er sofort gewußt, daß dieser Reisende niemand anders als Tom Smart sein konnte von dem großen Haus Bilson und Slum, Cateaton Street, City. Aber da kein Handlungsreisender unterwegs war, wußte niemand etwas von der Sache; und so fuhren Tom Smart und sein tonfarbenes Gig mit den roten Rädern und die launische Mähre mit dem schnellen Paß zusammen weiter und behielten das Geheimnis für sich, und niemand war auch nur ein bißchen klüger geworden.

Es gibt selbst auf dieser traurigen Welt viele angenehmere Plätzchen als die Marlboroughberge, wenn der Wind pfeift; nimmt man dazu noch den düsteren Winterabend, die kotige, grundlose Straße und beständige, starke Regenschauer und probiert die Wirkung versuchsweise an seiner eigenen werten Person, wird man das Treffende dieser Beobachtung erfahren.

Der Wind blies – nicht etwa die Straße hinauf oder herab, obgleich auch das schlecht genug ist, sondern quer über sie hinweg und schickte den Regen so schräg herab, wie die Zeilen in den Schreibbüchern der Schuljugend zu laufen pflegen. Auf Augenblicke ließ er nach, und der Reisende begann sich schon in dem Glauben zu wiegen, er hätte sich still zur Ruhe gelegt, erschöpft von seiner bisherigen Wut, als er ihn – huu! in der Ferne knurren und pfeifen hörte, und da war er wieder, raste über die Hügel, fegte die Ebene entlang, sammelte Schall und Kraft, als er näher kam, bis er sich mit einem heftigen Stoß auf Pferd und Mann warf, ihnen den scharfen Regen in die Ohren und seinen kalten, feuchten Atem durch Mark und Bein trieb, und dann sauste er an ihnen vorbei, weit, weit weg mit ohrenbetäubendem Gebrüll, als spotte er ihrer Ohnmacht und triumphiere in dem Bewußtsein seiner eigenen Stärke und Gewalt.

Die braune Mähre platschte weiter durch dick und dünn und ließ die Ohren hängen; ab und zu warf sie den Kopf empor, als wolle sie damit ihren Abscheu vor diesem höchst unhöflichen Benehmen der Elemente ausdrücken, dabei hielt sie jedoch immer einen guten Paß, bis ein Windstoß, der alle früheren an Wut übertraf, sie zwang, plötzlich stehenzubleiben und sich mit ihren vier Beinen fest gegen den Boden zu stemmen, um nicht über den Haufen geblasen zu werden. Es ist ein wahrer Segen, daß sie das tat, denn die launische Mähre war so leicht und das Gig nicht schwer und Tom Smart ein Fliegengewicht obendrein – wäre sie umgeblasen worden, dann hätten sie unweigerlich alle miteinander weiterrollen müssen bis ans Ende der Welt oder bis der Sturm sich gelegt hätte, und in beiden Fällen spricht die Wahrscheinlichkeit dafür, daß weder die launische Mähre noch das tonfarbene Gig mit seinen roten Rädern, noch Tom Smart jemals wieder diensttauglich geworden wären.

»Der Teufel hole die ganze Fuhre«, sagte Tom Smart (Tom hatte bisweilen die üble Gewohnheit zu fluchen), »der Teufel hole die ganze Fuhre«, sagte Tom, »wenn das nicht heiter ist, dann pustet mir was!«

Ihr werdet mich wahrscheinlich fragen, warum Tom Smart, der doch schon ganz hübsch durchgepustet worden war, den Wunsch aussprach, demselben Verfahren noch einmal unterworfen zu werden. Darüber kann ich keine Auskunft geben – ich weiß nur, daß Tom Smart es sagte – oder doch zumindest immer meinem Onkel erzählte, er hätte es gesagt, und das kommt auf eins heraus.

»Pustet mir was«, sagte Tom Smart, und die Mähre wieherte, als ob sie genau der gleichen Meinung wäre.

»Nur Mut, Liese«, sagte Tom und tätschelte die braune Mähre mit dem Peitschenstiele am Hals. »Es hat keinen Sinn, an einem solchen Abend weiter zu wollen; wir kehren im ersten besten Wirtshaus ein, je schneller du daher läufst, um so eher ist es vorüber. Oho, alte Liese – sachte, sachte.«

Ob die launische Mähre hinreichend mit den Tonarten von Toms Stimme bekannt war, um seine Absicht zu verstehen, oder ob sie das Stillstehen kälter fand als das Fortbewegen, weiß ich natürlich nicht. Aber soviel kann ich behaupten: Tom hatte kaum zu reden aufgehört, als sie die Ohren spitzte und mit einer Geschwindigkeit loslief, daß das tonfarbene Gig ratterte, und man hätte glauben können, jede einzelne der roten Speichen müsse in das Gras der Marlboroughberge fliegen; und selbst Tom, ein so guter Fahrer er war, konnte sie nicht halten oder aus dem Galopp bringen, bis sie von selbst vor einem Gasthaus rechts der Straße anhielt, als sie etwa eine halbe Viertelmeile aus den Bergen heraus waren.

Tom warf einen flüchtigen Blick auf den oberen Teil der Schenke, als er dem Hausknecht die Zügel zuwarf und die Peitsche neben den Bock steckte. Es war ein seltsames altes Haus, aus einer Art Schindeln gebaut, die von Querbalken durchzogen waren, mit Giebelfenstern, die über die ganze Breite des Fußweges hervorragten, einer niederen Tür in einer dunklen Vorhalle und ein paar steilen Stufen, die in das Haus hinunterführten, während bei der heutigen Mode ein halbes Dutzend flache hinaufführen. Doch sah das Ganze einladend aus, denn ein helles, freundliches Licht schien aus dem Fenster der Gaststube, warf einen breiten Lichtstrahl über die Straße und beleuchtete sogar die Hecke auf der anderen Seite; und hinter dem entgegengesetzten Fenster flackerte ein roter Schein, kaum bemerkbar in dem einen Augenblick, leuchtete er im nächsten hell durch die herabgelassenen Vorhänge, woraus hervorging, daß drinnen ein munteres Feuer brannte. Indem Tom diese unbedeutenden Umstände mit dem Auge des erfahrenen Reisenden beobachtete, stieg er so behende ab, wie es seine halberfrorenen Glieder gestatteten, und betrat das Haus.

In weniger als fünf Minuten hatte sich's Tom in dem Zimmer gegenüber dem Schanktisch bequem gemacht – in ebendem Zimmer, in dem er das lodernde Feuer vermutet hatte – vor einem wirklichen, großen, prasselnden Feuer aus beinahe einem Scheffel Kohle und genügend Reisig, um ein halbes Dutzend anständige Stachelbeerbüsche zu geben, das den halben Kamin hinauf geschichtet war, und das Knistern und Knackern hätte allein genügt, um das Herz jedes vernünftigen Mannes zu erwärmen. Das war gemütlich, aber es war noch nicht alles, denn ein schmuckgekleidetes Mädel mit hellen Augen und zierlichen Fesseln breitete ein sehr sauberes weißes Tischtuch aus, und als Tom dasaß, die Füße, die bereits in Pantoffeln steckten, auf dem Kaminvorsatz, den Rücken gegen die offene Tür gekehrt, bot sich ihm im Spiegel über dem Kaminsims ein bezauberndes Bild; er sah nämlich den Schanktisch, voll mit Reihen grüner, golden etikettierter Flaschen neben Krügen mit Eingelegtem und Eingemachtem und verschiedenen Käsesorten und gekochten Schinken und Rinderkeulen, die auf Wandbrettern in der verlockendsten und appetitlichsten Weise aufgestellt waren. Nun, das war auch gemütlich; aber selbst das war noch nicht alles – denn in der Wirtsstube saß am niedlichsten aller Teetischchen, der vor dem hellsten aller Feuerchen stand, eine rüstige Witwe von ungefähr achtundvierzig Jahren oder daherum mit einem Gesicht, das so gemütlich wie der Schanktisch war. Sie war offenbar die Wirtin dieses Hauses und die Gebieterin über all diese herrlichen Besitztümer. Nur eine störende Linie war in dem ganzen schönen Gemälde, und das war ein großer Mann – ein sehr großer Mann in einem braunen Rock mit glänzenden Knöpfen, mit einem schwarzen Backenbart und gewelltem, schwarzem Haar, der mit der Witwe beim Tee saß und – es erforderte keinen großen Scharfsinn, das zu sagen – auf dem besten Wege war, sie zu überreden, nicht länger Witwe zu bleiben, sondern das Vorrecht auf ihn zu übertragen, für den ganzen Rest seines irdischen Lebens im Wirtsstübchen zu sitzen.

Tom Smart war keineswegs leicht erregbar oder neidisch veranlagt, aber irgendwie reizte der große Mann im braunen Rock mit den glänzenden Knöpfen das Tröpfchen Galle, das in seiner Natur lag, so daß er sich sehr entrüstete, um so mehr, als er ab und zu von seinem Sitz aus vor dem Spiegel gewisse kleine zärtliche Vertraulichkeiten beobachten konnte, die zwischen dem großen Mann und der Witwe ausgetauscht wurden und hinlänglich bewiesen, daß der große Mann sich einer Gunst bei ihr erfreute, die im richtigen Verhältnis zu seinem Wuchs stand. Tom trank gern heißen Punsch – ich kann es wagen zu behaupten, daß er *sehr* gern heißen Punsch trank –, und nachdem er sich darum gekümmert hatte, daß seine launische Mähre gut untergebracht und versorgt war, und er selbst das nette, kleine, heiße Abendessen, das die Witwe eigenhändig für ihn anrichtete, bis auf den letzten Bissen verzehrt hatte, bestellte er versuchsweise ein Glas davon. Nun gab es im ganzen Kapitel der Haushaltungskunst nicht einen Artikel, auf den sich die Witwe besser verstand als eben auf die Punschbereitung, und das erste Glas sagte Tom Smarts Gaumen so sehr zu, daß er so schnell wie möglich ein zweites bestellte. Heißer Punsch ist etwas Angenehmes, meine Herren, etwas äußerst Angenehmes unter allen Umständen, aber in dieser behaglichen alten Gaststube vor dem prasselnden Feuer, während draußen der Wind tobte, daß alle Balken im ganzen Haus ächzten, fand ihn Tom Smart über alle Maßen köstlich. Er ließ sich noch ein Glas geben und dann noch eins – ich bin nicht ganz sicher, ob er nach diesem nicht noch eins bestellte, aber je mehr heißen Punsch er trank, desto mehr dachte er an den großen Mann.

»Verdammte Unverschämtheit!« sagte Tom bei sich selbst. »Was hat er in diesem gemütlichen Wirtsstübchen zu tun? Und noch obendrein so ein garstiger Kerl!« sagte Tom. »Wenn die Witwe auch nur ein bißchen Geschmack hätte, könnte sie sich bestimmt einen besseren Burschen aussuchen als diesen.« Hier wanderte Toms Auge von dem Spiegelglas über dem Kaminsims zu dem Glas auf seinem Tisch, und wie er merkte, daß er allmählich gefühlvoll wurde, leerte er den vierten Becher Punsch und bestellte einen fünften.

Tom Smart, meine Herren, hatte immer eine große Neigung zum Gastwirtsleben gehabt. Schon lange war es sein Ehrgeiz gewesen, hinter seinem eigenen Schanktisch zu stehen in grünem Rock, Kniehosen aus Kord und Stulpenstiefeln. Er konnte sich nichts Herrlicheres denken, als bei geselligen Mahlzeiten den Vorsitz zu führen, und oft dachte er daran, wie wohl es ihm anstehen würde, in seinem eigenen Gastzimmer die Unterhaltung zu leiten, und mit welch vortrefflichem Beispiel er seinen Kunden im Trinken vorangehen könne. Alle diese Dinge gingen Tom schnell durch den Kopf, als er vor dem prasselnden Feuer saß und seinen heißen Punsch trank, und billiger- und gerechterweise fühlte er sich sehr erbost darüber, daß der große Mann auf dem besten Wege war, dieses ausgezeichnete Haus zu erobern, während er selbst, Tom Smart, genauso weit davon entfernt war wie je. Nachdem er so über seinen letzten beiden Gläsern mit sich zu Rate gegangen war, ob er nicht ein begründetes Recht hätte, einen Streit mit dem großen Mann vom Zaun zu brechen, weil es ihm gelungen war, sich das Wohlwollen der munteren Witwe zu erschleichen, kam er endlich zu dem befriedigenden Schluß, daß er ein geschlagener und vom Schicksal verfolgter Mann sei und am besten täte, sich zu Bett zu legen.

Das schmucke Dienstmädchen leuchtete Tom über eine breite altertümliche Treppe voran, indem sie die Hand vor das Nachtlicht hielt, um es vor dem Luftzug zu schützen, der in einem so unregelmäßig angelegten alten Haus reichlich Gelegenheit hatte, sich zu belustigen, ohne die Kerze auszublasen, sie aber dennoch ausblies und auf diese Weise Toms Feinde in die Lage setzte zu behaupten, er habe die Kerze ausgelöscht und nicht der Wind, und unter dem Vorwande, sie wieder anzuzünden, habe er das Mädchen geküßt. Wie dem auch sei, man beschaffte ein anderes Licht und führte Tom durch einen Irrgarten von Räumen und ein Labyrinth von Korridoren zu dem Zimmer, das für seinen Empfang hergerichtet worden war. Dort sagte ihm das Mädchen Gute Nacht und ließ ihn allein.

Es war ein hübsches, großes Zimmer mit geräumigen Wandschränken und einem Bett, in dem ein ganzes Internat Platz gefunden hätte, ganz zu schweigen von ein paar eichenen Kleiderschränken, die das Gepäck einer kleinen Armee hätten aufnehmen können; aber was auf Toms Phantasie den größten Eindruck machte, war ein seltsamer, grimmig aussehender Stuhl mit hoher Rückenlehne und höchst groteskem Schnitzwerk; der Sitz war aus geblümtem Damast, und um die runden Knäufe am Ende der Beine hatte man so sorgfältig rotes Tuch gewunden, als ob er die Gicht in den Zehen hätte. Von jedem anderen sonderbaren Stuhl würde Tom nur gedacht haben, es sei eben ein sonderbarer Stuhl und damit Punktum; aber es war etwas an diesem besonderen Stuhl – und doch konnte er nicht sagen, was es war –, er war so kurios und so verschieden von jedem anderen Möbelstück, das er je gesehen hatte, daß er ihn zu faszinieren schien. Er setzte sich vor das Feuer und starrte den alten Stuhl eine halbe Stunde lang an. Der Teufel hole den Stuhl, es war so ein seltsames, altes Ding, daß er seine Augen nicht davon losreißen konnte.

»Hab' doch mein Lebtag nicht so etwas Kurioses gesehen«, dachte Tom, während er sich langsam auszog und die ganze Zeit über den alten Stuhl anstarrte, der geheimnisvoll vor dem Bett stand. »Sehr sonderbar«, dachte Tom, den der heiße Punsch etwas philosophisch gemacht hatte, »sehr sonderbar«. Tom schüttelte den Kopf mit der Miene tiefster Weisheit und sah sich den Stuhl wieder an. Doch konnte er nicht klug aus ihm werden, und so legte er sich ins Bett, deckte sich warm zu und schlief ein.

Nach ungefähr einer halben Stunde fuhr Tom aus dem Schlafe auf, aus einem wirren Traum von großen Männern und Gläsern mit Punsch, und der erste Gegenstand, der sich seiner wachen Einbildungskraft bot, war der seltsame Stuhl.

»Ich werde ihn nicht mehr ansehen«, sagte sich Tom, kniff die Augenlider fest zusammen und versuchte, sich einzureden, daß er wieder schlafen würde. Umsonst;

lauter seltsame Stühle tanzten vor seinen Augen herum, warfen die Beine in die Höhe, machten Bockspringen übereinander und trieben allerlei Possen.
»Ich kann ebensogut einen richtigen Stuhl ansehen als zwei oder drei Dutzend falsche«, dachte Tom und brachte seinen Kopf unter der Bettdecke hervor. Da war er deutlich im Scheine des Feuers zu erkennen und sah so herausfordernd aus wie je.
Tom starrte den Stuhl an, und als er ihn so ansah, schien plötzlich die seltsamste Veränderung mit ihm vorzugehen. Die Schnitzerei der Lehne nahm allmählich die Züge und den Ausdruck eines alten, runzligen Menschengesichts an; das Damastpolster wurde eine altmodische Weste mit Schößen; die runden Knäufe verwandelten sich in ein Paar Füße, die in roten Tuchpantoffeln steckten, und der alte Stuhl sah aus wie ein sehr häßlicher alter Mann aus dem vorigen Jahrhundert, die Arme in die Seiten gestemmt. Tom richtete sich im Bett auf und rieb sich die Augen, um das Trugbild zu verscheuchen. Nein. Der Stuhl war ein häßlicher alter Herr, und damit noch nicht genug, er blinzelte Tom Smart zu.
Tom war von Natur ein beherzter und furchtloser Bursche, und er hatte obendrein fünf Gläser heißen Punsch getrunken; wenn ihm daher auch zunächst etwas bänglich war, so gewann doch bald der Unwille die Oberhand, als er sah, wie der alte Herr ihn mit einer derartig unverschämten Miene anblinzelte und angrinste. Schließlich beschloß er, es sich nicht gefallen zu lassen, und da das alte Gesicht ihm weiter eifrig zublinzelte, sagte Tom in ziemlich barschem Ton: »Was zum Teufel soll das bedeuten, daß Ihr mich fortwährend anzwinkert?«
»Es beliebt mir so, Tom Smart«, erwiderte der Stuhl oder der alte Herr, wie Sie ihn nun nennen wollen. Doch hörte er zu blinzeln auf, als Tom sprach, und fing an, wie ein altersschwacher Affe zu grinsen.

»Woher weißt du denn meinen Namen, altes Nußknackergesicht?« forschte Tom Smart etwas betreten – obgleich er so tat, als mache es ihm nicht das geringste aus.

»Na, na, Tom«, sagte der alte Herr, »so redet man solides spanisches Mahagoni nicht an. Verdammt noch mal, du könntest mich nicht respektloser behandeln, wenn ich nur furniert wäre.« Als der alte Herr das sagte, sah er so böse aus, daß Tom ordentlich erschrak.

»Es war nicht meine Absicht, irgendwie unhöflich gegen Sie zu sein, mein Herr«, sprach Tom, und es klang viel bescheidener als seine ersten Worte.

»Schon gut«, meinte der alte Bursche, »vielleicht nicht – vielleicht nicht. Tom –«

»Mein Herr –«

»Ich weiß alles über dich, Tom, alles. Du bist sehr arm, Tom.«

»Das stimmt«, antwortete Tom Smart. »Aber woher wissen Sie das?«

»Das spielt keine Rolle«, sagte der alte Herr; »du hast den Punsch sehr gern, Tom.«

Tom Smart wollte eben behaupten, er habe seit seinem letzten Geburtstag keinen Tropfen getrunken; aber als er dem alten Herrn in die Augen sah, blickte ihn dieser so schlau an, daß er errötete und schwieg.

»Tom«, fuhr der alte Herr fort, »die Witwe ist eine schmucke Frau – eine ungewöhnlich schmucke Frau –, eh, Tom?« Hier kniff der alte Bursche die Augen zusammen, hob eins seiner abgezehrten kleinen Beine hoch und sah überhaupt so schamlos verliebt aus, daß Tom sein leichtfertiges Benehmen ziemlich anwiderte – in seinem Alter noch dazu!

»Ich bin ihr Vormund, Tom«, sagte der alte Herr.

»Wirklich?« fragte Tom Smart.

»Ich kannte ihre Mutter, Tom«, fuhr der alte Bursche fort, »und ihre Großmutter. Sie hatte mich sehr gern – machte mir diese Weste, Tom.«

»Ist's möglich?« fragte Tom Smart.

»Und diese Schuhe«, erzählte der alte Bursche weiter und hob seine roten Tuchpantoffeln hoch; »aber sprich nicht davon, Tom. Ich möchte nicht gern, daß man erfährt, wie sehr sie mir zugetan war. Es könnte Verdruß in der Familie geben.« Als der alte Tunichtgut das sagte, blickte er so außerordentlich unverschämt drein, daß sich Tom Smart, wie er später erklärte, ohne die geringsten Gewissensbisse hätte auf ihn setzen können.

»Zu meiner Zeit habe ich bei den Frauen immer viel Glück gehabt, Tom«, sagte der alte Liederjan. »Hunderte schöner Weiber saßen stundenlang auf meinem Schoß. Was meinst du dazu Freundchen, eh?« Der alte Herr wollte gerade fortfahren, andere Heldentaten aus seiner Jugendzeit zu erzählen, als er von einem so heftigen Knarranfall gepackt wurde, daß er sich unterbrechen mußte.

»Geschieht dir ganz recht, alter Bursche«, dachte Tom Smart, aber er sagte nichts.

»Ach!« fing der alte Bursche wieder an, »heutzutage macht mir das viel zu schaffen. Ich werde alt, Tom, und habe fast all meine Gelenkbänder verloren. Ich mußte mich sogar einer Operation unterziehen – man hat mir ein kleines Stück in den Rücken eingesetzt – es war eine harte Prüfung, Tom.«

»Das will ich glauben, mein Herr«, sagte Tom Smart.

»Aber«, sagte der alte Herr, »das steht jetzt nicht in Rede, Tom! Ich möchte, daß du die Witwe heiratest.«

«Ich, mein Herr?« fragte Tom.

»Du«, antwortete der alte Herr.

»Gott segne Ihre ehrwürdigen Locken«, sagte Tom – (er hatte noch ein paar vereinzelte Pferdehaare), »Gott segne Ihre ehrwürdigen Locken, sie will mich ja nicht.« Und Tom seufzte unwillkürlich, als er an das Wirtsstübchen dachte.

»Sie will nicht?« fragte der alte Herr in strengem Ton.
»Bestimmt nicht«, antwortete Tom, »sie hat einen anderen auf dem Korn. Einen großen Mann – einen verdammt großen Mann – mit einem schwarzen Backenbart.«
»Tom«, sagte der alte Herr, »sie wird ihn nicht nehmen.«
»Nicht?« sagte Tom. »Wenn Sie in der Wirtsstube ständen, alter Herr, würden Sie eine andere Geschichte erzählen.«
»Pah, pah«, sagte der alte Herr. »Ich weiß über all das Bescheid.«
»Worüber?« fragte Tom.
»Über das Geküsse hinter der Tür und all das Zeug, Tom«, antwortete der alte Herr. Und hier warf er ihm wieder einen so schamlosen Blick zu, daß Tom ganz zornig wurde, denn, meine Herren, Sie wissen alle, daß es höchst unerfreulich ist, einen alten Burschen, der mehr Verstand haben sollte, über diese Dinge reden zu hören.
»Ich weiß über all das Bescheid, Tom«, sagte der alte Herr. »Ich habe es zu meiner Zeit sehr oft gesehen, Tom, zwischen mehr Leuten, als ich dir gegenüber nennen möchte; aber es ist zu guter Letzt doch nie etwas daraus geworden.«
»Sie müssen seltsame Dinge gesehen haben«, bemerkte Tom mit einem fragenden Blick.
»Das kannst du ruhig sagen«, erwiderte der alte Bursche mit einem verschmitzten Blinzeln. »Ich bin der letzte meiner Familie. Tom«, fügte der alte Herr mit einem schwermütigen Seufzer hinzu.
»War sie groß?« fragte Tom Smart.
»Wir waren unser zwölf, Tom«, sagte der alte Herr, »hübsche Gesellen mit straffen Rücken, wie man sie gern sieht – ganz andere Kerle als Eure modischen Mißgeburten –, alle mit soliden Armen und so schön poliert, daß es eine Lust war, sie anzuschauen.«

»Und was ist aus den anderen geworden, mein Herr?« fragte Tom Smart.

Der alte Herr führte seinen Ellbogen ans Auge, als er erwiderte: »Dahin – Tom, dahin. Wir hatten schweren Dienst, Tom, und sie waren nicht alle so stark gebaut wie ich. Sie bekamen die Gicht in Beine und Arme und wanderten in Küchen und andere Hospitäler, und einer von ihnen, der lange gedient hatte und schlecht behandelt worden war, verlor allen Ernstes den Verstand, er wurde so verrückt, daß er verbrannt werden mußte. Schauderhaft war das, Tom.«

»Furchtbar!« bestätigte Tom Smart.

Der alte Knabe war ein paar Minuten still, offensichtlich kämpfte er mit seiner Rührung und fuhr dann fort: »Aber ich komme von der Sache ab, Tom. Dieser große Mann, Tom, ist ein Schurke und Abenteurer. Sobald er die Witwe geheiratet hätte, würde er alle Möbel verkaufen und sich davonmachen. Was wäre die Folge davon? Sie wäre eine verlassene, zugrunde gerichtete Frau, und ich würde mich in irgendeinem Trödlerladen erkälten und mir den Tod holen.«

»Ja, aber –«

»Unterbrich mich nicht«, sagte der alte Herr. »Von dir, Tom, habe ich eine ganz andere Meinung; denn ich weiß sehr wohl, wenn du dich erst einmal in einem Gasthaus eingerichtet hättest, würdest du es nie verlassen, solange es noch innerhalb seiner vier Wände etwas zu trinken gäbe.«

»Ich bin Ihnen für Ihre gute Meinung sehr verbunden, mein Herr«, sagte Tom Smart.

»Deshalb«, so faßte der alte Herr in einem gebieterischen Ton zusammen, »sollst du sie haben und nicht er.«

»Was wird ihn daran hindern?« fragte Tom Smart eifrig.

»Die Entdeckung, daß er schon verheiratet ist«, versetzte der alte Herr.

»Wie kann ich das beweisen?« fragte Tom und sprang fast aus dem Bett.

Der alte Herr hob den Arm, den er in die Seite gestützt hatte, und nachdem er auf einen der eichenen Schränke gewiesen hatte, brachte er ihn sofort wieder in seine alte Lage zurück.

»Er hat keine Ahnung«, sagte der alte Herr, »daß er in einer Hose hier im Schrank, in der rechten Tasche, einen Brief stecken ließ mit der flehentlichen Bitte, zu seinem trostlosen Weib zurückzukommen und zu seinen sechs – hör zu, Tom –, sechs Kinderchen, die alle noch unerzogen sind.«

Während er alte Herr diese Worte feierlich sprach, wurden seine Züge immer undeutlicher und seine Gestalt immer schattenhafter. Ein Schleier legte sich über Tom Smarts Augen. Der alte Mann schien allmählich in einen Stuhl überzugehen, die Damastweste sich in ein Polster zu verwandeln, die roten Pantoffeln in rote Tuchsäckchen zusammenzuschrumpfen. Das Licht verblaßte, und Tom Smart fiel in sein Kissen zurück und schlief ein.

Der Morgen weckte Tom aus einem bleiernen Schlaf, in den er nach dem Verschwinden des alten Mannes versunken war. Er richtete sich im Bett auf und versuchte einige Minuten vergeblich, sich die Ereignisse der vergangenen Nacht ins Gedächtnis zurückzurufen. Plötzlich strömten sie auf ihn ein. Er sah sich den Stuhl an; es war ein phantastisches, grämlich blickendes Möbelstück, gewiß, aber nur eine höchst erfinderische und lebhafte Einbildungskraft hätte irgendeine Ähnlichkeit zwischen ihm und einem alten Mann entdecken können.

»Wie geht's, alter Knabe?« fragte Tom. Er war mutiger am hellichten Tag – den meisten Menschen geht das so.

Der Stuhl rührte sich nicht und sprach kein Wort.

»Scheußlicher Morgen«, sagte Tom. Nein. Der Stuhl ließ sich nicht in eine Unterhaltung verwickeln.

»Nach welchem Schrank hast du denn gezeigt? – Das kannst du mir doch wenigstens sagen«, meinte Tom. Aber, meine Herren, es war, zum Kuckuck, kein Wort aus dem Stuhl herauszubringen.
»Es macht jedenfalls nicht viel Mühe, ihn zu öffnen«, dachte Tom und stieg sehr bedächtig aus dem Bett. Er trat an einen der Schränke heran. Der Schlüssel steckte; er drehte ihn um und öffnete die Tür. Es war eine Hose drin. Er fuhr mit der Hand in die Tasche und zog eben den Brief heraus, den der alte Herr beschrieben hatte!
»Komische Sache«, sagte Tom und sah erst auf den Stuhl und dann auf den Schrank und dann auf den Brief und dann wieder auf den Stuhl. »Sehr komisch«, sagte Tom. Aber da die Komik dadurch nicht vermindert wurde, hielt er es für das zweckmäßigste, sich anzuziehen und die Sache mit dem großen Mann sofort ins reine zu bringen – um ihm schnell den Gnadenstoß zu geben.
Tom überblickte die Zimmer, durch die er auf seinem Wege nach unten hindurchkam, mit den prüfenden Augen eines Gastwirts und hielt es nicht für unmöglich, daß sie und ihr Inhalt binnen kurzem sein Eigentum werden könnten. Der große Mann stand in dem schmucken Wirtsstübchen, die Hände auf dem Rükken, ganz wie zu Hause. Er grinste Tom ausdruckslos an. Ein gleichgültiger Beobachter hätte annehmen können, er täte es nur, um seine weißen Zähne zu zeigen; aber Tom Smart glaubte, daß ein Triumphgefühl durch die Stelle ging, wo das Gehirn des großen Mannes gewesen wäre, wenn er eins gehabt hätte. Tom lachte ihm ins Gesicht und verlangte, die Wirtin zu sprechen.
»Guten Morgen, Frau Wirtin«, sagte Tom Smart und schloß die Tür der kleinen Gaststube, als sie eintrat.
»Guten Morgen, mein Herr«, antwortete die Wirtin. »Was wünschen Sie zum Frühstück, mein Herr?«

Tom überlegte, wie er die Sache einfädeln sollte, und gab daher keine Antwort.

»Es gibt vortrefflichen Schinken«, sagte die Witwe, »und ein leckeres gespicktes Hühnchen, kalt. Soll ich das hereinschicken, mein Herr?«

Diese Worte weckten Tom aus seiner Grübelei. Seine Bewunderung für die Witwe wuchs, als sie sprach. Die gute Seele! Wie man da versorgt wäre!

»Wer ist der Herr am Schanktisch, Frau Wirtin?« fragte Tom.

»Er heißt Jinkins, mein Herr«, antwortete die Witwe und errötete ein wenig.

»Ein großer Mann«, sagte Tom.

»Er ist ein stattlicher Mann, mein Herr«, antwortete die Witwe, »und ein sehr gebildeter Herr.«

»Ah!« sagte Tom.

»Wünschen Sie sonst noch etwas, mein Herr?« fragte die Witwe, der Toms Benehmen ziemlich rätselhaft vorkam.

»Nun ja«, sagte Tom. »Meine liebe Frau Wirtin, würden Sie die Güte haben, einen Augenblick Platz zu nehmen?«

Die Witwe sah ganz verdutzt aus, aber sie setzte sich, und Tom setzte sich auch, dicht neben sie. Ich weiß nicht, wie es kam, meine Herren – ja, mein Onkel erzählte mir immer, Tom Smart hätte gesagt, er wüßte auch nicht, wie es gekommen wäre –, aber irgendwie legte sich Toms Hand auf die der Witwe und blieb dort, während er sprach.

»Meine liebe Frau Wirtin«, sagte Tom Smart – er hielt immer viel davon, den Liebenswürdigen zu spielen –, »meine liebe Frau Wirtin, Sie verdienen einen ausgezeichneten Gatten, ganz bestimmt.«

»Du lieber Gott, mein Herr!« rief die Witwe – und sie hatte guten Grund dazu, war doch Toms Art, die Unterhaltung zu beginnen, ziemlich ungewöhnlich, um nicht zu sagen alarmierend, besonders wenn man den

Umstand in Betracht zog, daß er am vergangenen Abend die Witwe zum allererstenmal gesehen hatte.

»Du lieber Gott, mein Herr!«

»Ich bin ein Feind der Schmeichelei, meine liebe Frau Wirtin«, fuhr Tom Smart fort, »Sie verdienen einen ganz hervorragenden Gatten, und wer immer es auch sein mag, er wird ein sehr glücklicher Mann sein.« Als Tom das sagte, wanderten seine Augen unwillkürlich vom Gesicht der Witwe auf seine behagliche Umgebung.

Die Witwe sah verdutzter denn je aus und versuchte aufzustehen. Tom drückte ihr sanft die Hand, als ob er sie daran hindern wollte, und sie blieb sitzen. Witwen, meine Herren, so pflegte mein Onkel zu sagen, sind für gewöhnlich nicht schüchtern.

»Ich bin Ihnen gewiß sehr verbunden, mein Herr, für Ihre gute Meinung«, sagte die muntere Witwe, halb lachend, »und falls ich je wieder heirate –«

»*Falls*«, wiederholte Tom Smart mit einem pfiffigen Blick aus dem rechten Winkel seines linken Auges. »Falls –«

»Na schön«, sagte die Witwe, die jetzt geradeheraus lachte, »*wenn* ich heirate, hoffe ich, daß ich einen so guten Mann haben werde, wie Sie ihn beschreiben.«

»Jinkins zum Beispiel«, sagte Tom.

»Du lieber Gott, mein Herr!« rief die Witwe.

»Oh, sagen Sie mir nichts«, versetzte Tom, »ich kenne ihn.«

»Ich bin überzeugt, daß niemand, der ihn kennt, irgend etwas Schlechtes über ihn weiß«, sagte die Witwe, aufgebracht durch die geheimnisvolle Art, in der Tom gesprochen hatte.

»Hm!« machte Tom Smart.

Jetzt glaubte die Witwe, es sei hohe Zeit zu weinen, so zog sie das Taschentuch heraus und fragte, ob Tom sie beleidigen wolle, ob er es für die Sache eines Mannes von Ehre halte, einem anderen Ehrenmann hinter seinem Rücken die Ehre abzuschneiden, warum er, wenn er etwas zu sagen hätte, es dem Mann nicht als Mann ins Gesicht sage, statt ein armes, schwaches Weib so zu ängstigen, und was dergleichen mehr ist.

»Ich werde es ihm bald genug sagen«, antwortete Tom, »nur möchte ich, daß Sie es zuerst hören.«

»Was denn?« fragte die Witwe und sah Tom gespannt ins Gesicht.

»Sie werden staunen«, sagte Tom und steckte die Hand in die Tasche.

»Wenn es sich darum handelt, daß er Geld braucht«, meinte die Witwe, »so weiß ich das schon, und Sie brauchen sich nicht zu bemühen.«

»Pah, Unsinn, das hätte nichts zu sagen«, versetzte Tom Smart. »Ich brauche auch Geld. Darum handelt es sich nicht.«

»O du lieber Gott, was kann es nur sein?« rief die arme Witwe aus.

»Sie dürfen nicht erschrecken«, sagte Tom Smart. Er zog langsam den Brief aus der Tasche und faltete ihn auseinander. »Sie werden nicht schreien?« fragte Tom zweifelnd.

»Nein, nein«, erwiderte die Witwe, »lassen Sie mich nur sehen.«

»Sie werden nicht in Ohnmacht fallen oder ähnliche Dummheiten machen?« fragte Tom.

»Nein, nein«, antwortete die Witwe ungeduldig.

»Und nicht hinauslaufen, um mit ihm abzurechnen«, fuhr Tom fort, »denn all das werde ich für Sie tun; es ist schon besser, Sie regen sich nicht auf.«

»Nein, nein«, sagte die Witwe, »aber lassen Sie mich endlich den Brief lesen.«

»Hier«, antwortete Tom Smart, und mit diesem Wort gab er der Witwe den Brief in die Hand.

Meine Herren, ich habe meinen Onkel sagen hören, daß die Wehklagen der Witwe, als sie die Entdeckung machte, ein Herz von Stein erweicht haben würden.

Tom war ohnehin sehr weichherzig, und sie gingen ihm durch und durch. Die Witwe wiegte den Oberkörper hin und her und rang die Hände.
»O Arglist und Schlechtigkeit eines Mannes«, rief sie aus.
»Schrecklich, meine liebe Frau Wirtin, aber fassen Sie sich«, sagte Tom Smart.
»Oh, ich kann mich nicht fassen«, kreischte die Witwe. »Ich werde niemals jemand finden, den ich so lieben kann!«
»O ja, das werden Sie, mein liebes Herz«, versicherte Tom Smart und vergoß aus Mitleid mit dem kläglichen Geschick der Witwe einen Strom der allerdicksten Tränen. Tom Smart hatte in seinem heftigen Mitgefühl den Arm um den Leib der Witwe geschlungen, und die Witwe hatte im Übermaß des Schmerzes Toms Hand ergriffen. Sie sah zu Tom auf und lächelte unter Tränen, und Tom blickte auf sie herab und lächelte ebenfalls unter Tränen.
Ich habe niemals ausfindig machen können, meine Herren, ob Tom die Witwe in ebendiesem Augenblicke küßte oder nicht. Er pflegte meinem Onkel zu sagen, er hätte es nicht getan, aber ich hege meine Zweifel in dieser Hinsicht. Unter uns gesagt, meine Herren, glaube ich eher, daß er es getan hat.
Auf jeden Fall warf Tom eine halbe Stunde später den sehr großen Herrn zur Vordertür hinaus und heiratete die Witwe einen Monat später. Und er pflegte im Lande herumzufahren in dem tonfarbenen Gig mit den roten Rädern und der launischen Mähre mit dem schnellen Paß, bis er viele Jahre später sein Geschäft aufgab und mit seiner Frau nach Frankreich ging; und dann wurde das alte Haus abgerissen.

THOMAS HOOD

Thomas Hood (1799–1845) wurde in London als Sohn eines schottischen Buchhändlers geboren, ging zunächst bei einem Kaufmann, dann bei einem Kupferstecher in die Lehre, wandte sich aber früh der Journalistik zu. In Deutschland ist er fast nur durch seine soziale Lyrik, besonders »Das Lied vom Hemd« und Die »Seufzerbrücken«, bekannt geworden, die Engländer schätzen ihn auch als humoristischen Dichter und Meister der Groteske. Der epischen Kurzform bediente er sich in Prosa- und Verserzählungen (»Der Traum des Eugen Aram«). – »Die Geschichte aus der Zeit der großen Pest« erschien zuerst in seiner Zeitschrift »Hood's Own« 1829.

This is one of the *pest* discretions.
Sir Hugh Evans

EINE GESCHICHTE AUS DER ZEIT DER GROSSEN PEST

Ungefähr fünf oder sechs Jahre nach der beklagenswerten großen Pest von London trug sich ein Umstand zu, den Defoe in seiner Geschichte der Seuche nicht berichtet; ich werde mir daher die Freiheit nehmen, ihn hier zu beschreiben, nicht nur weil das Ereignis so seltsam war, sondern auch weil es einen moralischen Schwanz hat, wie das eine gute Geschichte sollte.

Es ist eine nur zu bekannte Tatsache, daß nach den Sterblichkeitslisten allein in der Landeshauptstadt einige hunderttausend Menschen starben; aber trotz dieser schrecklichen Warnung für Missetäter brachte das Land nichtsdestoweniger eine so üppige Ernte an Sünde und Schlechtigkeit hervor, wie man dergleichen weder früher noch später jemals erlebt hatte; besonders die Innenstadt war dem Mords- und Diebsgesindel ausgeliefert, gegen das es nur geringe oder gar keine Hilfe gab, da sich die Stadtpolizei durch die Verheerungen der Pest vollkommen aufgelöst hatte

Überdies richtete sich das Trachten der Menschen eine Zeitlang nicht auf die bloße Sicherung des Eigentums, da sie noch die Furcht peinigte, den Leib verlieren zu müssen; denn obschon die Pest gleichsam an ihrer eigenen maßlosen Heftigkeit zugrunde gegangen war, verbreiteten sich doch von Zeit zu Zeit wie Lauffeuer Gerüchte, die giftige Seuche wäre erneut ausgebrochen. Die Pocken und das bösartige Fieber waren die Brutstätte derartiger alarmierender Nachrichten. Nachdem nun zahlreiche zur Zeit des schrecklichen Höhepunktes der Pest begangene große Räubereien und Mordtaten ungesühnt geblieben waren, wurden diejenigen, die schon früher sündhaft gewesen waren, verstockt und noch tausendmal schlechter, bis die Innenstadt und das darangrenzende Gebiet eine Beute der Teufel schien, die für einige Zeit die ewigen Fesseln des Gesetzes abgeworfen hatten.
Nun trafen sich vier dieser Banditen im Delphin zu Deptford und heckten zusammen einen Plan aus, wie sie ein gewisses einsames Herrenhaus ausrauben könnten, welches zwischen den Themsewiesen und dem Wald von Hainault gelegen war und sich in der Obhut eines einzigen Mannes befand; die Familie war um der gesünderen Luft willen nach einem anderen herrschaftlichen Haus in der Grafschaft Wiltshire übergesiedelt. Und dieser Plan sah folgendes vor: Einer der Schurken sollte an die Eingangstür klopfen und mit verstellter Stimme jämmerlich um Unterkunft für die Nacht bitten, und dann, wenn die Tür geöffnet würde, sollten die übrigen Bösewichter sich hineinstürzen, den Diener fesseln oder ermorden, wie es ihnen am bequemsten wäre, darauf seine Schlüssel nehmen und das Haus ausplündern, in dem sie einen ansehnlichen Vorrat an Tafelgerät zu finden hofften. Demzufolge machten sie sich eines Freitags im Dunkel der Nacht auf den Weg und hatten als Anführer einen Kerl, den sie Schwarzgesicht nannten einer

Maske wegen, die er stets auf solchen Gängen trug, und sie belustigten sich unterwegs damit, daß jeder seinen Anteil an der Beute anlegte, wie es ihm am besten gefiel, wobei der Wein und die Frauen der Lewkeners Gasse den Kehrreim des Liedes bildeten, dessen könnt ihr versichert sein. Schließlich betraten sie den Vorhof des Hauses, das sie ausrauben wollten; es lag so still und so schwarz wie die Nacht da mit Ausnahme eines Lichtschimmers, der aus einem Fenster ziemlich weit oben drang. Wie vereinbart, begann Schwarzgesicht jetzt an die Tür zu schlagen. Doch da er vom Trunke erhitzt war, bat er nicht um Einlaß, sondern brüllte den Pförtner an und befahl ihm mit vielen schrecklichen Flüchen, nach unten zu kommen und die Schlüssel herzugeben, denn sie würden ihn bald seiner Verantwortung entheben.

»Im Namen Gottes, ihr Herren«, rief der Pförtner aus dem Fenster, »was wollt ihr hier?«

»Wir sind gekommen«, erwiderte Schwarzgesicht, »das Euch anvertraute Gut zu übernehmen, werft deshalb die Schlüssel herunter.«

»Wenn das alles ist«, sagte der Pförtner, dessen Name Adams war, »dann wartet nur noch ein Weilchen, und ihr sollt die Schlüssel haben und mein Amt obendrein. Kommt nur wenige Stunden später wieder, und ihr werdet mich tot finden und könnt mit mir und dem mir Anvertrauten schalten, wie euch beliebt.«

»Na, na«, ruft da Schwarzgesicht, »keine Predigten, kommt lieber herunter und macht auf, oder wir bringen Reisig und Feuer an die Tür.«

»Das habt ihr nicht nötig«, antwortete Adams, »hört nur auf das, was ich euch sage, und ihr werdet freien Zugang haben; doch warne ich euch nachdrücklich; denn wenn ich auch nur ein einzelner Mann bin und ohne Waffe und auf den Tod krank, so werden doch so viele von euch das Leben hier lassen, als ihr seid, denn innerhalb dieser Mauern regiert eine schreckliehe Königin, die Tausende geschlagen hat – nämlich die Pest.«

Bei diesen trüben Worten sank der Mut der Räuber etwas, aber Schwarzgesicht munterte sie auf und sagte, es wäre zweifellos eine Erfindung, um sie von ihrer Beute abzuschrecken.

»Ach«, sagte Adams, der ihre Erörterungen hörte, »was ich sage, ist die lautere und traurige Wahrheit, und es ist das letztemal, daß ich sie spreche, denn morgen werde ich nicht mehr Gottes Sonne sehen. Und die Tür werde ich euch mit meinen eigenen Händen öffnen und bitte euch inständig um eurer selbst willen, tretet ein wenig zur Seite und aus dem Bereich meines giftigen Atems, der den sicheren Untergang bringt. Ein Kind liegt hier, eine Leiche, die ihr, wenn es euch nicht an Mut gebricht, sehen sollt, denn sie liegt unbestattet in der Halle.« Indem er so sprach, stieg er nach unten und öffnete sogleich die Eingangstür weit; die Schurken wichen ein wenig zurück und sahen wahrhaftig im Scheine eines Binsenlichtes, welches er trug, daß er nur in ein weißes Tuch gehüllt war und bleich und geisterhaft aussah, mit überaus schrecklichen schwarzen Ringen um die Augen.

»Solltet ihr mir noch nicht glauben«, sagte er, »schaut hinein, wenn ich von der Tür zurücktrete, und ihr werdet sehen, was heute noch ein lebendiges Kind war, jetzt aber ein Leichnam ist, der der Verwesung entgegeneilt. Ach! Mitten im Leben sind wir vom Tod umfangen: er packte es beim Spiel.« Mit diesen Worten trat er zur Seite, und als die Räuber durch die Tür blickten, erkannten sie, daß es also war, wie er gesagt, denn der tote Körper des Kindes lag auf dem Tisch in der Halle, mit denselben schwarzen Ringen um die Augen und in Brokat gekleidet und mit Bändern geschmückt, als ob der Tod es in seinem Feiertagsgewand dahingerafft hätte. »Nun«, sagte Adams, nachdem sie eine Weile hingeschaut hatten, »hier sind die

Schlüssel«, und reichte ihnen einen riesigen Bund; aber die Schurken wollten jetzt nichts davon wissen, taten, als ob jeder einzelne eine Natter oder ein Skorpion wäre oder aber der Schlüssel zur Pforte des Todes. Über ihr Mißgeschick fluchend, wollten sie sich eben übelgelaunt davonmachen, als Adams sie noch einmal zurückrief, seine letzten Worte zu hören. »Nun«, sagte er, »obgleich ihr hierherkamt und Raub, vielleicht sogar Mord gegen mich im Herzen trugt, will ich euch nicht nur wie ein rechter Christ eure sündhaften Absichten verzeihen, sondern auch noch raten, wie ihr dem kläglichen Ende, zu dem ich bald kommen werde, entgehen könnt. Denn wenn auch eure Seelen vor der Sünde bewahrt wurden, so habt ihr doch zweifellos zu lange in dieser verpesteten Luft gestanden, um ohne Schaden für die Gesundheit des Leibes davonzukommen, deshalb hört auf den Rat eines sterbenden Mannes, geht geradewegs von hier hinüber nach Laytonstone, wo die Lohgruben sind, und setzt euch eine gute Stunde dorthin, um den starken Geruch der Lohe einzuatmen, die besser als alle Heilmittel gegen die Ansteckung der Pest ist, besser selbst als Tobak oder der Geruch von Drogen. Tut dies, und ihr werdet leben, denn das Gift ist stark und heimtückisch und zerstört, ehe man dessen gewahr wird, den Quell des Lebens.« Darauf stöhnte er schauerlich und stieß so furchtbare Schreie aus, daß die Räuber einmütig die Flucht ergriffen und so lange liefen, bis sie nach Laytonstone in den Hof des Gerbers gekommen waren, und dort setzten sie sich hin und beugten sich über die Grube und sogen die Gerüche ein mit der ganzen Hingabe von Männern, für deren Lungen sie der Atem des Lebens sind. Dergestalt hatten sie eine halbe Stunde gesessen, als verschiedene Personen mit einer Laterne kamen, welche sie für den Gerber und seine Leute hielten. Sie wandten sich daher an sie, entschuldigten sich ihrer Kühnheit wegen und baten inständig, noch eine Weile in dem Lohhof bleiben zu dürfen, um sich von der Pest zu desinfizieren; doch kaum hatten sie diese Worte ausgesprochen, als jeder einzelne plötzlich gepackt und im Nu gebunden wurde, und die Polizisten, mit denen sie es zu tun hatten, höhnten dabei noch und sagten, die Pest wäre zu beschäftigt gewesen, um selbst zu kommen, hätte aber einen Galgen und Schlingen geschickt, die ihren Zweck auch verrichten würden. Darauf wurden die meisten Schurken recht kleinlaut; doch Schwarzgesicht schwor, er würde leichten Herzens sterben, wenn er nur eins wüßte, nämlich, was aus dem toten Kinde und dem Pestkranken geworden wäre, die er beide mit eigenen Augen gesehen hätte. Da ließ der Mann mit der Laterne das Licht auf sein eigenes Gesicht fallen, in dem die Schurken sofort die Züge Adams' erkannten, aber ohne die schwarzen Ringe um die Augen, für die er, wie er erklärte, einem Stück Holzkohle zu Dank verpflichtet wäre. »Was aber das tote Kind betrifft«, so sprach er, »müßt ihr Herren bei der löblichen Zunft der Barbiere und Wundärzte nachfragen, sie werden euch von einer gewissen Wachsfigur der Hygieia, der Göttin der Gesundheit, erzählen, die sie in ihren Umzügen herumzutragen pflegten und die, als sie nicht mehr verwendet wurde, von meiner Herrin, Lady Dame Ellinor Wood, als Spielzeug für ihre Kinder gekauft wurde. So ist ein Kopf, wie ihr seht, vier Paar Hände wert, und eure ganze Bande, so große kräftige Schelme ihr auch seid, haben ein alter Mann und eine Puppe zu Fall gebracht.«

WILLIAM CARLETON

William Carleton (1794–1869) wurde in Prillisk, Tyrone, Irland, als jüngstes von vierzehn Kindern eines armen Bauern geboren; ausgezeichneter Kenner der irischen Folklore, veröffentlichte er zahlreiche Sketches und Kurzgeschichten aus dem irischen Bauernleben (»Traits and Stories of the Irish Peasantry« 1830, 2. Serie 1833, »Tales of Ireland« 1834 u.a.) und später auch Romane. Nach der Kritik seiner Landsleute hat er das irische Leben reicher und wahrer dargestellt als alle anderen älteren irischen Schriftsteller. – »Bob Pentland oder der überlistete Gendarm« wurde nach dem Abdruck in der Sammlung »Irish Short-Stories«, herausgegeben von George A. Birmingham, übersetzt.

BOB PENTLAND ODER DER ÜBERLISTETE GENDARM

Daß die Iren ein schlagfertiges Volk sind, ist eine Tatsache, deren Wahrheit von ihren Freunden und Feinden oft bezeugt worden ist. Viele Gründe könnten angeführt werden, um diese fragwürdige Gabe zu erklären, wenn es in unserer Absicht läge, philosophisch zu sein; aber da dieser Punkt so allgemein zugegeben ist, würden wir nur unseren Scharfsinn verschwenden, um der Welt das zu beweisen, worum sie sich über die bloße Tatsache hinaus, daß dem so ist, nicht weiter kümmert. Bei diesem wie bei jedem anderen Thema ist ein Beispiel zwanzig Beweisgründe wert, und daher werde ich, statt eine Theorie vorzutragen, eine Geschichte erzählen.

Hinter dem Hügel oder besser Berg von Altnaveenan liegt eins jener tiefen und schluchtartigen Täler, auf denen das geübte Auge eines heimlichen Branntweinbrenners mit Wohlgefallen ruhen würde als auf einer Topographie, die es unwahrscheinlich macht, daß dort je die gottlosen Füße des Gendarmen und seiner Rotröcke eindringen. Tatsächlich war der Fleck, von dem wir sprechen, durch seine seltsam abgeschlossene

Lage fast unsichtbar für alle, die nicht sehr nahe herankamen. So vollständig war er von den runden und kantigen Vorsprüngen der Berge eingesäumt und verborgen, daß man sich sein Vorhandensein überhaupt nicht träumen ließ, ehe man nicht fast auf dem Paß stand, von dem der Hohlweg jäh hinabführte. Diese günstige Lage war nicht der einzige Vorzug des Tales. Es ist wahr, im Augenblick, wo man es betrat, verschwand jede Hoffnung, es für die Brennerei nutzbar zu machen, so daß man nicht umhin konnte auszurufen: »Wie schade, daß ein so sicherer und schöner Winkel nicht einen einzigen Fleck haben sollte, um eine Brennerei darauf zu errichten, oder genauer, um genügend Wasser so hoch zu bringen, wie es zum Brennen notwendig ist.« Wenn tatsächlich ein Gendarm bis an den kleinen Abgrund gekommen wäre und einen forschenden Blick hinuntergeworfen hätte, würde er sofort bemerkt haben, daß der Bau eines heimlichen Brennhauses an einem solchen Ort eine Torheit gewesen wäre, wie sie in den Plänen derer, die zu solchen Gepflogenheiten ihre Zuflucht nehmen, selten anzutreffen ist.

Doch dieser Mangel an den notwendigen Voraussetzungen war nur scheinbar, nicht wirklich. Rechts, etwa hundert Meter über dem Eingang der Schlucht, zog sich der Felsgrat hin. Die Zinnen mochten fünfzehn Meter hoch sein, in den Scharten wuchs eine Menge dichtverfilztes, langes Heidekraut. Es verdeckte den Eingang zu einer Höhle, die ungefähr die Größe und Höhe eines gewöhnlichen Bauernhauses hatte. Durch eine Reihe kleiner Spalten in den Felsen, die das Dach bildeten, tropfte ein Quell klaren, weichen Wassers, nach Stärke und Umfang genau so beschaffen, wie es von einem Brenner tatsächlich gebraucht wurde; aber wenn nicht das Heidekraut aufgehoben wurde, konnte kein menschliches Wesen auch nur einen Augenblick annehmen, daß so eine

Grotte vorhanden war oder so ein unerwarteter und leichter Eingang zu ihr. Hier war ein heimlicher Destillationsraum von der Hand der Natur selbst geschaffen, an den keine menschliche Kunst oder Erfindungskraft herankommen konnte.
Nun trug es sich zu, daß um die Zeit, über die wir schreiben, in unserer Gemeinde zwei Menschen lebten, deren Geschäfte im Leben einander so entgegengesetzt waren, daß wir daran zweifeln, ob es unter all den instinktiven Feinden der Natur zwei Tiere gibt, die einander verderblicher sind, als diese beiden es waren – nämlich Bob Pentland, der Gendarm, und der kleine George Steen, der heimliche Schnapsbrenner. Pentland war ein alter, zuverlässiger, erprobter Bursche von etwa fünfzig Jahren oder mehr, solid und sicher und mit all den charakteristischen Zügen des erstklassigen Gendarmen. Er war ein ziemlich großer Mann, lang und dünn; seine Hakennase konnte die Fährte eines Brenners mit dem Spürsinn eines Bluthundes riechen; seine dunklen, tiefliegenden Augen waren umsichtig und schelmisch im Ausdruck, seine gerunzelte Stirn schien immer damit beschäftigt, Überlegungen anzustellen, in welcher Gegend der kleine George Steen brennen könnte, sein Erzfeind, der ihm ewig entwischte, wenn er schon fast in seinen Fängen war. Kurz, es war sprichwörtlich, mit welchem Scharfsinn und Geschick Pentland die Brenner aufspürte, und ebenso sprichwörtlich, wie der kleine George ihn immer wieder überlistete, noch dazu manchmal unter Umständen, wo ein Entkommen aussichtslos schien.
Die Vorfälle, welche wir gleich näher beschreiben werden, trugen sich um jene Zeit zu, als der Kollektivverstand unserer Gesetzgeber es für ratsam hielt, denjenigen mit Strafe zu belegen, auf dessen Grund und Boden ein Brennapparat, Blase, Helm und Schlange, gefunden wurde, und auf diese Weise der Schurkerei

und dem Betrug Tür und Tor zu öffnen und, wie es sich in den meisten Fällen erwies, die Unschuldigen genauso für ein Vergehen büßen zu lassen, an das sie nie gedacht hatten, wie die Schuldigen, die es planten und ausführten. Die Folge dieses Gesetzes war, daß die Brennereien unfehlbar entweder hart an der Grenze des benachbarten Distrikts errichtet wurden oder so nahe daran, wie es nach Lage der Dinge möglich war. Im selben Augenblick, wo der Wind das Geschrei der Meute herantrug und man wußte, der Gendarm und seine Leute waren auf der Hatz, wurde der ganze Apparat sofort über die Grenze auf das Gebiet der nächsten Gemeinde hinübertransportiert, von welcher die vom Parlament auferlegte Strafe erhoben werden mußte, während der schlaue Distrikt, der sich vergangen hatte, so davonkam. Der Zustand, in den die Gesellschaft durch ein derart stümperhaftes und barbarisches Gesetz geriet, war schrecklich. Im Laufe einer kurzen Zeit vervielfachten sich Repressalien, Prozesse, Schlachten, Morde und blutige Gemetzel über das ganze Land hin in solchem Maße, daß die weisen Senatoren, die diesen ganzen Aufruhr hervorgerufen hatten, gezwungen waren, ihr eigenes Gesetz zu widerrufen, sobald sie herausfanden, wie es sich auswirkte. Not macht nicht nur erfinderisch, sie deckt auch manches auf. Pentland war so oft von dem kleinen George geschlagen worden, daß er schwor, nicht zu ruhen, bis er ihn dingfest gemacht hatte; und George seinerseits sagte oft – denn sie standen sonst auf gutem Fuße –, daß er ihm Trotz biete, oder, wie er es selbst etwas origineller ausdrückte, »daß er dem Teufel, der Welt und Bob Pentland Trotz biete«. Der letztere aber war ein böser Dorn in seinem Fleisch und trieb ihn von Ort zu Ort und von einem Versteck ins andere, bis er zu bezweifeln anfing, ob er ihn noch länger überlisten oder in der Gemeinde überhaupt einen Fleck ausfindig machen könne, der für die

Brennerei geeignet war und den Pentland noch nicht kannte. So standen die Dinge zwischen ihnen, als George glücklicherweise am Sattel des Altnaveenan-Hügels die natürliche Höhle fand, die wir gerade flüchtig skizziert haben. Nun war George, wie wir schon angedeutet haben, ein Mann, der sehr fruchtbar an Einfällen war; doch lebte in derselben Gemeinde noch ein Brenner, der ihn in jener weitsichtigen Verschlagenheit übertraf, die unentbehrlich ist, um einen alten Hund mit so gutem Witterungsvermögen wie Pentland irrezuführen und zu hintergehen. Das war der kleine Mickey M'Quade, ein kurzhalsiger, untersetzter, kleiner Bursche mit O-Beinen, von dem man sagen konnte, daß er sich mehr kriechend als laufend fortbewegte. George und Mickey waren Busenfreunde unabhängig von ihrer gemeinsamen Abneigung gegen den Gendarmen, und, um die Wahrheit zu sagen, ein gut Teil der Demütigungen und manche Niederlage, die Pentland von George erfuhr, gingen *sub rosa*, auf Mickeys Konto. George war ein Brenner aus anderen Motiven, als sie sonst diese Klasse Menschen bewegen. Im Grunde war er ein analytischer Philosoph – ein geborener Chemiker, immer mit einem neuen Experiment beschäftigt –, und wir dürfen wohl annehmen, daß er der Kane oder Faraday oder Dalton seiner Zeit geworden wäre, wenn er nur eine wissenschaftliche Erziehung erhalten hätte. Nicht so der ehrliche Mickey, der sich den Kopf nie über einem Experiment zerbrach, sondern nur daran dachte, einen guten Schnaps zu destillieren und den Gendarmen zu betrügen. Das erste, was George tat, war natürlich, Mickey ins Vertrauen zu ziehen, und beide machten in der Folge einen Gang nach ihrer zukünftigen Wirkungsstätte. Nachdem sie diese in Augenschein genommen und ihre Vorteile erkannt hatten, wechselten sie einen Blick voller Triumphgefühl, wie es, kann man schon sagen, diesen beiden Charakteren wohl anstand.

»Das wird gehen«, sagte George. »Hm – glaubst du nicht, daß wir Pentland noch einmal Sand in die Augen streuen?« Mickey spie weise über seinen Bart, und nach einem zweiten Blick verzog er sein Gesicht zu einem ernsten Grinsen, das Bände sprach. »Es wird gehen«, sagte er; »aber mit einem Punkt müssen wir noch fertig werden, an den du vielleicht nicht gedacht hast, und du weißt, daß ein halber Punkt, ein bloßer Schimmer für Pentland genügt.«

»Und das wäre?«

»Was beabsichtigst du denn mit dem Rauch zu machen, wenn das Feuer brennt? Den können wir nicht niederhalten. Laß Pentland nur so viel Rauch aufsteigen sehen, wie aus der Tabakspfeife einer alten Frau kommt, und er hätte uns.«

George stutzte, und aus dem Ärger und der Enttäuschung, die auf seiner Stirn geschrieben standen, ging deutlich hervor, daß ihr ganzer Plan über den Haufen geworfen und die Höhle wertlos wäre, wenn man mit diesem widerwärtigen Umstand nicht zu Rande kam. »Was ist da zu machen?« fragte er seinen kühleren Kameraden. »Wenn wir damit nicht fertig werden, können wir der ganzen Sache Lebwohl sagen.«

»Schon gut«, sagte Mickey, »ich werde das in die Hand nehmen und Pentland noch eins auswischen.«

»Ja, aber wie?«

»Das spielt keine Rolle. Laß uns nicht eine Minute weiter verlieren und anfangen. Das andere überläßt du mir, und wenn ich für den Rauch keine Erklärung geben kann, ohne den Eingang zu der Brennerei zu verraten, kannst du mir mit meiner Erlaubnis die Ohren vom Kopfe reißen.«

George kannte das kühle, aber begründete Selbstvertrauen, das Mickey auszeichnete, und ohne weiter zu fragen, machte er sich mit ihm daran, den Operationsplan aufzustellen.

In jenen Zeiten, so darf man mit Recht annehmen, verstand sich fast jeder auf die Brennerei. Damals war es unter den Bauern üblich, in ihre Nebengebäude Geheimkammern und die übrigen erforderlichen Vorrichtungen einzubauen, die dazu nötig sind. Manche von ihnen hatten zwischen falschen Wänden heimliche Lagerräume, zu denen nur wenige den Zugang wußten, und bei vielen befanden sich in verborgenen Alkoven oder hohen Giebeln »Malzweichen«, wie man das nannte, wo die Gerste eingequollen und später gewendet und gelüftet wurde, bis sie hart genug war, um gedarrt und gemahlen zu werden. Von der Mühle wurde sie für gewöhnlich auf sogenannten »Hitschen« nach dem Brennhaus gebracht, das ist eine Art Wagen ohne Räder, womit man um so leichter durch Moräste und Sümpfe kam, die kein auf Rädern laufendes Fahrzeug überwinden konnte.

In der Zeit von etwa einem Monat hatten George und Mickey, von ihren Freunden unterstützt, den ganzen Apparat aufgestellt und in vollem Betrieb: Bottich und Faß und so weiter zusammen mit der Brennblase, dem Helm und der Kühlschlange.

»Und nun, Mickey«, fragte sein Kamerad, »wie willst du das mit dem Rauche machen, denn du weißt wohl, daß die beiden übelsten Angeber, die ein heimlicher Schnapsbrenner haben kann, einen berufsmäßigen Spitzel ausgenommen, Rauch am Tage und Feuer in der Nacht sind.«

»Das weiß ich«, antwortete Mickey; »und wir werden einen gewaltigen Rauch haben, denn ich fürchte, ein kleines Wölkchen würde uns nichts nützen. Komm jetzt, ich werde es dir zeigen.«

Sie stiegen beide nach oben, wo Mickey all die offenen Spalten der Decke geschlossen hatte mit Ausnahme derjenigen, die gerade über dem Feuer lag. Diese war nicht breiter als fünfzehn Zentimeter und ungefähr dreißig Zentimeter lang. Darüber legte er eine starke durchlöcherte Eisenplatte, und auf diese baute er ein Torffeuer, neben das er einen kleinen Jungen setzte, der als Posten diente. Die Sache war einfach, aber wirksam. Torfhaufen lagen auf beiden Seiten, und der Junge war angewiesen, wenn der Gendarm, den er wohl kannte, je erscheinen sollte, frischen Brennstoff aufzuhäufen und den Rauch so zu verstärken, daß der Gendarm annehmen mußte, alles, was er sah, käme bloß von dem Feuer vor ihm. Tatsächlich vermischte sich der Rauch von der Höhle unten so vollkommen mit dem, den das Feuer oben aussandte, und verlor sich so ganz darin, daß kein Mensch das Geheimnis durchdringen konnte, es sei denn, man hätte ihn vorher damit bekannt gemacht. Der Schreiber dieser Geschichte sah es, als am heißesten gebrannt wurde, und es gelang ihm nicht, die Brennerei zu entdecken, obgleich man ihm sagte, daß sie in einem Umkreis von dreihundert Metern läge, der Ort, wo er stand, als Mittelpunkt des Kreises gerechnet. Mehr als einmal ist er zu Hause durchgebrannt und hat eine ganze Nacht dort verbracht, gepackt von dem unbeschreiblichen Reiz, den so eine Szene für einen Jungen hat, wie auch von der unzähmbaren Begier, die alten Geschichten und Sagen erzählen zu hören, womit man sich im allgemeinen die Nacht vertrieb.

Auf diese Weise, mit guten Vorkehrungen gegen den Gendarmen – viel besseren, als unsere Leser jetzt ahnen können, was sie erst nach und nach verstehen werden –, arbeiteten George, Mickey und ihre Freunde den größten Teil des Winters hindurch ohne einen einzigen Besuch von Pentland. Ein paarmal hatte man schon erfolgreich gebrannt, was natürlich reichen Gewinn brachte, und sie wollten gerade zum letztenmal anfangen, nicht nur für die Saison, sondern es sollte ihr letztes Zusammenarbeiten überhaupt sein, da George Vorbereitungen traf, um im zeitigen Frühling nach Amerika zu gehen. Auch dieser Prozeß verlief zu ihrer Zufriedenheit, der Lutter war in die Blase gefüllt worden, das Vinen begann, und aus der Kühlschlange kam der starke, medizinische »erste Schuß« – der letzte Ausdruck bedeutet den Geist in seiner reinen, vollendeten Form. Bei dieser Gelegenheit waren unsere beiden Helden behutsamer als gewöhnlich und verdoppelten ihre üblichen Vorsichtsmaßnahmen gegen irgendwelche Überraschungen; denn sie wußten, daß man Pentlands Besuche am ehesten dem Stoß eines Habichts oder dem Sprung eines Tigers vergleichen konnte. Sie wurden darin auch nicht enttäuscht. Als man mit dem zweiten Brennen ungefähr zur Hälfte fertig war, erschien er auf der Bildfläche, begleitet von einem starken Trupp wenig begeisterter Soldaten – denn wir schulden dem Militär die Feststellung, daß sie keine Freude daran hatten, die Landbevölkerung zu plagen, wenn es der Fäßchenjäger, das war ihr Spitzname für den Gendarmen, befahl. Es war vereinbart worden, daß der Posten an der eisernen Platte eine bestimmte Melodie pfeifen sollte im Augenblick, wo der Gendarm oder ein Rotrock auftauchte oder überhaupt irgendeine Person, die er nicht kannte. So hörten sie ungefähr um acht Uhr morgens, wie der kleine Bursche in seiner höchsten Tonart jene beliebte und sehr bezeichnende altirische Weise pfiff, die unter dem Namen: »Geh zum Teufel und schüttele dich« bekannt ist – was sich in diesem Falle durchaus nicht nur allegorisch auf den Gendarmen bezog.

»Donner-und-Torf«, das war Georges gewöhnlicher Fluch, »Donner-und-Torf, Mickey, es ist aus mit uns – Pentland ist hier, denn das ist das Zeichen.«

Mickey hielt einen Augenblick inne und hörte sehr ernsthaft zu; dann sprudelte er Tabakspucke aus und sagte: »Nimm's leicht, ich habe ein halbes Dutzend Feuer auf den Bergen rundum, eins dem anderen so gleich wie deine rechte Hand der linken. Ich habe keine Mühe gescheut, denn ich wußte, wenn wir einmal über *diesen* Tag weg sind, dann hat er keine Gewalt mehr über uns.«

»Nun, mein Freund«, wandte sich Pentland an den Posten, »wozu ist das Feuer hier?«

»Wozu es ist?«

»Ja, wenn du mir das nicht sofort sagst, werde ich dir eine Kugel durch den Kopf jagen und dich später hängen und deportieren lassen.«

Das sagte er mit donnernder Stimme und spannte gleichzeitig den Hahn einer großen Pistole.

»Oh, mein Herr«, sagte der Junge, »ich – ich bewache eine Brennblase; aber beim Loch in meiner Jacke, wenn Sie mich verraten, dann werde ich bald auf diesen Kohlen schmoren.«

»Wo ist die Blase, ja? Und das Brennhaus – wo ist das?«

»Ojemine, wo die Blase oder das Haus ist, das wollten sie *mir* nicht erzählen.«

»Warte, Schurke, hast du nicht eben gesagt, du paßt auf eine Blase auf?«

»Ich meinte, mein Herr«, antwortete der Bursche mit einem Gesicht, auf dem der Schwachsinn geschrieben stand, »daß ich auf den Gendarmen aufpasse, und ich sollte zwischen den Fingern pfeifen, um den Jungen bei dem Feuer auf dem Hügel da oben zu warnen, wenn er kommt.«

»Wer hat dir das aufgetragen?«

»Der kleine George, mein Herr, und Mickey M'Quade.«

»Natürlich, dieser Punkt ist nur zu richtig, mein Bursche – zwei der berüchtigtsten Spitzbuben, beide für den Galgen reif. Aber sei jetzt ein guter Junge, sage mir die Wahrheit, und ich werde dir ein Paar Schuhe bezahlen. Weißt du, wo die Blase oder die Brennerei ist? Denn wenn du's weißt und mir nicht sagst, so stehen hier die Soldaten bereit, um dich gefangenzunehmen, und nichts auf der Welt wird es verhindern, daß du gehängt und gefoltert und gevierteilt wirst.«

»Möge die Pest das Stück von mir befallen, das davon weiß! Aber wenn Sie mir das Geld geben, mein Herr, werde ich Ihnen sagen, wer Sie hinbringen kann, denn er erzählte mir gestern früh, daß er es wüßte, und er bot mir an, mich in der vergangenen Nacht dorthin zu bringen, wenn ich für ihn die Flasche stehlen würde, in der meine Mutter zu Hause das heilige Wasser aufbewahrt, damit er Whisky hineinfüllen könnte.«

»Und wer ist der Junge, mein Kleiner?«

»Kennen Sie ›Harry Neil oder das Menschengeschlecht‹, mein Herr?«

»Jawohl, mein guter Junge.«

»Nun, es ist ein Sohn von ihm, mein Herr, und, mein Herr, sehen Sie den Rauch dort rechts, der am weitesten weg ist, mein Herr?«

»Rechts? Ja.«

»Nun, dort, mein Herr, paßt Darby Neil auf, und er *sagt*, er wüßte Bescheid.«

»Wie lange wachst du hier schon?«

»Das ist erst der dritte Tag, mein Herr, für mich, aber die anderen, die Jungen da oben, die sind schon eine ganze Zeitlang hier.«

»Hast du noch niemand in den Bergen gesehen, seitdem du herkamst?«

»Nur einmal, mein Herr, gestern habe ich zwei Männer gesehen, die ein oder zwei leere Säcke hatten und die dort oben über den Berg liefen.«

In diesem Augenblick trat der Führer der Militärabteilung vor, der selbst vor den anderen heraufgekommen war, und wiederholte kurz sein Gespräch mit unserem Freund, dem Posten. Nachdem man sein stumpfsinniges Gesicht geprüft hatte, das gewiß eine betrübliche Leere zeigte, kam man untereinander zu dem Schluß, daß seine Erscheinung für die Wahrheit der Geschichte, die er dem Gendarmen erzählt hatte, bürge, und nach einem weiteren Kreuzverhör waren sie überzeugt, daß nur ein Tölpel so blöde wie er selbst

ihm ein Geheimnis anvertraut haben konnte, das irgendwie wissenswert war. Sie teilten sich jetzt in so viele einzelne Gruppen, wie Feuer auf den Bergen um sie herum brannten, und der Gendarm beschloß, selbst in Richtung auf das Feuer zu gehen, das Darby Neil in seiner Obhut hatte, denn er konnte sich des Gefühls nicht erwehren, daß die Geschichte des Postens zu natürlich klang, um falsch zu sein. Sie waren gerade dabei, sich zu trennen, um ihre verschiedenen Marschrouten einzuschlagen, als der Bursche sagte:
»Schauen Sie, mein Herr! Schauen Sie! Der Teufel hole mich, aber das ist sicherlich eine Blase. Bestimmt, ich habe oft genug eine Blase gesehen. Diese hier ähnelt der, welche Philipp Hagan, der Kesselflicker, in George Steens Scheune ausbesserte.«
»Hallo, Jungens«, rief Pentland, »hinlegen! hinlegen! Sie kommen auf uns zu und sehen uns nicht. Nein, verflucht, sie haben uns jetzt entdeckt und gehen in Richtung Mossfield. Bei Gott, das wird ein böser Streich sein, wenn er glückt; jetzt wenden sie sich nach Ballagh, meinem eigenen Besitz; und ich will gehängt sein, wenn wir ihnen nicht den Weg verlegen, bin ich es, der die Strafe zahlt.«
Die Verfolgung wurde sofort in einem Tempo und mit einem Schwung aufgenommen, der der Genialität dieses einzigartigen Vergeltungsaktes an dem Gendarmen glich. Pentland selbst hatte viel Übung auf diesem Gebiet und deshalb einen langen Atem, dazu trieb ihn die Furcht vor dem drohenden Verlust, und er lief ein so schönes Rennen, wie es nur ein Mann in seinen Jahren kann. Aber vergeblich. Er kam gerade weit genug, um zu sehen, wie Blase, Helm und Kühlschlange über den Graben auf sein eigenes Land gehoben wurden, und um sich klarzumachen, als er es gesehen hatte, daß ihm bestimmt ein zwiefacher Trost blieb; auf Lebenszeit damit gehänselt zu werden und den Spaß außerdem noch teuer aus seiner eigenen

Tasche zu bezahlen. Inzwischen war er natürlich verpflichtet, die Blase zu beschlagnahmen und darüber zu berichten, und da er selbst das in Frage stehende Flurstück bebaute, wurde die Strafe bis zum letzten Schilling eingetrieben mit der sehr natürlichen Begründung, daß, wenn er nur eifrig und wachsam genug gewesen wäre, niemand versucht haben würde, eine Brennerei so dicht an seinem eigenen Grund und Boden aufzubauen.

Dieses Manöver, einen ausgedienten oder zweiten Apparat in Reserve zu halten und ihn als Lockvogel zu benutzen, um den Gendarmen irrezuleiten, ist später noch oft mit Erfolg angewandt worden; aber der ursprüngliche Entdecker war zweifellos Mickey M'Quade, obgleich er die Ehre der Erfindung seinem Freund George Steen ließ. Doch damit war die Sache noch keineswegs beendet; denn einige Tage später sandte irgendein boshafter Spaßvogel – mit anderen Worten George selbst – eine Anzeige an Pentland mit genauen Angaben über die Lage der Höhle und das Geheimnis ihres Eingangs. Diesmal bot der letztere eine größere Militärabteilung auf, als er es für gewöhnlich tat, aber nur, um sich einer noch lächerlicheren Lage ausgesetzt zu sehen, soweit das überhaupt möglich ist, als das erstemal. Er fand tatsächlich Spuren, daß kürzlich hier gebrannt worden war, aber nichts weiter. Jedes Gefäß und Gerät, das mit dem Vorgang verbunden war, hatte man entfernt, eine Flasche Whisky ausgenommen, an die mit einem Stück Bindfaden das folgende freundliche Briefchen befestigt war:

»Herrn Pentland.

Sehr geehrter Herr! Nehmen Sie diese Flasche mit nach Hause und trinken Sie sie auf Ihre eigene Gesundheit. Das ist das mindeste, was Sie tun können. Der Whisky wurde *unter Ihrer Nase* destilliert, als Sie das erstemal zu uns kamen, und abgefüllt, während

Sie mit dem kleinen Jungen sprachen, der Sie zum Hasen machte. Da er also unter Ihrer Nase gebrannt wurde, möge er auch an demselben Ort getrunken werden, und wenn Sie das tun, dann heben Sie auch einen auf das Wohl von G. S.«

Der Vorfall verbreitete sich wie ein Lauffeuer und wurde überall bekannt. Für lange Zeit sprach man in der Gemeinde von nichts anderem. So bitter war das für Pentland, daß er nie die Ruhe bewahren konnte, wenn jemand fragte: »Herr Pentland, wann haben Sie den kleinen George Steen gesehen?« Niemand hat ihn je darauf eine höfliche Antwort geben hören.

CHARLES JAMES LEVER

Charles James Lever (1806–1872) wurde in Dublin als Sohn eines englischen Architekten geboren, studierte dort Medizin und übte den Arztberuf mit gelegentlichen Unterbrechungen bis 1842 aus. Die lange Reihe seiner Romane wurde mit »Harry Lorrequer« eröffnet, der 1837 im »Dublin University Magazine« erschien und sein repräsentatives Buch geblieben ist; es folgte »Charles O'Malley, the Irish Dragoon« am gleichen Ort 1840, beide als Romane formlos, ohne nennenswerte Handlung oder tiefere Charakterisierung, aber reich an glänzend erzählten Schwänken und wirkungsvollen Anekdoten, beide außerordentlich erfolgreich. Lever schuf den Typ des Irländers, der auf Jahrzehnte die englische Literatur, besonders auch die dramatische, beherrschte, an dem die Iren selbst aber starken Anstoß nehmen. – »Die Erzählung des Doktors« steht in »Charles O'Malley«.

DIE ERZÄHLUNG DES DOKTORS

Es sind jetzt etwa fünfzehn Jahre her – wenn ich nicht O'Shaughnessys Runzeln sähe, würde ich kaum glauben, daß es fünf sind –, seit wir in Loughrea in Garnison lagen. Außer unserem Regiment waren dort die Fünfziger und die Dreiundsiebziger und ein oder zwei Schwadronen Feldartillerie, und die ganze Stadt war buchstäblich eine Kaserne, und wie ihr euch vorstellen könnt, ein höchst angenehmer Aufenthaltsort. Alle jungen Damen und auch die, deren Einführung in die Gesellschaft schon etliche Jahre zurücklag, kamen in die Stadt geströmt, konnten sie doch nicht wissen, ob nicht der Teufel einen grünen Fähnrich oder dergleichen überreden würde, ein paar von ihnen zu heiraten.

Von solchen Essen, solchen Abendgesellschaften und Bällen hat man westlich Athlones noch nie gehört. Die Lustbarkeiten nahmen kein Ende; und wenn Freundlichkeit, reichlich Rotwein, Whist, ländliche Tanzvergnügen und Küsse die Sache geschafft hätten, wäre im

Umkreis von sechs Meilen kein Junggeselle mit einem roten Rock übriggeblieben.
Sie kennen den Westen, O'Malley; so brauche ich Ihnen die Mädchen von Galway nicht zu schildern: hübsche, warme, ungezwungene, gesprächige, lachende Dinger, aber listig und scharfsinnig wie die Juristen – zu jedem Spaß und Vergnügen aufgelegt, dabei aber immer auf der Lauer nach einem Antrag oder einem zarten Geständnis, in das du – durch die Hitze des Ballsaals, den Glühwein und die weißen Satinschuhe oder aber durch einen Streit mit deinem Vormund – zehn gegen eins hineinstolperst, ehe du eine Woche mit ihnen in derselben Stadt bist.
Was die Männer angeht, so bewundere ich sie nicht so sehr; durchaus angenehm und munter, wenn sie dir den Rock vom Leibe und den neuen Wagen für ein lahmes Pony oder einen baumwollenen Regenschirm belasten, aber regelrechte Teufel, wenn man ihre Pläne auch nur im geringsten durchkreuzt; da gibt es nichts als zehn Schritte – drei Schuß für jeden –, und es beginnt und endet ähnlich wie bei unseren alten Volkstänzen, wo jeder seinen Nachbarn zupft. Ich will nicht sagen, daß sie nicht angenehm, gut unterrichtet und freundlich in ihren Gewohnheiten wären, aber sie haben für den Geschmack von unsereinem aus südlicheren Gegenden eine zu ausgeprägte Vorliebe für Kordhosen und amtliche Totenschauen; doch sind sie ein vortreffliches Volk alles in allem genommen, und wenn man sie in Ruhe ließe und ihre nationalen Sitten nicht durch Straßenbau, Verhandlungen vor niederen und hohen Gerichten und gelegentliche Sonderkommissionen untergrübe, wären sie zu großen Dingen fähig und würden die Welt in Erstaunen setzen.
Doch wie ich schon erzählt habe, kamen wir nach Loughrea, nachdem wir fünfzehn Monate in Abteilungen in der Gegend von Birr, Tullamore, Kilbeg-

gan und dort herum gelegen hatten; es war tatsächlich eine erfreuliche Veränderung, und wir bildeten bald den Mittelpunkt der Geselligkeit, in der man uns mit der größten Aufmerksamkeit und Artigkeit begegnete. Ich sagte schon, es sind schlaue Leute dort im Westen, und sie rechneten folgendermaßen: Die Linientruppen – wir gehörten zur Roscommon-Miliz – sind heute hier, morgen dort; sie flirten vielleicht in der einen Woche in Tralee und kämpfen in der anderen am Tajo; nicht daß in jenen Zeiten irgendwo gekämpft worden wäre, aber dann gab es immer noch Nova Scotia und St. John's und hundert andere Orte, von der eine junge Dame aus Galway nur wußte, daß die Leute von dort nie zurückkamen. Was für einen Sinn, was für einen Nutzen hatte es also, sich in sie zu verlieben? Das waren vergängliche, flüchtige Freuden. Aber bei uns war das etwas anderes, wir waren da, wenn nicht in Kilkenny, dann in Cork, wir konnten uns nicht mit dem Dienst im Ausland herausreden, nicht als Entschuldigung, wenn wir nicht heiraten wollten, grausame Bilder der Kolonien malen, wo man Brathähnchen aus den Offiziersfrauen macht und ihre winzigen Kinder mit kleinen Zahnbürsten zu Tode kratzt. Mit einem Wort, mein lieber O'Malley, wir standen hoch im Kurs, und selbst O'Shaughnessy mit seinem roten Haar und seinen Beinen hatte Bewunderer – na, na, sei mir nicht böse, Dan –, bei den Männern zumindest hattest du einen Stein im Brett.

War Loughrea ein angenehmer, so war es doch ein sehr teurer Ort. Weiße Handschuhe und die Miete für die Droschken – im ganzen Ort gab es keine Chaise –, dazu das Whist (Gott verzeih mir, wenn ich ihnen unrecht tue, aber ich frage mich, ob sie ehrlich waren) kosteten Geld, und in dem Maße, wie unsere Beliebtheit zunahm, nahm der Inhalt unserer Börsen ab, bis schließlich, während die eine immer höher stieg, in der anderen so ziemlich Ebbe herrschte.

Nun, die Roscommons waren ein feines Korps – da gab es keine kleinlichen Eifersüchteleien, kein Gezänk unter den Offizieren, keine Verdrießlichkeiten zwischen der Frau des Majors und der Schwester des Zahlmeisters – alles war liebenswürdig, freundlich, kameradschaftlich und einander zugetan. Ich brauche dazu nur einen hübschen Zug von ihnen zu erwähnen – keiner weigerte sich jemals, den Wechsel eines Kameraden hereinzunehmen. Etwa nach der Summe oder auch nur nach dem Datum zu fragen, wäre als persönliche Beleidigung aufgefaßt worden; und so fuhren wir fort, uns gegenseitig zu helfen und beizustehen – der Oberst zog auf mich, ich auf den Major, der Hauptmann auf den Arzt und so weiter –, ein regelrechtes Kreuzfeuer von »Zahlungsversprechen«, und alle gestempelt und in Ordnung.
Zugegeben, das System hatte seine Unbequemlichkeiten, denn manchmal machte ein hartnäckiger Schneider oder Schuster Krach wegen seines Geldes, und dann mußten wir einen kleinen Streit zwischen dem Aussteller und dem Akzeptanten des Wechsels in Szene setzen; sie konnten ein paar Tage nicht miteinander reden, und ein gemeinsamer Freund mußte dem Gläubiger sagen, daß die geringste Unvorsichtigkeit seinerseits zu Blutvergießen führen würde; »und Gott steh Euch bei, wenn es zu einem Duell kommt, wird man Euch die alleinige Schuld geben.« Diese und zwanzig andere Methoden wandten wir an, und schließlich wurde die Sache dem Schiedsspruch der Kameraden vorgelegt, und ich brauche nicht erst zu sagen, daß sie sich prachtvoll benahmen. Aber trotz alledem waren wir häufig in ziemlichen Geldnöten; wie der Oberst sagte: »Es ist ein mächtig kostspieliges Korps.« Unser Anzug war teuer – nicht daß viel Litzen oder Gold daran gewesen wären, sondern weil er im Nu abgetragen war: man glitt nachts auf der Straße aus, es gab Krawall im Kasino, oder man trieb

sonst irgendwelchen Unfug. Auch der Wein lastete schwer auf uns, denn wenn wir auch oft unseren Weinhändler wechselten und ihn selten bezahlten, so war doch der Verbrauch im Kasino ungeheuerlich.

Nun, diese Bemerkungen sollen euch nur auf die Tatsache vorbereiten, daß Shaugh und ich, ehe wir acht Wochen dort in Garnison lagen, auf Grund einer exakten Kalkulation unserer gemeinsamen Finanzen entdeckten, daß wir, abgesehen von einigen unbestimmten Versprechungen, zu diskontieren, die man uns hier und da in der Stadt gegeben hatte, und sieben Schilling vier Pence in bar, nicht mit geldlichen Schätzen gesegnet waren. Das war peinlich; wir hatten uns beide in einige kleine Vergnügungsunternehmen eingelassen, hatten jeder ein paar Jagdpferde, ein Tandem und eine laufende Rechnung – ich glaube, sie *galoppierte* – in jedem Laden der Stadt.

Lassen Sie mich einen Augenblick hier verweilen, O'Malley, um einige moralische Betrachtungen anzustellen, aus denen Sie hoffentlich Nutzen ziehen werden. Haben Sie sich jemals überlegt – natürlich nicht, Sie sind zu jung und unphilosophisch –, wie wunderbar es ist, daß jedes Klima und jeder Boden irgendein Gegengift gegen seine eigenen verderblichen Einwirkungen besitzt? Die Tropen haben ihre saftigen Früchte, die kühlen und erfrischen; die nördlichen Breiten ihre Tiere mit Pelzen und warmen Bälgen, um Frostschäden fernzuhalten, und so ist es auch in Irland – nirgends auf der bewohnten Erdoberfläche wird es einem Mann so zur Gewohnheit, sich kleine Schulden aufzuladen, und nirgends, darauf nehme ich einen Eid, kann er sich so leicht aus der Klemme ziehen. Sie haben ihre Tiger im Osten, ihre Antilopen im Süden, ihre Eisbären in Norwegen, ihre Büffel in Amerika; aber wir in Irland haben ein Tier, das sie alle schlägt – den kleinstädtischen Anwalt!

Darf ich Sie mit Herrn Matthew Donevan bekannt machen? Mat, wie er familiär von seinen zahlreichen Bekannten genannt wurde, war ein kleiner, blühender, rosiger Herr, vielleicht vier- oder fünfundvierzig Jahre alt, mit einer gutgelockten Perücke im allerhellsten Braun; die sanfte Welle der Stirnlocken spielte in kindlicher Lieblichkeit auf seiner kleinen, rundlichen Stirn und kontrastierte außerordentlich stark mit den listig lauernden Augen und einem gewissen Verhandlungslachen, das, wie gut es auch seinem Klienten gefallen mochte, selten seinem Prozeßgegner angenehme Gefühle verursacht haben wird.

Mat war in seiner Art ein Charakter: scharfsinnig, doppelzüngig und durchtrieben in allem, was seinen Beruf betraf, gab er sich die Miene des lustigen Burschen, schätzte ein vergnügtes Essen in Browns Hotel, ging zwanzig Meilen, um sich eine Parforcejagd oder ein Hindernisrennen anzusehen, schloß mit jedem Beliebigen eine Wette ab, wenn die Chancen sehr gut für ihn standen, mit einer so natürlichen Gleichgültigkeit in Geldangelegenheiten, daß er, wenn er gewann, eher wie ein Opfer seines Glückes wirkte als umgekehrt. Da er einen ziemlich vergnügten Junggesellenhaushalt führte und das Militär gern hatte, wurden wir bald miteinander bekannt. Auf ihn setzten wir beide aus Gründen, die ich nicht zu erklären vermag, unsere ganze Hoffnung, und Shaugh und ich kamen sofort überein, daß unsere Sachen, falls Mat uns nicht helfen konnte, schlimm stünden.

Wir fabrizierten daher einen hübschen kleinen Brief, in dem wir den verehrten Anwalt für den folgenden Tag um fünf Uhr zu einem kleinen Essen einluden, und deuteten an, daß wir ganz unter uns wären und eine kleine geschäftliche Angelegenheit zu besprechen hätten. Mat war pünktlich zur Stelle, und als ob er augenblicklich erraten hätte, daß es sich eigentlich nicht um ein Vergnügen handelte, hatte er sich in Blick, Anzug und

Manieren vorzüglich auf die Gelegenheit abgestimmt – war ruhig, zurückhaltend und auf der Lauer.

Als der Whisky an die Stelle des Rotweins getreten war und die vertraulichen Stunden herannahten, brachten wir durch eine geschickte Anspielung auf eine große Wette, die damals gerade offenstand, unsere Finanzen aufs Tapet. Die Sache war wunderschön gemacht, eine leichte Adagio-Bewegung, kein unvermittelter Übergang; aber der Teufel hol' mich, wenn uns der alte Mat nicht sofort durchschaute.

»Oh! So stehen also die Sachen, Herr Hauptmann«, sagte er mit seinem eigenartigen Grinsen; »zweieinhalb Schilling fürs Pfund und keine Aktiva.«

»Das letztere trifft die Lage genauer, alter Junge«, sagte Shaugh und platzte so mit der Wahrheit auf einmal heraus. Der schlaue Anwalt trank langsam sein Glas aus, als ob er Zeit zum Nachdenken gewinnen wollte, dann schmatzte er als Einleitung mit den Lippen und überschaute rasch den Raum mit seinen durchdringenden grünen Augen.

»Eine hübsche Stute ist das, Ihre kleine, mausgraue mit der Rückensenkung; das eine Hinterbein lahmt zwar etwas – vielleicht ist es sogar der Spat. Ihr habt fünfundzwanzig Pfund für sie gegeben, nicht wahr?«

»Sechzig, oder ich will nicht Dan heißen«, sagte Shaugh, der sich nicht gerade geschmeichelt fühlte, als er hörte, wie man sein Reitpferd einschätzte, »und ich wette die doppelte Summe, daß von einer Lähmung oder dem Spat auch nicht die Spur vorhanden ist.«

»Ich gehe die Wette nicht ein«, sagte Mat trocken, »Geld ist hierzulande knapp.«

Das ließ uns beide verstummen, und unser Freund fuhr fort:

»Dann ist da noch der Braune – ein großes, stämmiges, langbeiniges Tier für einen Tilbury – und die Jagdpferde, die hier nichts wert sind, da sie das Land nicht kennen; die Pistolen dort sind hübsch, und der Tilbury ist nicht übel –«

Mir riß die Geduld. »Zum Teufel noch mal«, sagte ich, »wir haben Sie nicht hierhergebeten, um unsere Mobilien zu taxieren, wir wollen uns auf andere Weise gesundmachen.«

»Oh, ich verstehe«, sagte Mat und nahm sehr gemächlich eine Prise Tabak, während er sprach, »ich verstehe. Nun, das ist schwer – sehr schwer, gerade jetzt. Jeder Acker Boden in den beiden nächsten Grafschaften ist mit Hypotheken belastet, und auf diese Art ist kein Schilling mehr herauszuholen. Haben Sie Glück beim Pferderennen?«

»Ich erinnere mich nicht, auch nur einen Schilling gewonnen zu haben.«

»Was verstehen Sie vom Whist?«

»Nicht bedienen, so daß mich mein Partner verflucht; weiß der Teufel, weiter nichts.«

»Das trifft sich schlecht; denn sonst hätten wir etwas arrangieren können. Nun, ich sehe nur einen Ausweg – Sie müssen heiraten; eine Frau mit etwas Geld wird Ihnen aus Ihren augenblicklichen Schwierigkeiten heraushelfen, und das läßt sich leicht machen.«

»Hallo, Dan«, sagte ich, denn Shaugh war am Einschlafen, »nur Mut, alter Freund. Donevan weiß einen Weg, uns aus der Patsche zu helfen; ein Mädel mit vierzigtausend Pfund, die beste Hahnenjagd in Irland, eine alte Familie, ein ausgezeichneter Keller, alles das wartet auf dich – hallo, wach auf.«

»Ich stehe zur Verfügung«, sagte Shaugh mit einem Blick, der schlau wirken sollte, in Wirklichkeit aber sehr betrunken war.

»Über ihre persönlichen Reize kann ich nicht viel berichten, Herr Hauptmann«, sagte Mat, »und auch die genaue Summe nicht spezifizieren, aber Frau Rogers Dooley aus Clonakilty könnte eine Prinzessin sein –«

»Frau Rogers Dooley –«
»Auf ihre Gesundheit! Möge sie lange leben –

Und allen, die sie schief anblicken,
Soll der Teufel die Zehen abzwicken,
Daß wir sie am Hinken erkennen –«

Als Dan diesen freundlichen Wunsch ausgesprochen hatte, fiel er der Länge lang auf den Kaminteppich, und bald war er fest eingeschlafen. Doch ich muß vorwärtskommen und will nur sagen, daß Mat und ich, ehe wir uns in dieser Nacht trennten, die Zweiliterflasche Loughrea Whisky geleert und einen Vertrag über die Hand und das Vermögen von Frau Rogers Dooley abgeschlossen hatten, wobei ihm ein ganz hübscher Prozentsatz ihres Vermögens zugesichert wurde und die Dame Dan und mir zur Wahl vorbehalten sein sollte, ich selbst freilich war schon entschlossen, sie meinem glücklicheren Freunde zu überlassen.

Der erste Gegenstand, der sich meinen schmerzenden Sinnen am nächsten Morgen darbot, war eine reichlich große Einladungskarte von Herrn Jonas Malone, auf der er mich bat, ihn am nächsten Abend auf einem Ball mit dem verführerischen Reiz meiner Gesellschaft zu beehren; darunter stand in Herrn Donevans Handschrift:

»Kommen Sie auf jeden Fall; Sie wissen, wer da sein wird. Ich bin nicht müßig gewesen, seitdem wir uns gesehen haben. Würde der Hauptmann fünfundzwanzig Pfund für die Stute nehmen?«

»Soweit ist alles in Ordnung«, dachte ich, als ich O'Shaughnessys Quartier betrat und ihn damit beschäftigt fand, seine Karte zu entziffern, die aber kein Postskriptum hatte. Wir waren uns bald darüber einig, daß Mat seinen Preis haben sollte; so sandten wir eine höfliche Antwort auf die Einladung und ein noch höflicheres Briefchen an den Anwalt, in dem wir ihn

baten, als ein schwaches Zeichen unserer Achtung die mausfarbene Stute als Geschenk anzunehmen.
(Hier seufzte O'Shaughnessy tief und schien durch die bloße Erinnerung weich zu werden.)
Aber Dan, wir haben doch nur das Beste gewollt. Oh! O'Malley, er war ein listiger Bursche; aber lassen wir es gut sein. Wir gingen zu dem Ball, und zweifellos war es ein großartiger Anblick. Zweihundertundfünfzig Seelen, wo nicht genug Platz für einige Fünfzig war, und ein Gelache und Gedränge auf der Treppe und ein Hände- und Taillendrücken und dann so ein Durcheinander und Lärm oben – vier Fiedeln, ein Klapphorn und ein Dudelsack –, und sie spielten »Eilt zu der Hochzeit« zu dem Gepolter fallender Erfrischungstabletts, dem Getrampel und der lauten Fröhlichkeit auf allen Seiten.
Nur in Irland, wenn man sich's recht überlegt, verstehen es die Leute, sich zu amüsieren; alt und jung, Fröhliche und Verdrießliche, Heitere und Wider-den-Strich-Gekämmte packt man alle bei einem lebhaften, ländlichen Tanz zusammen, und die ungleichen Paare hüpfen zu dem Geschmetter einer schlechten Kapelle herum, bis ihnen die Köpfe durch den Lärm, die Hitze, das Ungewohnte und das Durcheinander verdreht werden und sie so betrunken sind, als ob sie tatsächlich tief ins Glas geguckt hätten.
Dann herrscht da dieser besondere ungezwungene Ton; hier wirbelt ein Paar elegant aus dem Ballsaal heraus, um sich auf der Treppe etwas abzukühlen, wo sich auf jeder Stufe eine eigene geschlossene Flirtgesellschaft befindet; dort ist ein lärmender alter Herr mit einem Pensionsmädel als Partnerin hoppla! in eine Gruppe, die beim Lu sitzt, hineingeraten, hat die Karten und Spielmarken durcheinandergebracht und zahllose Flüche auf sein Haupt gezogen. Hier schart sich ein fröhlicher Knäuel um die Erfrischungen, und mit Recht, denn es gibt starken Punsch und Wein-

törtchen mit Schlagsahne, und serviert wird es mit einem Lauffeuer guter Geschichten, mit Witzen und Scherzen von allen Seiten, und die drollig aussehenden Diener stimmen in das Gelächter genauso herzlich ein wie alle anderen.
Es dauerte nicht lange, bis wir Frau Rogers entdeckt hatten. Sie saß mitten auf einem sehr hohen Sofa, so daß sie gerade noch mit den Füßen den Boden berührte, war klein und dick, trug das Haar kurz geschnitten, hatte eine Art glänzende, gelbe Haut und eine aufgeworfene Nase; der erste Eindruck war also keineswegs bestechend. Shaugh und ich waren zu sehr in der Klemme, um große Ansprüche stellen zu können, und so forderten wir sie zwei Stunden hintereinander abwechselnd zum Tanzen auf und behandelten sie eifrig mit Punsch, wenn die Musik eine Pause machte.
Schließlich wurde zum Abendessen gebeten, was uns in die Lage setzte, frische Kräfte zu sammeln; und nachdem wir eine unheimliche Menge Geflügel, Taubenpastete und Kognakkirschen verzehrt hatten, wurde Frau Rogers sichtlich munterer und drückte ihre Bereitwilligkeit aus, sich wieder unter die Tanzenden zu mischen. Was uns betrifft, so hatten wir teils aus Erschöpfung, teils um uns neuen Mut zu holen und bis zu einem gewissen Grade das Nachdenken auszuschalten, reichlich getrunken, und als wir in den Salon kamen, schienen nicht nur die freundlichen Gäste selber, sondern auch die Möbel, die ehrwürdigen Stühle und das steife alte Sofa »Sir Roger de Coverley« zu tanzen. Wie wir uns bis zum nächsten Morgen um fünf Uhr aufführten, das können unsere Krämpfe bezeugen, denn wir waren beide zehn Tage lang bettlägerig. Zu guter Letzt aber gab Frau Rogers doch nach, und indem sie sich graziös auf einen Sitz am Fenster niederließ, äußerte sie, daß es eine höchst elegante Gesellschaft wäre, und bat mich, nach ihrem Schal zu gehen. Während ich die Treppen herauf-

wanderte mit ihrem Hütchen auf dem Kopf und mehr Bekleidungsgegenständen, als manches Geschäft auf Lager hat, brüllte sich Shaugh auf der Straße nach Frau Rogers' Kutsche heiser.

»Ach, Herr Hauptmann«, sagte die Dame und schielte ihn zärtlich an, »es ist nur eine Sänfte.«

»Und hier steht sie«, sagte ich und betrachtete eine sehr stattlich aussehende alte Sänfte, die neu gestrichen und lackiert war und den halben Flur blockierte.

»Sie werden sich erkälten, mein Engel«, flüsterte Shaugh, der inzwischen ganz gut in Fahrt gekommen war; »nehmen Sie nur einstweilen Platz in der Sänfte. Maurice, kannst du dich einmal nach den Leuten umsehen?« sagte er zu mir, denn die Träger waren zu den Dienstboten hinuntergegangen.

»Jetzt haben wir sie fest«, sagte ich, indem ich die Tür schloß. »Laßt uns galant sein und sie selbst nach Hause tragen.« Shaugh fand, daß das ein glänzender Einfall wäre, und in der nächsten Minute hatten wir die Stangen gefaßt und setzten uns in Bewegung unter dem Gelächter der Kutscher, Dienstmädchen und Pagen, die im Flur standen.

»Das große Haus mit den Erkerfenstern und den Säulen, Herr Hauptmann«, sagte ein Bursche, als wir uns auf die Reise machten.

»Ich kenne es«, sagte ich. »Wir müssen links abbiegen, wenn wir über den Platz sind.«

»Ist sie nicht schwer?« meinte Shaugh, als er mit einer Pendelbewegung durch die engen Straßen kurvte, die bei unserem schönen Passagier drinnen Vorstellungen an eine Seefahrt erwecken mußten. Ich kann nicht umhin, zuzugeben, daß wir ziemlich unregelmäßig vorankamen; einmal im Zickzackkurs von einer Seite zur anderen, dann in einem scharfen Trab; dann wieder machten wir plötzlich halt oder stießen mit der Maschine bums! gegen eine Mauer, damit wir die Möglichkeit hatten, stillzustehen und Atem zu holen.

»Wie geht es jetzt weiter?« schrie er, als wir um eine Straßenecke bogen und auf den großen Marktplatz kamen, »ich fange an, schrecklich müde zu werden.«
»Mach nicht schlapp, Dan! Denk an Clonakilty und die alte Dame selbst«, und mit einem Ruck hob ich die Sänfte auf, der offensichtlich unsere schöne Freundin in Erstaunen setzte, denn unmittelbar danach hörten wir einen flehentlichen Schrei von drinnen.
»Rechtsum! Laufschritt, vorwärts – marsch!« rief ich, und wir liefen eine steile enge Gasse im munteren Trab hinunter.
»Wir sind da; es ist Licht im Fenster; nur Mut!«
Als ich das sagte, waren wir an einem schönen, stattlich aussehenden Tor angekommen mit großen Steinsäulen und einem Karnies als Gesimsprofil.
»Benimm dich wie zu Hause, Maurice«, sagte er, »bring sie hinein«, und indem er so sprach, drangen wir vorwärts – denn die Tür war offen – und betraten kühn einen großen, mit Steinfliesen ausgelegten Vorraum, der still und kalt und dunkel wie die Nacht selber war.
»Bist du sicher, daß wir richtig sind?« fragte er.
»Ganz sicher«, sagte ich, »vorwärts.«
Wir gingen also, bis wir in die Nähe einer kleinen Kerze kamen, die trübe in einiger Entfernung von uns brannte.
»Geh auf das Licht zu«, sagte ich, aber gerade als ich das sagte, rutschte Shaugh aus und fiel der Länge lang auf die Steinfliesen. Das Geräusch seines Sturzes rief ein hundertfältiges Echo in dem schweigenden Gebäude wach und erschreckte uns beide fürchterlich; eine Minute später machten wir einmütig kehrt, wandten uns der Tür zu und fielen beinah bei jedem Schritt; fast verrückt vor Angst, stolperten wir zusammen in den Vorraum und auf die Straße hinaus und atmeten erst wieder auf, als wir in der Kaserne angekommen waren. Inzwischen muß ich auf Frau Rogers zurückkommen. Die liebe, alte Dame, der es in ihrer Sänfte so

schrecklich ergangen war, hatte sich gerade aus einem Ohnmachtsanfall aufgerappelt, als wir die Flucht ergriffen; sie schrie und weinte zunächst, was sie nur konnte, bis es ihr gelang, erst das Dach zu der Sänfte zu öffnen und dann nach großen Anstrengungen die Tür aufzustoßen, so daß sie sich schließlich aus ihrem Gefängnis befreite. Sie tastete sich langsam in der Finsternis vorwärts, wobei ihre Klagelaute weithin zu hören waren und schließlich den alten Küster der Kirche weckten – denn dort hatten wir sie hingeschafft –, der vorsichtig mit einer Kerze hereinkam, und sobald er die große, schwarze Sänfte und die Gestalt daneben erblickt hatte, ebenfalls ausriß und wie ein Wahnsinniger in das Haus des Priesters rannte.

»Kommen Sie, Hochwürden, kommen Sie, um der Barmherzigkeit willen. Habe ich ihn nicht selbst gesehen. Oh, wehe mir! weh mir!«

»Was ist denn los, alter Narr?« fragte M'Kenny.

»Es ist Vater ConDoran, Hochwürden, den wir letzte Woche beerdigt haben, und er ist jetzt dort und auch der Sarg und alles, und er hält eine Mitternachtsmesse so lebendig wie immer.«

Die arme Frau Rogers, Gott steh ihr bei! Sie befand sich in einer scheußlichen Lage, als der Priester und zwei Koadjutoren und drei kleine Jungen und der Küster kamen, um ihren Geist zur Ruhe zu legen, und über den Schock, den sie in dieser Nacht empfing, kam sie nie hinweg – so erzählt man.

Es braucht wohl nicht erst gesagt zu werden, mein lieber O'Malley, daß unsere Bekanntschaft mit Frau Rogers damit ihr Ende fand? Die liebe Frau mußte später dafür teuer bezahlen. Ihr Charakter wurde von allen älteren Damen in Loughrea angegriffen, weil sie sich von uns hatte nach Hause bringen lassen, und ihr blaues Satinkleid mit den Scharlachpaspeln war durch eine wahre Sintflut an Weihwasser, das der fromme Küster über sie sprengte, vollkommen verdorben.

Vergeblich setzte sie zwanzig verschiedene Berichte in Umlauf, um die Welt hinters Licht zu führen, und selbst zehn Pfund, die sie ausgab, damit Messen für die ewige Ruhe Vater ConDorans gelesen würden, vermehrten nur das Gelächter, das diese unglückliche Affäre hervorrief. Was uns betrifft, so wechselten wir zu den Linientruppen über, und durch den Dienst im Ausland gingen wir Schulden, Gläubigern und Possen aus dem Wege, und wir bekehrten uns bald und hüteten uns vor schlechter Gesellschaft.

CHARLES READE

Charles Reade (1814–1884) wurde in Ipsden House, Oxfordshire, geboren, studierte in Oxford, 1845 Dekan, 1851 Vizepräsident des Magdalen College, Sozialreformer und spannender Erzähler bei dokumentarisch genauer Verwendung des Tatsachenmaterials. Von seinen Romanen zählt der im 15. Jahrhundert spielende »The Cloister and the Hearth« 1861 zu den besten Werken dieser Gattung in England. Seine Kurzgeschichten erschienen gesammelt postum 1884 in 2 Bänden: »The Jilt and Other Tales« und »Good Stories of Man and Other Animals.« – »Der Glückspilz« wurde nach dem Abdruck bei Fritz Meyer, »Neusprachliche Klassiker«, Bamberg 1927, übersetzt.

DER GLÜCKSPILZ

Patrick O'Rafferty war ein kleiner Bauer in der Grafschaft Leinster. Er und sein Vater vor ihm hatten seit fünfzig Jahren zu sehr günstigen Bedingungen Land des Rittergutsbesitzers Ormsby jeweils auf ein Jahr in Pacht gehabt.

Patrick, der sich mehr Sorgen machte als sein Vater, quälte den Gutsherrn ab und zu wegen eines Pachtvertrages. Dann pflegte der Gutsherr zu sagen: »Nun, wenn Euch so viel daran liegt, werde ich das Land schätzen und einen Vertrag aufstellen lassen.« Und dieser schändliche Vorschlag stopfte O'Rafferty stets eine Zeitlang den Mund. Im Dorfe hieß er Paddy Glück; und bestimmt hatte er das Glück, in viele Kämpfe und andere Klemmen hineinzugeraten und wunderbar wieder herauszukommen. Er selbst setzte den Namen in Umlauf, seine Nachbarn übernahmen ihn nur.

Er gab vor, gewisse hellseherische Kräfte zu besitzen, und man machte sich im allgemeinen nicht darüber lustig, weil er in einem von fünf Fällen recht hatte, und das genügte; denn die Leichtgläubigen vergessen immer das Gewöhnliche und behalten das Außerordentliche.

Dieser gute Mann hatte eine Kuh zu verkaufen und trieb sie auf den nächsten Markt. Er wollte zwölf Pfund dafür haben und wurde ausgelacht. Sie stand trocken und war häßlich. »Zwölf Pfund! Das glaubst du wohl selber nicht.« – »Auf *sie* kommt es nicht so an«, war Pats Antwort. »*Ich* bin Paddy Glück, und *ich* werde das Tier für zwölf Pfund verkaufen und nicht für einen Pfennig weniger.« Das erklärte er den ganzen Morgen. Am Nachmittag geruhte er, auf zehn Pfund herabzugehen, nur um der Allgemeinheit einen Dienst zu erweisen. Bei Sonnenuntergang gelang es ihm, acht Pfund zu bekommen, und einer, der zugegen war, sagte ihm, er hätte Glück.

»Das wäre nichts Neues«, sagte er. Es war dunkel, und er war müde; sein Hof war zwölf irische Meilen entfernt, er beschloß, in der Stadt zu schlafen. Vorher aber ging er in eine Kneipe und hielt seinen Käufer frei; trank, tanzte, trieb allerhand Possen, zeigte sein Geld, betrank sich und wurde von einem der langfingrigen Gesellen, die sich auf Märkten herumtreiben, beraubt.

Die Folge davon war, daß er, als er das nächste Mal reichlich Alkohol bestellte – denn im Rausch gab er gern eine Runde –, keinen Schilling zum Bezahlen fand und der Wirt ihn auf die Straße warf. Er kühlte sich an der nächsten Pumpe ab und begab sich auf die Suche nach einem kostenlosen Quartier. Die hartherzige Stadt stellte ihm keins, und so ging er hinaus in süßere Luft. Er war weder krank noch traurig. Ganz im Gegenteil. Er gratulierte sich zu seinem Glück. »Hätte ich sie wirklich für zwölf Pfund verkauft«, sagte er sich, »wären jetzt vier Pfund mehr verlorengegangen.«

In einiger Entfernung von der Stadt stand eine verlassene Hütte; sie hatte keine Tür, kein Fenster, keine Dielen; aber an ein oder zwei Stellen war das Dach ohne Löcher, und er fand eine trockene Stelle und einen Haufen Stroh. Paddy dankte seinem Stern, der ihm ein so willkommenes und kostenloses Obdach verschafft hatte, grub sich sofort in das Stroh ein und war dabei einzuschlafen, als der Schein einer Laterne durch die Türbogen hereinschoß und draußen Stimmen murmelten.

Patrick nistete sich tiefer in das Stroh ein: Er hatte den Ort unbefugt betreten, und es schien zu spät und auch wieder zu früh, als daß die Tugenden – die Barmherzigkeit eingeschlossen – unterwegs sein konnten.

Zwei Männer kamen mit einem Sack, einem Spaten und einer Laterne herein; einer von ihnen hob die Laterne hoch und blickte sich flüchtig den Ort an. Patrick, der beim Anblick des Spatens schauderte, hielt den Atem an. Dann setzte der Mann die Laterne hin, und er und sein Begleiter machten sich an die Arbeit; sie schaufelten kein Grab, wie der keuchende Pat erwartete, sondern ein großes, rundes Loch.

Als sie damit fertig waren, leerten sie den Sack aus; und heraus rollten und klimperten silberne Präsentierteller aller Größen, Kaffeetöpfe, Teetöpfe, Gabeln, Löffel, Broschen, Halsbänder, Ringe – eine wahre Fundgrube, die in dem Lichte der Laterne strahlte und glänzte.

Patrick fing an zu schwitzen und zu zittern. Die Männer füllten das Loch zu, stampften die Erde fest und steckten sich dann die Pfeifen an und hielten Rat. Man überlegte sich, wie man diese Wertgegenstände absetzen sollte. Nach einigen Meinungsverschiedenheiten kam man überein, daß ein gewisser Barney der Hehler sein solle, den man hierher einladen wollte, und falls er nicht bereit wäre, hundert Pfund für die Beute zu geben, würde man sie nach Dublin bringen. Es sickerte durch, daß Barney in einiger Entfernung wohnte, aber auch wieder nicht zu weit, um morgen abend zu kommen und die Beute zu besichtigen.

Wenn er anbiß, wollten sie mit ihm nach Hause gehen, um das Geld in Empfang zu nehmen.

»Mein Glück!« dachte Patrick. »Warum mußten sie ihre Pfeifen anstecken und wie ein paar alte Weiber über so eine Kleinigkeit schwatzen, ohne erst das Stroh durchsucht zu haben, die Idioten!« Die Diebe zogen sich zurück, und der glückliche Pat schlief ruhig ein.

Er erwachte bei hellem Tageslicht und bummelte nach der Stadt zurück. Er ging keck dahin, denn wenn er auch kein Geld hatte, so besaß er doch ein Geheimnis; er war zu irisch und zu schlau, um sofort zur Polizei zu laufen; sein kleiner Schlich war, wenn möglich herauszubekommen, wen man beraubt hatte und was für eine Belohnung ausgesetzt war.

Inzwischen mußte er als Frühstück mit einem altbackenen Brötchen vorliebnehmen, das ihm ein mildtätiger Bäcker gab. Gegen Mittag kam er durch eine Hauptstraße, und sieh einer an! In dem Laden eines Silberschmieds hing eine Anzeige in sehr großer Schrift:

»Dreißig Pfund Belohnung!

Alldieweil in der letzten Nacht in diesem Grundstück eingebrochen und das folgende wertvolle Eigentum entwendet wurde:«

Nun kam das Inventar – einen Fuß lang.

»Die obige Belohnung wird an jede Person gezahlt werden, welche Mitteilungen macht, die geeignet sind, zu der Überführung der Diebe und der Wiedererlangung des gestohlenen Guts oder eines beträchtlichen Teils desselbigen zu führen.«

Patrick schritt hinein und verlangte den Besitzer zu sprechen. Ein kleiner, nervöser Mann in großer Aufregung erschien auf dieses Begehren.

»Ist das Euer Ernst, Herr?« fragte Pat.

»Mein Ernst! Natürlich!«

»Wenn nun ein anständiger, armer Bursche wie ich Euch das Silber und die Diebe und alles finden würde?«

»Dann würde ich Euch die dreißig Pfund geben und meinen Segen dazu.«

»Würde es Euch etwas ausmachen, mir ein Mittagessen und was dazugehört zu geben, weil ich nämlich glatt am Verhungern bin.«

Dieser Vorschlag schien verdächtig, und der Besitzer erkundigte sich nach seinem Namen.

»Patrick O'Rafferty. Ich bin Pächter des Gutsherrn Ormsby.«

»*Den* kenne ich. Nun, Patrick, ich glaube, Ihr habt mir etwas zu sagen. Ich werde die Mahlzeit auf jeden Fall riskieren.«

»Schön, mein Herr«, sagte Patrick. »Man sagt ja, ›du sollst eine Sprotte wagen, wenn du einen Walfisch fangen willst‹. Ein Rumpsteak und ein Viertel Ale ist eine meiner Lieblingsmahlzeiten; wenn ich sie in mir habe, werde ich sie auch verdienen, beim Teufel und seiner Großmutter!«

»Geht in das Wohnzimmer hinter, Herr O'Rafferty«, sagte der Silberschmied.

Dann verlangte er sehr laut ein Rumpsteak und flüsternd einen Polizisten.

Das Steak kam zuerst und war höchst willkommen; als er es gegessen hatte, bat der bescheidene O'Rafferty um eine Pfeife und einen Becher.

Während er rauchte und bedächtig schlürfte, kam der verkleidete Polizist an, und man ließ ihn O'Rafferty durch ein kleines Fenster beobachten.

»Sieht er aus wie ein Verbrecher?« flüsterte der Silberschmied.

»Nein«, sagte der Polizist. »Unschuldig wie ein Kälbchen, frech für drei.«

Der Juwelier ließ O'Rafferty zu sich kommen. »Nun, mein Herr«, sagte er, »habt Ihr Euer Essen gehabt, und ich mißgönne es Euch nicht; aber wenn das ein Scherz war, dann laßt es jetzt genug sein, denn ich bin in arger Not, und es wäre herzlos, mich zum besten zu haben.«

»Je, o je, hört ihn nur an!« schrie Patrick in einem Jammerton, der so kläglich wie unerwartet kam. »Hat jemals ein O'Rafferty mit der Not eines ehrlichen Mannes seine Scherze getrieben oder ihn um eine Mahlzeit betrogen? Aber was ist einer, dem der Magen knurrt, wert? Ich sah keinen Weg, für Euch etwas zu tun, solange ich halb verhungert war; aber jetzt ist mein Bauch voll und mein Kopf noch voller, Gott sei Lob und Dank!«

»Ich weiß nicht, wie es kommt«, flüsterte der Juwelier heimlich zu dem Detektiv, »er sagt mir nichts, und doch flößt er mir irgendwie Vertrauen ein. Aber, Herr O'Rafferty, bedenkt bitte – die Zeit fliegt, und ich bin meinem gestohlenen Gut um nichts näher. Was schlagt Ihr als ersten Schritt vor?«

»Der erste Schritt war, mir den Bauch zu füllen, der nächste Schritt – bringt mir einen – o weh, es ist eine Seltenheit!«

»Macht nichts«, sagte der verkleidete Beamte, »was sollen wir Euch bringen?«

»Einen Polizisten – der kein Narr ist.«

Das war ein Hieb, und er kam so plötzlich, daß seine Zuhörer ihn ziemlich blöde ansahen. Der Polizist antwortete:

»Wenn Ihr mit mir nach dem Revier kommt, dann werde ich dafür sorgen, daß Ihr einen findet.«

Patrick willigte ein, und unterwegs freundeten sie sich an; sein Begleiter gab sich zu erkennen und verzieh ihm den Hieb, und Patrick, dem seine Gutmütigkeit gefiel, weihte ihn in seinen Plan ein, den er zur Reife gebracht hatte, als er seine Pfeife rauchte und Zeit zu verschwenden schien. Alles, was Patrick forderte, war, daß er selbst das Kommando übernehme. Und da er allein wußte, wo sich die Beute befand, und offenbar so verschlagen wie ein Dachs war, wurde das gern bewilligt. So kam es, daß eine Stunde vor Einbruch der Dämmerung vier Burschen, die wie Bauern aussahen, einen Wagen Stroh nach der Hütte fuhren und es zu dem warfen, was schon da war, so daß ein großer Haufen entstand.

Dann fuhren zwei von ihnen den Wagen wieder nach dem Rande der Stadt, schirrten das Pferd ab und kehrten zu ihren Gefährten im Hinterhalt zurück, alle bis auf einen, und der versteckte sich in einem trockenen Graben gegenüber. Sie waren alle bewaffnet, und der Beobachter draußen hatte eine neue Waffe – ein mächtiges blaues Licht in der Form eines dicken Schwärmers.

Es ist eine langweilige Sache, nachts auf Verbrecher zu warten, die vielleicht überhaupt nicht kommen, oder, wenn sie kommen, sich vielleicht verzweifelt gebärden, wie die Verrückten oder wie wilde Katzen kämpfen.

Es wurde acht Uhr – neun – zehn – elf – zwölf; die Beobachter waren durchfroren und steif, und Patrick schläfrig.

Einer der Polizisten flüsterte ihm zu: »Sie werden heute nacht nicht kommen. Seid Ihr sicher, daß sie noch nicht hier gewesen sind und den Raub geholt haben?«

»Nicht ganz sicher; aber ich glaube es kaum.« Der Polizist knurrte und murmelte, hier hätte wohl einer das Gras wachsen hören.

»Pst!« sagte ein zweiter.

»Was?« in einem aufgeregten Flüsterton.

»Räder!«

Stille.

Sie verhielten sich alle mäuschenstill. Das schwache Geräusch der Räder, das bei Tage nicht hörbar gewesen wäre, ratterte immer näher. Es war zu spät für einen *bona fide* Reisenden, um noch auf der Land-

straße zu sein. Würden die Räder an der Hütte vorbeifahren?
Sie kamen schnell heran und hielten dann plötzlich. Für die Posten war alles hörbar, jeder Laut verstärkt. Als das Ziehen aufhörte, klang es wie ein Eisenbahnzug, der plötzlich anhält. Männer sprangen heraus und schienen den Boden zu erschüttern. Als drei Gestalten eilig in die Hütte hineinrannten, hörte es sich an wie eine Massenwanderung. Dann kam die aufregende Frage: Würden die Diebe sehen, ob die Luft rein war, ehe sie die Beute hervorholten? Das war mit ziemlicher Wahrscheinlichkeit anzunehmen.
Nun, sie taten es nicht. Sie waren in großer Unruhe, doch die Unruhe äußerte sich als Hast. Sie schaufelten wütend, legten die Beute eilig Barney vor und verlangten ihren Preis.
»Einhundert Pfund also, oder Ihr seht sie zum letztenmal.«
»Einhundert Pfund!« winselte Barney. »Kann ich nicht geben.«
»Auch gut; wir haben keine Zeit, zu feilschen.«
»Ich werde achtzig Pfund geben. Aber ich werde Geld dabei verlieren.«
»Geflunker! Sie sind tausend wert. Hier, Jem, steck sie ein; wir bringen sie in Dublin besser an den Mann.«
Barney winselte und machte Einwendungen, aber zu guter Letzt willigte er ein, den Preis zu zahlen.
Die Worte waren ihm kaum aus dem Munde, als die Hütte in einem grellen Licht aufleuchtete; so lebhaft und durchdringend war es, daß jede Ritze und sogar die Spinnweben deutlich hervortraten.
Die Diebe brüllten vor Entsetzen, und einer rannte von dem Licht weg geradewegs in die Gefahr hinein und wurde wieder von einer aufblitzenden Laterne geblendet und wie ein Lamm gefangen genommen. Der andere stürzte blindlings nach dem Eingang, aber seine Schläfe begegnete einer kalten Pistole und einem Po-

lizisten, der so unbeweglich wie eine Statue dastand. Er wich zurück und wurde in diesem Augenblick des Zögerns von hinten gepackt, und schnapp! schlossen sich die Handfesseln. Barney, von dem man keinen Kampf erwartete, ließ man die Mauer hochklettern wie eine Maus in der Falle und dann herunterpurzeln, als Paddy O'Rafferty den vierrädrigen Wagen, in dem sie gekommen waren, herangebracht hatte. Dann wurden die Diebe aufgeladen und jeder zwischen zwei ehrliche Männer gesetzt, und der Hehler wurde mit dem Handgelenk an einen Polizisten angeschlossen und marschierte so nach dem gleichen Ort – aber wie Freund Virgils Bulle *multa reluctantem*; vergeblich sträubte er sich, vergeblich versuchte er, den schweigenden, undurchdringlichen Bobby zu bestechen.

Pat schlief auf dem Revier, und am nächsten Morgen gab ihm der Juwelier die dreißig Pfund freudigen Herzens, doch er vergaß den Segen. Pat jammerte kläglich, daß so etwas Wichtiges fehlte, und der gute kleine Mann gab ihm seinen Segen mit glänzenden Augen. »Denn«, sagte er, »ich will jetzt zugeben, daß der Verlust mich zugrunde gerichtet hätte. Ich habe aus meinen Büchern festgestellt, daß sie mich dreizehnhundert Pfund gekostet haben.« So segnete er ihn feierlich, und Pat ging in gehobener Stimmung nach Hause. »Jetzt wird mir das Glück mehr denn je lachen«, sagte er, »und auf alle Arten – freundlich, feindlich und gleichgültig.«

Als er nach Hause kam, erzählte er die Geschichte ungenau und wie einer, der eine fixe Idee hat, das heißt, er verschwieg all die Seelenstärke und Weisheit, die er gezeigt hatte – Eigenschaften, die er besaß, aber von denen er nichts weiter hielt.

Glück und Ahnungsvermögen, darauf bildete er sich etwas ein. Seine Fassung lautete so: Er hatte das Glück, seine Kuh erst bei Einbruch der Dunkelheit zu verkaufen, das noch größere Glück, ausgeraubt zu werden, so daß er in der Umgebung schlafen mußte. Dann, dank seinem unübertrefflichen Glück, hatte man dem Hofjuwelier silberne Teller in der Größe eines Vollmonds geraubt, zwei Teetöpfe, von denen jeder fünf Kannen faßte, Perlen wie Haselnüsse und Diamanten in der Größe von Puffbohnen, und da der Juwelier keinen anderen Weg sah, sie wiederzuerlangen, und hörte, daß der weise Mann von Gannachee in der Stadt war, gab er ihm ein gutes Essen und eine Pfeife und bat ihn, alle seine Kräfte als Hellseher zu gebrauchen, und das Ende vom Liede war, daß er die Polizei auf die richtige Fährte gebracht, die Beute zurückerlangt, die Diebe dingfest gemacht hatte und mit der Belohnung nach Hause marschiert war.

Während er diese romantische Erzählung vortrug, vergaß er nicht, die dreißig Goldstücke herauszuholen und damit zu klimpern, und dieser musikalische Eindruck auf die Sinne überwältigte den Verstand seiner Nachbarn so, daß sie die wunderbare Geschichte schluckten wie Quellwasser.

Jetzt waren nur noch wenige mutig genug, um seinem angeblichen Glück und seiner Hellsehergabe zu widerstehen. Er wurde oft um Rat gefragt, besonders über abhanden gekommenes Eigentum, und da er ab und zu richtig riet und manchmal die Vorsichtsmaßregel getroffen hatte, die Gegenstände selbst zu verstecken, was seine Aussichten, sie wiederzufinden, wesentlich erhöhte, galt er als Hellseher.

Eines schönen Tages erfuhr der Gutsherr Ormsby zu seinem Schmerz, daß man in seine Geschirrkammer eingebrochen und eine Masse wertvollen Tafelgeräts gestohlen hatte. Herr Ormsby war sehr unglücklich darüber, nicht nur weil sie einen Wert darstellten, sondern auch weil manche Stücke alter Familienbesitz waren. Er mißtraute der Polizei und der Öffentlichkeit in diesen Fällen, und seine Frau ließ ihm keine Ruhe, bis er nach Patrick O'Rafferty geschickt hatte.

Unser Freund kam und hörte die Geschichte. Er schaute die Dame und den Herrn an, und der Mut verließ ihn. Seinen einfachen Nachbarn etwas vorzumachen, war weder schwer noch gefährlich; seinen Grundherrn zu täuschen und dann zu enttäuschen, war etwas ganz anderes.

Er hüllte sich also in Bescheidenheit und sagte, diese Sache läge vollkommen außerhalb seines Könnens. Da wurde der Gutsherr böse und sagte bitter: Sicherlich sei er lieber seinen Nachbarn gefällig oder einem unbekannten Kaufmann als dem Mann, dessen Land ihn und die Seinen seit fünfzig Jahren nähre. In dieser Tonart fuhr er fort, als ihn der arme Pat mit jenem kläglichen Winseln, das gelegentlich die fröhliche Seele überkam, anflehte, er solle ihn nicht mit harten Worten ganz und gar umbringen, er würde sein Bestes tun.

»Mehr liegt nicht in unserer Macht«, sagte Herr Ormsby. »Wie werdet Ihr also verfahren? Können wir Euch irgendwie helfen?«

Patrick sagte demütig und niedergeschlagen, er würde gern den Ort sehen, wo die Diebe hereingekommen wären.

Man führte ihn zu dem Fenster der Geschirrkammer, und er prüfte es von innen und außen, und alle Bediensteten schauten ihm zu.

»Was nun?« fragte der Gutsherr.

Da beschloß Patrick im Innern, ein gues Mittagessen bei dieser Gelegenheit herauszuschlagen, wie demütigend das Ende auch immer sein mochte.

»Gnädiger Herr«, sagte er, »Sie müssen mir ein Zimmer ganz für mich allein geben und ein Rumpsteak mit Zwiebeln, und dann müssen mir Ihre Diener drei Pfeifen bringen und drei Becher hausgebrautes Ale. Das Ale aus den Brauereien hat nicht dieselbe geistige Wirkung auf einen Hellseher.«

Herr Ormsby schickte danach, und die ganze Küche brannte vor Neugier. Einige glaubten nicht an seine

Fähigkeiten, aber die meisten waren davon überzeugt und führten die Geschichte mit dem Juwelier und andere Beispiele an.

Als die erste Pfeife und der erste Becher verlangt wurden, fand zwischen den Küchenmagnaten eine Unterhaltung statt, wer es nach oben schaffen solle. Schließlich bestanden der Verwalter und die Haushälterin darauf, daß das Sache des Lakaien wäre. Und so ging er. Inzwischen saß Patrick großartig da und verdaute das gute Essen. Ein physisches Wohlgefühl bemächtigte sich seiner, und er fing an, der Zukunft Trotz zu bieten. Es tat ihm nur leid, daß er nicht mehr als ein Essen und drei Becher verlangt hatte. Als er sich in dieser geistigen Verfassung befand, brachte ihm der Lakei eine Pfeife und einen Becher Ale, so klar wie Madeira. Patrick, der sich den Becher ansah, sprach: »Das ist der erste.«

Der Lakai stellte die Dinge ziemlich eilig hin und verschwand.

»Hu«, sagte Pat zu sich selbst, »*dir* scheint an meiner Gesellschaft nichts zu liegen.«

Er nahm einen Schluck, rauchte, und sein Geist arbeitete.

Der Lakai ging zu dem Verwalter, und die Angst stand ihm auf dem Gesicht geschrieben, als er sprach: »Ich werde ihm nicht noch einmal zu nahe kommen; er meinte, ich wäre einer davon.«

»Unsinn!« antwortete der Verwalter, »ich werde das nächste Mal hinaufgehen.«

Er tat es. Patrick starrte ihm ins Gesicht und sagte *sotto voce*:

»Das ist der zweite«, und dann wehleidig: »Nun kommt nur noch einer.«

Der Verwalter ging ziemlich beunruhigt weg und erzählte es der Haushälterin.

»Ich kann das nicht glauben«, sagte sie. »Aber wie dem auch sei, ich will das Schlimmste wissen.«

Als es soweit war, brachte sie daher den Becher und die Pfeife nach oben und lächelte versöhnlich.
»Das ist der letzte«, sagte Patrick feierlich und sah die Pfeife an.
Die Haushälterin ging in größter Aufregung nach unten. »Wir sind entdeckt, zugrunde gerichtet«, sagte sie. »Jetzt können wir nichts weiter tun als – o doch, wir können schon; wir müssen ihn kaufen oder beschwatzen, ehe er den Herrn sieht.«
Patrick döste halb über seiner letzten Pfeife, als er ein Geräusch und eine Bewegung hörte, und da lagen auch schon die drei Schuldigen auf den Knien vor ihm. Mit jener instinktiven Schläue, die seine einzige wirkliche Gabe war – auch wenn er sie unterschätzte –, sagte er augenzwinkernd:
»Oh, ihr seid also gekommen, um ein offenes Geständnis abzulegen, ihr drei christlichen Tugenden oder heidnischen Grazien, die ihr seid. Ihr könnt euch die Mühe sparen. Natürlich weiß ich alles.«
»Wir haben es gemerkt. Ihr seid weiser als Salomo«, sagte die Haushälterin, »aber Ihr werdet doch Eure Weisheit nicht mißbrauchen, um drei arme Leute wie uns zugrunde zu richten.«
»Arm!« schrie Patrick. »Arm nennt ihr euch? Ihr eßt und trinkt wie die Kampfhähne, geht in Seide und Plüsch und feines schwarzes Tuch gekleidet, und euer Lohn ist für euch nur Taschen- und Nadelgeld. Trotzdem müßt ihr den, der euch nährt und kleidet, bestehlen.«
»Er hat recht! Er hat recht!« rief der Verwalter.
»Er redet wie ein Priester«, sagte die Frau.
»O Barmherziger! Seid nicht hart mit uns! Es ist alles des Teufels Werk; er hat uns versucht. Oh! Oh! Oh!«
»Still nun, und redet jetzt vernünftig«, sagte Patrick rauh. – »Ist es eingeschmolzen?«
»Nein.«

»Könnt ihr es beschaffen?«

»Jawohl, jeden einzelnen Heller. Wir wollten es ohnehin zurückgeben.«

»*Das* ist eine Lüge«, sagte Patrick fest, aber nicht im geringsten vorwurfsvoll. »Jetzt soll mich mal die ganze Sippschaft ansehen – Mann wie Frau. Was möchtet ihr lieber – mir helfen, den Flitter finden, und zwar jedes einzelne Stück davon, oder eingesperrt und aufgebaumelt werden und euch am Galgen schaukeln und was dergleichen elegante Zerstreuungen mehr sind?«

Sie griffen eifrig nach dem Rettungsanker, und von dieser Minute an handelten sie nach Herrn O'Raffertys Anweisungen.

»Holt mir noch einen Becher«, war sein erster Befehl.

»Oh, ein Dutzend, wenn Sie uns die Ehre antun wollen, sie zu trinken.«

»Zum Teufel mit eurer Honigschmiererei! Jetzt sagt dem Herrn, daß ich zu seinen Diensten stehe.«

»Oh, Unglück! Was wird aus uns werden! Wollen Sie es ihm zu guter Letzt doch noch sagen?«

»Ihr Schafsköpfe! Könnt ihr nicht an der Tür lauschen und hören, was ich ihm sage?«

Nachdem man sich darüber verständigt hatte, wurde der Gutsherr hereingeholt. Er war voller Erwartung.

»Euer Gnaden«, sagte Patrick, »ich glaube, die Kraft verläßt mich. Ich kann nur die Hälfte sehen. Nun sagen Sie mir bitte, was Ihnen lieber ist: die Diebe fangen und auf das Silber verzichten oder das Silber finden und nicht die Diebe?«

»Das Silber natürlich.«

»Dann müssen Sie und die gnädige Frau morgen früh in die Messe gehen, und wenn Sie zurückkommen, werden wir nach dem Silber suchen, und finden wir es, dann geben mir vielleicht Euer Gnaden den kleinen Vertrag.«

»Immer hübsch der Reihe nach, Pat; Ihr habt das Silber noch nicht gefunden.«

Am nächsten Morgen um neun Uhr kamen Herr und Frau Ormsby aus der Messe zurück; O'Rafferty erwartete sie bereits an der Tür. Er hatte einen langen Spazierstock mit einem glänzenden Griff und teilte sehr feierlich mit, daß der Priester ihn für diesen Zweck mit Weihwasser besprengt hätte.

So ausgerüstet begann er die Suche. Er drang in die Nebengebäude ein, versuchte es mit seinem Stock an Kaminen, Reisigbündeln, kalten Öfen und allen möglichen Plätzen. Kein Glück.

Dann wandte er sich den Stallungen zu und suchte jede Ecke durch, dann in das Gewächshaus und in den Werkzeugschuppen. Kein Glück. Dann nach dem Rasen. Jetzt hatte er etwa dreißig Leute im Gefolge.

Angewidert von der Fruchtlosigkeit des Suchens, hielt Patrick seinem Stock die folgende Ansprache: »Zum Teufel mit dir. Du taugst zu nichts weiter, als verbrannt zu werden. Von jedem Platz wendest du dich ab und kehrst dich keinem zu. Halt! Oh! Heiliger Moses! Was ist das?«

Als er sprach, schien sich der Stock zu heben und wie ein Gewehr auf etwas hinzuzielen. Patrick marschierte in der angegebenen Richtung, und nach einer Weile schien ihn der Stock zum Laufen zu zwingen. Er fing an, aufgeregt zu rufen, und sie rannten alle hinter ihm her. Mit voller Wucht rannte er gegen ein umgestürztes Wasserfaß, und das Ende des Stockes schlug mit solcher Heftigkeit dagegen, daß es das Faß umstieß; der Stock flog Patrick aus der Hand nach rechts, er selbst machte einen Sprung nach der anderen Richtung und stand mit all den übrigen geblendet da von den glänzenden Gegenständen, die auf dem Rasen herumlagen und nichts anderes darstellten als das fehlende Tafelgerät.

Entzückensrufe. Jedermann schüttelte Patrick die Hand, der als ausgezeichneter Schauspieler verwirrt

und verblüfft aussicht wie einer, dem weit mehr geglückt ist, als er erwartet hatte.
Um die Sache kurz zu machen: alle kamen zu der Überzeugung, daß die Diebe gestört worden wären und das Tafelgerät für einige Zeit verborgen hätten in der Absicht, wiederzukommen und es abzuholen.
Herr Ormsby nahm den Hellseher mit in sein Studierzimmer und gab ihm ein Papier, auf dem er erklärte, daß er in seinem Namen und dem der Seinen für einen großen Dienst, den ihm Patrick O'Rafferty geleistet hätte, ihm und den Seinen ungestörten Besitz des Gutes verspräche, solange er und die Seinen es selbst bewirtschafteten und die gegenwärtige Pacht bezahlen würden.
Pats Bescheidenheit verließ ihn am Tore des Gutsherrn; er brüstete sich im ganzen Dorf, und von jetzt an bezweifelte in dieser Gegend niemand mehr seine Hellseherfähigkeiten.
Aber eines Tages kam der Sachse mit seiner kalten Ungläubigkeit ins Land.
Der Besitz eines Nachbarn, der bis zum Dach mit Hypotheken belastet war, kam unter den Hammer, und Sir Henry Steele erwarb ihn und verwandelte einen Teil davon in Weideland. Er war Viehzüchter. Er markierte, wie die Parkmauer verlaufen sollte, und schloß dabei einen kleinen Obstgarten und ein dreieckiges Stück Land nicht ein. Der Hellseher beobachtete das und bewarb sich darum. Sir Henry, der seine Geschäfte selbst verwaltete, empfing den Bittsteller, machte sich eine Notiz und verlangte eine Empfehlung. Er nannte seinen Gutsherrn Ormsby.
»Ich werde Erkundigungen einziehen«, sagte Sir Henry. »Guten Morgen.«
Er kannte Ormsby von London her, und als sie Nachbarn wurden, war der Ire die Gastfreundschaft selber. Eines Tages erzählte ihm Sir Henry, daß sich O'Rafferty um Land beworben hätte, und erkundigte sich nach ihm.

»Oh«, sagte Ormsby, »das ist unser Hellseher.«
»Wer?«
»Unser weiser Mann, der Rätselhaftes aufklärt; er hat einige wunderbare Dinge fertiggebracht.«
Dann erzählte er, wie er sein Tafelsilber verloren und auf welch übernatürliche Weise wiedererhalten hätte.
Der Sachse hörte mit kalten, ungläubigen Augen und einem sardonischen Grinsen zu.
Da wurde der Ire warm und brachte eine Menge Beispiele.
Da sagte der Sachse mit der Hartnäckigkeit seiner Rasse, er würde diese Ansprüche auf die Probe stellen. Aus den verschiedenen Erzählungen hätte er entnommen, daß der Hellseher ein gutes Essen sehr schätzte und vorgab, es trüge dazu bei, seinen Geist zu erhellen; so stellte er die Falle dementsprechend.
Er ließ Patrick bestellen, daß das Stück Land, um das er gebeten hatte, ihm am nächsten Dienstag um ein Uhr zu günstigen Bedingungen überlassen werden sollte, falls er bereit wäre, seine hellseherischen Fähigkeiten einer fairen Probe zu unterwerfen.
Patrick willigte keck ein. Aber innerlich fühlte er sich unsicher, daß er diesem sächsischen Herrn gegenübertreten mußte. Sir Henry war der glücklicheBesitzer »unangenehm funkelnder Augen« – wie Pat das nannte, und Pat bezweifelte, ob es ihm gelingen würde, Sand hinein zu streuen, wie er das bei den Kelten getan hatte.
Doch drückte er sich nicht, sondern stellte sich wie ein Mann. Schließlich hatte er diesmal nichts zu verlieren, und er schwor sich, daß er sich keiner Prüfung unterwerfen würde, der nicht ein gutes Essen voranging. Er wurde in Sir Henrys Studierzimmer geführt, und dort fand er diesen Herrn und Ormsby. Eins tröstete ihn, ein Tischtuch war ausgebreitet, und einige silberne Schüsseln standen auf dem Kamineinsatz.
»Nun, Herr O'Rafferty«, sagte sein Gastgeber, »ich nehme an, Sie schätzen ein gutes Essen.«

»Da haben Sie recht, mein Herr«, sagte Pat.
»Nun, dann können wir das Geschäftliche mit dem Angenehmen verbinden; Sie sollen eine gute Mahlzeit haben.«
»Möge Euer Gnaden lange leben!«
»Ich habe es selbst für Sie gekocht.«
»Gott segne Euer Gnaden für die Herablassung.«
»Sie werden erst die Mahlzeit essen, und wenn Sie mir dann sagen, was es für Fleisch war, gehört das Stück Land Ihnen zu leichten Bedingungen.«
Patricks Selbstvertrauen nahm zu. »Oh, das ist durchaus fair«, sagte er.
Die Schüsseln wurden aufgedeckt. Das Gemüse war wundervoll gekocht, das Fleisch ein *chef-d'œuvre*, eine Art würziges Ragout, tadellos gebraten und so wohlriechend, daß allein schon der Duft einem das Wasser im Munde zusammenlaufen ließ.
Patrick setzte sich, langte zu und nahm einen Mund voll. Die Wirkung war zwiefach. Er erkannte im gleichen Augenblick, daß dies eine himmlischere Verbindung war, als er je auf Erden zu schmecken erwartet hätte, und daß er nicht erraten konnte und niemals erraten würde, welchen Vogel oder welchen Vierfüßler er aß. Er suchte nach den Knochen; es waren keine da. Er gab sich verzweifelt dem Genuß hin. Als der Teller fast leer war, sagte er, daß selbst das bestgekochte Fleisch dadurch nicht schlechter würde, daß man es mit einem Maß guten Ales hinunterspülte.
Sir Henry Steele klingelte und bestellte eine Maß.
Patrick trank auch sie mit Genuß und beeilte sich nicht; es war ihm klar, daß dies sein erstes und letztes Essen in diesem Hause war.
Die Herren beobachteten ihn und ließen ihm Zeit. Aber schließlich sagte Ormsby: »Na, Patrick?«
Nun hatte sich Patrick, während er das Ale schluckte, gefragt, auf welche Weise er wohl am besten vorgehen würde, und war zu einem Entschluß gekommen, der

jener Schläue und Kenntnis der menschlichen Natur, die er wirklich besaß und daher unterschätzte, alle Ehre machte. Er wollte den Herren wegen ihrer überlegenen Weisheit Komplimente machen und zugeben, daß er in ihre Augen keinen Sand streuen könne; dann wollte er sie bitten, seine einfachen Nachbarn nicht aufzuklären, sondern ihn weiterhin in der Gemeinde als weisen Mann gelten zu lassen, während sie sich eins ins Fäustchen lachten. Um dies zu bewerkstelligen, gab er seinen dreisten Zügen einen Schuß unendlich komischer Demut.

»Und«, sagte er in schmeichelndem Tonfall, »ah, Euer Gnaden, der alte Fuchs machte manch eine Wendung, aber schließlich waren es doch zu viele Hunde für ihn.«

Was er noch weiter an Selbstherabsetzung und Schmeichelei hinzugefügt haben würde, ist unbekannt, denn Sir Henry Steele rief laut aus: »Großer Gott! Er ist wirklich ein außerordentlicher Mann. Es war tatsächlich ein alter Fuchs, den ich für ihn gekocht habe.«

»Habe ich es Ihnen nicht gesagt«, schrie Ormsby, erfreut über den Erfolg seines Landsmannes.

»Nun, mein Herr«, sagte Sir Henry, dessen Gefühle selten lange anhielten, »ein Handel ist ein Handel. Ich verpachte Ihnen den Obstgarten und das Feld für – sagen wir –, Sie müssen mir ein Hermelin und ein Wiesel und einen Iltis jedes Jahr bringen. Ich möchte den Wildbestand aufbessern.«

Herr O'Rafferty guckte zuerst blöde, dann zwinkerte er listig, dann sog er höflich Lob und Preis ein, dann zog er sich unter feierlichen Segenswünschen zurück, dann, als er draußen war, führte er einen wilden Tanz auf und eilte auf Flügeln nach Hause; von dieser Stunde an konnte ihn das Dorf nicht mehr halten. Er sprach davon, daß er ein Gut nach dem anderen für Pfefferkorn-Pachtbeträge erwerben würde, bis ein gut Teil der Grafschaft sein wäre. Wenn man ihn hörte, konnte er durch ein Brett sehen und hatte das Glück für sich gepachtet. Man fing an, ihn zu beneiden, und er war auf dem besten Wege, gehaßt zu werden, als er, auf seinen Stern vertrauend, Nora Blake heiratete, ein schönes Mädel, aber eine böse Sieben.

Da vergaben ihm die Pechvögel viel; denn würde sie Nora nicht rächen? O weh! Die Verräterin verliebte sich nach der Hochzeit in ihren Mann und ließ sich in eine Art engelhaftes Täubchen ummodeln.

Das war der Höhepunkt. Und Paddy Glück gehört jetzt zu den dauernden Einrichtungen Alt-Irlands (falls es überhaupt solche gibt).

Möge er leben, bis der Saum seines Rockes ihm den Schädel einschlägt, wenn er zu der Melodie »Der Wind schüttelt die Gerste« das Tanzbein schwingt.

RICHARD HARRIS BARHAM

Richard Harris Barham (1788–1845) wurde in Canterbury geboren, studierte in Oxford Jura und Theologie und war seit 1821 Geistlicher in der St. Paul's Cathedral in London. – »Frau Rohesia« ist den »Ingoldsby Legends« entnommen, die 1838/39 in »Bentley's Miscellany« und »The New Monthly Magazine«, 1840 in Buchform erschienen und zu den klassischen Werken der englischen humoristischen Literatur zählen, deutsch brachte Reclam 1897 eine Auswahl heraus. In ihrer grotesken Parodierung der Ritter- und Schauerromantik ist diese Folge von Kurzgeschichten, in denen die Prosa- hinter der Verserzählung zurücktritt, außerordentlich bezeichnend für den frühviktorianischen wie den Biedermeierstil.

FRAU ROHESIA

Frau Rohesia lag auf dem Totenbett!
So sagte der Doktor, und einem Doktor läßt man im allgemeinen in diesen Dingen das letzte Wort; außerdem war Dr. Butts Leibarzt; er trug einen Stock mit einem Kreuz aus allerschwärzestem Ebenholz in der Krücke – *raison de plus.*
»Ist keine Hoffnung mehr, Herr Doktor?« sagte Beatrice Grey.
»Ist keine Hoffnung mehr?« sagte Everard Ingoldsby.
»Ist keine Hoffnung mehr?« sagte Sir Guy de Montgomeri. Er war Frau Rohesias Mann; – er sprach zuletzt.
Der Doktor schüttelte den Kopf. Er sah sich den trostlosen Witwer *in posse* an und dann das Stundenglas; der verrinnende Sand schien ein trauriges Sinnbild für das Schwächerwerden des Pulses seiner Patientin. Dr. Butts war ein sehr gelehrter Mann. »*Ars longa, vita brevis!*« sagte Dr. Butts.
»Es tut mir leid, das zu hören«, antwortete Sir Guy de Montgomeri.
Sir Guy war ein tapferer Ritter und ein großer, aber er war kein Gelehrter.

»Ach, meine arme Schwester!« seufzte Ingoldsby.
»Ach, meine arme Herrin!« schluchzte Beatrice.
Sir Guy seufzte und schluchzte nicht, sein Kummer saß zu tief, um ihn zum Ausdruck zu bringen.
»Und wie lange, Herr Doktor – ?« Der tiefbetrübte Gatte konnte den Satz nicht beenden.
Dr. Butts ließ die Hand der sterbenden Frau los. Er zeigte nach dem Horologium; kaum ein Viertel des Sandes war noch in der oberen Hälfte. Wieder schüttelte er den Kopf; die Augen der Kranken wurden trüber, das Rasseln in der Kehle nahm zu.
»Wo steckt nur Vater Franziskus?« jammerte Beatrice.
»Die letzten Tröstungen der Kirche –«, meinte Everard. Ein dunkler Schatten legte sich auf die Stirn Sir Guys. »Wo in aller Welt ist der Beichtvater!« fuhr sein trauernder Schwager fort.
»In der Speisekammer«, rief Marion Hacket keck, als sie nach unten trippelte, um den verehrungswürdigen Geistlichen zu suchen; – »ich wette, in der Speisekammer.« Der Zofe unterlief selten ein Irrtum; in der Speisekammer wurde der heilige Mann entdeckt – bei andächtigen Übungen.
»*Pax vobiscum!*« sagte Vater Franziskus, als er das Sterbezimmer betrat.
»*Vita brevis!*« entgegnete Dr. Butts. Er war nicht der Mann, der sich mit Latein einschüchtern ließ – und noch dazu von einem kümmerlichen Minimenmönch. Wäre er ein Bischof gewesen oder auch nur ein mitrageschmückter Abt – aber ein erbärmlicher Franziskaner!
»*Benedicite!*« sagte der Mönch.
»*Ars longa!*« antwortete der Arzt.
Dr. Butts rückte die Fransen seines herabhängenden Beffchens zurecht, wickelte sich fester in den kurzen, dunklen Mantel, und indem er den Spazierstock mit dem Kreuz in der Krücke ergriff, schritt er majestä-

tisch aus dem Gemach. Vater Franziskus hatte das Feld für sich.

Der würdige Kaplan beeilte sich, die letzten Tröstungen der Kirche zu reichen. Allem Anschein nach hatte er keine Zeit zu verlieren; als er fertig war, erklang vom Turm das düstere Geläute der Sterbeglocke – der kleine Hubert, der krummbeinige Mesner, zog sie mit aller Macht. Das war eine glänzende Erfindung – ebendiese Sterbeglocke; – ob ein Urban oder ein Innozenz zuerst auf den Gedanken gekommen ist, weiß man nicht; aber wer immer es war, sein Land und die Christenheit schulden ihm Dank.

Ach! Unsere Vorfahren waren letzten Endes doch nicht solche Narren, wie wir, ihre entarteten Kinder, uns das so denken. Die Sterbeglocke! Diese überaus feierliche Warnung für jede Art Schelme läßt sich nicht ungestraft mißachten; der allerfrechste *Succubus* könnte es ebensogut wagen, seine Klauen in das Weihwasser zu tauchen, wie in den Bereich ihres Klanges zu kommen. Selbst unser alter Freund aus der Hölle, wenn er auf seinen Schwanz auch nur den geringsten Wert legt, geht am besten den Tönen ganz aus dem Wege und läßt die Straße zum Paradies frei. Der kleine Hubert zog weiter mit aller Macht – und Petrus hielt nach einem Kunden Ausschau.

Das Geläute schien sogar auf Frau Rohesia einigen Eindruck zu machen; sie hob den Kopf etwas, unartikulierte Laute kamen über ihre Lippen – das heißt unartikuliert nur für die profanen Ohren der Laien. Vater Franziskus' Gehör war feiner; nichts, so versicherte er, konnte deutlicher sein als die Worte: »Tausend Mark für die Priorei St. Maria Rouncival!«

Nun hatte Frau Rohesia Ingoldsby ihrem Mann ausgedehnte Ländereien und reiche Besitztümer mitgebracht; auch konnte sie über viel von dieser großen Mitgift selbst verfügen; und mündliche Testamente waren noch nicht durch Parlamentsbeschluß abgeschafft.

»Fromme Seele!« rief Vater Franziskus. »Tausend Mark, sagt sie –«

»Wenn das wahr ist, laß ich mich schießen!« sprach Sir Guy de Montgomeri.

»Tausend Mark!« fuhr der Beichtvater fort und sah den Ritter mit seinen kalten, grauen Augen fest an, als er, ohne sich um die Unterbrechung zu kümmern, weiter redete – »tausend Mark! und ebenso viele *Aves* und *Paternoster* werden wir ordnungsgemäß beten, sobald das Geld ausgezahlt ist.«

Sir Guy wich dem starren Blick des Mönches aus; er wandte sich dem Fenster zu und murmelte etwas vor sich hin, das so klang wie: »Das könnte dir so passen!«

Die Glocke läutete weiter. Vater Franziskus hatte das Zimmer verlassen und die Reste des heiligen Öles, das er für das Sakrament benutzt hatte, mitgenommen. Everard Ingoldsby begleitete ihn nach unten.

»Tausend Dank!« sagte der letztere.

»Tausend Mark!« sagte der Mönch.

»Tausend Teufel!« knurrte Sir Guy de Montgomeri von dem Podest.

Aber seine Rede blieb unbeachtet; sein Schwager und der Mönch waren schon gegangen; er war allein mit seiner sterbenden Frau und Beatrice Grey.

Sir Guy de Montgomeri stand nachdenklich am Bettende; er hatte die Arme über der Brust gekreuzt; das Kinn hing herunter; die Augen standen voll Tränen; die trüben Strahlen des verblassenden Nachtlichts gaben den Falten auf seiner Stirn dunklere Schatten und der kleinen kahlen Stelle auf seinem Kopf oben einen helleren Schein – denn Sir Guy war ein Mann mittleren Alters, groß und stark, die Schultern ein wenig gesenkt, aber nicht viel; er sah ziemlich blühend aus – besonders in der Nasengegend; aber seine Frau war *in extremis*, und in diesem Augenblick war er blasser als gewöhnlich.

»Bim, baum!« ging die Glocke. Der Ritter stöhnte

hörbar; Beatrice Grey wischte sich die Augen mit ihrer kleinen viereckigen Schürze aus Mechelner Spitzen; sie hielt einen Augenblick inne – einen Augenblick tiefsten Leids und ließ sie fallen – bis auf eine Ecke, die zwischen ihrem Finger und Daumen blieb. Sie sah Sir Guy an; Daumen und Zeigefinger der anderen Hand fuhren langsam den Saum entlang, bis sie das entgegengesetzte Ende erreichten. Sie schluchzte laut. »Eine so freundliche Dame!« sagte Beatrice Grey. – »Ein so ausgezeichnetes Weib!« erwiderte Sir Guy. – »So gut«, sagte die Jungfrau. – »So liebenswert!« sagte der Ritter. – »So fromm!« sagte sie. – »So demütig!« sagte er. – »So gut zu den Armen!« – »Eine so ausgezeichnete Hausfrau!« – »So pünktlich bei der Frühmette!« – »Das Mittagessen kam auf die Minute!« – »So gottesfürchtig!« sagte Beatrice. – »So lieb zu mir!« sagte Sir Guy. – »Und zu Vater Franziskus!« – »Was zum Teufel wollt Ihr damit sagen?« fragte Sir Guy de Montgomeri.

Der Ritter und die Jungfrau hatten die Antiphon über die guten Eigenschaften der dahinscheidenden Dame wie die *Strophe* und *Antistrophe* eines griechischen Dramas rezitiert. Nachdem sie mit den Kardinaltugenden fertig waren, wurden ihre unbedeutenderen Vorzüge gemustert. Sie ließ gelegentlich eine Hexe ertränken, trank Weihnachten Warmbier, erbat für Schulmeister Dumps Jungen einen freien Tag und aß am Karfreitag zu Mittag Sprotten. Ein leiser Seufzer von dem Gegenstand dieser Lobeserhebungen schien anzudeuten, daß die Aufzählung ihrer guten Taten nicht ganz an ihr vorüberrauschte – daß der scheidende Geist das Zeugnis hörte und sich darüber freute.

»Sie war zu gut für diese Erde!« fuhr Sir Guy fort.

»Ja-a-a!« schluchzte Beatrice.

»Ich habe sie nicht verdient!« sagte der Ritter.

»Nei-ei-ein!« weinte das Fräulein.

»Nicht, daß ich ihr nicht ein ausgezeichneter, freundlicher Gatte gewesen wäre; doch sie geht, und – und – wo oder wann oder wie soll ich je wieder so eine herbekommen?«

»Nicht in dem großen England – nicht auf der ganzen weiten Welt!« antwortete Beatrice Grey; »das heißt nicht *genau* so eine!« Ihre Stimme zitterte immer noch, aber ihre Redeweise war im ganzen artikulierter; sie ließ die Ecke der Schürze fallen und nahm Zuflucht zu dem Taschentuch; tatsächlich wurden ihre Augen rot – rot war auch ihre Nasenspitze.

Sir Guy schwieg; er starrte das Gesicht seiner Frau ein paar Augenblicke unverwandt an. Die Worte: »So eine!« kamen ihm wie ein fernes Echo über die Lippen – nur selten wiederholt die urteilslose Nymphe mehr als nötig.

»Bim, baum!« ging die Glocke. – Der krummbeinige Hubert hatte seit einer halben Stunde geläutet, er fing an zu ermüden, und St. Peter wurde nervös.

»Beatrice Grey!« sagte Sir Guy de Montgomeri, »was kann man da machen? Was soll aus Schloß Montgomeri werden? und was aus der Speisekammer und aus den Dienern? und was – was soll aus *mir* werden, Beatrice Grey?» Seine Worte klangen pathetisch, und dann folgte eine feierliche Pause. »Ich werde Mönch!« sagte Sir Guy.

»Mönch?« fragte Beatrice.

»Ich werde Kartäuser!« erwiderte der Ritter, aber in einem nicht ganz so sicheren Tone; er fing an zu träumen. – Seinen Kopf rasieren! – das hätte ihm nicht soviel ausgemacht; er fing schon an, ziemlich kahl zu werden – aber Bohnen zum Mittagessen – und auch noch ohne Butter – und dann ein roßhaarenes Hemd!

Der Ritter schien unentschlossen; sein Blick schweifte bekümmert im Zimmer umher; er verweilte bei verschiedenen Gegenständen, aber so, als ob er sie nicht sähe, nicht bewußt wahrnähme; seine Augen blickten ins Leere; sie ruhten zuletzt auf dem hübschen Gesicht der mitfühlenden Jungfrau an seiner Seite, die schön in ihrem Leid war.

Die Tränen flossen nicht mehr, aber ihre Augen waren gesenkt, sahen kummervoll auf ihren zarten kleinen Fuß, mit dem sie ungeduldig trommelte.

Mit einem Frauenzimmer läßt sich nicht reden, wenn es einen nicht anguckt. Sir Guy wandte sich um – er setzte sich auf den Rand des Bettes, und dann, nachdem er seine Hand unter das Kinn der Dame gelegt hatte, kehrte er ihr Gesicht in einem Winkel von fünfzehn Grad nach oben.

»Ich glaube, ich werde die Gelübde nicht ablegen, Beatrice; aber was soll aus mir werden? Ich armer, unglücklicher, alter – das heißt ich armer, unglücklicher Mann mittleren Alters, der ich bin! – Keiner, der mich tröstet, keiner, der für mich sorgt!« – Beatrices Tränen flossen von neuem, aber sie machte den Mund nicht auf. »Bei meinem Leben!« fuhr er fort, »ich glaube, es gibt jetzt kein Geschöpf auf der Welt, dem es nicht vollkommen Wurst wäre, wenn ich morgen gehängt würde.«

»Oh, sagt das nicht, Sir Guy!« seufzte Beatrice; »Ihr wißt, daß da Meister Everard da ist und – und Vater Franziskus –«

»Puh!« rief Sir Guy gereizt.

»Und dann ist da Eure alte Lieblingspetze.«

»Ich denke nicht an alte Petzen!« sagte Sir Guy de Montgomeri.

Wieder folgte eine Pause; der Ritter hatte ihr Kinn losgelassen und die Hand ergriffen; es war eine hübsche kleine Hand mit langen, spitz zulaufenden Fingern und haselnußförmigen Nägeln, und die Weichheit des Handtellers sprach nicht für den Fleiß der Besitzerin.

»Setzt Euch, meine liebe Beatrice«, sagte der Ritter gedankenvoll; »Ihr müßt müde sein vom langen Wachen. Nehmt Platz, mein Kind.« Sir Guy gab ihre

Hand nicht frei; aber er rutschte den Bettrand hinauf und machte für seine Gefährtin Platz zwischen sich selbst und dem Pfosten.
Nun ist das eine sehr ungeschickte Stellung, in der sich zwei Leute befinden können, besonders wenn die rechte Hand des einen die linke des anderen hält: – was zum Teufel kann ein Herr in dieser Lage mit der linken tun? Sir Guy schloß die seine, bis daraus eine vollkommene Faust wurde und seine Knöchel ein wenig hinter seiner Gefährtin auf das Bett zu liegen kamen.
»So eine!« wiederholte sinnend Sir Guy; »wenn ich doch so eine finden könnte!« Er sprach mit sich selbst, aber Beatrice antwortete ihm.
»Da ist Madame Fitzfoozle.«
»Eine Schlampe!« sagte Sir Guy.
»Oder Lady Bumbarton.«
»Mit ihrem Buckel!« murmelte er.
»Da ist die Witwe –«
»Halt – halt!« sagte der Ritter, »wartet einen Augenblick.« Er hielt inne; er zitterte am ganzen Körper, etwas schien ihm in der Gurgel aufzusteigen, aber er schluckte heftig und würgte es hinter. »Beatrice«, sagte er, »was denkt Ihr von –«, seine Stimme sank zu einer höchst verführerischen Weichheit – »was denkt Ihr von – Beatrice Grey?«
Es war heraus – der Ritter fühlte sich unendlich erleichtert, die Finger seiner linken Hand öffneten sich unwillkürlich; und der Arm, den er mit solcher Schwierigkeit untergebracht hatte, fand sich – niemand weiß wie – auf einmal dabei, die schlanke Taille der hübschen Beatrice zu umfassen. Die Antwort der jungen Dame bestand aus drei Silben. Sie lauteten – »Oh, Sir Guy!« Die Worte waren vielleicht etwas unbestimmt, aber der Blick unmißverständlich. Ihre Augen trafen sich, Sir Guys linker Arm zog sich krampfhaft zusammen; wenn die Augen sich begegnen – zum min-

desten wenn sie sich so begegnen wie die ihren –, sind die Lippen geneigt, dem Beispiel zu folgen. Der Ritter hatte sich einen langen, liebevollen Kuß genommen – Nektar und Ambrosia! Er dachte an Dr. Butts und an sein *repetatur haustus* – Vater Franziskus hatte sich unendliche Mühe gegeben, ihm diese Verordnung zu übersetzen – er war im Begriff, es zu wiederholen, aber die Dosis wurde *in transitu* unterbrochen. Zweifellos bezieht sich das Sprichwort:

Es liegt manche Klippe
Zwischen Becher und Lippe

auf die Medizin. Sir Guys Lippen waren fast wieder mit denen seiner erkorenen Braut vereint.

Es wurde schon angedeutet, daß des Ritters *Pericranium* auf dem Gipfel eine kleine, runde, polierte Stelle hatte, von der die Locken allmählich zurückgewichen waren; eine Art Oase – oder besser ein *Mont Blanc* in Miniatur, der sich über der höchsten Vegetationsstelle erhob. Auf diese kleine Stelle, die weder Kunst noch Natur schützte, fiel in diesem interessanten Augenblick ein Schlag, für den wir, um ihn entsprechend zu beschreiben, einen Ausdruck der Umgangssprache borgen müssen – es war ein »Plauz!«

Sir Guy stand im Nu auf seinen Beinen; Beatrice auf den ihren; aber ein einziger Blick nach hinten kehrte ihre Lage um – sie fiel auf die Knie und kreischte.

Auch der Ritter machte eine Schwenkung, und was er sah, hätte einen kühneren Mann in Stein verwandeln können. – Sie war es! – die fast verblichene Rohesia – da saß sie – kerzengerade – ihre Augen hatten nicht länger die glasige Trübung bevorstehender Auflösung, sie sprühten Funken wie Feuerstein und Stahl, während ihre Hand den Bettstab umklammert hielt, eine tüchtige Waffe, wie der blutige Schädel ihres Mannes wohl bezeugen konnte. Ihr fehlten noch die Worte, denn die Bräune, die ihre Wut durchbrochen hatte, hinderte sie am Sprechen; aber die Stärke und Raschheit der gurgelnden Laute ließ viel für ihre zukünftige Beredsamkeit erwarten.

Sir Guy de Montgomeri stand eine Zeitlang da wie ein Wahnsinniger; diese Auferstehung – denn darum schien es sich zu handeln – hatte ihn überwältigt. »Oft ist der Ehemann der beste Arzt«, sagt das Sprichwort; er war ein lebendes Beispiel dafür. Man flüstert, daß er mit Dr. Butts zufrieden gewesen war; aber seine Frau wurde ihm erhalten, um ihn noch viele Jahre zu beglücken. – Gott, was für ein Leben er führte!

Mit Frau Rohesia ging es rasch aufwärts; die Bräune wurde geheilt; die Glocke hörte auf zu läuten, und den kleinen Hubert, den Küster, warf man zum Tempel hinaus. Petrus öffnete das Tor und sah hinaus – es war niemand da; so krachte er es wütend zu und knurrte, daß er auf ein verlorenes Läuten hereingefallen war.

Jahre vergingen. Frau Rohesias Temperament besserte sich nicht im gleichen Maße wie ihre Gesundheit; und eines schönen Tages sah man Sir Guy de Montgomeri die Einfahrt des Durham House betreten, das damals die Stadtwohnung Sir Walter Raleighs war. Man hörte nie wieder etwas von ihm; doch wurde bekannt, daß ein Boot voller Abenteurer an diesem Abend mit der Flut nach Deptford Hope ging, wo der »Darling« lag, das gute Schiff, welches, von Kapitän Keymis befehligt, am nächsten Morgen nach Virginia segelte.

Im Chor von Denton ist noch eine Messingtafel zu sehen von etwa achtzehn Zoll Länge, die in eine große Platte aus Betherdener Marmor eingelassen ist; eine kniende Dame ist dargestellt, mit Schleier und Haube, die Hände zum Gebet gefaltet, und darunter steht in den Schriftzeichen der Zeit:

> Betet für die fröhliche Auferstehung
> der Frau Royse und aller Gläubigen!

Das Datum ist unleserlich, aber wie es scheint, hat sie König Heinrich den Achten überlebt, und durch die Auflösung der Klöster verlor St. Maria Rouncival seine tausend Mark. – Von Beatrice Grey aber weiß man, daß sie im Jahre 1559 noch lebte und daß ihr genügend Jungfräulichkeit geblieben war, um Ehrenjungfrau der »guten Königin Bess« zu werden.

WILLIAM MAKEPEACE THACKERAY

William Makepeace Thackeray (1811–1863) wurde in Kalkutta als Sohn eines hohen Beamten geboren, im Charter House, London, und in Cambridge erzogen, bereiste 1830/31 den Kontinent, wandte sich nach dem Verlust seines Vermögens dem Journalismus und der literarischen Tätigkeit zu, Mitarbeiter am »Punch« und an »Fraser's Magazine«, für die er Parodien schrieb. Seine »Snobs of England« sind Vorstudien zu dem großen Roman »Vanity Fair«, 1847/48, der die snobistische Gesellschaft des Englands seiner Zeit schildert und von allen seinen Werken am bekanntesten ist. – »Fräulein Shums Mann« bildet einen Teil der »Denkwürdigkeiten des Herrn Charles J. Yellowplush, früher Lakai in vielen vornehmen Häusern«, die zuerst in »Fraser's Magazine« 1838/40 (in Buchform 1841) mit eigenen Illustrationen Thackerays erschienen.

FRÄULEIN SHUMS MANN

I

Ich wurde im Jahre eins der gegenwärtigen oder christlichen Ära geboren und bin daher jetzt siebenunddreißig Jahre alt. Meine Mama nannte mich Charles James Harrington Fitzroy Yellowplush zu Ehren verschiedener vornehmer Familien und eines berühmten Kutschers aus ihrer Bekanntschaft, der eine gelbe Livree trug und den Oberbürgermeister von London fuhr.

Warum sie mir den Namen dieses Gentleman gab oder eigentlich den Namen eines Teils seines Anzugs, läßt sich schwer sagen, doch hat er mich seitdem im Leben begleitet, in das ich sozusagen als Lakai hineingeboren wurde.

Mag sein, daß er mein Vater war – obwohl ich über diesen Punkt nichts Sicheres mitteilen kann, denn meine Mutter breitete über meine Geburt den Schleier des Geheimnisses. Vielleicht bin ich unehelich, vielleicht wurde ich von der Amme vertauscht, jedenfalls habe ich das ganze Leben hindurch die Neigungen eines Gentleman gehabt und zweifle nicht daran, daß ich vornehmer Herkunft bin.

Je weniger ich über meine Mutter sage, desto besser; denn das liebe alte Ding war sehr gut zu mir und hatte, fürchte ich, sonst nicht viel Gutes an sich. Warum, weiß ich nicht, aber ich galt immer als ihr Neffe. Wir führten ein seltsames Leben; manchmal war Mama in Atlas und Schminke gekleidet und manchmal in Lumpen und Dreck; bisweilen bekam ich Küsse und dann wieder Knüffe; heute Schnaps und morgen Champagner. Du lieber Gott! Wie fluchte sie manchmal auf mich, und wie herzte sie mich ein andermal. So ging es bei uns zu. Wir schlugen und vertrugen uns, waren nüchtern oder betrunken, hungerten oder luden uns den Bauch voll, je nachdem ob Mama Geld hatte oder nicht. Aber lassen wir den Vorhang über diese Szenen fallen, und sprechen wir nicht weiter von ihr – es genügt, wenn das Publikum weiß, daß sie Fräulein Montmorency hieß und wir in Newgate wohnten.

Meine arme Mutter starb eines Morgens, der Herr segne sie! Und ich stand allein in dieser weiten, bösen Welt und hatte nicht soviel Geld, um mir auch nur ein Dreierbrötchen zum Frühstück kaufen zu können. Aber einige Nachbarinnen (und glauben Sie mir, daß man unter diesen armen, verrufenen Geschöpfen mehr Güte findet als unter einem halben Dutzend Lords und Baronen), die Mitleid mit dem Waisenkind der armen Sally hatten (denn sie lachten geradeheraus, als ich sie Fräulein Montmorency nannte), gaben mir Brot und Unterkunft. Ich fürchte, daß trotz ihrer Freundlichkeit meine *Moral* nicht besser geworden wäre, wenn ich dort geblieben wäre. Aber ich fand einen Wohltäter, der mich zur Schule schickte. Die Akademie, die ich besuchte, hieß die Freischule des Hl. Bartholomäus – die jungen Herren trugen grüne Flanelljacken, Unaussprechliche aus gelbem Leder, eine Blechmarke am linken Arm und flache Mützen, die so groß wie Semmeln waren. Ich blieb sechs Jahre dort, und zwar von meinem sechsten bis zu meinem zwölften Jahr, drei Jahre davon zeichnete ich mich nicht wenig auf musikalischem Gebiet aus, denn ich trat die Bälge der Kirchenorgel, und wir spielten wirklich sehr schöne Melodien.

Nun, es hat weiter keinen Wert, meine Jugendstreiche zu erzählen (wie wir die Apfelhökerin narrten! und dem alten Küster Schnupftabak ins Gebetbuch streuten – o je!); aber eines Tages trat ein Herr in unser Schulzimmer – es war gerade der Tag, wo ich anfing, das Subtrahieren zu lernen – und fragte den Lehrer, ob er nicht einen jungen Burschen hätte, der sich als Diener eignete. Man war froh, daß man mich los wurde, und schon am nächsten Tage schlief ich in der Spülkammer von Herrn Bagos Landhaus in Pentonville dicht unter dem Ausguß.

Bago hatte einen Laden am Smithfieldmarkt und machte ein rasend gutes Geschäft mit Öl und Südfrüchten. Ich habe ihn erzählen hören, er verdiene nicht weniger als fünfzig Pfund im Jahre daran, daß er sein Vorderzimmer vermietete, wenn jemand gehängt wurde. Seine Fenster lagen Newgate gerade gegenüber, und viele, viele Dutzende Kerle hat er dort baumeln sehen. Im Jahre zehn war Gesetz noch Gesetz, und sie legten einem die Schlinge wegen einer Kleinigkeit um den Hals. Doch ich arbeitete in seinem Landhaus, wo auch mein *Angtree* in die vornehme Gesellschaft stattfand. Ich war damals Küchen-, Lauf- und Stalljunge und schäme mich nicht, das zu sagen; durch eigene Tüchtigkeit habe ich es zu dem gebracht, was ich jetzt bin – zwei Livreen, vierzig Pfund im Jahr, freies Bier, freie Wäsche, seidene Strümpfe und Wachskerzen – ganz zu schweigen von den Trinkgeldern, die in *unserem* Hause einen hübschen Pfennig Geld ausmachen, das kann ich versichern.

Ich blieb nicht lange hier, denn ein Umstand trat ein, der mir eine ganz andere Stelle verschaffte. Ein hübscher junger Herr, der sich einen Einspänner hielt und ein Reitpferd, brauchte einen Pagen. Ich bewarb mich sofort um die Stelle, und da ich ein sauberer, manierlicher Bursche war, nahm er mich. Bago gab mir mein erstes Zeugnis und er meine erste Livree, und ich war sehr stolz darauf, das können Sie sich wohl vorstellen.

Mein neuer Herr hatte geschäftlich in der City zu tun, denn er fuhr jeden Morgen um zehn Uhr hinein und stieg an der City Road aus seinem Wagen, der um sechs Uhr dort wieder zur Stelle sein mußte; wenn es dann Sommer war, jagte er in den Park und kutschierte da in einem der elegantesten Gefährte herum. Wie stolz ich war, wenn ich mit meinem goldbetreßten Hut, in dem gelbbraunen Rock und der roten Weste auf diesen Spazierfahrten neben ihm saß! Ich fing damals schon an, mit den Mädchen in den Equipagen zu liebäugeln und jene Sehnsucht nach dem vornehmen Leben zu spüren, die mich seither nie verlassen hat. Wenn er in der Oper oder im Schauspiel war, ging ich kegeln oder in ein Gartenlokal, und glauben Sie mir, Herrn Frederick Altamonts junger Mann spielte da schon eine Rolle; um diese Zeit gab es wenig männliche Bedienstete in Pentonville, die Bevölkerung bestand zumeist aus Mädchen für alles, und so war ich, obwohl ich erst vierzehn Jahre zählte, doch hier genausogut ein Mann, als wenn ich so alt wie Jerusalem gewesen wäre.

Sehr eigenartig war es, daß mein Herr, der doch so ein flotter Bursche war, in einem solchen Loche wohnte. Er hatte nur eine Parterrewohnung in der John Street, ein Wohn- und ein Schlafzimmer. Ich schlief in einem Haus gegenüber und kam nur morgens mit seinen Stiefeln und dem Frühstück.

Das Haus, in dem er wohnte, gehörte Herrn und Frau

Shum. Sie waren ein armes, aber fruchtbares Ehepaar, das das Haus auf viele Jahre gemietet hatte und mit den Kindern auf ziemlich engem Raum zusammengepfercht war, soviel ist sicher.
Shum sagte, er sei Offizier gewesen, und das stimmte auch. Er war zweiter stellvertretender Assistenzvizeproviantmeister oder so etwas Ähnliches gewesen, und wie ich später hörte, hatte er wegen seiner *Nervosität* den Abschied nehmen müssen. In Wirklichkeit verhielt es sich so, daß man ihn, weil er ein ganz großer Feigling war, als eine Gefahr für die Armee betrachtete und nach Hause schickte.
Er hatte eine Witwe Buckmaster, eine geborene Slamcoe, geheiratet. Sie war ein Bristoler Kind; ihr Vater hatte als Lichtzieher Bankrott gemacht und daher ein recht bescheidenes Vermögen hinterlassen. Sie bekam tausend Pfund und setzte sich aufs hohe Pferd, als ob es eine Million gewesen wäre.
Buckmaster starb und hinterließ nichts; nichts als vier häßliche Töchter, die er von Fräulein Slamcoe hatte, und ihre vierzig Pfund im Jahr waren ein ziemlich kärgliches Einkommen für jemand mit ihrem Appetit und ihren Ansprüchen. In einer unglücklichen Stunde für Shum traf sie ihn. Er war Witwer mit einer kleinen dreijährigen Tochter, einem kleinen Haus in Pentonville und einem kleinen Einkommen, ungefähr so groß, wie das ihrige war. Ich glaube, sie verschüchterte den armen Kerl so sehr, daß er sie heiratete, und man kam überein, das Erdgeschoß in der John Street zu vermieten, um das Einkommen etwas aufzubessern.
Sie heirateten, und Witwe Buckmaster hatte die Hosen an, das steht fest. Sie redete und prahlte in einem fort von ihrer Familie, von dem Ruf der Buckmasters und dem Stammbaum der Slamcoes. Sie hatten sechs Zimmer (Küche und Spülkammer nicht gerechnet) und jetzt im ganzen zwölf Töchter, nämlich vier Fräulein

Buckmaster: Fräulein Betsy, Fräulein Dosy, Fräulein Biddy und Fräulein Winny; ein Fräulein Shum, die Mary hieß und die Shum mit in die Ehe gebracht hatte, und sieben andere, die namenlos bleiben sollen. Frau Shum war eine dicke, rothaarige Person, mindestens einen Fuß größer als S., der nur vier und einen halben Fuß groß war. Seine Gesichtsfarbe war blaß, er hatte eine rote Nase, X-Beine und eine Glatze und schnupfte so viel, daß seine Nase und Hemdkrause ganz braun waren.

Vor dem Haus befand sich ein kleiner Garten, wo fortwährend die Wäsche der Familie hing. Es waren ihrer so viele, daß sie nur ratenweise getrocknet werden konnte. Es gab sechs Zaunpfosten, und jeder war regelmäßig mit einem Strumpf verziert, und vier kleine Stachelbeerbüsche, an denen stets ein oder das andere Stück Wäsche hing. Die Diele war ein regelrechter Pfuhl; nasse Tischtücher schlugen einem ins Gesicht, nach Seife riechende, dampfende Flanellwäsche nahm einem fast den Atem, und während man nach oben blickte, um sich nicht an einem der Stricke, die kreuz und quer gezogen waren, zu erhängen, stieß man bums! mit dem Schienbein gegen einen Eimer, daß man vor Schmerz fast verrückt war. Die großen schlampigen Mädchen drückten sich immer auf der Treppe herum, schnüffelten an scheußlichen Blumentöpfen, kochten irgend etwas oder rekelten sich mit schmierigen Lockenwickeln auf den Fensterbänken und lasen schmierige Romane. Auf einem höllischen Klavier wurde von früh bis in die Nacht herumgeklimpert – die zwei ältesten Fräulein Buckmaster »Schlacht von Prag« – die sechs jüngsten Fräulein Shum »In meiner Hütte«, bis ich jeden Ton der »Schlacht von Prag« auswendig kannte und den Tag verfluchte, an dem »In meiner Hütte« geschrieben wurde. Auch die jüngeren Mädchen sprangen und trampelten immer im Hause herum mit zerrissenen

Schürzen, in der Hand eine Grammatik mit Eselsohren oder ein großes Stück Sirupbrot. Ich habe nie so ein Haus gesehen.

Um auf Frau Shum zurückzukommen, so war sie eine so feine Dame, daß sie nichts tat, als auf dem Sofa des Wohnzimmers liegen, Romane lesen, trinken, schimpfen, schreien und hysterisch werden. Der kleine Shum las von einem Wochenende bis zum nächsten eine alte Zeitung, wenn er nicht damit beschäftigt war, die Kinder zu lehren, nach Bier zu gehen oder Schuhe zu putzen, denn sie hielten keine Dienstboten. Mit einem Wort, im Hause in der John Street war die Hölle los.

Was konnte Herrn Frederick Altamont veranlaßt haben, an einem solchen Ort zu wohnen? Der Grund liegt klar zutage: er betete das erste Fräulein Shum an.

Und bestimmt zeigte er darin keinen schlechten Geschmack, denn wenn auch die anderen Töchter so häßlich waren wie ihre greuliche Mama, war Mary Shum ein hübsches, kleines, rosiges, bescheidenes Geschöpf mit glänzendem schwarzem Haar, zärtlichen blauen Augen und einem Hals so weiß wie Gips. Sie trug ein scheußliches altes schwarzes Kleid, das ihr zu kurz und zu eng geworden war, doch eben deshalb ließ es ihre hübschen Knöchel und Füße frei und zeigte ihre schöne Figur. Wenn mein Herr auch etliche Stufen nach unten gegangen war, um sich einen Schatz zuzusuchen, so hatte er doch bestimmt am rechten Ort gesucht. Niemals gab es ein hübscheres oder liebenswürdigeres Mädchen. Ich brachte ihr immer das mit Butter bestrichene Röstbrot, das von unserem Frühstück übriggeblieben war, und eine Tasse Tee oder Schokolade, je nachdem, was Altamont gerade getrunken hatte, und bestimmt freute sich das arme Ding darüber sehr; denn oben war Schmalhans Küchenmeister, und ihre Ration war immer die allerknappste.

Die Familie Shum schien darin zu wetteifern, wer das

arme Ding am meisten ducken konnte. Die vier Buckmaster-Mädchen hatten sie fortgesetzt beim Wickel. Da hieß es: Mary, bring den Kohleneimer; Mary, lauf ins Gasthaus und hole Bier; Mary, ich will spazierengehen und deine sauberen Strümpfe anziehen, oder, ich brauche deinen neuen Hut, wenn ich in die Kirche gehe. Nur ihr armer Vater war gut zu ihr, aber die Freundlichkeit des armen alten Schlappschwanzes konnte ihr wenig helfen. Mary ertrug all das Schelten wie ein Engel, ja, mit einem paar Flügel und einer goldenen Trompete hätte sie kein größerer Engel sein können.

Ich werde niemals eine Szene, die sich in der Familie abspielte, vergessen. Es geschah, als mein Herr in der City war, und da ich also nichts auf der Welt zu tun hatte, lauschte ich gerade auf der Treppe. Das alte Geschimpfe war zu hören und die alte Melodie der abscheulichen »Schlacht von Prag«. Der alte Shum machte eine Bemerkung, und Fräulein Buckmaster rief: »Mein Gott, Pa! Was für ein Narr du bist!« Alle Mädchen fingen an zu lachen und auch Frau Shum, alle – außer Mary, die feuerrot wurde, zu Fräulein Betsy Buckmaster ging und ihr zwei solche Backpfeifen auf ihre großen roten Ohren gab, daß sie nur so klangen.

Die alte Frau Shum kreischte und stürzte sich wie ein bengalischer Tiger auf sie. Ihre langen Arme drehten sich wie die Flügel einer Windmühle, als sie die arme Mary knuffte und puffte, weil sie für ihren Vater eingetreten war. Mary Shum, die sonst immer weinte, vergoß diesmal keine Träne. »Ich werde es wieder tun«, sagte sie, »wenn Betsy meinen Vater noch einmal beleidigt.« Neue Knüffe, erneutes Kreischen! Und das alte Biest drosch weiter auf das arme Mädchen los, bis sie ganz erschöpft und schnaufend wie ein kleines Kind auf das Sofa sank.

»Pfui, Mary«, begann jetzt der alte Shum, »pfui, du

unartiges Mädchen, du! die Gefühle deiner armen Mama so zu verletzen und deine gute Schwester zu schlagen.«

»Aber, es war doch nur, weil sie sagte, du wärst ein –«

»Wenn sie das tat, Fräulein Naseweis«, sagte Shum und sah sehr würdevoll aus, »war es meine Angelegenheit, sie zurechtzuweisen, und nicht deine.«

»Du und mich zurechtweisen!« sagte Fräulein Betsy und streckte womöglich die Nase noch höher in die Luft als früher, »das möchte ich einmal sehen! Unverschämtheit!« Und sie fingen wieder alle an zu lachen.

Inzwischen hatte sich Frau Shum von ihrer angestrengten Tätigkeit erholt und legte ordentlich los. Zuerst schimpfte sie Mary aus, dann Shum.

»O warum«, kreischte sie, »warum habe ich nur meine vornehme Familie verlassen, wo ich jeden Luxus hatte, um ein solches Individuum zu heiraten? Er verdient nicht, Mann genannt zu werden, er ist nicht wert, eine Dame zu heiraten, und was dieses Weibsbild betrifft, so wasche ich meine Hände in Unschuld. Gott sei Dank ist sie keine Slamcoe, so was kann ja nur eine Shum sein!«

»Da hast du recht, Mama«, sagten alle Mädchen, denn ihre Mutter hatte ihnen dieses reizende Benehmen beigebracht, und sie verachteten ihren Vater von Herzen; ich habe immer beobachtet, daß in Familien, wo die Frau sich in einem fort mit ihrer Verwandtschaft wichtig tut, der Mann unweigerlich ein Trottel ist.

Nun, als sie wieder erschöpft war, fiel sie wieder aufs Sofa und trieb ihre alten Possen – neues Gekreische – neue Krämpfe – und diesmal hörte sie nicht eher auf, als bis ihr Shum aus dem Blauen Löwen gegenüber ein Viertelliter ihrer alten Medizin geholt hatte. Sie wurde ruhiger, als der Schnaps zu Ende ging, doch schickte sie Mary aus dem Zimmer und sagte ihr, sie solle sich heute ja nicht wieder blicken lassen.

»Fräulein Mary«, sprach ich – denn das Herz tat mir weh, als das arme Mädchen schluchzend und todunglücklich die Treppe herunterkam; »Fräulein Mary, wenn ich mir einen Vorschlag erlauben darf, das Zimmer meines Herrn ist frei, und ich weiß, wo der kalte Rinderbraten steht und die Essiggurken!« – »O Charles!« sagte sie und nickte mir traurig zu, »ich bin zu unglücklich, um ans Essen zu denken«, und sie warf sich auf einen Stuhl und fing an zu weinen, als ob ihr das Herz brechen wollte.

Gerade in diesem Augenblick mußte mein Herr zurückkommen. Ich weiß nicht, wie es geschehen war, aber ich hatte Fräulein Marys Händchen ergriffen und würde es, glaube ich, geküßt haben, wenn nicht, wie gesagt, Altamont auf der Bildfläche erschienen wäre. »Was ist hier los?« schrie er und sah mich so finster an, als ob ein Donnerwetter losbrechen sollte, finster wie Herr Philips als Hickit in der neuen Tragödie MacBuff.

»Es ist nur Fräulein Mary, Herr Altamont«, antwortete ich.

»Raus, Bursche«, sagte er fuchsteufelswild, und ich fühlte, wie mich etwas (ich glaube, es war die Spitze seines Stiefels) hinten berührte; im nächsten Augenblick zappelte ich zwischen nassen Lappen, Eimern und anderen Sachen herum.

Die Leute von oben kamen heruntergelaufen, um zu sehen, was es gäbe, so fluchte und schrie ich. »Es ist nur Charles, Mama«, rief Fräulein Betsy.

»Wo steckt denn Mary?« fragte Frau Shum.

»Sie ist in dem Zimmer meines Herrn, Fräulein«, sagte ich.

»Sie ist in dem Zimmer des Untermieters, Mama«, wiederholte Fräulein Buckmaster laut.

»Gut, sag ihr, sie soll dort bleiben, bis er nach Hause kommt.« Und dann trampelte Fräulein Buckmaster wieder die Treppe hinauf, ohne zu ahnen, daß Altamont schon da war.

Ich hatte schon lange beobachtet, daß mein Herr ein Auge auf Mary Shum geworfen hatte; ja, wie ich schon sagte, geschah es nur ihretwillen, daß er sich in Pentonville einmietete und dort wohnen blieb. Wenn die Liebe nicht im Spiel gewesen wäre, welche nicht knausert, wären vierzehn Schillinge die Woche für zwei solche Rattenlöcher wie die, welche er bewohnte, *ein bißchen* zu stark gewesen. Ich glaube, die Familie lebte nur von ihrem Mieter; sie frühstückten von seinen Teeblättern, sie schnitten das Fleisch pfundweise von seinem Braten ab (er nahm die Hauptmahlzeit immer zu Hause ein), und seine Bäckerrechnung war, ohne zu übertreiben, groß genug für sechs. Aber das war nicht meine Angelegenheit. Ich sah ihn manchmal grinsen, wenn ich morgens den kalten Rinderbraten hinstellte und er merkte, wie wenig von dem Lendenstück des vergangenen Abends übriggeblieben war, aber er sagte keinen Ton, denn wahre Liebe fragt nicht nach einem Pfund Fleisch mehr oder weniger.

Zuerst war er sehr freundlich und aufmerksam gegen alle Mädchen; Fräulein Betsy besonders faßte eine große Zuneigung zu ihm; sie saßen ganze Abende lang zusammen und spielten Kribbage, er mit seiner Pfeife und seinem Glas, sie bei Tee und Zwiebäcken; aber da es nicht schicklich für sie war, allein zu kommen, brachte sie eine ihrer Schwestern mit, und das war im allgemeinen Mary – denn er lud sie ausdrücklich ein –, und eines Tages, als an ihrer Stelle eine der anderen kam, sagte er ihr in aller Ruhe, daß er sie nicht gebeten hätte, und Fräulein Buckmaster lag zuviel an ihren Zwiebäcken, um diesen Trick noch einmal zu versuchen; außerdem war sie eifersüchtig auf ihre drei erwachsenen Schwestern, Mary dagegen war für sie noch ein halbes Kind. Du lieber Gott! Was für schöne Augen sie ihm machte! Was für Verse sie vortrug! Und wie sie auf einer alten Gitarre »Komm zu mir bei Mondenschein« spielte; sie warf sich ihm regelrecht

an den Hals, aber ihn ließ das kalt, da er schon anderweitig besser versehen war.
Eines Abends brachte er ganz wie ein Kavalier Karten für Ashley mit und lud die beiden jungen Damen, Fräulein Betsy und Fräulein Mary, ein. Ich erinnere mich, wie er mich nachmittags beiseite nahm und in einem feierlichen und geheimisvollen Tone fragte: »Charles, *bist du ein gewecktes Bürschchen?*«
»Tja«, sagte ich, »Herr Altamont, so im allgemeinen gelte ich nicht gerade für doof.«
»Na schön«, sagte er, »du bekommst zehn Schillinge, wenn du die Sache deichselst; ich habe mir absichtlich einen Regentag ausgesucht. Wenn die Vorstellung vorbei ist, dann wartest du mit zwei Regenschirmen; den einen gibst du mir, und den anderen hältst du über Fräulein Buckmaster, und präg dir das gut ein, junger Mann, vom Theater *biegst du rechts ab* und sagst, die Kutsche stände ein Stück die Straße hinauf, um gleich aus dem Gedränge heraus zu sein.«
Wir fuhren also hin (in einem Wagen, den Herr Altamont gemietet hatte), und ich werde nie vergessen, wie Cartliche an diesem denkwürdigen Abend spielte! Man sage mir nichts von Kemble oder von Macready! Ich gehe für mein Geld lieber ins Ashley-Theater und sehe mir Cartliche in der Hauptrolle an. Aber das gehört nicht zur Sache. Als das Theater aus war, stand ich mit den Regenschirmen am Eingang. Und es regnete Bindfaden.
Gleich darauf kam mein Herr heraus mit Fräulein Mary am Arm, während Fräulein Betsy ziemlich verdrießlich hinterherging. »Hier, hier, Herr Altamont«, rief ich, indem ich mich durchdrängte, und warf einen so schweren Mantel über Fräulein Betsy, daß sie fast erstickte. Herr Altamont und Fräulein Mary verdufteten und waren nicht mehr zu sehen, als Fräulein Betsy mit ihrem Mantel ins Geschick gekommen war, das ist klar. »Sie sind nur nach dem Wagen gegangen,

Fräulein Betsy. Er steht ein Stückchen die Straße hinauf, abseits von den anderen Droschken.« Und wir gingen natürlich *nach rechts*.

Nachdem wir eine Weile durch die Pfützen und den Schlamm gestiegen waren, fragte ich im unschuldigsten Tone der Welt: »Hat irgend jemand Coxys Droschke gesehen?«

»Coxys Droschke!« brüllt einer der Burschen. »Meinst du etwa den Rollwagen?« fragte ein anderer. »Ich habe den Leichenwagen eben vorbeifahren sehen«, kicherte einer der jungen Herren, und wir sagten uns gegenseitig Schmeicheleien, wie man sie nicht alle Tage hört. Doch gehe ich darüber hinweg, weil einige nicht sehr fein waren.

»Mein Gott, Fräulein Betsy«, sagte ich, »was soll ich nur tun? Mein Herr wird mir das nie verzeihen; und ich habe keine sechs Pence in der Tasche, um eine Droschke zu bezahlen.« Fräulein Betsy rief gerade eine an, als ich das sagte, aber der Kutscher meinte, für den Preis könnte er es nicht machen, und ich wußte ganz genau, daß *sie* nicht vier oder fünf Schillinge hatte, um sich einen Wagen zu leisten. So mußten wir im strömenden Regen um Mitternacht vier Meilen laufen – von Westminster Bridge bis Pentonville, und was noch schlimmer war, *ich wußte unglücklicherweise den Weg nicht*. Es war bestimmt ein sehr netter Spaziergang.

Ungefähr um halb drei kamen wir glücklich in der John Street an. Mein Herr war am Gartentor. Fräulein Mary warf sich Fräulein Betsy in die Arme, während er mich verwünschte und herunterputzte, weil ich nicht auf ihn gehört hätte *und nach rechts statt nach links gegangen wäre*! Bei Gott! Er spielte den Wüterich fast so natürlich und so schrecklich wie Cartliche in dem Stück.

Sie hätten eine halbe Stunde in der Droschke gewartet, sagte er, in der Gasse links vom Theater; sie

wären in der allergrößten Aufregung auf und ab gefahren und schießlich nach Hause gekommen, weil sie glaubten, es wäre sinnlos, länger zu warten. Sie setzten ihr Grog von Rum und gebackene Austern zum Abendbrot vor, und das tröstete sie ein wenig.
Ich hoffe, niemand wird Fräulein Mary einen Vorwurf machen wegen ihres Anteils an dem Abenteuer, denn sie war das ehrlichste Mädchen von der Welt, und ich glaube, daß sie bis auf den heutigen Tag nichts von unserer kleinen Kriegslist weiß. Außerdem ist in der Liebe alles erlaubt, und da mein Herr sie niemals allein zu sehen bekam wegen Mama und der höllischen elf Schwestern, benutzte er diese Gelegenheit, um ihr zu zeigen, was er für sie fühlte.
Wenn er sie vorher geliebt hatte, so können Sie überzeugt sein, daß sie jetzt seine Gefühle erwiderte. Seit diesem Abend im Ashley-Theater waren sie so zärtlich wie zwei Turteltauben – was den Unfall, der mir zustieß, als ich aus dem Zimmer geworfen wurde, hinreichend erklärt; ich trug es ihm, wie die Dinge standen, auch nicht weiter nach.
Ob sich Fräulein Betsy immer noch einbildete, daß mein Herr in sie verschossen sei, weiß ich nicht; jedenfalls lag ihr viel an dem Zwieback und dem Tee, und sie kam genausooft wie früher zu ihm herunter.
Jetzt kommt der spannendste Teil meiner Geschichte.

2

Aber wer war Herr Frederick Altamont, dieser Gentleman mit dem feinen Namen? Oder was war er? Der geheimnisvollste Herr, den ich je gekannt habe. Einmal fragte ich ihn an einem sehr regnerischen Tage: »Herr Altamont, soll ich an Ihrem Büro vorfahren?« Da machte er ein finsteres Gesicht, fluchte mächtig und meinte, ich solle mich um meine eigenen Angelegenheiten kümmern und tun, was man mir sagte. Ein andermal – gerade an dem Tage, als Fräulein Mary Fräulein Betsy ohrfeigte – setzte ihm Fräulein Mary arg zu, die ihn, wie ich schon erzählt habe, anbetete, und fragte ihn nach seiner Geburt, seinen Eltern und seiner Erziehung aus »Lieber Frederick«, sprach sie, »warum hüllst du dich und deine Handlungen in ein Geheimnis? Warum verbirgst du deine Herkunft und deinen Beruf vor deiner kleinen Mary?« – sie waren schon so zärtlich zueinander.

Ich nehme an, daß Herr Frederick finster aussah – ich selbst lauschte nur –, denn er antwortete mit einer Stimme, die vor Erregung zitterte: »Mary, wenn du mich liebhast, dann frage mich nie wieder, laß es dir genügen, daß ich ein ehrlicher Mann bin und daß ein Geheimnis, welches dich nur unglücklich machen würde, wenn du es wüßtest, über all meinen Handlungen liegen muß – das heißt, von zehn Uhr bis um sechs.«

Sie stichelten sich weiter, er sprach in Rätseln, und sie war ganz trübsinnig; mir entging kein Wort von dem, was gesagt wurde, denn die Wände der Häuser in Pentonville sind von Pappe, und man hört draußen fast besser als im Zimmer selbst. Aber wenn er auch sein Geheimnis für sich behielt, schwor er ihr doch an diesem Tage seine Liebe. Nichts würde ihn abhalten, sagte er, sie zum Altar zu führen und zu seiner angebeteten Frau zu machen. Dann herrschte ein kurzes Schweigen. »Liebster Frederick«, flüsterte das Fräulein, »ich bin die Deine – die Deine für immer.« Und dann herrschte wieder Stille, und ein- oder zweimal schmatzte es, als ob drin geküßt würde. Hier hielt ich es für angebracht, am Türschloß zu klappern, denn so wahr ich lebe, kam die alte Shum die Treppe herunter!

Es scheint, daß eins der jüngeren Mädchen zum Schlafzimmerfenster herausgeschaut und gesehen hatte, wie mein Herr nach Hause kam, und als sie eine halbe Stunde später zum Tee herunterkam, machte sie beiläufig eine Bemerkung. Die alte Frau Shum, die ein Tugenddrachen war, kam die Treppe heruntergetobt, schnaufte und schoß wütende Blicke und war so fett und wild wie eine alte Sau, wenn gefüttert wird.

»Wo ist unser Mieter, Junge?« herrschte sie mich an. Ich sprach so laut, daß man es die ganze Straße hinunter hätte hören können: »Meinen Sie etwa meinen Herrn, Frau Shum, Herrn Frederick Altamont, Hochwohlgeboren? Er ist gerade hereingekommen und zieht sich im Schlafzimmer saubere Schuhe an.«

Sie gab mir keine Antwort, sondern rauschte an mir vorbei, riß die Wohnzimmertür auf und sah meinen Herrn, der sehr seltsam ausschaute, und Fräulein Mary, die den Kopf hängen ließ wie eine blasse Lilie.

»Sind Sie in meine Familie gekommen«, sagte sie, »um meine Töchter zu verderben und diesem schändlichen Mädchen die Unschuld zu rauben? Sind Sie hierhergekommen, mein Herr, als Verführer oder nur als Mieter? Sprechen Sie, mein Herr, sprechen Sie!« Und sie schlug ganz leidenschaftlich die Arme übereinander und sah aus wie Frau Siddons als tragische Muse.

»Ich bin hierhergekommen, Frau Shum«, antwortete er, »weil ich Ihre Tochter liebe, sonst würde ich mich nie dazu herabgelassen haben, in einem so kümmerlichen Loch zu wohnen. Ich habe mich ihr gegenüber in jeder Beziehung wie ein Gentleman benommen, und, Frau Shum, sie ist so unschuldig wie ein neugeborenes Kind. Wenn sie mich haben will – ich bin bereit; entschließt sie sich, Sie zu verlassen, so soll sie ein Heim haben, wo man sie weder tyrannisiert noch hungern läßt; keine schimpfenden, schlampigen Schwestern, keine keifende Schwiegermutter, nur einen liebevollen Mann und all die reinen Freuden des Ehestandes.«

Mary warf sich ihm in die Arme: »Lieber, lieber Frederick«, rief sie, »ich werde dich nie verlassen.«
»Fräulein«, sagte Frau Shum, »du bist keine Slamcoe und auch keine Buckmaster, Gott sei's gedankt! Du kannst meinetwegen diese Person heiraten, wenn es dein Papa für schicklich hält, und er kann mich beleidigen – herausfordern – in meinem eigenen Haus meine Gefühle mit Füßen treten – denn ich habe ni-i-iemand, der mich beschützt.«
Ich wuße, wo das hinaussollte: da hatte sie schon wieder einen hysterischen Anfall und fing an, wie eine Verrückte zu kreischen und zu brüllen. Natürlich kamen die elf Mädel und der alte Shum herunter. Es war ein nettes Theater. »Nun schauen Sie mal, mein Herr Gemahl«, sagte sie, »wie sich Ihr Fräulein Tochter, diese Dirne, aufgeführt hat – allein mit diesem Mann, saß auf seinem Schoß und küßte ihn, und der Himmel weiß, was sie sonst noch getan hat.«
»Was, er?« schrie Fräulein Betsy, »er liebt Mary! Oh, der Schurke, das Ungeheuer, der Betrüger!« – und auch sie fiel um und kreischte so laut wie ihre Mutter; denn das alberne Geschöpf bildete sich immer noch ein, daß Altamont sie gern hätte.
»*Ruhe, ihr Frauenzimmer!*« rief Altamont mit Donnerstimme. »Ich liebe Ihre Tochter, Herr Shum. Ich werde sie ohne einen Pfennig nehmen und bin in der Lage, für sie zu sorgen. Wenn Sie sie mir nicht geben wollen, wird sie von selbst zu mir kommen. Genügt das? – Kann ich sie haben?«
»Wir werden über diese Sache reden, mein Herr«, sagt Herr Shum und sieht so würdevoll aus, als ob er ein Ratsherr wäre. »Mädels, geht jetzt mit eurer lieben Mama nach oben.« – Und so zogen sie alle wieder ab, und damit endete das Theater.
Sie können überzeugt sein, daß es dem alten Shum keineswegs leid tat, einen Mann für seine Tochter Mary zu finden, denn der alte Kerl hatte sie lieber als

das ganze Pack, das ihm Frau Buckmaster in die Ehe gebracht oder geboren hatte. Aber was seltsam ist, als die Rede auf den Ehekontrakt und so weiter kam, wollte mein Herr nicht ein Wörtchen antworten. Er sagte, daß er regelmäßig vierhundert Pfund im Jahr verdiente, wie, wollte er nicht erklären – und wenn Mary ihn heiratete, sollte alles, was ihm gehörte, auch ihr sein, aber sie dürfte keine Fragen stellen; doch wolle er noch einmal wiederholen, was er schon früher gesagt hätte, daß er ein ehrlicher Mann wäre.
Ein paar Tage später heirateten sie und bezogen ein vornehmes Haus in Islington, und mein Herr ging weiter ins Geschäft, ohne daß jemand gewußt hätte, wohin. Wer konnte er sein?

3

Wenn je ein junges Paar des Mittelstandes das gemeinsame Leben unter glücklichen Vorzeichen begann, waren es Herr Frederick Altamont und seine Frau. Ihr Haus in der Cannon Row, Islington, war so behaglich, wie man es sich nur wünschen kann. Von Kopf bis Fuß mit Teppichen ausgelegt; wenig Abgaben, elegante Einrichtung und drei Bediente, von denen ich natürlich einer war. Mein Leben war nicht mehr so bequem wie in Herrn Altamonts Junggesellenzeit, aber wenn auch! Meine Maxime lautet: Viel Arbeit, viel Essen, viel Lohn. Altamont hielt sich keinen Wagen mehr, sondern fuhr mit dem Omnibus in die Stadt.
Man sollte meinen, daß Frau Altamont mit einem so liebevollen Mann glücklich wie unsere Königliche Majestät hätte sein können. Keine Ahnung! Die ersten sechs Monate ging alles noch gut, aber dann wurde sie immer trübsinniger, obwohl Altamont ihr zuliebe tat, was er nur konnte.
Der alte Shum kam regelmäßig viermal die Woche

nach der Cannon Row zum Frühstück, Mittagbrot, Tee und Abendessen. Der arme kleine Mann war dem Wein und Schnaps ein bißchen zu sehr ergeben; wie oft mußte ich ihn doch nachts nach Hause bringen. Und Sie können mir glauben, daß Fräulein Betsy ihre Schwester jetzt nicht im Stich ließ; sie war früh, mittags und abends bei uns, ohne daß mein Herr sie besonders gern gesehen hätte, aber er war zu gutmütig, um mit seiner Frau wegen Kleinigkeiten Zank anzufangen.
Doch hatte Betsy die Erinnerung an die alte Zeit nicht vergessen und haßte Altamont wie den bösen Feind. Sie setzte der armen, unschuldigen Frau allerhand dumme Gedanken in den Kopf, und sie, die erst so heiter und vergnügt gewesen war, wurde ganz schwermütig und blaß und elend, als ob sie die unglücklichste Frau von der Welt gewesen wäre.
Nach weiteren drei Monaten kommt pünktlich ein Baby an und mit ihm die alte Shum, die sich so fest wie ein Vampir an unsere Frau hing und sie immer elender machte. Oft brach sie in Tränen aus, wenn Altamont nach Hause kam, seufzte und weinte über dem armen Kind und sagte: »Mein Kind, mein Kind, dein Vater ist mir untreu!« Oder: »Dein Vater betrügt mich!« Oder: »Was wirst du tun, wenn du deine arme Mutter nicht mehr hast?« Und was dergleichen sentimentalen Zeugs mehr ist.
Das alles rührte von Frau Shum und ihren alten Tricks her, wie ich bald herausfand. Es ist klar, daß in einem Hause, wo es ein derartiges Geheimnis gibt, der Dienstbote die *Pflicht* hat zu horchen; und eines Tages horchte ich denn auch, als Frau Altamont wie gewöhnlich weinte und die dicke alte Shum dasaß und ihr Trost spendete, wie sie das nannte, obwohl, weiß der Himmel, diese Tröstungen sie nur immer unglücklicher machten.
Also ich lauschte; Frau Shum wiegte das Baby, und meine Herrin weinte wie gewöhnlich.

»Armes unschuldiges Ding!« sagte Frau Shum und seufzte tief, »du bist das Kind eines unbekannten Vaters und einer unglücklichen Mutter.«
»Sprich nicht schlecht von Frederick, Mama«, sagte Frau Altamont, »er ist herzensgut zu mir.«
»Herzensgut, wirklich! O ja, er gibt dir ein schönes Haus und schöne Kleider, und wenn du Lust hast, kannst du ausfahren, aber *woher kommt all das Geld?* Wer ist er – was ist er? Wer weiß, ob er nicht ein Mörder ist, ein Einbrecher oder einer, der falsche Banknoten in Umlauf bringt? Wie kann er ehrlich zu seinem Gelde kommen, wenn er nicht sagen will, wo er es herhat? Warum läßt er dich einen Tag wie den anderen acht Stunden lang allein und sagt dir nicht, wohin er geht? O Mary, Mary, so wurde noch nie eine Frau betrogen!«
Und damit fing Frau Shum an zu schluchzen, und Fräulein Betsy fing an zu jaulen wie eine Katze in der Dachrinne, und meine arme Frau Altamont weinte auch – Tränen sind so erstaunlich ansteckend.
»Vielleicht, Mama«, wimmerte sie, »ist Frederick ein Verkäufer, und ich soll nicht erfahren, daß er kein Gentleman ist!«
»Ein Verkäufer«, sagt Fräulein Betsy, »er ein Ladenschwengel! O nein, nein, nein! Wahrscheinlich ist er ein elender, schuftiger Mörder, der den ganzen Tag Menschen totsticht und ausraubt und dich mit den Früchten seines unehrlich erworbenen Reichtums ernährt!«
Hierauf ging das Geheule und Gekreische von neuem los, und auch das Baby stimmte ein, so daß es ein hübsches Konzert war, wie Sie mir glauben können.
»Ein Räuber kann er nicht sein«, ruft Frau Altamont, »dafür ist er zu gut und zu freundlich, außerdem wird nachts gemordet, und Frederick ist immer um acht zu Hause.«
»Aber er kann ein Banknotenfälscher sein«, sagt Bet-

sy, »ein schlechter, schlechter *Fälscher*. Warum geht er jeden Tag weg? Um Papiergeld zu fälschen, natürlich. Warum geht er in die City? Um in der Nähe der Banken und derartiger Häuser zu sein und es daher möglichst bequem zu haben.«
»Aber er bringt jeden Tag eine Summe Geld mit nach Hause – ungefähr dreißig Schillinge – manchmal fünfzig, und dann lächelt er und sagt, es wäre eine gute Tagesleistung. Das klingt nicht wie ein Banknotenfälscher«, sagte die arme Frau Altamont.
»Ich habe es – ich habe es!« schreit Frau Shum. »Der Schurke, der schleichende Jonas mit den zwei Gesichtern! Bestimmt ist er schon mit jemand verheiratet, und deshalb läßt er dich allein, der gemeine Bigamist!«
Frau Altamont blieb darauf die Sprache weg, dann wurde sie glatt ohnmächtig. Es war eine schreckliche Geschichte – Hysterie; natürlich wurde auch Frau Shum hysterisch; die Klingel geht in einem fort; das Kind wimmert; die Dienstboten sausen treppauf, treppab mit heißem Wasser! Von allen Plagen auf der Welt ist ein Haus, wo dauernd jemand in Ohnmacht fällt, die schlimmste. Ich möchte nicht dort leben – nicht um dort Kammerdiener zu sein mit zweihundert Pfund im Jahr.
Es war um acht Uhr abends, als dieser Krach stattfand, und so ein Spektakel war es, daß außer mir niemand den Herrn klopfen hörte. Er kam herein und hörte das Geschrei und Gekreische und Gebrülle. Zuerst schien er sehr erschrocken und fragte: »Was ist denn los?«
»Frau Shum ist hier«, antwortete ich, »und Ihre Frau hat Hysterie.«
Altamont sah aus, als wenn gleich ein Gewitter losbrechen würde, er knurrte ein Wort, das ich nicht gern nennen möchte, es genügt wohl, wenn ich sage, daß es mit einem V beginnt und mit einem *Amt* aufhört, dann stürzte er wie wild die Treppe hinauf.

Er riß die Schlafzimmertür auf. Seine Frau lag bleich und kalt wie Marmor auf dem Sofa; das Baby schrie in der Wiege; Fräulein Betsy lag über seiner Frau und Frau Shum halb auf dem Bett und halb auf dem Boden, und alle heulten und quiekten wie Hunde, die den Mond anjaulen.

Als Altamont hereinkam, hörten Mutter und Tochter Shum plötzlich auf. Es hatte schon früher ein oder zwei kleine Unstimmigkeiten gegeben, und sie fürchteten ihn wie den Teufel.

»Was soll das höllische Geschrei und Gekreische?« fragte er.

»O Herr Altamont«, rief die alte Frau, »Sie wissen doch selber nur zu gut, daß dieses liebe Kind Ihretwegen unglücklich ist!«

»Und warum bitte meinetwegen?«

»Warum, mein Herr, Sie wagen zu fragen, warum? Weil Sie sie betrügen, mein Herr; weil Sie ein falscher, feiger Verräter sind, mein Herr; *weil Sie noch eine andere Frau haben, mein Herr!*« Und die alte Dame und Fräulein Betsy fingen wieder laut zu brüllen an.

Altamont schwieg einen Augenblick, dann riß er die Tür weit auf, packte Fräulein Betsy so fest, als ob seine Hand ein Schraubstock wäre, und wirbelte sie aus dem Zimmer. Darauf geht er zu Frau Shum. »Aufstehn«, sagt er mit donnernder Stimme, »du faule, schlampige Unheilstifterin, du verlogene alte Närrin! Auf und raus mit dir aus meinem Haus. Du bist der Fluch und die Pest meines Glückes gewesen, seitdem du hier hereingekommen bist. Mit deinem verfl-n Lügen, deiner Romanschwarterei und deiner Hysterie hast du meine Mary verdorben, so daß sie jetzt fast so übergeschnappt ist wie du selber.«

»Mein Kind! Mein Kind!« kreischt Frau Shum und klammert sich an sie. Aber Altamont sprang dazwischen, packte die alte Dame am Arm und zog sie zur Tür. »Gehen Sie dorthin, wo Ihre Tochter ist«, sagte er, und damit ging auch sie ab. »*Charles, öffne diesen Damen die Tür*«, brüllte er, »und laß sie nie wieder herein.« Wir stiegen zusammen die Treppe hinunter, und sie machten sich davon; mein Herr aber schloß die Schlafzimmertür hinter sich zu und drehte den Schlüssel zweimal um, natürlich in der Absicht, ein kleines *Täter-Täter* (wie man sagt) mit seiner Frau zu haben. Selbstverständlich war ich schnell wieder oben, um mir das Ergebnis dieser vertraulichen Unterredung anzuhören.

Es war eine recht stürmische Debatte. »Mary«, sagte er, »du bist nicht mehr das vergnügte, dankbare Mädchen, das ich in Pentonville gekannt und geliebt habe, du hast irgendeinen geheimen Kummer – du grüßt mich jetzt nicht mehr mit einem Lächeln wie früher! Deine Mutter und Schwester haben dich verdorben, Mary, und deshalb habe ich sie aus dem Haus geworfen, und solange ich lebe, werden sie es nicht wieder betreten.«

»O Frederick! *Du* bist schuld, nicht ich. Warum hast du Geheimnisse vor mir? Wo verbringst du deine Tage? Warum hast du mich sogar an unserem Hochzeitstage acht Stunden allein gelassen, genauso wie jeden anderen Tag?«

»Weil ich mir«, sagte er, »damit meinen Lebensunterhalt verdiene. Ich lasse dich allein und sage dir nicht, *womit* ich ihn mir verdiene, weil es dich nicht glücklicher machen würde, wenn du es wüßtest.«

In diesem Ton ging die Unterhaltung weiter – die Frau weinte und setzte ihm mit Fragen zu, und er wetterte oder hüllte sich in Schweigen; zum erstenmal seit ihrer Heirat endete es mit einem regelrechten Krach. Das hörte sich ganz anders an, kann ich Ihnen versichern, als all das verliebte Gurren und Geschnäbel vor der Hochzeit.

Mein Herr rannte aus dem Zimmer und krachte die Tür wütend zu, was durchaus begreiflich ist. »Wenn ich kein behagliches Leben haben kann«, sagte er, »dann doch bestimmt ein vergnügtes«; und so ging er in die Kneipe und kam an diesem Abend stockbesoffen nach Hause. Wenn es in einer Familie erst einmal so weit ist, daß man sich böse Worte an den Kopf wirft, hat das im allgemeinen zur Folge, daß der Herr Gemahl anfängt zu trinken, und dann ade! Eheglück! Diese beiden Menschen, die einander so zugetan waren und sich so liebhatten, waren jetzt mürrisch, schweigsam und verdrießlich. Der Mann ging früher weg und kam später nach Hause; die Frau weinte noch mehr und sah noch blasser aus als früher.

Nun, auf diese ungemütliche Weise ging es weiter, der Mann grollte, und die Frau wurde von den Teufeln der Eifersucht und Neugierde geplagt, bis ein eigenartiger Zufall Licht auf all das Tun von Herrn Altamont warf.

Es war am zehnten Januar; ich erinnere mich an den Tag, weil der alte Shum mir eine halbe Krone gab (nebenbei bemerkt das erste und letzte Geld, das ich je von ihm zu sehen bekam); er aß bei Herrn Altamont, und es ging ganz lustig her.

Mein Herr sagte, als er sich das fünfte Glas Punsch machte und der kleine Shum, das zwölfte, glaub' ich – da sagte mein Herr: »Ich habe Sie heute zweimal in der City gesehen, Herr Shum.«

»Na, das ist aber komisch!« sagt Shum. »Ich *war* in der City. Heute ist der Tag, wo die Dividende (Gott segne sie) ausgezahlt wird, und ich und meine Frau holten uns unser halbjährliches Einkommen ab. Aber wir stiegen nur aus dem Wagen aus, gingen über die Straße nach der Bank, nahmen unser Geld in Empfang und stiegen wieder ein. Wie konnten Sie mich da zweimal sehen?«

Altamont stotterte und stammelte und sagte Hm und Ha. »Oh«, sagte er, »ich ging gerade vorbei – ging gerade vorbei, als Sie herein- und herauskamen.« Und dann gab er dem Gespräch sofort eine andere Wendung und fing an, über die Politik oder das Wetter oder was weiß ich zu reden.

»Ja, mein Lieber«, sagte seine Frau; »wie konntest du Papa *zweimal* sehen?« Er gab keine Antwort, sondern redete eifriger von der Politik als zuvor. Sie ließ aber immer noch nicht locker. »Wo warst du, Lieber, als du Papa sahst? Wie kam es, mein Schatz, daß du Papa zweimal gesehen hast?« und so weiter. Herr Altamont wurde immer ärgerlicher, und seine Frau trieb ihn immer weiter in die Enge.

Es war, wie ich schon gesagt habe, das zwölfte Glas des kleinen Shum, und ich wußte sehr gut, daß er nicht mehr viel schaffte, denn beim dreizehnten war Shum regelmäßig betrunken. Das dreizehnte kam und mit ihm die Folgen. Ich mußte ihn nach Hause bringen, nach der John Street, wo ich ihn in den wütenden Armen der Frau Shum ließ.

»Wie verd-«, sagte er den ganzen Weg, »wie verd-d-d-verdanzig – danzig – dammt – kann er mich *zweimal* gesehen haben?«

4

Herr Altamont war böse ausgerutscht, denn kaum war er am nächsten Tage aus dem Hause, als seine Frau auch wegging. Sie raste die Straße entlang und blieb nicht eher stehen, als bis sie zum Haus ihres Vaters in Pentonville gekommen war. Dort hatte sie eine Stunde lang eine geheime Konferenz mit ihrer Mutter, und als sie sich ausgesprochen hatten, fuhr sie auf dem kürzesten Weg in die City. Sie ging vor und hinter der Bank auf und ab, sie ging um die Bank herum und kam verzweifelt nach Hause, ohne etwas in Erfahrung gebracht zu haben.

Es war nun eigenartig, daß die nächsten zehn Tage von Shums Hause aus nur noch Erkundungsfahrten

in die City unternommen wurden. Frau Shum, deren geschwollene Beine sie früher nicht halb so weit getragen hätten, war ewig auf dem *Kiwiev*, wie die Franzosen sagen. Wenn sie nicht ging, dann war Fräulein Betsy unterwegs oder Frau Altamont; die Bank schien auf sie eine große Anziehungskraft auszuüben, und sie kamen so regelmäßig dorthin wie ein Omnibus.
Eines schönen Tages kam Frau Shum zu uns (sie wurde nicht empfangen, wenn der Herr da war, aber kam noch in seiner Abwesenheit) – und sie trug eine Siegermiene, als sie eintrat.
»Mary«, sagte sie, »wo ist das Geld, das dir dein Mann gestern mitgebracht hat?« Herr Altamont pflegte es immer gleich seiner Frau zu geben, wenn er nach Hause kam.
»Das Geld, Mama!« sagte Mary. »Das ist hier!« Und sie zog ihren Geldbeutel heraus und zeigte ein Goldstück, einen ganzen Haufen Silber und eine komische kleine Münze.
»*Da ist es! Da ist es!*« schrie Frau Shum, »ein Sixpencestück der Königin Anna, nicht wahr, meine Liebe – aus dem Jahre 1703?«
Das stimmte ganz genau: ein Sixpencestück der Königin Anna mit ebendiesem Datum.
»Nun, meine Liebe«, sagte sie, »habe ich ihn entdeckt! Komm morgen mit mir, und du wirst *alles erfahren!*«
Und nun kommt das Ende meiner Geschichte.

Die Damen gingen am nächsten Morgen in die City und ich ganz vornehm hinterdrein mit einem Blumenstrauß und einem goldenen Stock. Wir gingen die New Road hinunter und die City Road – wir gingen zur Bank. Von diesem Gebäude aus überquerten wir die Straße nach der andern Seite von Cornhill, als Frau Altamont plötzlich aufschrie und im gleichen Augenblick in Ohnmacht fiel.
Ich sprang vor, hob sie in meinen Armen hoch und

verdarb mir dadurch eine neue Weste und ein Paar karminrote Kniehosen. Ich sprang vor, wie ich schon gesagt habe, und rannte dabei fast den alten Straßenkehrer um den Haufen, der so schnell er konnte forthumpelte.

Wir trugen sie zu Birch hinein, sorgten für eine Droschke und jeden Luxus und brachten sie heim nach Islington.

An diesem Abend kam mein Herr nicht nach Hause und auch nicht am nächsten und am übernächsten. Am vierten Tage kam ein Auktionator; er nahm ein Inventar des Mobiliars auf und hängte ein Schild ins Fenster.

Ende der Woche erschien Altamont wieder auf der Bildfläche. Er war elend und blaß, doch nicht so elend und blaß wie seine unglückliche Frau.

Er sah sie sehr zärtlich an. Ich kann wohl sagen, daß ich von ihm den Blick gelernt habe, mit dem ich Fräulein – ansehe. Er sah sie sehr zärtlich an und breitete seine Arme aus. Sie schrie heiser auf und fiel ihm um den Hals.

»Mary«, sagte er, »jetzt weißt du alles. Ich habe meine Stelle verkauft, ich habe dreitausend Pfund dafür bekommen und zweitausend gespart; ich habe das Haus und die Einrichtung verkauft, und das brachte noch einmal tausend Pfund. Wir werden ins Ausland gehen und uns wie früher liebhaben.«

Und jetzt fragen Sie mich, wer er war. Nur mit Schaudern erzähle ich es. – Herr Altamont *kehrte die Fahrbahn zwischen der Bank und Cornhill!!*

Natürlich habe *ich* ihm den Dienst gekündigt. Ein paar Jahre später bin ich ihm wieder in Baden-Baden begegnet, wo er und seine Frau sehr angesehen waren und für vermögende Leute galten.

ELIZABETH CLEGHORN GASKELL

Elizabeth Cleghorn Gaskell (1810–1865) wurde als Tochter des unitarischen Geistlichen William Stevenson in London geboren, verbrachte ihre Jugend in Knutsford, Cheshire, das den Hintergrund ihres berühmten humoristischen Romans »Cranford« bildet, lebte seit ihrer Verheiratung mit Rev. William Gaskell (1832) in Manchester (»Mary Barton, a Tale of Manchester Life«, 1848). Sie schrieb zahlreiche Kurzgeschichten – viele für Dickens' Zeitschrift »Household Works« –, die in England in Sammlungen wie »Everyman's Library« und »World's Classics« aufgenommen, in Deutschland aber wenig bekannt wurden. – Die Erzählung »Die Halbbrüder« erschien zuerst 1858.

DIE HALBBRÜDER

Meine Mutter war zweimal verheiratet. Sie sprach nie von ihrem ersten Mann, und nur durch andere Leute habe ich das wenige, was ich von ihm weiß, erfahren. Ich glaube, sie war kaum siebzehn Jahre alt, als sie ihn heiratete, und er ganze einundzwanzig. Er pachtete ein kleines Gut oben in Cumberland, irgendwo in der Nähe der Meeresküste; aber er war vielleicht zu jung und unerfahren, um die Verantwortung für Land und Vieh zu tragen; auf jeden Fall stand es um seine Angelegenheiten schlecht, als er krank wurde und an der Schwindsucht starb, ehe sie drei Jahre Mann und Frau gewesen waren. Er hinterließ meine Mutter, eine junge Witwe von zwanzig Jahren, mit der Sorge für ein kleines Kind, das gerade erst laufen gelernt hatte, und für das Gut auf die vier weiteren Jahre des Pachtvertrages – ohne das nötige Vieh, da die Hälfte des Bestandes tot oder Stück für Stück verkauft worden war, um die drückendsten Schulden zu bezahlen, ohne Geld, Neuanschaffungen zu machen oder auch nur die Lebensmittel zu kaufen, die für den geringen täglichen Bedarf erforderlich waren. Ein zweites Kind war unterwegs, und ich glaube, es wird meiner Mutter schwer ums Herz gewesen sein, wenn sie daran dachte. Zweifellos verbrachte sie einen düsteren Winter in ihrer einsamen Behausung, die auf Meilen hin allein stand; ihre Schwester kam, um ihr Gesellschaft zu leisten, und die beiden sannen und trachteten, wie sie mit jedem Pfennig, den sie auftreiben konnten, möglichst lange reichten. Ich kann euch nicht erzählen, wie es kam, daß meine kleine Schwester, die ich nie gesehen habe, krank wurde und starb; doch als ob der Becher meiner armen Mutter noch nicht voll gewesen wäre, bekam das kleine Mädchen nur vierzehn Tage vor Gregors Geburt Scharlach, und in einer Woche war sie tot. Meine Mutter war, glaube ich, von diesem letzten Schlag einfach betäubt. Meine Tante hat mir erzählt, daß sie nicht weinte; Tante Fanni wäre dankbar gewesen, wenn sie es getan hätte; sie saß und hielt der armen kleinen Dirne Hand und sah ihr in das hübsche, bleiche, tote Gesicht, ohne auch nur eine Träne zu vergießen. Und es war ganz dasselbe, als sie das Kind wegnehmen mußten, um es zu begraben. Sie küßte es nur und setzte sich ans Fenster, um dem kleinen Trauerzug nachzuschauen (Nachbarn, meine Tante und eine entfernte Base, das waren alle Freunde, die sie zusammenbringen konnten), wie er sich durch den Schnee hindurchschlängelte, der die letzte Nacht dünn auf das Land gefallen war. Als meine Tante von dem Begräbnis zurückkam, fand sie meine Mutter am selben Platz, tränenlos wie zuvor. So blieb es, bis Gregor geboren wurde, und irgendwie schien sein Kommen die Tränen zu lösen, und sie weinte Tag und Nacht, bis meine Tante und die andere Wärterin einander bange ansahen und dem gern ein Ende gemacht hätten, wenn sie nur gewußt hätten, wie. Aber meine Mutter bat, sie sollten sie in Ruhe lassen und nicht überängstlich sein, denn jeder Tropfen, den sie vergösse, erleichtere ihr den Kopf, der vorher in einer schrecklichen Verfassung gewesen wäre, weil sie nicht weinen konnte. Von da an schien sie an nichts anderes zu denken als an das neugeborene Kindchen; es hatte kaum den Anschein, als ob sie sich an ihren Mann und an ihre kleine Tochter erinnerte, die tot auf dem Friedhof von Brigham lagen – zumindest sagte Tante Fanni das, aber sie redete gern, und meine Mutter war von Natur sehr still, und ich denke, Tante Fanni kann sich geirrt haben, wenn sie annahm, daß meine Mutter niemals an Mann und Kind dachte, nur weil sie nie von ihnen sprach. Tante Fanni war älter als meine Mutter und hatte sich daran gewöhnt, sie wie ein Kind zu behandeln, aber trotzdem war sie ein freundliches, warmherziges Geschöpf, und sie dachte mehr an ihrer Schwester Wohlergehen als an das eigene; von ihrem bißchen Geld lebten sie hauptsächlich, dazu von dem, was sie beide verdienen konnten, indem sie für die großen Glasgower Konfektionsgeschäfte arbeiteten. Aber allmählich ließ die Sehkraft meiner Mutter nach. Sie war nicht gerade blind, denn sie sah genug, um sich in der Wohnung zurechtzufinden und ein gut Teil der Hausarbeit zu verrichten, aber sie konnte keine feinen Näharbeiten mehr machen und damit Geld verdienen. Es muß wohl an den vielen Tränen gelegen haben, die sie vergossen hatte, denn sie war damals noch jung, eine so hübsche, junge Frau, habe ich die Leute sagen hören, wie nur irgendeine in der Gegend. Sie nahm es sich sehr zu Herzen, daß sie für ihren eigenen Lebensunterhalt und den des Kindes nichts mehr verdienen konnte. Tante Fanni hätte ihr gern eingeredet, daß sie genug mit dem Häuschen und Gregor zu tun hätte, aber meine Mutter wußte sehr wohl, daß sie darbten und Tante Fanni selbst nicht so viel zu essen hatte, auch nicht von den einfachsten Speisen, wie sie hätte vertragen können; auch Gregor war keineswegs kräftig, er brauchte nicht mehr Nahrung – denn er hatte immer genug, auch wenn die anderen zu kurz kamen –, sondern eine bessere Kost, besonders mehr Fleisch. Eines Tages – Tante Fanni hat mir all dies über meine arme Mutter erzählt, als sie schon lange tot war – saßen die Schwestern beieinander, Tante Fanni arbeitete, und meine Mutter lullte Gregor ein, als William Preston, der später mein Vater wurde, hereinkam. Er galt als alter Junggeselle, ich glaube, er war längst über die vierzig, und er war einer der reichsten Bauern dortherum; er hatte meinen Großvater gut gekannt und meine Mutter und Tante Fanni, als es ihnen noch besser ging. Er setzte sich und fing an, seinen Hut zu drehen, um sich angenehm zu machen; Tante Fanni redete, und er hörte zu und sah dabei meine Mutter an. Aber er sagte sehr wenig bei diesem Besuch wie auch bei vielen anderen, die er machte, ehe er frei heraussprach, was eigentlich der Grund war, weshalb er die ganze Zeit über so oft zu ihnen gekommen war, und zwar schon beim allererstenmal, an dem er ihr Haus betrat. Eines Sonntags aber blieb Tante Fanni zu Hause, um sich um das Kind zu kümmern, und meine Mutter ging allein zur Kirche. Als sie zurückkam, rannte sie gleich nach oben, ohne erst in die Küche zu gehen, um nach Gregor zu sehen oder ein Wort mit ihrer Schwester zu sprechen, und Tante Fanni hörte sie weinen, als ob ihr das Herz brechen wollte; so ging sie hinauf und schalt sie ordentlich durch die verriegelte Tür hindurch, bis sie sie schließlich dazu brachte, aufzumachen. Und dann warf sie sich meiner Tante um den Hals und sagte ihr, William Preston hätte ihr angetragen, sie zu heiraten, und versprochen, gut für den Jungen zu sorgen und ihn nichts entbehren zu lassen, weder an Kost noch Erziehung, und sie hätte eingewilligt. Tante Fanni war ziemlich entsetzt, denn wie ich schon erzählt habe, hatte sie oft gedacht, daß meine Mutter ihren ersten Mann sehr schnell vergessen hätte, und hier war nun der klare Beweis dafür, wenn sie so rasch daran denken konnte, wieder zu heiraten. Außerdem, so pflegte Tante Fanni zu sagen, hätte sie selbst viel besser für einen Mann von William Prestons Alter gepaßt als Helene, die, obgleich verwitwet, noch nicht ihren vierundzwanzigsten Lenz gesehen hatte. Aber, sagte Tante Fanni, man hatte sie nicht um Rat gefragt, und für die andere Seite der Sache sprach viel. Helenes Augen würden nie wieder viel taugen, und als William Prestons Frau hätte sie es nicht nötig, auch nur das geringste zu tun, wenn es ihr gefiel, die Hände in den Schoß zu legen, und ein Junge war eine große Verantwortung für eine verwitwete Mutter, und jetzt würde ein anständiger, zuverlässiger Mann dasein, um nach dem Rechten zu sehen. Nach und nach schien Tante Fanni freundlicher von der Heirat zu denken als meine Mutter selbst, die kaum je aufsah und niemals lächelte seit dem Tage, an dem sie William Preston versprochen hatte, seine Frau zu werden. Und wenn sie Gregor früher schon sehr geliebt hatte, jetzt schien sie ihn noch mehr zu lieben. Sie redete fortwährend mit ihm, wenn sie allein waren, obgleich er viel zu jung war, um ihre klagenden Worte zu verstehen oder ihr irgendwelchen Trost zu geben außer durch seine Liebkosungen.

Schließlich wurden William Preston und sie einander angetraut, und sie war nun Herrin eines gutversorgten Hauses, nicht weiter als eine halbe Stunde Wegs von Tante Fannis Wohnung. Ich glaube, sie tat alles, was in ihrer Macht stand, um meinem Vater zu gefallen. und ein pflichttreueres Weib, so habe ich ihn selbst sagen hören, konnte es nicht geben. Aber sie liebte ihn nicht, und er merkte es bald. Sie liebte Gregor und nicht ihn. Vielleicht hätte sie ihn mit der Zeit lieben gelernt, wenn er geduldig genug gewesen wäre zu warten; aber er wurde mürrisch, wenn er bemerkte, wie ihre Augen leuchteten und ihre Backen sich färbten, wenn sie das Kindchen sah, während sie für ihn, der ihr so viel gab, nur höfliche Worte hatte, so kalt wie Eis. Er fing an, über den Unterschied in ihrem Verhalten zu sticheln, als ob das Liebe wecken könnte; und er hatte eine ausgesprochene Abneigung gegen Gregor – so eifersüchtig war er auf diese Liebe, die stets wie ein Quell frischen Wassers hervorbrach, wenn er nur in die Nähe kam. Mein Vater wollte, daß sie ihn mehr liebte, und das war vielleicht ganz gut und schön, aber er wollte auch, daß sie ihr Kind weniger liebte, und das war ein böser Wunsch. Eines Tages ließ er seiner Laune freien Lauf und schimpfte und fluchte auf Gregor, der irgend etwas angestellt hatte, wie das bei Kindern so vorkommt; meine Mutter nahm ihn in Schutz; mein Vater sagte, es wäre schlimm genug, für das Kind eines anderen Mannes sorgen zu müssen, auch wenn es nicht dauernd in seinen Unarten von der Frau unterstützt würde, die immer mit dem Mann einer Meinung sein sollte; von kleinen Dingen kam man zu großen, und das Ende war, daß meine Mutter vor der Zeit niederkam, und ich wurde an eben dem Tage geboren. Mein Vater war froh und stolz, daß ihm ein Sohn geboren war, und traurig über den Zustand seiner armen Frau und bei dem Gedanken, daß seine zornigen Worte ihn herbeigeführt hatten. Aber er war ein Mann, der es vorzog, zornig statt traurig zu sein, und so entdeckte er, daß Gregor an allem schuld war und daß er meine Geburt beschleunigt hatte, und das war ein neuer Grund, ihm zu grollen. Bald sollte noch einer hinzukommen. Mit meiner Mutter ging es bergab seit dem Tage nach meiner Geburt. Mein Vater ließ Ärzte aus Carlisle kommen und würde sein Herzblut zu Gold gemünzt haben, um sie zu retten, wenn das gegangen wäre; aber es ging nicht. Tante Fanni sagte manchmal, sie glaube, Helene wollte nicht leben und ließ sich das Leben entgleiten, ohne auch nur einen Versuch zu machen, es festzuhalten; aber wenn ich dann fragte, gab sie zu, daß meine Mutter alles tat, was die Ärzte von ihr verlangten, so geduldig und ohne zu murren, wie sie ihr ganzes Leben lang gehandelt hatte. Eine ihrer letzten Bitten war, man möge Gregor neben mich in ihr Bett legen, und dann ließ sie ihn meine kleine Hand halten. Ihr Mann kam herein, während sie uns so ansah, und als er sich liebevoll über sie beugte, um sie zu fragen, wie sie sich jetzt fühlte, und uns zwei kleine Stiefgeschwister mit einer Art ernster Freundlichkeit ansah, blickte sie ihm ins Gesicht und lächelte, fast war es ihr erstes Lächeln für ihn, und welch liebliches Lächeln! Das hat mir nicht nur Tante Fanni erzählt. Eine Stunde später war sie tot. Tante Fanni zog zu uns. Es war das Beste, was man unter den Umständen tun konnte. Mein Vater wäre gern zu der alten Form seines Junggesellenlebens zurückgekehrt, aber mit zwei kleinen Kindern ließ sich das nicht machen. Er brauchte jemand, der sich um sie kümmerte, und wer hätte sich dazu besser geeignet als die ältere Schwester seiner Frau. So sorgte sie für mich von meiner Geburt an, und zuerst war ich schwächlich, wie das nur natürlich war, und sie war immer an meiner Seite, wachte Tag und Nacht bei mir, und mein Vater war fast so ängstlich wie sie. Denn sein Land war mehr als dreihundert Jahre lang vom Vater auf den Sohn vererbt worden, und er hätte sich schon um mich gesorgt bloß als sein Fleisch und Blut, das das Land nach ihm erben würde. Aber er brauchte auch etwas, an das er sein Herz verlieren konnte, sosehr er bei den meisten Menschen als strenger, harter Mann galt, und er gewann mich so lieb wie bisher, glaube ich, noch keinen Menschen, wie er meine Mutter hätte lieben können, wenn sie nicht ein vergangenes Leben gehabt hätte, auf das er eifersüchtig war. Und auch ich war ihm innig zugetan. Ich mochte alle um mich herum gern, denn alle waren sie freundlich zu mir. Nach einiger Zeit überwand ich meine ursprüngliche Schwächlichkeit und wurde ein hübsches, kräftiges Kerlchen, das jedem Vorübergehenden auffiel, wenn mein Vater mich mit in die nächste Stadt nahm.

Zu Hause war ich das Herzenskind meiner Tante, Vaters »Allerbester«, der Liebling und das Spielzeug des Hausgesindes, das mich verwöhnte, und der »junge Herr« der Tagelöhner, vor denen ich mir manche Herrenallüren erlaubte und eine Art Autorität anmaßte, die sich zweifellos bei einem so winzigen Kerlchen seltsam genug ausnahm.

Gregor war drei Jahre älter als ich. Tante Fanni behandelte ihn immer freundlich, aber sie dachte nur selten an ihn, es war ihr zur zweiten Natur geworden, sich ganz von mir in Anspruch nehmen zu lassen, da ich als zarter Säugling in ihre Obhut gekommen war. Mein Vater überwand nie seine eifersüchtige Abneigung gegen den Stiefsohn, der so arglos mit ihm um den Besitz des Herzens meiner Mutter gekämpft hatte. Ich fürchte auch, daß er ihm die Schuld am Tode meiner Mutter und an meiner anfänglichen Schwächlichkeit beimaß; und so unvernünftig es scheinen mag, ich glaube, mein Vater nährte das Gefühl der Entfremdung meinem Bruder gegenüber eher als eine Pflicht, als daß er sich bemüht hätte, es zu unterdrücken. Doch würde er ihm um alles in der Welt nichts mißgönnt haben, was für Geld zu haben war. Das war gleichsam mit in dem Gelübde eingeschlossen, als er sich mit meiner Mutter versprach. Gregor war unbeholfen und ungeschickt, plump und linkisch; was er auch in die Hand nahm, verdarb er, und er bekam manches harte Wort und manche Schelte von unseren Leuten zu hören, die kaum warteten, bis mein Vater den Rücken gekehrt hatte, um den Stiefsohn anzufahren. Ich schäme mich, und das Herz tut mir weh, wenn ich daran denke, wie ich die Sitte der Familie mitmachte und meinen armen verwaisten Halbbruder über die Schulter ansah. Ich glaube nicht, daß ich ihn jemals verächtlich zurückwies oder aus Absicht ungezogen zu ihm war; aber ich war es gewöhnt, daß man in allen Dingen auf mich Rücksicht nahm und daß ich als etwas Besonderes und Besseres behandelt wurde, und mein gutes Geschick machte mich anmaßend, so daß ich mehr forderte, als Gregor mir bisweilen zubilligen wollte, und dann wiederholte ich manchmal gereizt die herabsetzenden Worte, die ich von anderen über ihn gehört hatte, ohne ihre Bedeutung ganz zu verstehen. Ob er sie verstand oder nicht, kann ich nicht sagen. Doch ich fürchte es. Er wurde schweigsam und einsilbig – mürrisch und verdrießlich, meinte mein Vater, blöd, nannte es Tante Fanni. Doch sagte jeder, er wäre stumpfsinnig und träge, und dieser Stumpfsinn und diese Trägheit nahmen immer mehr zu. Manchmal saß er stundenlang da, ohne ein Wort zu sprechen, und dann sagte ihm mein Vater, er solle aufstehen und irgend etwas tun, zum Beispiel auf dem Hofe. Und das mußte er drei- oder viermal wiederholen, ehe Gregor ging. In der Schule war es dasselbe. Nichts brachte ihn dazu, seine Aufgaben zu behalten; schließlich hatte der Schulmeister das Geschimpfe und die Prügelei satt, und er riet meinem Vater kurzerhand, ihn aus der Schule zu nehmen und irgendwelche Arbeit auf dem Gut verrichten zu lassen, die nicht über sein Begriffsvermögen ging. Ich glaube, danach war er noch trübsinniger und dümmer denn je, und doch war er kein mürrischer Bursche, er war geduldig und gutmütig und bereit, jedem eine Gefälligkeit zu erweisen, auch dem, der ihn noch vor einer Minute geschimpft und geknufft hatte. Aber sehr oft endete bei ihm der Versuch, freundlich zu sein, damit, daß er eben den Leuten, denen er behilflich sein wollte, Schaden zufügte, er war so ungeschickt und linkisch. Ich nehme an, daß ich ein kluges Bürschchen war; auf jeden Fall habe ich reichlich Lob eingeheimst, und in der Schule gab ich den Ton an. Der Schulmeister sagte, ich könnte alles lernen, was ich nur wollte, aber mein Vater, der selbst wenig Schulbildung besaß, glaubte, das würde mir nicht viel nützen, nahm mich zeitig wieder herunter und beschäftigte mich auf dem Gute. Gregor wurde eine Art Schäfer und erhielt seine Ausbildung von dem alten Adam, der kaum mehr arbeiten konnte. Ich glaube, der alte Adam war fast der erste, der eine gute Meinung von Gregor hatte. Er ließ sich nicht davon abbringen, daß Gregor gute Anlagen habe, wenn er auch nicht richtig wußte, wie man sie an die Oberfläche bringen sollte; und was die Kenntnis des Moorlandes anbetraf, so hätte er nie einen verständigeren jungen Menschen als ihn gesehen. Mein Vater wollte ihn dazu bringen, von Gregors Fehlern zu reden, aber statt dessen lobte er ihn nur noch mehr, sobald er die Absicht meines Vaters gemerkt hatte.

Einmal im Winter, als ich ungefähr sechzehn und Gregor neunzehn Jahre alt war, schickte mich mein Vater einen Weg besorgen nach einem Ort, der auf der Straße etwa sieben Meilen entfernt war, über das Moorland aber nur etwa vier. Er sagte mir, wie ich hinginge, wäre ihm gleich, aber ich solle auf jeden Fall die Straße zurückkommen, denn es wurde zeitig dunkel, und abends lag oft dichter Nebel, außerdem hatte der alte Adam, der jetzt vom Schlage gelähmt und bettlägerig war, vorausgesagt, es würde Schnee geben. Ich hatte bald das Ziel meiner Wanderung erreicht und meinen Auftrag erledigt, eine Stunde früher, als mein Vater angenommen hatte, dachte ich; so traf ich meine eigene Entscheidung über den Rückweg und ging wieder über das Moorland, gerade als die ersten Abendschatten fielen. Es sah schon trübe und dunkel aus, aber alles war so still, daß ich dachte, ich hätte reichlich Zeit für den Heimweg, ehe der Schnee fiel. Ich machte mich also in einem ziemlich schnellen Schritt auf den Weg. Aber die Nacht kam schneller. Der richtige Weg war bei Tageslicht durchaus deutlich zu erkennen, wenn er sich auch an manchen Punkten in zwei oder drei ganz gleiche teilte; aber bei gutem Lichte ließ sich der Wanderer von fernen Gegenständen leiten – einem Felsblock – einer Bodensenke –, was für mich jetzt gänzlich unsichtbar war. Doch schritt ich mutig drauflos und wählte, was ich für den richtigen Weg hielt. Es war aber der falsche, und er führte mich in die Irre, in irgendein wildes morastiges Fenn, wo die Einsamkeit schmerzte, so tief war sie, als ob nie der Tritt eines Menschen hierher gekommen wäre, um die Stille zu brechen. Ich versuchte, laut zu rufen – mit nur einem Fünkchen Hoffnung, daß man mich hören würde –, mehr um mich selbst durch den Ton meiner eigenen Stimme zu ermutigen; doch sie klang heiser und brüchig und erschreckte mich, so unheimlich und seltsam schien sie in dieser lautlosen, endlosen Finsternis. Plötzlich füllte sich die Luft mit dichten, dämmrigen Flocken, Gesicht und Hände waren naß von Schnee. Das nahm mir den letzten Anhaltspunkt über meine Lage, ich hatte auch nicht die geringste Ahnung, woher ich gekommen war, so daß ich hätte zurücklaufen können; dichter und dichter umgab mich die Dunkelheit. Der sumpfige Boden, auf dem ich stand, gab nach, wenn ich lange an derselben Stelle blieb, und doch wagte ich es nicht, weit zu gehen. Meine ganze jugendliche Kühnheit schien auf einmal wie weggeblasen. Ich war nahe daran zu weinen, und nur die Scham hielt die Tränen zurück. Um nicht nachzugeben, schrie ich – es waren schreckliche, wilde Schreie um das nackte Leben. Mir wurde übel, als ich aufhörte, um zu lauschen; kein Laut kam als Antwort außer dem gefühllosen Echo. Nur der geräuschlose, mitleidlose Schnee fiel weiter auf die Erde, dichter und dichter, schneller und schneller! Allmählich erstarrte ich und wurde schläfrig. Ich versuchte, mich zu bewegen, aber wagte nicht, weit zu gehen, aus Angst vor den Abgründen, die es, wie ich wußte, an gewissen Stellen des Moorlandes in großer Zahl gab. Ab und zu stand ich still und schrie wieder; aber die Stimme versagte mir immer mehr vor den aufsteigenden Tränen, wenn ich daran dachte, wie hilflos und einsam ich sterben mußte und wie wenig sie zu Hause, während sie um das warme, rote, helle Feuer saßen, ahnten, was aus mir geworden war – und wie mein armer Vater um mich trauern würde – es würde für ihn bestimmt der Tod sein – es würde ihm das Herz brechen – armer alter Mann! Und auch Tante Fanni – sollte dies das Ende all ihrer Sorgen um mich sein? Ich fing an, mein Leben zu überschauen in einem seltsam lebendigen Traum, in dem die verschiedenen Begebenheiten meiner wenigen Knabenjahre an mir wie Visionen vorbeizogen. In der Seelenqual, die mir diese Erinnerung an mein kurzes Leben verursachte, nahm ich all meine Kraft zusammen und rief noch einmal, einen langen, verzweiflungsvollen Klageruf, auf den ich keine Antwort mehr erwartete außer von dem Echo rund im Umkreis, so gedämpft der Schall auch in der feuchten Luft war. Zu meiner Überraschung hörte ich einen Schrei – fast so lang und wild wie meinen eigenen, so wild, daß er unirdisch schien und ich fast dachte, es müßte die Stimme eines der spöttischen Geister des Moorlandes sein, von denen ich so viele Geschichten gehört hatte. Mein Herz fing plötzlich an, schnell und laut zu schlagen. Ein oder zwei Minuten lang konnte ich nicht antworten. Ich bildete mir schon beinahe ein, ich hätte die Kraft verloren, einen Laut von mir zu geben. In diesem Augenblick bellte ein Hund. War das Lassie, der Collie meines Bruders, ein häßlicher Köter mit einem unschönen, weißen Hundegesicht, den mein Vater immer wegstieß, wenn er ihn sah, teils wegen seiner eigenen Mängel, teils weil er meinem Bruder gehörte? Bei solchen Gelegenheiten pflegte Gregor Lassie zu pfeifen und ging mit ihr hinaus in irgendeinen Schuppen oder Stall. Ein oder das andere Mal hatte sich mein Vater geschämt, als das arme Tier bei dem plötzlichen Schmerz jaulte, und hatte sich vor Selbstvorwürfen gerettet, indem er meinen Bruder tadelte, der, wie er sagte, keine Ahnung hätte, wie man einen Hund erziehen müßte, und es fertigbringen würde, jeden Schäferhund der Welt zu verderben mit seiner blöden Art, ihm zu erlauben, sich ans Küchenfeuer zu legen. Auf all das pflegte Gregor nichts zu antworten, er schien es nicht einmal zu hören, sondern sah nur wie immer geistesabwesend und traurig aus.

Ja! Da war es wieder! Es war Lassie, die bellte! Jetzt oder nie! Ich erhob meine Stimme und schrie: »Lassie! Lassie! Um Gottes willen, Lassie!« Noch einen Augenblick, und die große Lassie mit ihrer weißen Schnauze sprang und tanzte mir vor Freude um die Füße und Beine, sah mir aber gleichzeitig mit ihren klugen, wachsamen Augen ins Gesicht, als ob sie fürchtete, ich könnte ihr zur Begrüßung einen Schlag versetzen, wie ich das oft getan hatte. Aber ich weinte vor Freude, als ich mich niederbeugte und sie streichelte. Mein Geist war so schwach wie der Körper, und ich konnte nicht mehr denken, aber ich wußte, daß die Hilfe nahe war. Eine graue Gestalt kam immer deutlicher aus der undurchdringlichen, beklemmenden Finsternis. Es war Gregor, der sich in sein Wollplaid gewickelt hatte.

»O Gregor!« sagte ich und fiel ihm um den Hals, unfähig, ein weiteres Wort zu sagen. Er sprach nie viel, und für eine kleine Weile antwortete er nicht. Dann sagte er, wir müßten laufen, um das Leben laufen – wenn möglich, müßten wir den Weg nach Hause finden; aber laufen müßten wir, oder wir würden erfrieren.

»Weißt du denn nicht den Weg nach Hause?« fragte ich.

»Ich glaubte es, als ich aufbrach, aber jetzt bin ich unsicher geworden. Der Schnee macht mich blind, und ich fürchte, ich habe zum Schluß noch, als ich kreuz und quer ging, die Richtung verloren.«
Er hatte seinen Hirtenstab bei sich, und indem er bei jedem Schritt, den wir machten, damit vorwärts tastete und wir uns dabei aneinanderhielten, gingen wir sicher, ohne Gefahr zu laufen, einen der steilen Felsen hinabzustürzen, aber es war ein langsames, beschwerliches Weiterkommen. Mein Bruder ließ sich, wie ich merkte, mehr von Lassie leiten und davon, welchen Weg sie ging, als von irgend etwas anderem; er verließ sich auf ihren Instinkt. Es war zu dunkel, um weit zu sehen, aber er rief sie fortgesetzt zurück und paßte auf, aus welcher Richtung sie kam, und das bestimmte unsere langsamen Schritte. Aber die ermüdende Bewegung ließ mein Blut fast gefrieren. Jeder Knochen, jede Fiber in meinem Körper schien zuerst zu schmerzen, dann anzuschwellen und dann von der grausamen Kälte starr zu werden. Mein Bruder ertrug es besser als ich, da er mehr in den Bergen draußen gewesen war. Er sprach nicht, außer wenn er Lassie rief. Ich versuchte, tapfer zu sein und nicht zu klagen; aber ich fühlte jetzt, wie der tödliche, verhängnisvolle Schlaf mich überfiel.
»Ich kann nicht mehr weiter«, sagte ich in schläfrigem Ton. Ich erinnere mich, daß ich plötzlich dickköpfig und hartnäckig wurde. Schlafen mußte ich, wenn auch nur für fünf Minuten. Und wenn es den Tod bedeutete, ich mußte schlafen. Gregor blieb stehen. Ich glaube, er verstand, in welchem Grade ich unter der Kälte litt.
»Es hat keinen Zweck«, sagte er gleichsam zu sich selbst. »Wir sind genausoweit von zu Hause entfernt wie vorher, soviel ich sagen kann. Jetzt kann uns nur noch Lassie retten. Hier, mein Junge, wickle dich in mein Plaid, und lege dich auf die geschützte Seite

dieses Felsbrockens. Krieche darunter, und ich werde mich neben dich legen und versuchen, uns warm zu halten. Warte! Hast du irgend etwas bei dir, was man zu Hause kennt?«

Ich fand es unfreundlich von ihm, mich nicht schlafen zu lassen, aber als er die Frage wiederholte, zog ich mein Taschentuch heraus, das ein auffälliges Muster hatte und von Tante Fanni eingesäumt worden war. Gregor nahm es und band es Lassie um den Hals.

»Lauf heim, Lassie, lauf heim!« Und der weißschnäuzige häßliche Köter schoß wie ein Pfeil in die Dunkelheit. Jetzt konnte ich mich hinlegen – jetzt konnte ich schlafen. In meiner schlaftrunkenen Betäubung fühlte ich, wie mich mein Bruder liebevoll zudeckte, aber ich wußte weder womit, noch kümmerte ich mich darum; ich war zu stumpf, selbstisch und benommen, um nachzudenken oder zu überlegen, sonst hätte ich wissen müssen, daß es an diesem trostlosen, öden Ort nichts zum Einwickeln gab, was nicht ein anderer entbehrt hätte. Ich war nur zu froh, als er aufhörte, sich mit mir zu beschäftigen, und sich neben mich legte. Ich faßte ihn bei der Hand.

»Du kannst dich nicht erinnern, wie wir zusammen neben unserer sterbenden Mutter lagen. Sie legte deine winzige Hand in meine – sie sieht uns jetzt, denke ich, und vielleicht werden wir bald bei ihr sein. Nun, Gottes Wille geschehe.«

»Lieber Gregor«, murmelte ich und schmiegte mich enger an ihn wegen der Wärme. Er sprach noch immer und wieder von unserer Mutter, als ich einschlief. Einen Augenblick später – so wenigstens schien es mir – war ich von vielen Stimmen umgeben – viele Gesichter waren um mich herum – eine süße Wärme kroch allmählich über meinen ganzen Körper. Ich war in meinem eigenen kleinen Bett zu Hause. Ich bin dankbar, daß ich berichten kann, mein erstes Wort war »Gregor?«

Sie blickten einander an – das strenge, alte Gesicht meines Vaters versuchte vergeblich, seinen strengen Ausdruck zu behalten; der Mund zitterte, die Augen füllten sich mit ungewohnten Tränen.
»Ich hätte ihm die Hälfte meines Landes gegeben – ich hätte ihn als meinen Sohn gesegnet – o Gott! Ich wäre vor ihm niedergekniet und hätte ihn gebeten, mir meine Hartherzigkeit zu vergeben.«
Ich hörte nichts mehr. Es wirbelte mir im Kopf und brachte mich wieder an den Rand des Todes.
Wochen später kam ich langsam zur Besinnung. Das Haar meines Vaters war weiß, als ich genas, und seine Hände zitterten, als er mir ins Gesicht schaute.
Wir sprachen nicht wieder von Gregor. Wir konnten nicht von ihm sprechen; aber er hatte eine seltsame Macht über unsere Gedanken. Lassie kam und ging, ohne jemals wieder ein Wort des Tadels zu hören, ja, mein Vater versuchte bisweilen, sie zu streicheln, aber sie wich zurück; und dann seufzte er, als ob ihn die arme, stumme Kreatur zurechtgewiesen hätte, und war für eine Weile still und abwesend.
Tante Fanni – die immer viel redete – erzählte mir alles. Wie mein Vater an jenem verhängnisvollen Abend, gereizt durch mein langes Ausbleiben und wahrscheinlich besorgter, als er zeigen wollte, noch härter und herrischer gegen Gregor war als für gewöhnlich, wie er ihm seines Vaters Armut vorgeworfen hatte, seine eigene Dummheit, die ihn für alles unbrauchbar machte, denn für unnütz hielt er ihn immer noch, trotz der Meinung des alten Schäfers. Schließlich war Gregor aufgestanden und hatte Lassie gepfiffen mitzukommen – der armen Lassie, die zusammengeduckt unter seinem Stuhle lag aus Angst vor Schlägen oder Tritten. Kurz zuvor hatte mein Vater mit meiner Tante über meine Rückkehr gesprochen, und als Tante Fanni mir all dies erzählte, sagte sie, sie nähme an, Gregor hätte das aufziehende Unwetter bemerkt

und, ohne ein Wort zu sagen, das Haus verlassen, um mir entgegenzugehen. Drei Stunden später, als alle in wilder Aufregung herumrannten und nicht wußten, wo sie mich suchen sollten – ohne Gregor auch nur zu vermissen oder auf seine Abwesenheit zu achten – armer, armer Gregor –, kam Lassie nach Hause mit meinem Taschentuch um den Hals. Das verstanden sie, und die ganze Stärke des Gutshofes wurde aufgeboten, um ihr nachzugehen mit Umschlagtüchern und Decken und Branntwein und allem, woran man nur denken konnte. Ich lag in einem frostigen Schlaf, aber lebte noch unter dem Felsen, zu dem Lassie sie führte. Meines Bruders Wollplaid deckte mich zu, und sein dicker Schäfermantel war sorgfältig um meine Füße gewickelt. Er war in Hemdsärmeln – mit seinem Arm über mir – ein ruhiges Lächeln (er hatte kaum je im Leben gelächelt) auf seinem stillen, kalten Gesicht.

Die letzten Worte meines Vaters waren: »Gott vergib mir meine Hartherzigkeit gegen das vaterlose Kind!«

Und was die Tiefe seines Reuegefühls vielleicht noch mehr kennzeichnete, wenn man bedenkt, wie leidenschaftlich er meine Mutter geliebt hatte, war dies: Wir fanden nach seinem Tod unter seinen Papieren Anweisungen, nach denen er wünschte, man möge ihn zu Füßen des Grabes legen, in dem nach seinem Wunsch der arme Gregor ruhte und

Unsere Mutter

ANTHONY TROLLOPE

Anthony Trollope (1815–1882) wurde in London als Sohn der Roman- und Reiseschriftstellerin Frances Trollope geboren, war von 1834 bis 1867 Postbeamter. Seine Barsetshire-Romane (1855 bis 1867) schildern die obere Mittelklasse der englischen Kleinstadt mit großer Genauigkeit. Die Zahl der Trollopianer in England ist groß; im ersten Weltkrieg soll er der Lieblingsschriftsteller der Soldaten gewesen sein; in Deutschland ist er kaum bekannt geworden. – »George Walker in Suez« ist den »Tales of All Countries« (3 Bände, 1861–1870) entnommen, die auf seinen Reisen im Dienste der Post entstanden, und soll auf eine wahre Begebenheit zurückgehen, die ihm während seines Aufenthaltes in Ägypten mitgeteilt wurde. »Maleachis Bucht« wurde nach dem Abdruck bei Pritchard, »Short Stories of Yesterday«, 1929, übersetzt.

MALEACHIS BUCHT

An der Nordküste Cornwalls zwischen Tintagel und Bossiney dicht am Ufer des Meeres lebte vor noch nicht zu langer Zeit ein alter Mann, der seinen Unterhalt damit gewann, daß er Seetang aus den Wellen barg und ihn als Dünger verkaufte. Die Steilküste dort ist kühn und schön, und das Meer schlägt von Norden her mit großartiger Wucht dagegen. Vielleicht ist es das schönste Stück Felsküstenlandschaft in ganz England, wenngleich es hinter vielen Stellen in Wales und Schottland zurücksteht. Eine Steilküste sollte fast senkrecht abfallen, in ihren Umrissen gebrochen sein und kaum hier und da einen unsicheren Weg von der Höhe nach dem Sand unten zulassen. Das Meer muß, wenn nicht an sie heran, so doch mindestens sehr nahe an sie herankommen, und vor allem muß das Wasser unter ihr blau sein und nicht von jener stumpfen, bleiernen Farbe, die wir in England nur zu gut kennen. In Tintagel sind alle Voraussetzungen vorhanden, auch die leuchtende blaue Farbe, die so schön ist. Die Felsen selbst sind kühn und zackig, und während der Flut ist nur ein schmaler Sandstreifen da – so schmal, daß man bei Springfluten dort kaum Fuß fassen kann.

Dicht an diesem Sandstreifen lag die Hütte Maleachi Trenglos', des alten Mannes, von dem ich sprach. Aber Maleachi, oder der alte Glos, wie er gewöhnlich von den Leuten dort herum genannt wurde, hatte sein Haus nicht ganz auf Sand gebaut. Es war da ein Felsspalt, der so breit war, daß er oben eine enge Schlucht bildete, und so tief, daß sich ein steiler und steiniger Pfad von der Höhe des Felsens nach unten schaffen ließ. Der Spalt war unten weit genug, um Trenglos Raum für seine Wohnung zu bieten, die er auf dem Felsgrund errichtet hatte, und hier hatte er viele Jahre gelebt. Man erzählte sich, er hätte sein Handwerk damit begonnen, daß er den Tang in einem Korb auf seinem Rücken nach oben getragen hätte, aber später besaß er einen Esel, der so abgerichtet war, daß er den steilen Pfad mit einem einzigen Packkorb auf dem Rücken auf und ab ging, denn die Felsen erlaubten es nicht, daß Körbe zu beiden Seiten herunterhingen; und für diesen Gehilfen hatte er einen Stall gebaut, der an seine eigene Hütte grenzte und fast so groß war wie sie.

Aber als die Jahre dahingingen, verschaffte sich der alte Glos noch andere Hilfe als die seines Esels, oder ich sollte besser sagen, die Vorsehung verschaffte sie ihm; und wenn das nicht so gewesen wäre, hätte der alte Mann seine Hütte und seine Unabhängigkeit aufgeben und in das Armenhaus von Camelford ziehen müssen. Denn das Rheuma plagte ihn, und das Alter hatte ihn tief gebeugt, und allmählich konnte er den Esel nicht mehr auf seiner Reise in die Welt hinauf begleiten oder auch nur helfen, den begehrten Tang aus den Wellen zu bergen.

Zu der Zeit, in der unsere Geschichte spielt, war Trenglos schon zwölf Monate lang nicht den Felsen hinaufgekommen, und in den letzten sechs Monaten hatte er nichts getan, um sein Geschäft voranzubringen, außer das Geld in Empfang zu nehmen und aufzubewahren, falls etwas davon aufbewahrt wurde, und gelegentlich dem Esel ein Bündel Futter hinzuschütten. Die eigentliche Arbeit des Geschäfts wurde ganz allein von Mahala Trenglos, seiner Enkelin, geleistet.

Mally Trenglos kannte jeder Bauer dort an der See und jeder Krämer in Camelford. Sie war ein wild aussehendes, fast unirdisches Geschöpf mit wehendem, schwarzem, ungekämmtem Haar, klein von Wuchs, mit kleinen Händen und glänzenden, schwarzen Augen; doch erzählten sich die Leute, sie wäre sehr stark, und die Kinder dort herum behaupteten, sie arbeite Tag und Nacht und kenne keine Müdigkeit. Über ihr Alter herrschten sehr verschiedene Meinungen. Manche sagten, sie wäre zehn Jahre alt, und andere fünfundzwanzig, aber der Leser darf wissen, daß sie damals ihren zwanzigsten Geburtstag hinter sich hatte. Die alten Leute sprachen gut von Mally, weil sie so gut zu ihrem Großvater war; und man sagte, daß sie, obgleich sie ihm fast täglich ein wenig Schnaps und Tabak brachte, doch nichts für sich selbst kaufte – und was den Schnaps betrifft, so konnte ihr keiner, der sie auch nur anschaute, den Vorwurf machen, daß sie sich damit befaßte. Aber sie hatte keine Freunde und nur wenig Bekannte unter Gleichaltrigen; die sagten, sie wäre wild und bösartig, hätte kein gutes Wort für irgendeinen und wäre überhaupt in jeder Hinsicht eine böse Sieben. Die jungen Männer machten sich nichts aus ihr; denn was die Kleidung anbelangt, so ging sie einen Tag wie den anderen. Sie machte sich sonntags nie hübsch. Meistens ging sie ohne Strümpfe und schien sich gar nicht zu bemühen, jene weiblichen Reize zur Geltung zu bringen, die sie besessen hätte, wenn sie nur wollte. Für sie waren alle Tage gleich in der Kleidung und bis vor kurzem, wie ich fürchte, auch noch in anderer Hinsicht. Man hatte den alten Maleachi niemals in einem Gotteshaus gesehen seit der Zeit, wo er an der Felsküste wohnte.

Aber die letzten beiden Jahre hatte sich Mally den Unterricht des Geistlichen von Tintagel gefallen lassen und erschien sonntags in der Kirche, wenn nicht vollkommen pünktlich, so doch auf jeden Fall oft genug, daß keiner, der ihren seltsamen Aufenthaltsort kannte, mit ihr deswegen gerechtet hätte. Aber sie zog sich nicht anders an für diese Gelegenheiten. Sie setzte sich auf eine niedrige Steinbank in der Nähe der Kirchentür, wie gewöhnlich in ihren dicken roten Sergerock und die lose braune Sergejacke gekleidet, die ihr für ihre schwere und gefährliche Arbeit im Wasser am besten geeignet erschienen. Als ihr der Geistliche Vorwürfe wegen ihres schlechten Gottesdienstbesuchs gemacht hatte, wendete sie nachdrücklich dagegen ein, sie besäße kein Kirchgangsgewand. Er hatte ihr erklärt, daß man sie dort ohne Ansehen der Kleidung empfangen würde. Mally nahm ihn beim Wort und war mit einem Mut gegangen, der zweifellos Bewunderung verdiente, obgleich ich fürchte, daß er auch mit einem guten Teil Hartnäckigkeit gemischt war, die weniger bewundernswert ist.

Denn die Leute sagten, der alte Glos wäre reich, und Mally hätte ordentliche Kleider haben können, wenn sie nur gewollt hätte. Herr Polwarth, der Geistliche, der, da der alte Mann nicht zu ihm kommen konnte, die Felsen hinab zu dem alten Manne ging, machte in der Angelegenheit einige Andeutungen, als Mally nicht dabei war. Aber Glos, der in anderen Dingen mit ihm Geduld gehabt hatte, wandte sich so wütend gegen ihn, als er vom Gelde anfing, daß Herr Polwarth die Sache auf sich beruhen lassen mußte, und Mally blieb weiter auf ihrer Steinbank in ihrem kurzen Sergerock sitzen, und ihr langes Haar fiel ihr übers Gesicht. Sie brachte dem Anstand bei solchen Gelegenheiten insoweit ein Opfer, daß sie ihr Haar hinten mit einem alten Schnürsenkel zusammenband. So blieb es dann den Montag und Dienstag über, aber spätestens am Mittwochnachmittag war es Mallys Haar im allgemeinen gelungen, sich zu befreien.

Über Mallys unermüdlichen Fleiß konnte es keinen Zweifel geben, denn es war erstaunlich, welche Masse Seetang sie und der Esel gemeinsam zusammenbrachten. Der alte Glos, so behauptete man, hätte niemals auch nur halb soviel geschafft wie Mally; aber dann war die Ware billiger geworden, und es war notwendig, sich mehr anzustrengen. So plackten sich Mally und der Esel und plackten sich, und der Seetang kam in solchen Haufen nach oben, daß es diejenigen, welche ihre kleinen Hände und ihre leichte Gestalt sahen, in Erstaunen setzte. Half ihr da keiner nachts, keine Elfe, kein Dämon oder dergleichen? Mally war so schnippisch in ihren Antworten, daß sie sich nicht wundern durfte, wenn die Leute boshafte Dinge von ihr erzählten.

Keiner hatte jemals Mally über ihre Arbeit klagen hören, wohl aber hörte man um diese Zeit, wie sie sich heftig und laut über die Behandlung beklagte, die ihr von ihren Nachbarn zuteil wurde. Man wußte, daß sie sich mit ihren Beschwerden an Herrn Polwarth wandte, und da er ihr nicht helfen konnte oder ihr nicht die sofortige Hilfe zukommen ließ, die sie brauchte, ging sie – törichterweise! – zu dem Büro eines gewissen Anwalts in Camelford, der ihr wahrscheinlich kein besserer Freund sein würde als Herr Polwarth.

Das ihr zugefügte Unrecht aber war folgender Art: Der Ort, wo sie den Seetang sammelte, war eine kleine Bucht; die Leute hatten sich daran gewöhnt, sie Maleachis Bucht zu nennen nach dem alten Mann, der dort wohnte – und sie war so gebildet, daß man die

See nur durch den Pfad erreichen konnte, der von oben nach Trenglos' Hütte führte. Die Breite der Bucht betrug zur Ebbezeit etwa zweihundert Ellen, und auf beiden Seiten erstreckten sich die Felsen so, daß Trenglos' Bereich von Norden und Süden her gegen Eindringlinge geschützt war. Und dieser Ort war für seinen Zweck gut gewählt. Das Meer kam so stürmisch in die Bucht herein, daß es große, treibende Mengen Seetang mitbrachte und zwischen den Felsen ließ, wenn die Flut zurückwich. Während der Äquinoktialstürme im Frühling und Herbst blieben diese Mengen nie aus, und immer, wenn die See ruhig war, konnten die langen, weichen, salzbetauten, schleppenden Tangmassen hier gesammelt werden, wenn sie anderswo auf Meilen hin nicht an der Küste gefunden wurden. Die Aufgabe, den Tang aus der Brandung zu holen, war oft schwierig, und gefährlich – so schwierig, daß viel übrigblieb, was die nächste Flut wieder wegspülte.

Zweifellos sammelte Mally nicht die Hälfte der Ernte, die zu ihren Füßen lag. Was von den zurückflutenden Wellen genommen wurde, bedauerte sie nicht; aber als Eindringlinge in die Bucht kamen und ihren Reichtum holten – ihres Großvaters Reichtum –, da brach es ihr das Herz. Diese Störenfriede waren es, die die arme Mally zu dem Camelforder Anwalt trieben. Aber wenn der Camelforder Anwalt auch Mallys Geld nahm, so konnte er doch nichts für sie tun, und das brach ihr das Herz.

Sie glaubte und wurde darin zweifellos von ihrem Großvater bestärkt, daß zumindest der Pfad nach der Bucht ihr Eigentum wäre. Wenn man ihr sagte, die Bucht und das Meer, das in die Bucht floß, wären nicht der Grundbesitz ihres Großvaters, so sah sie ein, daß diese Feststellung stimmen konnte. Aber wie stand es mit der Benutzung des Pfades? Wer hatte den Pfad zu dem gemacht, was er war? Hatte sie nicht in mühseliger, aufreibender Arbeit Felsstücke mit ihren eigenen kleinen Händen nach oben getragen, damit der Esel ihres Großvaters Fuß fassen konnte? Hatte sie nicht überall auf den Felsen Erdkrumen zusammengekratzt, um dem Tier den holprigen Weg zu erleichtern? Und wenn sie jetzt die Jungen der großen Bauern sah, die mit anderen Eseln herunterkamen – und einer kam sogar mit einem Pony, kein Kind mehr, sondern ein junger Mann, der alt genug war, um zu wissen, daß man einen armen Greis und ein junges Mädchen nicht beraubte –, schimpfte sie auf die ganze menschliche Rasse und schwor, daß der Anwalt in Camelford ein Narr sei.

Irgendwelche Versuche, ihr klarzumachen, daß immer noch genügend Tang für sie übrigblieb, nützten weniger als nichts. Gehörte nicht alles ihr und ihm, oder war nicht zumindest der ganze Weg dazu ihnen?

Hinderte und beeinträchtigte man sie etwa nicht an ihrem Erwerb? Hatte man sie nicht gezwungen, ihren beladenen Esel zurückzutreiben – zwanzig Ellen, wie sie sagte, doch in Wirklichkeit waren es nur fünf gewesen –, weil Bauer Gunliffes Sohn mit seinem diebischen Pony im Wege war? Bauer Gunliffe hatte seinen eigenen Preis für ihren Tang zahlen wollen, und weil sie das abgelehnt hatte, stellte er seinen diebischen Sohn an, damit er sie auf niederträchtige Weise zugrunde richtete.

»Ich werde das Biest erwürgen, wenn er das nächste Mal hier herunterkommt!« sagte Mally zu dem alten Glos, und aus ihren Augen flammten buchstäblich wütende Blitze.

Bauer Gunliffes kleines Gut – er hatte ungefähr fünfzig Acker Land – lag in der Nähe des Dorfes Tintagel und nicht eine Meile von der Küste entfernt. Das Seewrack, wie sie es nennen, war so ziemlich die einzige erreichbare Düngung, und zweifellos empfand er es als hart, daß er durch Mally Trenglos und ihre Widerspenstigkeit daran gehindert werden sollte, es zu benützen.

»Es gibt genug andere Buchten«, sagte Mally zu Barty Gunliffe, dem Sohn des Bauern.

»Aber keine liegt so hoch, Mally, und keine füllt sich wie diese.«

Dann erklärte er ihr, daß er nicht den Tang nehmen würde, der dicht herankäme. Er wäre größer als sie und stärker und wollte es von den äußeren Felsen holen, mit denen sie sich nie abgab. Da schwor sie mit Hohn in den Augen, daß sie es dort holen könnte, wo er sich nie hingetrauen würde, und wiederholte ihre Drohung, das Pony zu erwürgen. Barty lachte über ihren Zorn, verspottete sie wegen ihres wilden Haars und nannte sie eine Wassernixe.

»Ich werde dich lehren, was eine Wassernixe ist!« schrie sie. »Eine Wassernixe, jawohl! Wenn ich ein Mann wäre, würde ich nicht herkommen und ein armes Mädchen und einen alten Krüppel berauben. Aber du bist kein Mann, Barty Gunliffe! Nicht einmal ein halber!«

Nichtsdestoweniger war Bartholomäus Gunliffe ein sehr stattlicher junger Bursche, was das Äußere betraf. Er war ungefähr ein Meter siebzig groß, hatte starke Arme und Beine, lockiges, hellbraunes Haar und blaue Augen. Und wenn auch sein Vater nur ein kleiner Bauer war, so stand er dennoch bei den Mädchen in der Gegend in gutem Ansehen. Alle hatten Barty gern – außer Mally Trenglos, und die haßte ihn wie die Pest.

Als man Barty fragte, warum ein so gutmütiger Bursche wie er ein armes Mädchen und einen alten Mann verfolge, berief er sich auf die Gerechtigkeit der Sache. Seiner Meinung nach ginge es nicht an, daß eine Einzelperson das für sich beanspruchte, was der Allmächtige ihnen als gemeinsames Eigentum schickte.

Er würde Mally keinen Schaden zufügen und hatte ihr das gesagt. Aber Mally war eine böse Sieben – eine böse kleine Sieben, und man mußte ihr beibringen, ihre Zunge im Zaume zu halten. Würde Mally erst einmal höflich mit ihm reden, wenn er nach dem Tang ging, dann wollte er seinen Vater dazu bringen, daß er dem alten Mann eine Art Zoll für die Benutzung des Weges zahlte.

»Höflich mit ihm reden!« sagte Mally. »Niemals! Nicht solange ich eine Zunge im Munde habe!« Und ich fürchte, der alte Glos bestärkte sie eher in ihrer Ansicht der Dinge, als daß er zum Guten redete.

Aber ihr Großvater ermutigte sie nicht, das Pony zu erwürgen. Ein Pony erwürgen wäre eine ernsthafte Sache, und der alte Glos meinte, es könne sehr unangenehm für sie beide werden, falls man Mally ins Gefängnis steckte. Er schlug daher vor, dem Pony allerhand Hindernisse vor die Füße zu legen, wobei er annahm, daß der gut abgerichtete Esel trotz alledem arbeiten könne. Und als Barty Gunliffe das nächste Mal nach unten stieg, fand er den Pfad in der Nähe von Maleachis Hütte tatsächlich sehr beschwerlich, aber er bahnte sich seinen Weg nach unten, und die arme Mally sah, wie die Felsstücke, mit denen sie sich so geschunden hatte, mit einer beharrlichen Böswilligkeit ihr gegenüber zur Seite geschoben oder aus dem Wege geräumt wurden, die sie fast verrückt machte.

»Du bist ein netter Junge, Barty«, sagte der alte Glos, der in der Tür seiner Hütte saß und den Eindringling beobachtete.

»Ich tue niemand nichts Schlechtes, der mir nichts Schlechtes tut«, sagte Barty. »Die See steht allen frei, Maleachi.«

»Und der Himmel steht auch allen frei, aber ich darf nicht auf das Dach eurer großen Scheune klettern, um ihn mir anzusehen«, sagte Mally, die mit einem Haken in der Hand zwischen den Felsen stand. Der lange

Haken war das Werkzeug, mit dem sie arbeitete und den Tang aus den Wellen zog. »Aber du hast keinen Gerechtigkeitssinn und überhaupt kein bißchen Gefühl, sonst würdest du nicht hierherkommen, um einen alten Mann wie ihn zu ärgern.«

»Ich will ihn nicht ärgern und dich auch nicht, Mally. Laß mich eine Weile gehen, und wir werden noch Freunde sein.«

»Freunde!« rief Mally aus. »Wer möchte deinesgleichen zum Freund haben? Wozu schiebst du diese Steine weg? Die Steine gehören meinem Großvater.« Und in ihrer Wut machte sie eine Bewegung, als ob sie sich auf ihn stürzen wollte.

»Laß ihn in Ruhe, Mally«, sagte der alte Mann. »Laß ihn. Er wird schon seine Strafe wegkriegen. Er wird eines Tages ertrinken, wenn er hier herunterkommt und der Wind in der Bucht liegt.«

»Also hoffen wir, daß er ertrinkt«, sagte Mally in ihrer Wut. »Wenn er in dem großen Loch zwischen den Felsen wäre und die See zur Halbflutzeit hereinkäme, würde ich keinen Finger rühren, ihm zu helfen.«

»Doch, das würdest du, Mally; du würdest mich mit deinem Haken herausfischen wie ein großes Stück Seetang.«

Sie kehrte sich voller Verachtung von ihm ab, als er das sagte, und ging in die Hütte hinein. Es war Zeit für sie, sich für die Arbeit fertigzumachen, und an dem Unrecht, das man ihr zugefügt hatte, empfand sie als besonders hart, daß so einer wie Barty Gunliffe kommen mußte, um ihr bei ihrer Plackerei in der Brandung zuzuschauen.

Es war ein Aprilnachmittag kurz nach vier Uhr. Ein heftiger Wind hatte den ganzen Morgen von Nordwest geweht und Regenschauer gebracht, die Seemöven waren den ganzen Tag in der Bucht ein- und ausgeflogen, was für Mally ein sicheres Zeichen war, daß die Flut die Felsen mit Tang bedecken würde.

Die schnellen Wellen kamen jetzt wunderbar rasch über die niedrigen Felsenriffe, und die Zeit war da, den Schatz zu packen, wenn man ihn an diesem Tage überhaupt aufspeichern wollte. Gegen sieben Uhr würde es dunkel werden, gegen neun Uhr Hochflut sein, und noch ehe der Morgen kam, war die Ernte wieder herausgespült, falls man sie nicht vorher sammelte. All dies verstand Mally sehr gut, und Barty fing gerade an, einiges davon zu verstehen.

Als Mally barfuß herunterkam, den langen Haken in der Hand, sah sie, wie Bartys Pony geduldig auf dem Sand stand, und ihr Herz brannte danach, das Vieh anzugreifen. Barty stand in diesem Augenblick mit einer gewöhnlichen dreizinkigen Gabel unten auf einem großen Felsen und blickte nach dem Meer. Er hatte erklärt, er würde den Tang nur an Stellen sammeln, die für Mally unerreichbar wären, und er hielt nach einem Platz Ausschau, wo er beginnen könnte.

»Laß es in Ruhe, laß es in Ruhe«, rief der alte Mann, als er sah, wie sie sich dem Tier näherte, das sie fast so sehr haßte wie den Mann.

Als sie die Stimme des Großvaters durch den Wind hörte, ließ sie von ihrem Vorsatz ab, falls sie überhaupt einen Vorsatz gehabt hatte, und machte sich an die Arbeit. Sie stieg in die Bucht hinab und kletterte zwischen den Felsen herum, während Barty immer noch auf seinem Posten stand; draußen schäumten die weißgekräuselten Wellen und brachen sich heftig, und der Wind heulte in den Höhlen und zwischen den Pfeilern der Felsküste.

Ab und zu klatschte ein Regenguß herab, und wenn auch noch genügend Licht war, bedeckten doch schwarze Wolken den Himmel. Ein schöneres Bild konnte einer, der die Herrlichkeiten der Küste liebte, kaum finden. Das Licht war für diese Landschaft vollkommen. Nichts konnte die Pracht der Farben übertreffen – die Bläue des offenen Meeres, das Weiß der

sich brechenden Wellen, den gelben Sand und die satten roten und braunen Streifen der Felsen.
Aber weder Mally noch Barty dachten an derartige Dinge. Sie dachten auch kaum in der gewohnten Weise an ihr Geschäft. Barty überlegte, wie er am besten sein Ziel erreichen könnte, außerhalb Mallys weiblichem Machtbereich zu arbeiten, und Mally beschloß, auf jeden Fall weiter hinauszugehen als Barty, ganz gleich, wohin er sich wenden würde.
Und in vieler Hinsicht war Mally überlegen. Sie kannte jeden Stein dort und wußte genau, wo sie fest auftreten konnte und wo nicht. Und dann hatte sie durch Übung die Tätigkeit, der sie sich widmete, vollkommen beherrschen gelernt. Barty war zweifellos der stärkere und genauso rührig. Aber Barty konnte nicht zwischen den Wellen von einem Stein zum anderen springen wie sie, und er verstand noch nicht, sich bei seiner Arbeit die Kraft des Wassers zunutze zu machen, wie Mally das gelernt hatte. Sie hatte in dieser Bucht nach Seetang gejagt, als sie noch ein kleiner Knirps von sechs Jahren war, und sie kannte jedes Loch und jede Ecke und jede vorteilhafte Stelle. Die Wellen waren ihre Freunde, die sie sich dienstbar zu machen verstand. Sie konnte ihre Stärke berechnen und wußte, wann und wo jede einzelne aufhören würde.
Mally war groß unten in den Salzpfannen ihrer eigenen Bucht – groß und sehr furchtlos. Während sie beobachtete, wie Barty seinen Weg von Fels zu Fels weiternahm, sagte sie sich vergnügt, daß er falsch ging. Der Wind, der in die Bucht wehte, lag so, daß er den Tang nicht nach den nördlichen Pfeilern tragen würde; und dann war das große Loch gerade dort – das große Loch, von dem sie gesprochen hatte, als sie ihm Böses wünschte.
Und jetzt machte sie sich an die Arbeit und kämmte das verworrene Haar des Ozeans aus und landete manche Last an dem äußersten Rande des Sandes, von wo

sie am Abend hereingezogen werden konnte, ehe die zurückkehrende Flut kam, um ihre Beute zurückzufordern.

Und auf der anderen Seite baute auch Barty seinen Haufen auf, dort wo die nördlichen Pfeiler waren, die ich schon erwähnt habe. Bartys Haufen wurde groß und größer, so daß er wußte, er würde an diesem Abend nicht alles nach oben bringen, wenn das Pony auch noch so sehr arbeitete. Aber er war immer noch nicht so hoch wie Mallys Haufen. Mallys Haken war besser als seine Gabel, und Mallys Geschick vermochte mehr als seine Stärke. Und wenn ihm einmal das Herausziehen nicht gelang, dann höhnte ihn Mally mit einem wilden, unheimlichen Gelächter und schrie durch den Wind hindurch, er wäre noch kein halber Mann. Zuerst antwortete er ihr lachend, aber als sie sich ihrer Leistung rühmte und auf seinen Mißerfolg hinwies, wurde er bald wütend und sagte nichts mehr. Er ärgerte sich über sich selbst, daß ihm so viel von der Beute entging.

Die Brandung war voll des langen wuchernden Gewächses, das die Wellen von dem Boden des Meeres gerissen hatten, aber die Massen wurden an ihm vorüber oder weg von ihm getragen, ja, ein- oder zweimal über ihn hin, und dann klang ihm Mallys umheimliche Stimme in den Ohren, die ihn verspottete. Die Finsternis zwischen den Felsen wurde jetzt immer dichter, die Flut schlug mit wachsender Stärke herein, und die Windstöße kamen schneller und heftiger. Aber immer noch arbeitete er weiter. Solange Mally arbeitete, wollte er auch arbeiten und noch eine Weile darüber hinaus, wenn es sie weggetrieben hatte. Er ließ sich nicht von einem Mädchen schlagen.

Das große Loch war jetzt voll Wasser, das wie in einem Topf zu kochen schien. Und der Topf war voll treibender Massen – kostbaren Seetangs, der an der Oberfläche hin und her geworfen wurde und so dicht

lag, daß es fast schien man hätte darauf ruhen können, ohne zu versinken.
Mally wußte sehr wohl, wie sinnlos es war, irgend etwas aus der Wut dieses kochenden Kessels zu bergen. Das Loch ging hinein unter die Felsen, und die der Küste zugewandte Seite war hoch, schlüpfrig und steil. Selbst zur Ebbezeit war der Kessel nie leer, und Mally glaubte, daß ihm der Boden fehle. Fische, die man dort hineinwarf, entkamen in den Ozean, meilenweit weg – wie Mally in ihren sanfteren Stimmungen Besuchern der Bucht erzählte. Sie kannte das Loch gut. Poulnadioul nannte sie es, was übersetzt heißen sollte, daß dies das Loch des Teufels sei. Niemals versuchte Mally, sich Tang zu holen, der seinen Weg in dieses Loch gefunden hatte.
Aber Barty Gunliffe verstand davon nichts, und sie beobachtete ihn, wie er versuchte, auf dem verräterisch schlüpfrigen Rand des Kessels festen Halt zu gewinnen. Er nahm dort seinen Platz und angelte mit geringem Erfolg etwas heraus. Wie er es überhaupt fertigbrachte, konnte sie kaum begreifen, als sie eine Zeitlang dastand und ihm besorgt zuschaute, und dann sah sie ihn rutschen. Er rutschte und gewann das Gleichgewicht zurück – rutschte noch einmal und stand wieder fest.
»Barty, du Narr!« schrie sie, »wenn du erst einmal dort hineingerätst, wirst du nie wieder herauskommen.«
Ob sie ihn einfach einschüchtern wollte oder ob ihr Herz Erbarmen fühlte und sie mit Schrecken an seine Gefahr dachte? Wer kann das sagen? Sie hätte es selbst nicht gekonnt. Sie haßte ihn genauso wie immer – aber sie konnte kaum wünschen, ihn vor ihren Augen ertrinken zu sehen.
»Kümmere dich um deine Sachen und nicht um mich«, sagte er in einem heiseren, wütenden Ton.
»Mich um dich kümmern! – Wer kümmert sich um

dich?« gab das Mädchen zurück. Und dann wollte sie wieder an ihre Arbeit gehen.

Aber als sie die Felsen hinunterstieg und dabei den langen Haken in den Händen balancierte, hörte sie plötzlich ein Klatschen, und als sie sich rasch umdrehte, sah sie den Körper ihres Feindes inmitten der brodelnden Wogen des Topfes. Die Flut war jetzt so hoch gestiegen, daß eine Welle nach der anderen von der Seeseite her in ihn hinein- und darüber hinwegspülte, ehe sie wieder tosend wie ein Wasserfall die Felsen hinabrollte. Und wenn dann das überflüssige Wasser für einen Augenblick zurückwich, war die Oberfläche des Topfes stellenweise ruhig, obgleich die schäumenden Blasen immer noch auf und ab kochten und es an der Oberfläche brodelte, als ob der Kessel tatsächlich geheizt wäre. Aber diese Zeit der verhältnismäßigen Ruhe dauerte nur einen Augenblick, denn die folgende Sturzwelle war schon fast heran, sobald der Gischt der vorhergehenden verschwunden war, und dann klatschte das Wasser von neuem auf die Felsen, und die Bucht hallte wider von dem Getöse der wütenden Wogen.

Augenblicklich eilte Mally am Rande des Topfes entlang, kroch, weil es sicherer war, auf Händen und Knien. Als eine Woge zurückflutete, kam ihr Bartys Kopf und Gesicht ganz nah, und sie konnte sehen, daß seine Stirn mit Blut bedeckt war. Ob er lebte oder tot war, wußte sie nicht. Sie hatte nichts weiter gesehen als sein Blut und sein helles Haar inmitten des Gischts. Dann wurde der Körper wieder durch die Saugkraft der weichenden Welle fortgezogen; aber diesmal entkam nicht so viel Wasser, daß es einen Mann hätte mit hinausnehmen können.

Augenblicklich war Mally mit ihrem Haken bei der Arbeit, und als er in Bartys Jacke befestigt war, zog sie den Körper nach der Stelle zu, wo sie kniete. Während der halben Minute, in der Ruhe herrschte, bekam sie ihn so dicht heran, daß sie seine Schulter berühren konnte. Sie dehnte sich aus, legte sich über den langen gekrümmten Griff des Hakens und bemühte sich, ihn mit der rechten Hand zu fassen. Aber es gelang ihr nicht, sie konnte ihn nur berühren.

Dann kam die nächste Sturzwelle und brach sich tosend ihren Weg; für Mally sah es so aus, als ob es sie bestimmt von der Stelle, wo sie lag, herunterschlagen mußte und für sie beide das Ende gekommen war. Doch für sie gab es nichts weiter zu tun als zu knien und ihren Haken zu halten.

Wer vermag zu sagen, welches Gebet in diesem Augenblick in ihrer Seele aufstieg – für sich selbst oder für ihn oder für den alten Mann, der ahnungslos vor seiner Hütte saß? Die große Welle kam und brauste über die fast ganz Ausgestreckte hinweg, und als das Wasser aus ihren Augen und der aufrührerische Gischt und die heftig tobende Sturzwelle an ihr vorüber waren, lag sie selbst der Länge lang auf dem Felsen, während sein Körper emporgehoben war, sich von dem Haken befreit hatte und jetzt auf dem schlüpfrigen Felsenriff ruhte, halb im Wasser und halb außerhalb. Als sie ihn in diesem Augenblick anschaute, konnte sie sehen, daß seine Augen offen waren und seine Hände sich abmühten.

»Halt dich an dem Haken fest, Barty«, schrie sie und stieß ihm den Stock davon zu, während sie den Kragen seiner Jacke zu fassen bekam.

Wäre er ihr Bruder, ihr Liebhaber, ihr Vater gewesen, sie hätte ihn nicht mit mehr Kraft, der Kraft der Verzweiflung, halten können. Es gelang ihm, den Stock zu fassen, den sie ihm gereicht hatte, und als die darauffolgende Welle vorüber war, lag er immer noch auf dem Felsenriff. Im nächsten Augenblick saß sie ein oder zwei Ellen über dem Loch verhältnismäßig sicher, und Barty lag auf dem Felsen, den immer noch blutenden Kopf auf ihrem Schoß.

Was konnte sie jetzt tun? Sie konnte ihn nicht tragen,

und in fünfzehn Minuten würde die Flut hier sein, wo sie saß. Er war vollkommen bewußtlos und sehr bleich, und das Blut kam langsam – sehr langsam – aus der Wunde auf seiner Stirn. Sanft legte sie ihre Hand auf sein Haar, um es ihm aus dem Gesicht zu streichen, und dann beugte sie sich über seinen Mund, um zu sehen, ob er atmete, und als sie ihn ansah, wußte sie, daß er schön war.

Was würde sie nicht geben, um ihn am Leben zu erhalten? Nichts war ihr jetzt so kostbar wie sein Leben – dieses Leben, welches sie bis hierher aus dem Meer gerettet hatte. Aber was konnte sie tun? Ihr Großvater würde es kaum fertigbringen, über die Felsen nach unten zu steigen, wenn es ihm überhaupt gelang. Würde sie den verwundeten Mann, wenn auch nur ein paar Fuß weit, zurückziehen können, so daß er außerhalb der Reichweite der Wellen lag, bis sie weitere Hilfe geholt hatte?

Sie machte sich an die Arbeit und bewegte ihn, fast hob sie ihn. Und als sie das tat, wunderte sie sich über ihre eigene Kraft; sie war sehr stark in diesem Augenblick. Sie fiel selbst auf die Felsen, damit er auf sie fallen konnte, und so – langsam und besorgt – holte sie ihn zu dem Sandstreifen zurück an eine Stelle, die das Wasser während der nächsten zwei Stunden nicht erreichen würde.

Hier traf sie auf ihren Großvater, der schließlich von der Tür aus gesehen hatte, was geschehen war.

»Vater«, sagte sie, »er stürzte dort in den Kessel und wurde gegen die Felsen geschlagen. Sieh dir seine Stirn an...«

»Mally, ich glaube, er ist schon tot«, sagte der alte Mann, der auf den Körper hinunterschaute.

»Nein, Vater, er ist nicht tot; aber kann sein, daß er stirbt. Ich werde gleich zu dem Gut hinauflaufen.«

»Mally«, sagte der alte Mann, »sieh dir den Kopf an. Sie werden sagen, wir haben ihn ermordet.«

»Wer wird das sagen? Wer wird so lügen? Habe ich ihn nicht aus dem Loch gezogen?«
»Was zählt das schon? Sein Vater wird sagen, daß wir ihn getötet haben.«
Mally wußte, was sie jetzt zu tun hatte, einerlei, was später die Leute redeten. Sie mußte den Pfad zu Gunliffes Gut hinaufrennen und die notwendige Hilfe holen. War die Welt wirklich so schlecht, wie ihr Großvater glaubte, dann würde ihr nichts daran liegen, länger zu leben. Aber wie dem auch sein mochte, es bestand kein Zweifel darüber, was sie jetzt zu tun hatte.
So schnell ihre nackten Beine sie trugen, lief sie den Felsen hinan. Als sie oben war, schaute sie sich um, ob irgend jemand in Sicht wäre, aber keiner war da. So rannte sie in höchster Geschwindigkeit an dem Kornfeld entlang nach dem Haus des alten Gunliffe, und als sie sich dem Gute näherte, sah sie Bartys Mutter, die an dem Tor lehnte. Sie versuchte zu rufen, aber sie war so außer Atem, daß ihr die Stimme versagte, und so lief sie weiter, bis sie Frau Gunliffe am Arm packen konnte.
»Wo ist er selber?« sagte sie und hielt die Hand auf das klopfende Herz, damit der Atem reichte.
»Wen meinst du?« sagte Frau Gunliffe, die an dem Familienzwist mit dem alten Trenglos und seiner Enkelin teilnahm. »Weshalb packt mich das Mädel so an?«
»Er stirbt, das ist's.«
»Wer stirbt? Der alte Maleachi? Wenn es dem alten Manne schlecht geht, werden wir jemand hinunterschicken.«
»Nicht der Großvater – Barty! Wo ist er selber? Wo ist der Herr?«
Jetzt war Frau Gunliffe in tödlicher Verzweiflung und rief kräftig um Hilfe. Glücklicherweise war Gunliffe, der Vater, zur Stelle und mit ihm ein Mann aus dem benachbarten Dorf.

»Wollt Ihr nicht den Doktor holen lassen?« fragte Mally. »Oh, Mann, Ihr solltet es tun!«
Ob man nach dem Arzt schickte, erfuhr sie nicht, aber wenige Minuten später eilte sie wieder den Feldrain entlang auf den Pfad zu, der in die Bucht führte, und Gunliffe mit dem anderen Mann und seiner Frau folgten ihr.
Jetzt fand Mally die Stimme wieder, denn sie hatte einen schnelleren Schritt als ihre Begleiter, und was für die anderen ein eiliger Lauf war, ließ sie wieder ruhiger atmen. Und während sie gingen, versuchte sie, dem Vater zu erklären, was geschehen war, doch sprach sie wenig über das, was sie selbst getan hatte. Die Frau war etwas zurückgeblieben und hörte zu, und ab und zu rief sie aus, man hätte ihren Sohn getötet, und dann wieder stellte sie wilde Fragen, ob er noch am Leben wäre. Der Vater sagte wenig, während er ging. Er war bekannt als ruhiger, vernünftiger Mann, der seines Fleißes und seiner allgemeinen Führung wegen geachtet wurde, von dem man sich aber erzählte, er wäre unnachgiebig und sehr hart, wenn man ihn reizte.
Als sie fast die höchste Stelle des Pfades erreicht hatten, flüsterte der andere Mann ihm etwas zu, und dann drehte er sich nach Mally um und hielt sie an.
»Wenn er durch Euch zu Tode gekommen ist, soll Euer Blut für seins genommen werden«, sagte er.
Dann schrie sein Weib auf, ihr Kind wäre ermordet, und Mally, die in die drei Gesichter sah, wußte, daß die Worte ihres Großvaters wahr geworden waren. Man hatte sie in Verdacht, das Leben genommen zu haben, für dessen Rettung sie fast das eigene hingegeben hatte.
Sie blickte sie scheu an und ging dann, ohne ein Wort zu sagen, ihnen voran den Pfad hinunter. Was konnte sie antworten, wenn man eine solche Beschuldigung gegen sie erhob? Wenn es ihnen beliebte zu sagen, daß

sie ihn in den Kessel hineingestoßen und mit ihrem Haken geschlagen hätte, als er im Wasser lag, wie konnte sie zeigen, daß es nicht so war?

Die arme Mally wußte nichts von der Notwendigkeit rechtskräftiger Beweise, und es schien ihr, sie wäre in ihren Händen. Aber als sie den steilen Pfad eiligen Schritts hinabging – so schnell, daß die anderen zurückblieben –, war ihr das Herz voll – sehr voll und sehr hoch. Sie hatte um das Leben des Mannes gekämpft, als ob er ihr Bruder wäre. Das Blut war noch nicht trocken an ihren eigenen Beinen und Armen, wo sie sich, um ihm zu dienen, verletzt hatte. Eine kurze Spanne Zeit war sie überzeugt gewesen, daß sie mit ihm in dem Kessel sterben müßte. Und jetzt sagten die Leute, sie hätte ihn ermordet! Vielleicht war er nicht tot, und was würden seine Worte sein, wenn er je wieder reden konnte? Dann dachte sie an den Augenblick, als sich seine Augen öffneten und er sie zu erkennen schien. Sie fürchtete nichts für sich selbst, denn ihr Herz war hoch. Aber es war auch voll – voller Verachtung, Geringschätzung und Wut.

Als sie unten angekommen waren, blieb sie dicht an der Tür der Hütte stehen und wartete auf sie, damit sie ihr vorangehen konnten zu jener anderen Gruppe, die sich ein wenig entfernt vor ihnen auf dem Sand befand.

»Er ist dort, und der Großvater ist bei ihm. Geht und schaut ihn euch an«, sagte Mally.

Barty Gunliffe lag auf dem Sand, dort, wo Mally ihn verlassen hatte, und der alte Maleachi Trenglos hatte sich über ihn gebeugt und stützte sich schwer auf seinen Stock.

»Kein bißchen hat er sich bewegt, seit sie weggegangen ist«, sagt er, »kein bißchen. Ich habe seinen Kopf auf die alte Vorlage gelegt, wie ihr seht, und ich habe es mit einem Tropfen Schnaps versucht, aber er wollte ihn nicht zu sich nehmen – er wollte ihn nicht nehmen.

»Oh, mein Junge! mein Junge!« rief die Mutter und warf sich neben den Sohn auf den Sand.

»Halt den Mund, Frau«, sagte der Vater und kniete langsam neben dem Kopf seines Sohnes nieder, »das Gewimmer hilft ihm nichts.«

Dann, nachdem er ein oder zwei Minuten auf das bleiche Gesicht geschaut hatte, sah er Maleachi Trenglos ernst an.

Der alte Mann konnte kaum diesen schrecklichen, forschenden Blick ertragen.

»Er konnte es nicht lassen, herunterzukommen«, sagte Maleachi, »er hat es nur sich selbst zuzuschreiben.«

»Wer hat ihn geschlagen?« sagte der Vater.

»Er hat sich selbst geschlagen, als er in die Brandung fiel, wirklich.«

»Lügner!« sagte der Vater und sah zu dem alten Manne auf.

»Sie haben ihn ermordet! – Sie haben ihn ermordet!« kreischte die Mutter.

»Schweig, Frau!« sagte der Mann wieder. »Sie sollen uns Blut um Blut geben.«

Mally, die gegen die Ecke der Hütte lehnte, hörte alles, aber bewegte sich nicht. Ihretwegen konnten sie reden, was sie wollten, einen Mord daraus machen, sie und den Großvater ins Camelforder Gefängnis schleppen und dann nach Bodmin an den Galgen; eines konnten sie ihr nicht nehmen: das Bewußtsein, ihr Bestes getan zu haben, um ihn zu retten – ihr Allerbestes. Und sie hatte ihn gerettet.

Sie erinnerte sich, wie sie ihm gedroht hatte, ehe sie zusammen die Felsen hinuntergegangen waren, und an ihren bösen Wunsch. Das waren schlimme Worte gewesen, aber seitdem hatte sie ihr Leben gewagt, um seins zu retten. Sie mochten von ihr reden, was sie wollten, und mit ihr machen, was sie wollten. Sie wußte was sie wußte.

Dann nahm der Vater den Kopf und die Schultern sei-

nes Sohnes in die Arme und rief die anderen, ihm behilflich zu sein, Barty nach dem Pfad zu tragen. Alle zusammen hoben sie ihn vorsichtig und behutsam auf und trugen ihre Last nach jener Stelle zu, wo Mally stand. Sie verharrte bewegungslos, aber beobachtete sie bei ihrer Arbeit, und der alte Mann folgte ihnen und humpelte mit seiner Krücke hinterher.
Als der Zug das Ende der Hütte erreicht hatte, sah sie Bartys Gesicht, das sehr bleich war. Es war jetzt kein Blut mehr auf der Stirn, aber die große, klaffende Wunde war deutlich dort zu sehen mit ihrem zackigen Schnitt, und die Haut um sie herum war fahl und bläulich. Sein hellbraunes Haar hing zurück, so wie sie es ihm aus dem Gesicht gestrichen hatte, als die große Welle über sie hinweggerollt war. Ach, wie schön war er in Mallys Augen mit diesem blassen Gesicht und dem traurigen Loch auf der Stirn! Sie kehrte ihr Gesicht ab, um ihre Tränen zu verbergen, im übrigen aber stand sie bewegungslos und ohne ein Wort zu sprechen.
Aber jetzt, als sie an der Hütte vorbei waren und ihre Last mühsam weiterschleppten, hörte sie einen Laut, der sie aufrüttelte. Sie raffte sich schnell aus ihrer zurückgelehnten Stellung empor und streckte den Kopf vor, als ob sie lauschen wollte; dann machte sie eine Bewegung, um ihnen zu folgen. Ja, sie hatten am Ende des Pfades haltgemacht und den Körper wieder auf die Felsen gelegt. Sie hörte den Laut noch einmal, wie ein langes, langes Seufzen, und dann, ohne sich um irgendeinen zu kümmern, rannte sie nach dem Kopf des Verletzten.
»Er ist nicht tot«, sagte sie. »Seht, er ist nicht tot.«
Während sie sprach, öffneten sich Bartys Augen, und er schaute um sich.
»Barty, mein Junge, sprich zu mir«, sagte die Mutter.
Barty kehrte sein Gesicht der Mutter zu, lächelte und blickte dann wild um sich.

»Wie geht es dir, mein Junge?« sagte der Vater. Da drehte Barty wieder sein Gesicht der neuen Stimme zu, und als er das tat, fielen seine Augen auf Mally.

»Mally!« sagte er, »Mally!«

Keiner der Umstehenden bedurfte noch eines weiteren Beweises, um zu wissen, daß nach Bartys eigener Ansicht der Dinge Mally nicht seine Feindin gewesen war; und Mally selbst verlangte nach keinem weiteren Triumph. Dieses Wort hatte sie gerechtfertigt, und sie zog sich nach der Hütte zurück.

»Vater«, sagte sie, »Barty ist nicht tot, und ich denke, sie werden nichts weiter davon sagen, daß wir ihn verletzt hätten.«

Der alte Glos schüttelte den Kopf. Er war froh, daß der junge Mann dort nicht seinen Tod gefunden hatte; er wollte das Blut des jungen Mannes nicht, aber er wußte, wie die Leute redeten. Je ärmer einer war, um so sicherer würde die Welt auf ihm herumtrampeln. Mally redete, was sie konnte, um ihn zu trösten, da sie selbst getröstet war.

Sie hätte sich zu dem Gut zurückgeschlichen, wenn sie es gewagt hätte, um zu fragen, wie es Barty ginge. Aber sie hatte nicht den Mut dazu, als sie daran dachte, und so ging sie wieder an die Arbeit und zog den Tang, den sie geborgen hatte, bis zu der Stelle zurück, wo sie am Morgen den Esel beladen würde. Als sie das tat, sah sie Bartys Pony immer noch geduldig unter dem Felsen stehen, und so holte sie ein Bündel Futter und warf es vor das Tier.

Es war dunkel geworden unten in der Bucht, aber sie zog immer noch den Seetang zurück, als sie den Schimmer einer Laterne sah, die sich den Pfad herunterbewegte. Es war ein höchst ungewöhnlicher Anblick, denn Laternen gab es sonst in Maleachis Bucht nicht. Die Laterne kam ziemlich langsam nach unten – viel langsamer, als sie herabzusteigen pflegte, und dann sah sie durch die Dunkelheit die Gestalt eines

Mannes, der am unteren Ende des Pfades stand. Sie ging hin und sah, daß es Gunliffe, der Vater, war.
»Ist das Mally?« fragte Gunliffe.
»Ja, ich bin's, und wie geht es Barty, Herr Gunliffe?«
»Du mußt selbst zu ihm kommen, jetzt sofort«, sagte der Bauer. »Er will nicht eine Minute schlafen, ehe er dich nicht gesehen hat. Sag, daß du kommen wirst.«
»Natürlich werde ich kommen, wenn man mich braucht«, antwortete Mally.
Gunliffe wartete einen Augenblick, weil er glaubte, sie müsse sich zurechtmachen; aber Mally brauchte keine Vorbereitung. Sie triefte von dem Salzwasser des Tangs, den sie herausgezogen hatte, und ihre verworrenen Locken hingen ihr wild vom Kopf; aber so wie sie war, war sie fertig.
»Großvater ist zu Bett«, sagte sie, »und ich kann jetzt gehen, wenn es Euch recht ist.«
Dann drehte sich Gunliffe um und folgte ihr den Pfad hinauf und wunderte sich über das Leben, welches dieses Mädchen führte, so weit weg von all ihren Geschlechtsgenossinnen. Es war jetzt finstere Nacht, und er hatte sie gefunden, wie sie allein an der Grenze der rollenden Wogen in der Dunkelheit arbeitete, während das einzige menschliche Wesen, das ihr Beschützer hätte sein können, schon zu Bett gegangen war.
Als sie oben angekommen waren, faßte Gunliffe sie bei der Hand und führte sie. Sie verstand das nicht, aber machte keinen Versuch, ihm ihre Hand zu entziehen. Er sagte etwas, daß man auf dem Felsboden leicht fallen könne, aber er murmelte es so leise, daß Mally ihn kaum verstand. Es verhielt sich in Wirklichkeit so, daß der Mann wußte, sie hatte das Leben seines Jungen gerettet, und er hatte sie gekränkt, statt ihr zu danken. Jetzt schloß er sie in sein Herz, und da es ihm an Worten fehlte, zeigte er ihr seine Liebe in dieser stummen Art. Er hielt sie bei der Hand, als ob

sie ein Kind wäre, und Mally tappte an seiner Seite entlang, ohne Fragen zu stellen.
Als sie am Hoftor waren, blieb er einen Augenblick stehen.
»Mally, mein Mädel«, sagte er, »er gibt keine Ruhe, bis er dich gesehen hat, aber du darfst nicht lange bei ihm bleiben, Kind. Der Doktor sagt, er sei schwach und brauche den Schlaf nötig.«
Mally nickte nur mit dem Kopf, und dann betraten sie das Haus. Sie war früher nie darin gewesen und schaute mit staunenden Augen die Einrichtung der großen Küche an. Durchzuckte sie schon eine Ahnung ihrer zukünftigen Bestimmung? Doch verweilte sie keinen Augenblick hier, sondern folgte in das Schlafzimmer hinauf, wo Barty im Bett seiner Mutter lag.
»Ist es Mally selbst?« sagte die Stimme des schwachen jungen Mannes.
»Ja«, antwortete die Mutter, »jetzt kannst du ihr sagen, was du möchtest.«
»Mally«, sprach er, »Mally, wenn du nicht wärst, würde ich jetzt nicht leben.«
»Ich werde es ihr niemals vergessen«, sagte der Vater und blickte weg. »Ich werde es ihr niemals vergessen.«
»Wir haben keinen weiter außer ihm«, sagte die Mutter, die Schürze vorm Gesicht.
»Mally, jetzt werden wir Freunde sein?« fragte Barty.
Wenn sie für immer Herrin der Bucht geworden wäre, hätte Mally jetzt kein Wort sprechen können. Nicht nur, daß sie die Worte und die Gegenwart der Menschen einschüchterten und ihr die Sprache nahmen, sondern das große Bett und der Spiegel und die unerhörten Wunder der Stube ließen sie ihre eigene Nichtigkeit fühlen. Aber sie schlich sich an Bartys Seite und legte ihre Hand auf die seine.
»Ich werde kommen und den Tang holen, Mally; aber es wird alles für dich sein«, sagte Barty.
»Das wirst du bleiben lassen, Barty, mein Lieber«,

sagte die Mutter. »Du wirst nie wieder auch nur in die Nähe des schauderhaften Ortes gehen. Was sollten wir tun, wenn du von uns genommen würdest?«
»Er darf nicht in die Nähe des großen Loches gehen«, sagte Mally, die jetzt endlich mit einer feierlichen Stimme sprach und die Weisheit, die sie für sich selbst behalten hatte, solange Barty ihr Feind war, mitteilte, »besonders nicht, wenn der Wind irgendwie von Norden herkommt.«
»Sie sollte jetzt lieber nach unten gehen«, sagte der Vater.
Barty küßte die Hand, die er hielt, und Mally, die ihn dabei ansah, dachte, er gliche einem Engel.
»Du wirst uns morgen wieder besuchen, Mally«, sagte er. Sie antwortete nicht darauf, sondern verließ hinter Frau Gunliffe die Stube. Als sie unten in der Küche waren, gab ihr die Mutter Tee und dicke Milch und einen heißen Kuchen – all die Leckereien, die das Gut bieten konnte. Ich weiß nicht, ob sich Mally an diesem Abend viel aus Essen und Trinken machte, aber allmählich ging ihr auf, daß die Gunliffes gute Leute waren – sehr gute Leute. Jedenfalls war es besser so, als des Mordes angeklagt zu sein und ins Camelforder Gefängnis geschleppt zu werden.
»Ich werde es ihr nie vergessen – nie«, hatte der Vater gesagt.
Diese Worte verfolgten sie seit dem Augenblick und schienen ihr die ganze Nacht in den Ohren zu klingen. Wie froh war sie jetzt, daß Barty in die Bucht heruntergekommen war – o ja, wie froh! Jetzt war nicht mehr die Rede davon, daß er sterben könnte, und was den Schlag auf seine Stirn betraf, was bedeutete der schon für einen Burschen wie ihn?
»Aber Vater soll mit dir gehen«, sagte Frau Gunliffe, als Mally allein nach der Bucht aufbrechen wollte. Doch davon wollte Mally nichts wissen. Sie fand ihren Weg nach der Bucht, ob es nun hell oder dunkel war.

»Mally, du bist jetzt mein Kind, und ich werde so an dich denken«, sagte die Mutter, als das Mädchen allein fortging.

Mally dachte auf dem Nachhauseweg auch daran. Wie konnte sie Frau Gunliffes Kind werden, wie nur?

Ich glaube, ich brauche die Geschichte nicht weiterzuerzählen. Daß Mally Frau Gunliffes Kind wurde und wie sie es wurde, wird der Leser verstehen, und im Laufe der Zeit wurden die große Küche und all die Wunder des Gutshauses ihr Eigentum. Die Leute sagten, Barty Gunliffe hätte eine Wassernixe aus der See geheiratet; aber ich glaube kaum, daß sie es gern hörte, wenn sie dabei war; und wenn Barty selbst sie eine Wassernixe nannte, blickte sie ihn finster an und schüttelte ihr schwarzes Haar und tat so, als ob sie ihn mit ihren kleinen Händen knuffen wollte.

Der alte Glos wurde den Felsen hinaufgeschafft, und er verbrachte die wenigen verbleibenden Tage seines Lebens unter dem Dach von Herrn Gunliffes Haus; und was die Bucht und das Recht auf Seetang betrifft, so galt das von da an als zu Gunliffes Gut gehörig, und ich wüßte nicht, daß einer der Nachbarn die Absicht hätte, ihm dieses Recht streitig zu machen.

GEORGE WALKER IN SUEZ

Von allen Orten auf der Erdoberfläche, die ich, George Walker, aus London, Friday Street, je besucht habe, ist Suez in Ägypten am oberen Ende des Roten Meeres der widerwärtigste, unerfreulichste und uninteressanteste. Dort gibt es keine Frauen, kein Wasser und keine Vegetation. Der Ort wird umgeben von einer Sandwelt, ist oft sogar voll davon. Eine sengende Sonne steht immer darüber, und man ist in einem großen, höhlenartigen Hotel untergebracht, das offenbar absichtlich aller Bequemlichkeiten zivilisierten Lebens bar ist. Nichtsdestoweniger genieße ich immer eine Art Triumphgefühl, wenn ich auf die Woche meines Lebens zurückblicke, die ich dort verlebte, oder besser auf einen Tag dieser Woche, der nicht nur dem Zwischenspiel in Suez, sondern der ganzen Periode meines Aufenthaltes in Ägypten eine Art Glorie verleiht.

Ich bekenne frei, daß ich kein großer Mann bin und daß ich zumindest zu Beginn meiner Laufbahn nach den Huldigungen, die man der Größe zollt, verlangte. Ich wäre gern ein volkstümlicher Redner gewesen, um mich von dem Weihrauch zu nähren, den mir Tausende dargebracht hätten; oder, wenn das nicht ging, ein Mann, zur Macht geboren, den seine Umgebung achten und vielleicht fürchten muß. Ich schäme mich nicht, das zu gestehen, und glaube, die meisten meiner Nachbarn in der Friday Street würden so viel zugeben, wären sie so ehrlich und offenherzig wie ich.

Es ist jetzt einige Zeit her, seitdem man mir riet, wegen eines schlimmen Halses die ersten vier Monate des Jahres in Ägypten zu verbringen. Vielleicht hatte der Doktor recht, aber ich werde mich nicht von dem Gedanken abbringen lassen, daß meine Teilhaber mich los sein wollten, während sie gewisse Änderungen in der Leitung der Firma vornahmen. Sonst hätten sie sich nicht immer so interessiert gezeigt, wenn ich mir die Nase putzte oder meinem Hals etwas Erleichterung schaffte, indem ich ein wenig hustete; – sie wären nicht so vertraut mit dem Arzt vom Krankenhaus St. Bartholomew gewesen, der mit ihnen zweimal die Woche im Albion speiste, noch hätten sie sich, sobald ich den Rücken wandte, an die Arbeit gemacht und eben die Dinge getan, die sie nicht ausführen konnten, wäre ich zu Hause geblieben. Wie dem auch sei, man hatte mir einen Schreck eingejagt, ich ging nach Kairo, und als ich dort war, machte ich auf eine Woche einen Ausflug nach Suez.

Ich war nicht glücklich in Kairo, denn ich kannte dort niemand, und die Leute im Hotel waren meiner Meinung nach unhöflich. Es schien mir, sie duldeten nur gerade, daß ich ein und aus ging, und doch bezahlte ich meine Rechnung regelmäßig jede Woche. Das Haus war voller Gäste, aber sie bildeten Grüppchen von zwei oder drei Leuten, die offenbar alle ihre eigenen Freunde hatten. Ich machte zwar ein paar Versuche, um die schreckliche britische Exklusivität zu überwinden, dieses noli me tangere, womit sich ein Engländer bewaffnet und in das er auch seine Frau einzuhüllen für nötig hält, aber es war vergeblich, und wenn ich mich zum Frühstück oder Mittagessen setzte, fand ich mich Tag für Tag genauso allein, wie ich es wäre, wenn ich mir an einem besonderen Tisch im Cathedral Kaffeehaus ein Kotelett bestellte. Und doch war ich beim Frühstück oder Mittagessen einer von dreißig oder vierzig Gästen. Das fand ich langweilig.

Aber als ich eines Morgens auf den Stufen des Hotels stand und darüber nachdachte, wie ich mich nicht erinnern konnte, jemals einen gesünderen Hals gehabt zu haben, klopfte mir plötzlich jemand auf den Rükken. Niemals im Leben empfand ich ein angenehmeres Gefühl oder drehte ich mich mit ungekünstelterer Freude um, den Gruß eines Freundes zu erwidern. Es war, als ob mir jemand einen Becher Wasser in der Wüste gereicht hätte. Ich wußte, daß an diesem Morgen eine Schiffsladung Passagiere auf dem Wege nach Australien in Kairo angekommen war und nach Suez weiterbefördert würde, sobald die Eisenbahn sie aufnahm, und erwartete daher nicht, daß der Gruß von jemand kam, der längeren Aufenthalt in Ägypten genommen hatte.

Vielleicht hätte ich erwähnen sollen, daß die Gleichförmigkeit unseres Lebens im Hotel etwa viermal im Monat dadurch gestört wurde, daß ein Schwarm Reisender durch Kairo zog, die wie die Heuschrecken alles Eßbare im Gasthaus für Tage auffraßen. Sie setzten sich mit uns an die gleichen Tische, aber mischten sich nie unter uns, da sie ihre besonderen Interessen und Hoffnungen hatten, die sie oft, wie ich fand, etwas laut und beinah selbstsüchtig zum Ausdruck brachten. Diese Schwärme bestanden aus Passagieren, die auf dem Landwege nach Indien und Australien gingen oder von dort kamen, und wenn ich nichts anderes zu erzählen hätte, würde ich mit dem größten Vergnügen alles berichten, was ich an Gewohnheiten und Gebräuchen bei ihnen beobachtet habe – die nach draußen Bestimmten unterschieden sich in ihren Zügen so sehr von ihren Brüdern auf der Rückreise. Aber ich habe meinen eigenen Triumph in Suez zu erzählen und muß daher weitereilen und sagen, daß ich, als ich mich mit ausgestreckter Hand rasch umdrehte, sie von John Robinson umfaßt fand.

»Ach, Robinson, bist du's?« – »Hallo, Walker, was machst du denn hier?« Das war natürlich der Stil der Begrüßung. Anderswo hätte ich nicht viel Wert darauf gelegt, John Robinson zu treffen, denn er war ein Mann, der es im Leben zu nichts gebracht hatte. Er hatte ein Geschäft besessen und in Verbindung mit einem ziemlich guten Haus in der Sise Lane gestanden, aber er hatte früh geheiratet, und es war ihm nicht gerade gut gegangen. Ich glaube nicht, daß das Haus bankrott machte, er tat es jedenfalls, und so war er gezwungen, sich und seine fünf Kinder nach Australien zu verfrachten. Anderswo hätte ich keinen Wert darauf gelegt, ihm zu begegnen, aber ich war tatsächlich froh, als mir auf diesem Landeplatz vor Shepheards Hotel in Kairo überhaupt ein Mensch auf den Rücken klopfte.

Ich erfuhr bald, daß Robinson mit Frau und Kindern und dazu mit dem ganzen Rest der australischen Schiffsladung an diesem Nachmittag nach Suez weiterbefördert werden sollte, und nach einer Weile erklärte ich mich einverstanden, die Gesellschaft dorthin zu begleiten. Als ich aus England abreiste, hatte ich den Entschluß gefaßt, alle die Wunder Ägyptens zu sehen, und bis jetzt hatte ich nichts gesehen. Einmal allerdings war ich etwa fünfzehn Meilen auf einem Esel geritten, um mir den versteinerten Wald anzusehen, aber der Führer, der sich Dragoman nannte, führte mich falsch oder betrog mich anderswie. Wir ritten den halben Tag über eine steinige, sandige Ebene, sahen nichts bei einem schrecklichen Wind, der mir den Mund mit grobem Sand füllte, und zuletzt stieg der Dragoman ab. »Da«, sagte er und hob ein kleines Stück Stein auf, »das ist der Wald aus Stein. Nehmen Sie das mit nach Hause.« Dann machten wir kehrt und ritten nach Kairo zurück. Meine wesentlichste Beobachtung über das Land war die, daß der Wind uns in die Zähne blies, was für einen Weg wir auch immer ritten. Die Tagesarbeit kostete mich fünfundzwanzig Schilling, und seitdem hatte ich noch keine weitere Expedition unternommen. Ich war daher froh, als sich mir eine Gelegenheit bot, nach Suez zu gehen und die Reise in Gesellschaft eines Bekannten zu machen.

Damals ging die Eisenbahn, soweit ich mich erinnere,

fast die halbe Strecke von Kairo nach Suez. Sie verkehrte nicht vier- oder fünfmal am Tage, wie das die Eisenbahnen in anderen Ländern tun, sondern vier- oder fünfmal im Monat. Eigentlich beförderte sie nur Passagiere, wenn solche Schwärme auf der Durchreise zwischen England und seinen östlichen Besitzungen ankamen. Es gab Züge, die fortwährend hin- und herfuhren, wie ich bemerkte, wenn ich am Bahnhof vorüberkam, aber man sagte mir, sie beförderten nichts außer den Arbeitern, die an der Strecke beschäftigt waren, und dem Wasser, das für sie in die Wüste geschickt wurde. Der Gedanke leuchtete mir damals ein, daß ich nicht gern Geld in diesem Unternehmen stecken hätte.
Nun, ich ging mit Robinson nach Suez. Die Reise war wie alles andere in Ägypten sandig, heiß und unerfreulich. Die Eisenbahnwagen waren ganz ordentlich, und wir hatten genügend Platz, aber selbst dort war der Staub eine große Plage. Wir reisten ungefähr zehn Meilen in der Stunde und hielten ungefähr eine Stunde aller zehn Meilen. Das war ermüdend, aber wir hatten Zigarren bei uns und ein wenig Branntwein und Wasser, und auf diese Weise überstanden wir die Fahrt. Mitten in der Nacht aber wurden wir aus den Eisenbahnwagen in sogenannte Omnibusse gebracht, und dann hatte ich es nicht bequem. Diese Omnibusse waren hölzerne Kisten, die man auf ein paar Räder gestellt hatte, und sollten angeblich sechs Passagiere aufnehmen können. In einen wurde ich mit Robinson, seiner Frau und seinen fünf Kindern gesteckt und begann sofort zu bereuen, daß ich so gutmütig gewesen war, sie zu begleiten. Jedem Fahrzeug waren vier Pferde oder Maulesel zugeteilt, und ich muß sagen, wenn man auf der Eisenbahn so langsam wie irgend möglich gefahren war, gingen jetzt diese durch den Sand geschleiften Fuhrwerke so schnell, wie man die Pferde nur in Galopp bringen konnte.

Ich erinnere mich noch an die Fuchs-hallo-ho-Kutsche auf der Birminghamer Landstraße, als Boyce sie fuhr, aber was Tempo anbelangt, war die Fuchs-hallo-ho nichts im Vergleich mit diesen Maschinen in Ägypten. Gleich beim Start wurde ich kräftig gegen Frau Robinson und das Baby gestoßen, und lange Zeit dachte diese Dame, das Kind wäre aus der richtigen Form gedrückt worden; aber zu guter Letzt kamen wir in Suez an, und als das Baby dort ins Schiff hinangereicht wurde, schien es mir durchaus in Ordnung zu sein.

Man ließ den Robinsons Zeit, in diesem höhlenartigen Hotel zu frühstücken – mir schien das eine List, um an Bord des Schiffes die Kosten für eine Passagiermahlzeit zu sparen –, und dann fuhren sie ab. Ich schüttelte ihm herzlich die Hand, als wir uns am Kai verabschiedeten, und wünschte ihm, daß er gut mit allen Schwierigkeiten fertig würde. Ein Mann, der eine Frau und fünf kleine Kinder in eine Kolonie mit hinausnimmt, und zwar mit nur halbwegs gefütterten Taschen, hat bestimmt seine Schwierigkeiten vor sich. Zweifellos hat er sie auch zu Hause, aber was mich anlangt, so würde ich es immer vorziehen, auf dem alten Schiff zu bleiben, solange noch ein Sack Zwieback in der Vorratskammer ist. Armer Robinson! Ich habe seit diesem Tage nie wieder ein Wort von ihm oder den Seinen gehört und hoffe zuversichtlich, daß das Baby durch den kleinen Unfall in der Kiste keinen Schaden erlitten hat.

Und jetzt lag eine Woche in Suez vor mir, und die Robinsons waren noch keine halbe Stunde weg, als ich schon zu fühlen begann, daß ich sogar in Kairo besser daran gewesen wäre. Ich sicherte mir ein Schlafzimmer in dem Hotel – ich hätte mir sechzig sichern können, wenn ich das gewollt hätte –, und dann ging ich hinaus und stand an der Vordertür oder dem Tor. Es ist ein großes Haus, um ein Viereck gebaut, das mit der einen Front gegen das Nordufer das Roten Meeres schaut und mit der anderen auf einen sandigen, tot aussehenden, offenen Platz. Dort stand ich zehn Minuten lang, und da ich es zum Ausgehen zu heiß fand, kehrte ich in den langen, höhlenartigen Raum zurück, in dem wir gefrühstückt hatten. In diesem langen, höhlenartigen Raum war es mir beschieden, während der nächsten sechs Tage alle meine Mahlzeiten einzunehmen. In Kairo konnte ich wenigstens meine Mitmenschen beim Essen sehen. So brannte ich mir eine Zigarre an und begann darüber nachzudenken, ob ich wohl die Woche überleben würde. Es war mir jetzt klar, daß ich sehr unüberlegt gehandelt hatte, als ich mit den Robinsons nach Suez ging.

Jemand vom Hotel hatte mich nach meinem Namen gefragt, und ich hatte ihn deutlich genannt – George Walker. Ich habe mich noch nie meines Namens geschämt und hatte nie Grund dazu. Bis zum heutigen Tage glaube ich, daß er genausoviel in der Friday Street gilt wie jeder andere. Ein Mann kann populär sein oder nicht, das hängt meist von den Umständen ab, die an sich unbedeutend sind. Für den Wert seines Namens aber ist es entscheidend, wie er bei seiner Bank angeschrieben steht. Ich habe nie mit Tee- oder Soßenlöffeln gehandelt, trotzdem wird mein Name so viel gelten wie irgendein anderer. »George Walker«, antwortete ich daher etwas von oben herab dem Mann, der mich fragte und der in einem alten Schlafrock und Pantoffeln hinter dem Tor des Hotels saß.

Das war ein trostloser Tag für mich, und zwanzigmal vorm Essen wünschte ich mich zurück nach Kairo. Ich war die ganze Nacht gereist und hoffte daher, daß ich ein wenig Zeit schlafend totschlagen könnte, aber die Moskitos griffen mich im gleichen Augenblick an, in dem ich mich hinlegte. Anderswo quälen einen die Moskitos nur nachts, aber in Suez summen sie ununterbrochen zu allen Stunden um einen herum. Eine sengende Sonne brannte vom Himmel herunter und verbot mir unbedingt, das Haus zu verlassen. Ich stand eine Weile auf der Veranda und schaute hinab auf die paar kleinen Fahrzeuge, die am Kai angelegt hatten, aber es war kein Leben in ihnen, kein Segel wurde gesetzt, kein Schiffer oder Matrose war zu sehen, und sogar das Wasser sah aus, als ob es heiß wäre. Ich konnte mir vorstellen, wie die pralle Sonne die Farbe an den Schandecken der Boote zum Platzen brachte. Ich war der einzige Gast im Haus, und während der ganzen, langen Morgenstunden schien es mir, als ob die Bedienten es verlassen hätten.

Ich speiste um vier Uhr; nicht, daß ich mir diese Stunde wählte, sondern weil mir keine Wahl blieb. In den ägyptischen Hotels muß man zu der Stunde essen, die der Wirt bestimmt, und keine Bitten vermögen es, eine Mahlzeit zu einer anderen Zeit zu bekommen. Um vier Uhr aß ich also, und nach dem Essen war ich wieder meiner Verzweiflung überlassen.

Ich saß in dem höhlenartigen Zimmer, halb verrückt bei der Aussicht auf die Woche vor mir, als ich das Geräusch verschiedener Füße auf dem Korridor hörte, der nach dem Hofe ging. War es möglich, daß andere menschliche Wesen ins Hotel kamen – Christenmenschen, die ich ansehen, deren Stimmen ich hören, deren Worte ich verstehen konnte und mit denen es mir vielleicht möglich war zu verkehren? Doch rührte ich mich nicht, denn mir war immer noch heiß, und ich wußte, daß meine Chancen besser ständen, wenn ich mich nicht gleich im ersten Augenblick zu begierig auf Gesellschaft zeigte. Aber die Tür wurde geöffnet, und ich merkte, daß mir zumindest in einer Richtung eine Enttäuschung beschieden war. Die Fremden, die den Raum betraten, waren keine Christen – wenn ich nach der Art ihrer Kleidung urteilen durfte.

Die Tür hatte der Mann in dem alten Schlafrock und mit den Pantoffeln aufgemacht, den ich hinter dem

Tor hatte sitzen sehen. Es war der arabische Hotelportier, und als er die neuen Gäste in das Zimmer führte, hörte ich ihn einige Laute aussprechen, die meinem eigenen Namen ähnelten, und bemerkte, daß er mich der bedeutendsten unter den Personen, die den Raum betraten, zeigte. Das war ein beleibter, stattlicher Mann, der vom Kopf bis zum Fuß in ein orientalisches Kostüm von den leuchtendsten Farben gehüllt war. Er trug nicht nur die rote Feskappe, die jedermann trug – selbst ich hatte mich an den Fes gewöhnt –, sondern einen Turban darum, dessen zahlreiche Falten schneeweiß waren. Sein Gesicht war dick, deshalb aber nicht weniger ernst, und der untere Teil davon wurde von einem prächtigen Bart umhüllt, welcher rundherum an allen Seiten weit hervorragte und im Gehen seine Brust berührte. Es war ein großartiger, graumelierter Bart, und ich mußte sofort zugeben, daß er der Erscheinung des Fremden eine eigenartige Würde verlieh. Sein fließendes Gewand war von leuchtenden Farben, und das Unterkleid, das um die Brust herum straff saß und dann herabfiel, um unterhalb der Schärpe sich zu einem Paar sehr weiter Hosen zu formen – vielleicht würde ich sie besser als Säcke beschreiben –, war von kostbarer, gelbbrauner Seide. Diese losen Hosen waren oberhalb der Knöchel fest um die Beine gebunden über einem Paar peinlich weißer Strümpfe, und an den Füßen trug er ein Paar gelbe Pantoffeln. Auf den ersten Blick war es mir klar, daß der arabische Gentleman in vollem Staat erschien und bei seinem Anzug keine Kosten gescheut hatte.

Und hier kann ich nicht umhin, eine Bemerkung über die persönliche Haltung dieser Araber zu machen. Ob sie nun Araber oder Türken oder Kopten sind, es ist immer dasselbe. Ich glaube, sie sind eine niedrige, falsche, feige Rasse. Sie lassen sich Schläge gefallen und achten den Mann, der sie austeilt. Die Furcht sitzt bei ihnen tiefer als die Liebe, und untereinander kennen sie keine Nachsicht. Wer nicht aus ihnen herauspreßt, was er herauspressen kann, den halten sie einfach für einen Narren, und zwar für einen um so größeren, je mehr er verliert. In all diesen Dingen sind sie uns, die wir eine christliche Unterweisung gehabt haben, maßlos unterlegen. Aber in einem schlagen sie uns. Sie wissen stets ihre persönliche Würde zu wahren.

Sieh dir meinen Freund und Teilhaber Judkins an, wie er, die Hände in den Hosentaschen, an der Tür unseres Hauses in der Friday Street steht. Was gibt es Gewöhnlicheres als seine Erscheinung? Er ist ein untersetzter, kleiner, dicker Mann, aber das war auch mein Freund in Suez, der Araber. Judkins kleidet sich immer von Kopf bis Fuß in einen anständigen, schwarzen Tuchanzug; er trägt stets einen Frack, der weder alt noch schäbig ist. Auf dem Kopf hat er einen glänzenden, neuen Zylinder, so wie ihn die Mode in unserer Metropole verlangt. Judkins beschäftigt sich eher zuviel mit seinem Äußeren als zuwenig und bildet sich etwas auf seinen Anzug ein. Und doch wie gewöhnlich ist seine Erscheinung verglichen mit der des Arabers, wie gewöhnlich ist auch sein Gang, wie wenig edel sein Schritt! Judkins könnte den Araber viermal auskaufen, ohne den Verlust groß zu spüren, und dennoch, beträten sie jemals einen Raum zur gleichen Zeit, dann wüßte Judkins und gäbe es auch durch seinen Blick zu, daß er die unbedeutendere Persönlichkeit ist. Nichtsdestoweniger würde Judkins, falls ein persönlicher Streit zwischen ihnen entstehen sollte, den Araber verprügeln, ja, ihn so klein kriegen, daß er in schmachvollster Erniedrigung ihm zu Füßen läge. Und wenn Judkins das Herz vor Verzweiflung bräche, er müßte einen Schlag zurückgeben, während der Araber jede derartige Demütigung einstecken würde. Trotzdem geht Judkins die persönliche Würde vollkommen ab. Ich habe oft darüber nachgedacht, als die

Stunden in Ägypten langsam dahinschlichen, ob es nicht vorteilhaft wäre, ein orientalisches Kostüm in der Friday Street einzuführen.

In dem Augenblick, als der arabische Gentleman das höhlenartige Kaffeezimmer betrat, fühlte ich, daß ich die weitaus unbedeutendere Persönlichkeit war. Hinter ihm kamen vier oder fünf andere, die so ähnlich gekleidet waren wie er, wenn auch keineswegs in so prächtige Farben, und außerdem ein Herr in einem Jackettanzug. Der Herr im Jackettanzug kam zuletzt, und ich konnte sehen, daß er einer der geringsten von ihnen war. Was mich anbelangt, so fühlte ich mich fast überwältigt von der Würde der dicken Person im Turban, und da ich sah, daß er geradewegs durch den Raum auf den Platz zukam, wo ich saß, stellte ich mich auf die Füße und machte ihm eine Verbeugung, wie sie unter Christen üblich ist. Ich bin ein kleiner Mann und nicht untersetzt wie Judkins, und ich schmeichle mir, daß ich jedenfalls mehr Haltung an den Tag legte, als er gezeigt haben würde.

Ich erwies ihm, wie ich gesagt habe, auf Christenart meine Ehrerbietung. Das heißt, ich bewegte den Kopf mehrmals auf und nieder, rieb mir dabei die Hände und gab der Meinung Ausdruck, daß es ein schöner Tag sei. Aber wenn ich, wie ich hoffe, höflich war, der Araber war es noch viel mehr. Er kam auf mich zu, bis er noch ungefähr sechs Schritt von mir entfernt war, legte die rechte Hand offen auf seine seidene Brust, und indem er sich mit seinem ganzen Körper vorwärts neigte, machte er mir eine Verbeugung, wie sie Judkins nie zustande gebracht hätte. Der Turban und das fließende Gewand wären vielleicht in der Friday Street möglich, aber was würden uns diese äußeren Hüllen und bloßen Symbole nützen, wenn das innere Gefühl persönlicher Würde fehlte? Ich habe es oft seitdem, wenn ich allein war, versucht, aber ich konnte nichts, was dieser Verbeugung glich, vollbringen. Der Araber in dem fließenden Gewand verbeugte sich, und darauf machte der christliche Herr im Jakkettanzug einen Kratzfuß. Ich machte auch einen Kratzfuß, rieb mir wieder die Hände und fügte zu meinen früheren Bemerkungen hinzu, daß es ziemlich heiß sei.

»Das ist sehr richtig«, sagte der Portier in dem schmutzigen Schlafrock, der dabeistand. Ich konnte mit einem Blick sehen, daß sich das Verhalten des Portiers mir gegenüber außerordentlich gewandelt hatte, und ich fühlte mich in meinem Elend etwas getröstet. Vielleicht stand ein Christ aus der Friday Street mit reichlich Geld in den Taschen in Suez in höherem Ansehen als in Kairo. Falls dem so war, dann würde das allein viel dazu beitragen, um die offensichtliche Armseligkeit des Ortes wiedergutzumachen. In Kairo war mir nicht die Aufmerksamkeit zuteil geworden, die mir zweifellos als zweitem Teilhaber der blühenden Manchester Firma Grimes, Walker und Judkins gebührte.

Aber als sich jetzt mein Freund mit dem Bart wieder vor mir verbeugte, fühlte ich, daß dieser Mangel aufgewogen würde. Doch war mir immerhin klar, daß die neue Bekanntschaft, obgleich sie mir in ihrer Art gefiel, von beachtlichen Unbequemlichkeiten begleitet sein würde, denn der arabische Herr fing an, eine Ansprache auf französisch an mich zu richten. Es ist mir stets eine Quelle der Betrübnis gewesen, daß meine Eltern mich nicht in der französischen Sprache unterweisen ließen, und dieser Mangel meinerseits war der Grund für einen unglaublichen Grad hochnäsiger, überheblicher Anmaßung seitens Judkins', der letzten Endes wenig mehr kann, als den Brief eines Korrespondenten übersetzen. Ich glaube nicht, daß er die feierliche Rede des Arabers verstanden hätte, ich jedenfalls verstand sie nicht. Er hielt sie aber zu Ende, was etwa drei oder vier Minuten dauerte, und ver-

beugte sich dann wieder. Wenn ich nur diese Verbeugung hätte lernen können, wäre ich immer noch größer als Judkins mit all seinem Französisch gewesen.
»Es tut mir leid«, sagte ich, »aber ich verstehe die französische Sprache nicht ganz, wenn sie gesprochen wird.«
»Ach! kein Französisch!« sagte der Araber in einem sehr gebrochenen Englisch, »das ist ein Kummer.« Woher kommt es, daß diese Burschen alle Sprachen unter der Sonne lernen? Ich fand später, daß dieser Mann Italienisch und Türkisch und Armenisch fließend zu sprechen verstand, und wie auf englisch so auch auf deutsch ein paar Worte sagen konnte. Ich hätte mein Mittagessen in keiner anderen Sprache als der englischen bestellen können, und wenn ich verhungert wäre. Dann rief er den christlichen Herrn in den langen Hosen, und soviel ich verstand, übertrug er ihm eine Aufgabe, zwischen uns zu dolmetschen. Der wirksamen Durchführung schien immerhin eine Schwierigkeit im Wege zu stehen. Der christliche Herr konnte selbst nicht englisch sprechen. Er brachte es vielleicht ein wenig besser als der Araber, aber keineswegs gut genug, um uns zu ermöglichen, eine fließende Unterhaltung zu führen.
Und hätte der Dolmetscher – es stellte sich heraus, daß er ein Italiener aus Triest war und dem österreichischen Konsulat in Alexandrien zugeteilt –, hätte der Dolmetscher mit der größten Leichtigkeit englisch gesprochen, ich hätte trotzdem beachtliche Schwierigkeiten gehabt, den Vorschlag, den man mir machte, in jeder Beziehung zu verstehen und zu verdauen. Aber ehe ich zu dem Vorschlag komme, muß ich eine Zeremonie beschreiben, die vor dem Gespräch stattfand. Ich hatte kaum bemerkt, als die Prozession mein Zimmer betrat, daß einer aus dem Gefolge meines Freundes – der Name meines Freundes war, wie ich später erfuhr, Mahmoud al Ackbar, und ich werde ihn des-

halb Mahmoud nennen –, daß einer von Mahmouds Gefolge in seinem Arm ein Bündel langer Stöcke trug und ein anderer einen eisernen Topf und ein Tablett. Doch war das der Fall, und diese beiden Begleiter traten jetzt vor, um ihre Dienste zu verrichten, während ich, nachdem mich Mahmoud buchstäblich aufs Sofa gedrückt hatte, ihre Tätigkeit beobachtete. Mahmoud setzte sich auch, und es wurde kein Wort gesprochen, während die Zeremonie vor sich ging. Der Mann mit den Stöcken stellte zuerst zwei kleine Pfannen auf den Boden, eine mir zu Füßen und eine vor seinen Herrn. Darauf öffnete er einen verzierten Beutel, den er um den Hals trug, brachte Tabak daraus hervor und machte sich daran, zwei Pfeifen zu füllen. Das tat er mit dem größten Ernst und offenbar mit ganz besonderer Sorgfalt. Die Pfeifen waren schon an einem Ende des Stockes befestigt, und an das andere steckte der Mann jetzt zwei große gelbe Bälle. Es waren dies, wie ich später bemerkte, Mundstücke aus Bernstein. Darauf brannte er die Pfeifen an, zog den widerspenstigen Rauch in die Höhe, indem er lange und mühsam an dem Mundstück saugte, und als die Arbeit verhältnismäßig leicht geworden war, reichte er eine Pfeife mir und die andere seinem Herrn. Die Schüsseln hatte er vorher in die kleinen Pfannen auf dem Boden gesetzt.

Während der ganzen Zeit wurde kein Wort gesprochen, und mich ließ man vollkommen im dunkeln über den Grund, der zu dieser außerordentlichen Höflichkeit geführt hatte. In eine Ecke des Zimmers war ein Sofa eingebaut – sie nannten es dort einen Diwan –, und auf der einen Seite des Winkels saß Mahmoud al Ackbar, die Füße unter sich gezogen, während ich auf der anderen saß. Der Rest der Gesellschaft stand herum, und ich fühlte mich so wenig Herr der Situation, daß ich nicht wußte, ob es mir geziemte, sie zu bitten, Platz zu nehmen. Ich war nicht der Gastgeber. Es waren nicht meine Pfeifen. Und es war auch nicht mein Kaffee, den jetzt die Begleiter in einer entfernten Ecke des Zimmers zubereiteten. Und außerdem war ich ziemlich in Verwirrung, wie ich den Stock mit dem Bernsteinmundstück, den man mir dargereicht hatte, handhaben sollte. Auf eine Zigarre verstehe ich mich ebensogut wie jeder andere aus der City. Ich kann das Ende abbeißen und sie, bis das letzte in Asche aufgegangen ist, rauchen, wenn ich dreiviertel schlafe. Aber nie vorher hatte man mich eingeladen, es mir mit einem derartigen Instrument gütlich zu tun. Was sollte ich mit dem großen gelben Ball tun? So paßte ich genau auf meinen neuen Freund auf.

Es bildete offensichtlich einen Teil seiner feinen Lebensart, nicht vor mir anzufangen, aber als er meine Schwierigkeiten sah, hob er den Ball zu seinem Mund und saugte daran. Ich sah ihn an und bewunderte den Ernst seiner Haltung und die Würde seines Betragens. Ich saugte auch, aber ich sprudelte geräuschvoll und muß gestehen, daß ich keinen Spaß daran hatte. Der Rauch ringelte sich ihm graziös aus Mund und Nase, als er dasaß in seiner stummen Gelassenheit. Ich war auch stumm, was die Sprache anbelangt, aber ich hustete, als der Rauch in krampfhaften Stößen aus mir herauskam. Und dann brachte uns der Diener Kaffee in kleinen Zinnschalen – schwarzen Kaffee ohne Zukker und voller Satz, die Bohnen hatte man nur zerquetscht, nicht zermahlen. Ich nahm die Tasse und schluckte das Gebräu hinter, denn ich konnte es nicht ablehnen, aber ich wünschte, ich hätte um etwas Milch und Zucker bitten können. Nichtsdestoweniger gefiel mir die ganze Zeremonie außerordentlich, und schließlich fand ich mich auch mit meiner Pfeife besser zurecht.

Als Mahmoud seinen Tabak aufgeraucht hatte und merkte, daß ich auch aufgehört hatte, Rauch auszustoßen, sprach er auf italienisch mit dem Dolmetscher, und der Dolmetscher begann darauf, mir den Zweck des Besuches zu erklären. Das machte viel Schwierigkeiten, denn der Dolmetscher hatte nur einen dürftigen englischen Wortschatz, aber nach einer Weile verstand ich oder glaubte das Folgende zu verstehen: – In irgendeiner früheren Phase meiner Existenz hatte ich irgendeine Tat vollbracht, die Mahmoud al Ackbar unendliches Vergnügen bereitet hatte. Ob ich sie aber selbst vollbracht hatte oder mein Vater, war mir nicht ganz klar. Mein Vater, damals war er schon einige Zeit verstorben, war Kaimeister in Liverpool gewesen. Und es war durchaus möglich, daß Mahmoud in diesem Hafen gewesen war. Mahmoud hatte von meiner Ankunft in Ägypten gehört, und man hatte ihm mitgeteilt, daß ich nach Suez kommen würde – um mich in dem Schiff wegzutragen, wie es der Dolmetscher ausdrückte. Dies konnte ich nicht verstehen, aber ich ließ es hingehen. Nachdem er diese angenehmen Nachrichten gehört hatte – und Mahmoud, der in seiner Ecke saß, beugte sich tief vor mir, als das gesagt wurde –, hatte er zu meinem Empfang eine kleine Erfrischung für morgen vorbereitet in der Hoffnung, daß ich mich nicht in dem Schiff wegtragen würde, bis sie aufgegessen wäre. In dieser Hinsicht beruhigte ich ihn vollkommen, und er fuhr dann fort, mir zu erklären, daß es eine Sehenswürdigkeit in Suez gäbe und Mahmoud es gern hätte, wenn ich die Erfrischung in der Form eines Picknicks einnähme am Brunnen des Moses in Asien drüben am anderen Ufer der oberen Spitze des Roten Meeres! Mahmoud würde für ein Boot sorgen, das die Gesellschaft am Morgen übersetzen sollte, und für Kamele, auf denen wir nach Sonnenuntergang zurückkehren würden. Oder wir könnten auch hin und zurück auf Kamelen reiten, oder auf Kamelen hinreiten und im Boot zurückkehren. Überhaupt würden sie es so einrichten, wie es mir am liebsten wäre. Wenn ich mich vor der Hitze fürchtete

und mir das offene Boot unangenehm wäre, könnte man mich in einer Sänfte herumtragen. Den Proviant hatte man schon nach dem Brunnen des Moses hinübergeschickt in der Annahme, daß ich ihnen diese kleine Bitte nicht abschlagen würde.
Ich schlug sie nicht ab. Nichts hätte mir angenehmer sein können als dieser Plan, etwas von den Sehenswürdigkeiten und Wundern dieses Landes kennenzulernen, und zwar in guter Gesellschaft. Ich hatte früher noch nichts vom Brunnen des Moses gehört, aber jetzt, als ich erfuhr, daß er in Asien lag – in einem anderen Viertel der Welt, das durch eine Überquerung des Roten Meeres zu erreichen war und von dem man auf den Rücken von Kamelen zurückreisen konnte, brannte ich vor Eifer, seine Wasser zu besuchen. Was für eine Geschichte würde das für Judkins sein! Hier war zweifellos die Stelle, wo die Israeliten vorbeigezogen waren. Von diesen Wassern hatten sie getrunken. Ich kam mir beinahe so vor, als wenn ich schon eins der Räder von Pharaos Streitwagen gefunden hätte. Ich gab meine Zustimmung bereitwillig, und dann verließen mich Mahmoud und seine Begleitung sehr zeremoniell und mit vielen tiefen Salams. »Ich freue mich sehr, daß ich nach Suez gekommen bin«, sagte ich mir.
In dieser Nacht schlief ich nicht viel, denn die Moskitos von Suez haben sehr viel Ausdauer, aber von der quälenden Verzweiflung, die diese Tiere so häufig hervorbringen, retteten mich die angenehmen Gedanken an Mahmoud al Ackbar. Ich frage alle meine Leser, die in der Welt herumgekommen sind, ob es nicht eine schmerzliche Sache ist, wenn man in der Fremde ohne jede Liebenswürdigkeit oder höfliche Form behandelt wird. Deshalb war ich in Kairo unglücklich gewesen, und für all das sollte mir jetzt in Suez Ersatz werden. Nichts konnte mir angenehmer sein als das ganze Verhalten von Mahmoud al Ackbar, und ich

beschloß, es voll auszunutzen und mir nicht übermäßig darüber Gedanken zu machen, welcher Natur jene früheren Gunstbezeigungen waren, auf die er anspielte. Das war seine Angelegenheit, und wenn er es zufrieden war, warum sollte ich es nicht auch sein?
Am folgenden Morgen war ich um sechs Uhr angezogen, und als ich aus meinem Schlafzimmer herausschaute, sah ich, wie das Boot, das für unsere Lustreise nach Asien bestimmt war, an den Kai dicht unterhalb meines Fensters gebracht wurde. Um der Mittagshitze aus dem Wege zu gehen, war verabredet worden, im Boot zu frühstücken – Mahmoud hatte es also auf diese Weise übernommen, mich mit zwei kleinen Mahlzeiten zu bewirten –, mittags in einem Pavillon auszuruhen, welcher dicht neben dem Brunnen erbaut war, dann zu essen und auf den Kamelen in der Kühle des Abends zurückzureiten. Nichts konnte angenehmer klingen als solch ein Plan, und da ich wußte, daß Tragkörbe mit Lebensmitteln bereits hinübergeschickt worden waren, zweifelte ich nicht daran, daß die Tafel ausgezeichnet sein würde. Selbst jetzt, als ich an meinem Fenster stand, konnte ich sehen, wie ein mit langhalsigen Flaschen beladener Korb in dem Boot verschwand, und ich schloß daraus, daß wir für die Morgenmahlzeit nicht ganz auf den ungefilterten Kaffee angewiesen waren, den die Begleiter meines Freundes zubereiteten.
Ich hatte versprochen, um sechs Uhr fertig zu sein, und nachdem ich meine Toilette sorgfältig beendet, einen Kamm und sauberen Kragen fürs Essen in die Tasche gesteckt hatte, stieg ich zu der großen Einfahrt hinab und ging langsam zum Kai herum. Als ich das Hotel verließ, grüßte mich der Portier mit einer tiefen Verbeugung, und im Weiterschreiten fühlte ich, daß ich den Boden mit einer Art Würde betrat, die ich bisher an mir nicht gekannt hatte. Im allgemeinen ist es nicht der Mensch, der einer Situation Anmut und

Würde verleiht, sondern die Situation verleiht sie dem Menschen. Ich habe oft den Lordkanzler um seinen feierlichen Ernst und seine vornehme Haltung beneidet, wenn ich ihn auf seinem Sitz sah; aber ich glaube fast, daß sogar Judkins unter einer solchen Perücke ernst und vornehm aussähe. Mahmoud al Ackbar hatte mir einen Besuch abgestattet und mir eine Ehre erwiesen, und ich glaubte, ich wäre fähig, mich vor den Leuten so zu führen, daß er mit mir Ehre einlegen konnte.

Als ich stolzen Schrittes aus dem Portal heraustrat und von dem Platz die Straße hinuntersah, merkte ich, daß in der Stadt schon etwas Leben war. Ich sah die fließenden Gewänder vieler Araber, die mir den Rücken zukehrten, und ich glaubte, eben das Kostüm und den Turban meines Freundes Mahmoud auf dem Rücken und Kopf eines kleinen, dicken Mannes zu bemerken, der in einiger Entfernung um eine Ecke eilte. Ich war sicher, daß es Mahmoud war. Einige seiner Diener hatten etwas bei den Vorbereitungen versäumt, sagte ich mir, als ich meinen Weg zum Gestade des Meeres nahm. Das war nur ein weiteres Zeichen, wie sehr er darauf bedacht war, mich zu ehren.

Ich stand eine Weile am Rande des Kais und sah in das Boot und bewunderte die bequemen Kissen, die man verschwenderisch auf die Sitze verteilt hatte. Die Männer, die bei der Arbeit waren, kannten mich nicht, und ich blieb unbeachtet, aber bald würde ich meinen Platz auf dem weichsten der Kissen einnehmen. Ich ging langsam auf dem Kai auf und ab und hörte dem Gesumm der Stimmen zu, das aus einiger Entfernung zu mir drang. Es ging deutlich etwas vor in der Stadt, und ich war überzeugt, daß diese ganze Bewegung und all diese Stimmen in der Ferne irgendwie mit meinem Ausflug nach dem Brunnen des Moses zusammenhingen. Schließlich kam ein Bursche den Weg entlang in fränkischer Kleidung, und ich fragte ihn, was in der

Luft läge. Er war Angestellter in einem englischen Warenhaus und sagte mir, daß ein Transport aus Kairo angekommen wäre. Weiter wußte er nichts, aber er hatte gehört, die Omnibusse wären gerade eingetroffen. Konnte es möglich sein, daß Mahmoud al Ackbar von einem anderen alten Bekannten gehört hatte und hingegangen war, um auch ihn zu bewillkommnen?

Zuerst waren meine Gedanken in dieser Hinsicht durchaus angenehm. Ich wünschte keineswegs ein Alleinrecht auf die Freuden all dieser Kissen, und es wäre mir auch kein Grund zur Trauer gewesen, wenn irgend jemand die Unterhaltungsgabe des Dolmetschers mit mir geteilt hätte. Würde noch ein anderer Gast aufgefunden, so wäre er vielleicht auch Engländer, und ich könnte auf diese Weise eine wünschenswerte Bekanntschaft schließen. Während ich über diese Dinge nachdachte, ging ich einige Minuten in einer glücklichen Gemütsverfassung auf dem Kai auf und ab; aber allmählich wurde ich ungeduldig und auch innerlich unruhig. Ich bemerkte, daß einer der arabischen Schiffer von dem Fahrzeug zum Hotel ging und mich, als er zurückkam, wie ich meinte, nicht mit höflichen Augen anblickte. Dann sah ich auch, oder vielmehr ich hörte jemand auf der Hotelveranda über mir und fühlte, daß ich von dort beobachtet wurde. Ich ging und ging, und niemand kam zu mir, und meine Taschenuhr zeigte mir, daß es sieben Uhr war. Auch der Lärm war immer näher gekommen, und ich merkte jetzt, daß Räder am Haupteingang des Hotels vorgefahren waren und viele Stimmen dort sprachen. Es konnte schon sein, daß Mahmoud auf einen anderen Freund wartete, aber warum schickte er nicht jemand, mich zu benachrichtigen? Und dann, als ich eine plötzliche Wendung am Ende des Kais machte, erblickte ich die Beine des österreichischen Dolmetschers auf dem Rückzug und schloß, daß er heruntergeschickt worden war und wegging, weil er sich fürchtete, mit mir zu sprechen. »Was kann ich tun?« sagte ich mir, »ich kann nur meinen Platz behaupten.« Ich gebe zu, daß ich mich fürchtete, nach der Vorderfront des Hotels herumzugehen. So wanderte ich immer noch die Länge des Kais auf und ab und fing an zu pfeifen, um zu zeigen, daß ich nicht befangen war. Die arabischen Schiffsleute sahen mich auf ungemütliche Weise an, und von Zeit zu Zeit guckte jemand um die Ecke herum auf mich. Es war inzwischen halb acht geworden, und die Sonne am Himmel wurde allmählich heiß. Warum beeilten wir uns nicht, um uns unter die Markise des Bootes zu setzen?

Ich hatte gerade beschlossen, zum Eingang herumzugehen und das Rätsel zu ergründen, als ich bei der Wendung einen Mann auf mich zukommen sah, der wenigstens wie ein englischer Gentleman gekleidet war. Als er näher kam, zog er den Hut und redete mich in unserer eigenen Sprache an. »Herr George Walker, so nehme ich an?« sagte er.

»Ja«, sagte ich mit einem kleinen Versuch von Vornehmtuerei, »von der Firma Grimes, Walker und Judkins, Friday Street, London.«

»Ein höchst achtbares Haus, dessen bin ich gewiß«, sagte er. »Ich fürchte, hier ist ein kleiner Fehler unterlaufen.«

»Kein Fehler, was die Achtbarkeit des Hauses anbelangt«, sagte ich. Ich fühlte, daß ich wieder allein in der Welt stand und es nötig war, für mich selbst einzutreten. Mahmoud al Ackbar hatte sich für immer von mir getrennt. Daran zweifelte ich nicht mehr.

»Oh, durchaus nicht«, sagte er. »Aber was diesen kleinen Ausflug über das Wasser betrifft«, und er zeigte verächtlich auf das Boot. »Darin ist ein Fehler unterlaufen, Herr Walker; ich bin nämlich der englische Vizekonsul hier.«

Ich nahm meinen Hut ab und verbeugte mich. Es war

das erstemal, daß ich je von einem englischen Konsularbeamten höflich angeredet wurde.
»Und sie haben mich aus dem Bett geholt, um hier herunterzukommen und Ihnen alles zu erklären.«
»Was – alles?« sagte ich.
»Ich weiß, Sie sind ein Mann von Welt, und ich werde es Ihnen ganz offen sagen. Mein alter Freund Mahmoud al Ackbar hat Sie versehentlich für Sir George Walker gehalten, den neuen Gouverneur von Pegu. Sir George Walker ist jetzt hier; er ist heute morgen hier angekommen, und Mahmoud schämt sich, Ihnen nach dem, was vorgefallen ist, zu begegnen. Wenn Sie nichts dagegen haben, sich mit mir ins Hotel zurückzuziehen, werde ich alles erklären.«
Ich fühlte mich wie vom Blitz getroffen, und ich muß sagen, daß ich auch heute noch finde, der Konsul hätte es etwas weniger schroff sagen können. »Wir können hier hineingehen«, sagte er in offensichtlicher Eile und zeigte auf eine kleine Tür, die von einer Ecke des Hauses nach dem Kai ging. Was konnte ich anderes tun, als ihm folgen? Das tat ich auch und hörte in ein paar Worten das Ende der Geschichte. Als er mich erst einmal von der öffentlichen Straße weggebracht hatte, schien er sich um den Rest nur wenig Sorgen zu machen, und er ließ mich bald wieder allein. Die Tatsachen, soweit ich sie erfahren konnte, waren einfach die folgenden.
Sir George Walker, der jetzt als Gouverneur nach Pegu hinausreiste, war schon früher in Indien gewesen und hatte dort eine Armee kommandiert. Ich hatte niemals vorher von ihm gehört und keinen Versuch gemacht, mich als seinen Verwandten auszugeben. Niemand konnte unschuldiger sein als ich – niemand schlechtere Behandlung erfahren. Ich habe genau das gleiche Recht auf den Namen wie er. Nun, als er früher in Indien war, hatte er die Stadt Begum nach einer schrecklichen Belagerung genommen – Begum nannte

es der Konsul, glaube ich; und Mahmoud war dort gewesen, war, wie es scheint, ein großer Mann in Begum gewesen, und Sir George hatte ihn und sein Geld verschont; und auf diese Weise hatte sich die ganze Sache zugetragen. Man gab mir keine weitere Erklärung. Der Rest war klar. Mahmoud, nachdem er meinen Namen vom Portier gehört hatte, war heruntergeeilt, um mich zu seiner Gesellschaft einzuladen. Soweit war alles gut. Aber warum hatte er sich gefürchtet, mir heute morgen zu begegnen? Und da der Fehler ganz auf seiner Seite lag, warum hatte er mich nicht eingeladen, den Ausflug mitzumachen? Sir George und ich können letzten Endes Vettern sein. Aber Feigling, der er war, fürchtete er sich vor mir. Als sie sahen, daß ich auf dem Kai war, fürchteten sie sich vor mir, weil sie nicht wußten, wie sie mich loswerden sollten. Ich wünschte, ich hätte meinen Platz am Kai den ganzen Tag gehalten und sie mit meinen Blicken vernichtet, als sie ins Boot stiegen. Aber ich war niedergeschlagen, und als der Konsul mich verließ, schlich ich mich erschöpft in mein Schlafzimmer zurück.

Und der Konsul verließ mich beinah sofort. Einmal war in mir die schwache Hoffnung aufgestiegen, daß er mich zum Frühstück einladen würde. Hätte er das getan, so wäre es mir eine volle Entschädigung für alles, was ich ausgestanden hatte, gewesen. Ich verlange nicht viel, aber ich gebe zu, daß ich Höflichkeit schätze. In der Friday Street kann ich sie befehlen, und in der Friday Street will ich den Rest meines Lebens verbringen. Der Konsul erwies mir keine Höflichkeit. Sobald er mich aus dem Wege hatte und die paar Worte gesagt waren, die er sagen mußte, zog er wieder seinen Hut und verließ mich. Ich zog meinen auch wieder, und dann schlich ich hinauf auf mein Schlafzimmer.

Von meinem Fenster aus, ich stellte mich ein wenig hinter den weißen Vorhang, konnte ich die ganze Einschiffung sehen. Dort war Mahmoud al Ackbar, er sah tatsächlich ein wenig heiß aus, aber verrichtete doch seine Arbeit in der hervorragenden Gelassenheit, die ihn am vergangenen Abend ausgezeichnet hatte. Wäre er ausgerutscht und rückwärts in das seichte Wasser gefallen, so hätte mich das, ich gestehe es, erleichtert. Aber im Gegenteil, alles ging gut. Dort war der echte Sir George, mein Namens- und vielleicht mein richtiger Vetter, taufrisch, kühl von dem Bad, das er genommen hatte, während ich auf der Terrasse auf und ab gegangen war. Wie kommt es, daß diese Gouverneure und Oberbefehlshaber mit so viel Arbeit fertig werden, ohne schlapp zu machen? Es waren noch keine zwei Stunden vergangen, seitdem er in dieser Omnibuskiste hin und her gestoßen wurde, und er hatte die ganze Nacht dort zugebracht. Ich hätte mich nicht unmittelbar nach meiner Ankunft zum Brunnen des Moses aufmachen können. Es ist die Würde der Stellung, die das bewirkt. Schon lange weiß ich, daß der Chef einer Firma nicht darauf rechnen kann, daß ein bloßer Angestellter so viel Arbeit leistet, wie er selbst es könnte. Es ist das Interesse an der Sache, das den Menschen aufrecht erhält.

Sie gingen, und Sir George, dessen war ich ganz sicher, erfuhr kein Wort über mich. Besteht die Wahrscheinlichkeit, daß er, wenn er etwas gehört hätte, meine Gesellschaft erbeten haben würde? Aber Mahmoud und seine Begleiter verschwiegen zweifellos ihren kleinen Fehler. Da fuhren sie hin, und eine leichte, sich kräuselnde Brise blähte ihr Segel angenehm, als sich das Boot in die Bucht hineinbewegte. Ich fühlte gegen niemand Groll außer gegen Mahmoud. Warum war er mir so feige aus dem Weg gegangen? Ich konnte sie noch sehen, als man Sir George die Morgenpfeife reichte, und obgleich ich ihm nichts Böses wünschte, beneidete ich ihn doch, wie er sich genießerisch in die Kissen zurücklehnte.

Einen elenderen Tag als diesen habe ich in meinem Leben nicht verbracht. Wahrhaftig, der Portier am Tor spottete über mich, wenn ich ein und aus ging. Einmal beschloß ich, mich im Hotel zu beschweren. Aber was hätte ich über den schmutzigen Araber sagen können? Sie hätten mir erzählt, daß es seine Religion wäre oder eine nationale Sitte, die eine Artigkeit bedeutete. Was kann ein Mann in einem fremden Lande tun, wenn man ihm sagt, daß ein Eingeborener ihm aus Höflichkeit ins Gesicht spuckt? Ich trug es, trug es – wie ein Mann und seufzte nach den Bequemlichkeiten der Friday Street.

Eins beschloß ich an diesem Tage, und am nächsten führte ich mein Vorhaben voll und ganz aus: ich würde in einem Boot hinüberfahren zum Brunnen des Moses. Ich würde die Küsten Asiens besuchen. Und ich würde nach Afrika auf einem Kamel zurückreiten. Wenn ich es auch allein tat, ich wollte einen Tag lang mein Vergnügen haben. Ich hatte Geld in der Tasche, und wenn es mich zwanzig Pfund kosten sollte, wollte ich all das sehen, was mein Namensvetter gesehen hatte. Es kostete mich den größten Teil der zwanzig Pfund, und was das Vergnügen anlangt, so ist nicht viel darüber zu sagen.

Ich ging an diesem Abend früh zu Bett, nachdem ich für den nächsten Tag mit einem habgierigen Araber, der Englisch sprach, handelseinig geworden war. Ich ging früh zu Bett, um mich vor der heimkehrenden Gesellschaft zu flüchten, und war am nächsten Morgen wieder um sechs Uhr auf dem Kai. Diesmal stieg ich, sobald ich ans Ufer kam, kühn ins Boot. Es geht nichts in der Welt darüber, daß man für Dienstleistungen bezahlt. Ich versorgte mich mit einer Flasche Branntwein und kaltem Braten und gestand mir ein, daß mir eine Zigarre aus meinem eigenen Etui besser stehen würde als dieser lange Stock. Der lange Stock war vielleicht für einen Gouverneur von Pegu durch-

aus das Richtige, aber in der Friday Street wäre er höchst lästig.
Nun, ich werde hier nicht einen Bericht von meiner Tagesreise geben, vielleicht hebe ich es für ein andermal auf. Ich ging zu dem Brunnen des Moses – falls eine kleine, schmutzige Salzwasserpfütze, die hoch über dem Sandufer liegt, ein Brunnen genannt werden kann; ich aß mein Mittagbrot in der elenden, verfallenen Hütte, die sie mit dem Namen Pavillon auszeichneten; und, ach, meine armen Knochen! Ich ritt auf einem Kamel nach Hause. Wenn Sir George das vor mir tat und am nächsten Morgen nach Pegu weiterfuhr – und man teilte mir mit, daß es sich so verhielt –, muß er ein Mann von Eisen gewesen sein. Ich habe den ganzen Tag im Bett gelegen und böse gelitten; aber man sagte mir, daß ich auf einer solchen Reise meine Kehle mit Orangen und nicht mit Branntwein hätte anfeuchten sollen.
Ich überstand die vier schrecklichen Tage, die mir noch in Suez verblieben, und nach einem weiteren Monat war ich wieder in der Friday Street. Ich habe bei der Gelegenheit viel gelitten, aber die Erinnerung bot mir einigen Trost, daß ich mit Mahmoud al Ackbar eine Friedenspfeife geraucht habe, daß ich den Helden von Begum sah, als er sich auf dem Wege zu neuen Triumphen in Pegu befand, daß ich in meiner eigenen Jacht nach Asien segelte – die ich für diesen Zweck gemietet hatte, und daß ich auf einem Kamel nach Afrika zurückritt. Und auch Judkins mit all seiner Bosheit kann mir diese Erinnerungen nicht rauben.

WILLIAM WILKIE COLLINS

William Wilkie Collins (1824–1889) wurde in London als Sohn des Landschaftsmalers und Mitglieds der Royal Academy William Collins geboren. Er studierte die Rechte, wurde 1851 als Barrister zugelassen, entschied sich aber nach einer Begegnung mit Dickens für die Literatur. Aus der alten Schauererzählung entwickelte er den modernen Kriminalroman (»Die Frau in Weiß« 1860, »Der Mondstein« 1868, englisch und deutsch bis in die jüngste Zeit in zahlreichen Ausgaben und Auflagen), der sowohl den immer stärkeren realistischen Anforderungen als auch den neuen romantischen Bedürfnissen, genügt, und, den spiritistischen Neigungen der Zeit entgegenkommend, einen neuen Typ der Geistergeschichte. Seine Werke, die auf sorgfältiger Beobachtung der äußeren Tatsachen und genauer Erforschung vor allem krankhafter Seelenveranlagungen und -zustände beruhen, zeigen ihn als Meister im Aufbau und in der Stimmungsschilderung. – »Die Geschichte von einem schauerlich seltsamen Bett«, die sich angeblich auf Tatsachen gründet, erschien zuerst in Dickens' Zeitschrift »Household Words« und wurde dann mit anderen zu dem Bande »After Dark« 1856 vereint.

DIE GESCHICHTE VON EINEM SCHAUERLICH SELTSAMEN BETT

Kurz nach Beendigung meiner Studien auf der Universität hielt ich mich zufällig mit einem englischen Freund in Paris auf. Wir waren damals beide junge Leute und führten, fürchte ich, ein ziemlich wildes Leben in der freudenreichen Stadt, in der wir weilten. Eines Abends bummelten wir in der Nachbarschaft des Palais Royal herum, noch unentschlossen, welche Vergnügungsstätte wir zuerst besuchen sollten. Mein Freund schlug vor, bei Frascati einzukehren; aber das war nicht nach meinem Geschmack. Ich kannte Frascati, wie die französische Redensart lautet, auswendig, hatte eine Menge Fünffrankstücke dort verloren und gewonnen, und zwar nur zum Vergnügen, bis es kein Vergnügen mehr war, und die scheußliche Vornehmtuerei einer derartigen gesellschaftlichen

Anomalie, wie sie eine anständige Spielbank darstellt, hatte ich gründlich satt. »Um Himmels willen«, sagte ich zu meinem Freund, »gehen wir lieber irgendwohin, wo wir ein bißchen echtes, nach Armut riechendes Glücksspiel unter Spitzbuben sehen können ohne falschen Flitter. Statt zu dem eleganten Frascati wollen wir lieber in ein Lokal gehen, wo es ihnen nicht darauf ankommt, einen Mann in einer zerrissenen Jacke einzulassen oder auch ohne Jacke, zerrissen oder nicht.« – »Na schön«, sagte mein Freund, »wir brauchen aus dem Palais-Royal-Viertel nicht hinauszugehen, um die Gesellschaft zu finden, die du haben willst. Hier sind wir gleich recht am Ort, und nach allem, was ich gehört habe, ist es eine solche Spitzbubenspelunke, wie du sie dir nicht übler wünschen kannst!« In der nächsten Minute waren wir an der Tür und betraten das Haus.

Wir gaben unsere Hüte und Stöcke am Eingang ab und wurden, nachdem wir die Treppe hinaufgestiegen waren, in den Hauptspielsaal eingelassen. Er war nicht gut besucht. Aber so wenig Männer es auch waren, die bei unserem Eintreten nach uns aufsahen, es waren doch alle Typen – beklagenswert echte Typen – der in Frage kommenden Klassen.

Wir waren gekommen, um Spitzbuben zu sehen; aber diese Leute standen noch eine Stufe tiefer. Alle Spitzbüberei hat, mehr oder weniger deutlich erkennbar, ihre komische Seite – das hier war eine einzige Tragödie –, eine stumme, grausige Tragödie. Die Stille in dem Raum war schrecklich. Der hagere, abgehärmte junge Mann mit dem langen Haar, dessen eingesunkene Augen leidenschaftlich das Aufdecken der Karten beobachteten, sprach kein Wort; der schlaffe Spieler mit dem fetten, pickeligen Gesicht, der sein Stück Pappe so unermüdlich lochte, um zu registrieren, wie oft Schwarz gewann und wie oft Rot – sprach kein Wort; der schmutzige, runzlige alte Mann mit den

Geieraugen und dem geflickten Überzieher, der seinen letzten Sou verloren hatte und verzweifelt weiter zusah, nachdem er nicht mehr weiterspielen konnte – sprach kein Wort. Selbst die Stimme des Croupiers klang seltsam gedämpft und belegt in der Atmosphäre des Raumes. Ich war hierhergekommen, um zu lachen, aber das Schauspiel, das sich mir bot, war zum Weinen. Bald hielt ich es für notwendig, vor der Niedergeschlagenheit, die sich meiner schnell bemächtigte, in der Aufregung Zuflucht zu nehmen. Unglücklicherweise suchte ich die nächstliegende Aufregung, indem ich an den Tisch trat und anfing zu spielen. Noch unglücklicher war es, wie die Ereignisse zeigen werden, daß ich gewann – fabelhaft gewann; unglaublich gewann; in einem solchen Tempo gewann, daß die Gewohnheitsspieler am Tisch sich um mich drängten, meine Einsätze mit hungrigen, abergläubischen Augen anstierten und einander zuflüsterten, daß der Fremde aus England die Bank sprengen würde.

Das Spiel war *Rouge et Noire*. Ich hatte es in jeder Großstadt Europas gespielt, freilich ohne mir die Mühe zu machen oder auch nur den Wunsch zu hegen, die Wahrscheinlichkeitstheorie zu studieren – diesen Stein des Weisen aller Spieler! Und ein Spieler im wahren Sinne des Wortes war ich nie gewesen. Ich war frei von der verzehrenden Spielleidenschaft. Mein Spielen war bloßes müßiges Vergnügen. Es war nie mein letzter Ausweg aus einer Notlage, weil ich nie gewußt habe, was es heißt, Geld zu brauchen. Nie betrieb ich es so unaufhörlich, daß ich mehr dabei verlor, als ich mir leisten konnte, oder mehr gewann, als ich kühl in die Tasche zu stecken vermochte, ohne durch mein Glück aus dem Gleichgewicht gebracht zu werden. Kurz, ich hatte bisher Spieltische besucht genauso wie die Oper oder einen Tanzsaal, weil ich mich dort amüsierte und mit meiner Freizeit nichts Besseres anzufangen wußte.

Aber diesmal war es ganz anders – jetzt, zum ersten-mal in meinem Leben, fühlte ich, was die Spielleidenschaft wirklich war. Mein Erfolg machte mich zuerst bestürzt und dann im buchstäblichen Sinne des Wortes betrunken. So unglaublich es scheinen mag, es ist dennoch wahr, daß ich nur verlor, wenn ich versuchte, die Chancen abzuschätzen, und nach vorheriger Berechnung spielte. Wenn ich alles dem Zufall überließ und ohne nachzudenken und zu überlegen setzte, gewann ich bestimmt – gewann, obwohl erfahrungsgemäß die Bank alle Erfolgsaussichten hat. Zuerst wagten einige der anwesenden Männer ihr Geld auf meine Farbe, wo es sicher genug stand; aber ich erhöhte meinen Einsatz bald zu Summen, die sie nicht riskierten. Einer nach dem anderen hörte mit Spielen auf und sah mir atemlos zu.

Ich setzte weiter von Mal zu Mal höher und immer höher, und ich gewann weiter. Die Erregung im Saale wurde fieberhaft. Nur ein tiefer, gemurmelter Chor von Flüchen und Ausrufen in verschiedenen Sprachen unterbrach die Stille, jedesmal wenn das Gold zu meiner Seite des Tisches herübergeschaufelt wurde – selbst der gelassene Croupier stieß mit seiner Krücke auf den Boden in einer (französischen) Wut des Erstaunens über meinen Erfolg. Doch *ein* Mann unter den Anwesenden bewahrte seine Selbstbeherrschung, und das war mein Freund. Er trat zu mir und bat mich flüsternd auf englisch, das Lokal zu verlassen und mich mit dem zu begnügen, was ich bereits gewonnen hätte. Ich muß ihm Gerechtigkeit widerfahren lassen und sagen, daß er seine Warnungen und Bitten mehrmals wiederholte und mich erst verließ und fortging, als ich seinen Rat (ich war ganz und gar vom Spiel berauscht) in Ausdrücken zurückgewiesen hatte, die es ihm unmöglich machten, mich an diesem Abend nochmals zu bitten.

Kurz nachdem er gegangen war, schrie eine heisere

Stimme hinter mir: – »Gestatten Sie mir, mein lieber Herr, gestatten Sie mir, daß ich zwei Napoleondor, die Sie fallen ließen, an ihren Platz zurücklege. Wunderbares Glück, mein Herr! Ich gebe Ihnen mein Ehrenwort als alter Soldat, daß ich im Laufe meiner langen Erfahrung in dergleichen Dingen niemals solches Glück wie das Ihre gesehen habe! – Niemals! Fahren Sie fort, mein Herr – *Sacré mille bombes!* Fahren Sie mutig fort, und sprengen Sie die Bank!«

Ich drehte mich um und sah einen großen Mann in einem Überzieher mit Litzen und Schnürverschluß, der mir mit einer Höflichkeit, die ihm in Fleisch und Blut übergegangen war, zunickte und zulächelte.

Wenn ich richtig bei Verstande gewesen wäre, hätte ich ihn persönlich für ein ziemlich verdächtiges Exemplar eines alten Soldaten gehalten. Er hatte blutunterlaufene Glotzaugen, einen schäbigen Schnurrbart, und das Nasenbein war gebrochen. Seine Stimme verriet einen Kasernenhofton schlimmster Sorte, und er hatte das schmutzigste Paar Hände, das ich jemals gesehen habe, selbst in Frankreich. Diese kleinen persönlichen Eigenheiten übten jedoch keine abstoßende Wirkung auf mich aus. In der wahnsinnigen Erregung, der unbesonnenen Siegesfreude dieses Augenblicks, war ich bereit, mit jedem zu »fraternisieren«, der mich zum Spiel antrieb. Ich nahm die Prise Tabak, die mir der alte Soldat anbot, klopfte ihm auf die Schulter und schwor, daß er der ehrlichste Bursche der Welt sei – das glorreichste Überbleibsel der Großen Armee, dem ich je begegnet wäre. »Fahren Sie fort!« rief mein militärischer Freund und schnippte in der Begeisterung mit den Fingern, »fahren Sie fort und gewinnen Sie! Sprengen Sie die Bank – *Mille tonnerres!* Mein wackerer englischer Kamerad, sprengen Sie die Bank!«

Und ich fuhr wirklich fort – fuhr fort in einem solchen Tempo, daß der Croupier nach einer weiteren Viertelstunde bekanntgab: »Meine Herren! Die Bank ist für

heute abend geschlossen.« Alle Noten und das ganze Gold dieser »Bank« lagen jetzt in einem Haufen unter meinen Händen, das gesamte flüssige Kapital des Spielsaales wartete darauf, in meine Taschen zu fließen!
»Binden Sie das Geld in Ihr Taschentuch ein, Verehrtester«, sagte der alte Soldat, als ich meine Hände wild in den Haufen Gold tauchte. »Binden Sie es ein, wie wir von der Großen Armee ein bißchen Essen einzubinden pflegten; Ihr Gewinn ist zu schwer für jede Hosentasche, die jemals genäht wurde. Da! So ist's recht! – Stopfen Sie es hinein, die Banknoten und den Rest! *Credié!* Was für ein Glück! – Halt! Noch ein Napoleondor auf dem Fußboden! *Ah! sacré petit polisson de Napoleon!* Habe ich dich endlich gefunden? Nun, mein Herr – jedesmal zwei feste Doppelknoten mit Euer Hochwohlgeboren Erlaubnis, und das Geld ist sicher. Fühlen Sie es! Fühlen Sie es, Glücklicher! Hart und rund wie eine Kanonenkugel! – *Ah, bah!* Hätten sie nur bei Austerlitz mit solchen Kanonenkugeln auf uns geschossen – *nom d'une pipe!* Hätten sie nur! Und was bleibt mir jetzt als einem alten Grenadier, als Ex-Helden der französischen Armee übrig zu tun? Ich frage, was? Einfach dies: Meinen geschätzten englischen Freund zu bitten, eine Flasche Champagner mit mir zu trinken und auf die Glücksgöttin mit schäumenden Pokalen anzustoßen, ehe wir uns trennen!«
»Ausgezeichneter Ex-Held! Lustiger alter Grenadier! Natürlich Champagner! Ein englisches Hoch auf einen alten Soldaten! Hurra! Hurra! Und ein englisches Hoch auf die Glücksgöttin! Hurra! Hurra! Hurra!«
»Bravo, Engländer! Liebenswürdiger, freundlicher Engländer, in dessen Adern das lebhafte Blut Frankreichs kreist! Noch ein Glas? *Ah, bah!* – Die Flasche ist leer! Macht nichts! *Vive le vin!* Ich, der alte Soldat, bestelle noch eine Flasche und ein halbes Pfund Bonbons dazu!«

»Nein, nein, Ex-Held; niemals, alter Grenadier! *Sie* spendierten die erste Flasche, *ich* diese. Da ist sie! Also stoßen wir weiter an! Hoch die französische Armee! – Der große Napoleon! – Die Anwesenden! Der Croupier! Frau und Töchter des ehrlichen Croupiers, wenn er welche hat! Die Damen im allgemeinen! Jeder auf der Welt!«

Als die zweite Flasche Champagner leer war, hatte ich das Gefühl, als ob ich flüssiges Feuer getrunken hätte – mein Gehirn schien in Flammen zu stehen. Kein Übermaß an Wein hatte je früher in meinem Leben diese Wirkung auf mich gehabt. War es die Folge eines Reizmittels, das in diesem Zustand höchster Erregung auf meinen Organismus wirkte? War mein Magen in einer besonders schlechten Verfassung? Oder war der Champagner erstaunlich stark?

»Ex-Held der französischen Armee!« schrie ich in einem Zustand verrückter Heiterkeit, »ich brenne! Wie geht es *dir*? Du hast mich angebrannt! Hörst du, mein Held von Austerlitz! Wollen wir noch eine dritte Flasche Champagner trinken, um die Flamme zu löschen!«

Der alte Soldat schüttelte den Kopf, rollte seine Glotzaugen, bis ich glaubte, ich würde sie aus den Höhlen rutschen sehen, legte den schmutzigen Zeigefinger an die gebrochene Nase, stieß feierlich das Wort »Kaffee!« hervor und rannte unmittelbar darauf in den privaten Teil des Lokals.

Dieses Wort aus dem Munde des schrulligen Veteranen schien eine magische Wirkung auf den Rest der Anwesenden auszuüben. Mit einem Schlage standen sie alle auf. Wahrscheinlich hatten sie angenommen, daß sie meine Trunkenheit ausnützen könnten; aber als sie merkten, daß mein neuer Freund fürsorglich darauf bedacht war, zu verhindern, daß ich stockbetrunken wurde, sahen sie jede Hoffnung schwinden, sich auf angenehme Weise an meinem Gewinn zu bereichern. Was immer ihre Gründe sein mochten, auf jeden Fall zogen sie alle geschlossen ab. Als der alte Soldat zurückkam und sich wieder mir gegenüber an den Tisch setzte, hatten wir den Saal für uns. Ich konnte sehen, wie der Croupier in einer Art Vorzimmer, das sich daran anschloß, allein sein Abendessen verzehrte. Die Stille war jetzt noch tiefer denn je. Auch der Ex-Held hatte sich plötzlich gewandelt. Er nahm eine unheilverkündend feierliche Miene an, und als er wieder zu mir sprach, war seine Rede durch keine Flüche verziert, durch kein Fingerschnippen bestärkt, durch keine Anreden und Ausrufe belebt.

»Hören Sie, mein lieber Herr«, sagte er in geheimnisvoll vertraulichem Ton – »hören Sie auf den Rat eines alten Soldaten. Ich bin bei der Hauswirtin gewesen (einer reizenden Frau und einem Genie der Kochkunst!), um ihr nachdrücklich zu sagen, es sei unbedingt nötig, uns einen besonders starken und guten Kaffee zu kochen. Sie müssen diesen Kaffee trinken, ehe Sie daran denken können, nach Hause zu gehen, um Ihren netten kleinen Schwips loszuwerden – Sie *müssen* das, mein lieber und gütiger Freund! Mit all dem Geld, das Sie heute nacht nach Hause bringen wollen, ist es Ihre heilige Pflicht, Ihre Sinne beisammen zu haben. Verschiedene Herren, die heute abend anwesend waren, wissen, daß Sie enorm gewonnen haben, und wenn es auch in mancher Beziehung ehrenwerte und ausgezeichnete Leute sind, so sind es doch sterbliche Menschen, mein lieber Herr, und sie haben ihre liebenswürdigen Schwächen. Muß ich noch mehr sagen? Oh, nein, nein! Sie verstehen mich! Sie sollten folgendes tun – bestellen Sie eine Droschke, wenn Sie sich wieder ganz wohl fühlen – machen Sie beim Einsteigen alle Fenster auf – und sagen Sie dem Kutscher, daß er Sie nur durch die breiten und gutbeleuchteten Hauptstraßen nach Hause fahren soll. Tun Sie das, und Sie und Ihr Geld werden sicher sein;

tun Sie das, und Sie werden morgen einem alten Soldaten dafür Dank wissen, daß er Ihnen einen guten Rat gegeben hat.«

Gerade als der Ex-Held diese feierliche Rede in einem sehr weinerlichen Ton beendet hatte, kam der Kaffee herein, der schon in zwei Tassen gegossen war. Mein aufmerksamer Freund gab mir eine davon mit einer Verbeugung. Ich verschmachtete vor Durst und trank sie auf einen Zug aus. Fast im gleichen Augenblick überfiel mich ein Schwindel, und ich fühlte mich betrunkener denn je. Das Zimmer wirbelte rasend im Kreise herum; der alte Soldat schien in einem fort vor mir auf- und niederzuschnellen wie der Kolben einer Dampfmaschine. Ich war halb taub, so heftig sang es in meinen Ohren; ein Gefühl völliger Verwirrung, Hilflosigkeit und Blödigkeit überkam mich. Ich stand vom Stuhle auf, hielt mich am Tisch fest, um das Gleichgewicht nicht zu verlieren, und stammelte, daß ich mich schrecklich unwohl fühlte – so unwohl, daß ich nicht wüßte, wie ich nach Hause kommen sollte.

»Mein lieber Freund«, antwortete der alte Soldat, und sogar seine Stimme schien auf- und abzuschnellen, als er sprach – »mein lieber Freund, es wäre Wahnsinn, in *Ihrem* Zustand heimzugehen, Sie würden bestimmt Ihr Geld verlieren, Sie könnten mit der größten Leichtigkeit ausgeraubt und ermordet werden. *Ich* werde hier schlafen – schlafen *Sie* auch hier – die Betten sind ausgezeichnet in diesem Haus – nehmen Sie sich ein Zimmer, schlafen Sie Ihren Rausch aus, und morgen gehen Sie dann sicher mit Ihrem Gewinn nach Hause – morgen bei hellichtem Tage.«

Ich hatte nur noch zwei Gedanken: – einmal, daß ich auf keinen Fall mein Taschentuch mit dem Geld loslassen dürfe, und dann, daß ich mich augenblicklich irgendwo hinlegen müsse, um in einen erquickenden Schlaf zu fallen. So stimmte ich dem Vorschlag über das Bett zu, nahm den Arm, den mir der alte Soldat reichte, und trug mein Geld in der anderen Hand. Der Croupier ging voran, und wir durchschritten einige Gänge und stiegen eine Treppe hinauf in das Schlafzimmer, das für mich bestimmt war. Der Ex-Held schüttelte mir herzlich die Hand, schlug vor, daß wir zusammen frühstücken wollten, und er und der Croupier ließen mich für die Nacht allein.

Ich rannte zum Waschtisch, trank etwas Wasser aus dem Krug, goß den Rest aus und tauchte mein Gesicht hinein – dann setzte ich mich auf einen Stuhl und versuchte, mich zu sammeln. Bald fühlte ich mich wohler. Meine Lungen atmeten statt der stickigen Luft des Spielsaales die frische des Raumes, in dem ich mich jetzt aufhielt; fast genauso wohltuend war für meine Augen der Wechsel von der grellen Gasbeleuchtung des »Salons« zu dem schwachen, ruhigen Schimmer der einen Nachtkerze; beides unterstützte die wiederbelebende Wirkung des kalten Wassers wunderbar. Der Schwindel ging vorüber, und ich fing an, mich wieder etwas wie ein vernünftiges Wesen zu fühlen. Mein erster Gedanke war, es sei gefährlich, die ganze Nacht in einer Spielhölle zu schlafen, mein zweiter, es sei noch gefährlicher, zu versuchen hinauszugelangen, nachdem das Haus geschlossen hatte, und allein nachts durch die Straßen von Paris heimzugehen mit einem großen Geldbetrag bei mir. Ich hatte auf meinen Reisen schon manches üblere Nachtlager gehabt als dies, so beschloß ich, meine Tür zu verschließen, zu verriegeln und zu verbarrikadieren und es bis zum nächsten Morgen darauf ankommen zu lassen.

Ich sicherte mich also gegen jeden Eindringling, sah unter das Bett und in den Schrank, versuchte, wie die Fenster schlossen, und dann, zufrieden damit, daß ich jede mögliche Vorsichtsmaßregel getroffen hatte, zog ich meine Oberkleider aus, stellte mein Licht, das nur matt war, auf den Kamin zwischen einen flaumigen

Rest Holzasche und ging zu Bett mit dem Taschentuch voll Geld unter dem Kopfkissen.

Ich merkte bald, daß ich nicht nur nicht schlafen konnte, sondern nicht einmal imstande war, die Augen zu schließen! Ich war vollkommen wach und hatte hohes Fieber. Jeder Nerv an meinem Körper zitterte – jeder meiner Sinne schien übernatürlich geschärft. Ich wälzte und drehte mich und probierte jede Lage aus und suchte unermüdlich die kalten Ecken des Bettes, doch alles umsonst. Bald warf ich die Arme auf die Decke, bald schob ich sie wieder darunter; bald streckte ich meine Beine so kräftig aus, daß sie an den Bettgiebel stießen, bald ringelte ich sie krampfhaft so nah unter meinem Kinn zusammen, wie es nur ging; bald schüttelte ich mein zerdrücktes Kissen auf, wendete die kühle Seite nach oben, strich es glatt und legte mich ruhig auf den Rücken nieder, bald schlug ich es wütend doppelt zusammen, richtete es auf, schob es gegen den oberen Giebel und versuchte eine sitzende Stellung. Jede Anstrengung war vergebens; ich stöhnte vor Ärger, als ich merkte, daß mir eine schlaflose Nacht bevorstand.

Was konnte ich tun? Ich hatte kein Buch zum Lesen. Und wenn ich nicht ein Mittel fand, mich abzulenken, würde ich mir bestimmt in diesem Zustand allerhand Schrecken einbilden, mein Gehirn mit bösen Ahnungen möglicher und unmöglicher Gefahren martern, kurz, die Nacht verbringen, indem ich alle erdenklichen Abarten nervöser Angst durchlitt.

Ich richtete mich auf dem Ellbogen auf und sah mich im Zimmer um, das von einem wunderschönen Mondschein, der gerade durch das Fenster floß, erleuchtet wurde, ob es irgendwelche Bilder oder anderen Schmuck enthielt, den ich überhaupt klar erkennen konnte. Während meine Augen von Wand zu Wand glitten, fiel mir das reizende kleine Buch von Le Maistre ein: »Reise rings um mein Zimmer«. Ich beschloß, es dem französischen Schriftsteller nachzumachen und mir damit genügend Beschäftigung und Vergnügen zu verschaffen, um die Langeweile meines Wachseins zu vertreiben, daß ich in Gedanken ein Verzeichnis von allen Möbelstücken anlegte, die ich sehen konnte, und allen Assoziationen bis auf den Grund nachging, die selbst ein Stuhl, ein Tisch oder Waschtisch hervorrufen können.

In der nervösen, aufgeregten Verfassung dieses Augenblicks fand ich es viel leichter, mein Inventar aufzunehmen, als daran Betrachtungen zu knüpfen, und gab deshalb bald alle Hoffnung auf, in Le Maistres phantasievoller Art zu denken – oder auch nur überhaupt zu denken. Ich sah mich im Zimmer nach den verschiedenen Einrichtungsgegenständen um, weiter tat ich nichts.

Da war zuerst das Bett, in dem ich lag: ein Himmelbett, auf das man unter allen Dingen von der Welt ausgerechnet in Paris stieß! – Ja, ein richtiges, plumpes, englisches Himmelbett mit dem üblichen kattunüberzogenen Himmel, der üblichen mit Fransen besetzten Bettgardine ringsherum, den üblichen erstikkenden, ungesunden Vorhängen, die ich, wie ich mich erinnerte, mechanisch gegen die Pfosten zurückgezogen hatte, als ich das Zimmer betrat, ohne das Bett besonders zu beachten. Dann stand dort der Waschtisch mit dem Marmoraufsatz, von dem noch das Wasser auf den Steinfußboden tropfte, daß ich beim Ausgießen verschüttet hatte, langsam und immer langsamer. Dann zwei kleine Stühle, auf die ich Jacke, Weste und Hose geworfen hatte. Dann ein großer Lehnsessel mit schmutzig-weißem, geköpertem Barchent überzogen, über dessen Lehne mein Schlips und mein Kragen hingen. Dann eine Kommode, an der zwei Messinggriffe fehlten, und darauf ein geschmackloses, zerbrochenes Porzellantintenfaß als Schmuckaufsatz. Dann der Toilettentisch, der von einem sehr kleinen

Spiegel und einem sehr großen Nadelkissen verziert war. Dann das Fenster – ein ungewöhnlich großes Fenster. Dann ein dunkles altes Bild, das die schwache Kerze nur undeutlich zeigte. Es war das Bildnis eines Burschen mit einem hohen spanischen Hut, der von einem Federbusch gekrönt war. Ein dunkelhäutiger, unheimlicher Raufbold, der nach oben blickte, die Augen mit der Hand beschattete und gespannt nach oben blickte – vielleicht nach einem hohen Galgen, an den er gehängt werden sollte. Auf jeden Fall sah er so aus, als ob er das gründlich verdiente.

Dieses Bild zwang mich irgendwie, auch nach oben zu schauen – nach dem Betthimmel. Das war ein düsterer und uninteressanter Gegenstand, und ich sah auf das Bild zurück. Ich zählte die Federn auf dem Hute des Mannes – sie traten als Relief hervor – drei weiße, zwei grüne. Ich betrachtete den Kopf des Hutes, der kegelförmig war nach einer Mode, der, wie man annimmt, Guido Fawkes huldigte. Ich überlegte mir, nach was er wohl hinaufblickte. Die Sterne konnten es nicht sein, so ein Desperado war weder Astrologe noch Astronom. Es mußte schon ein hoher Galgen sein, und gleich sollte er gehängt werden. Würde der Scharfrichter in den Besitz seines Hutes mit dem kegelförmigen Kopf und dem Federbusch gelangen? Ich zählte die Federn noch einmal – drei weiße, zwei grüne.

Als ich mich noch bei dieser außerordentlich bildenden und sehr geistreichen Beschäftigung aufhielt, begannen meine Gedanken unmerklich zu wandern. Der Mondschein, der in das Zimmer fiel, erinnerte mich an eine bestimmte Mondnacht in England – an die Nacht nach einem Picknick in einem Tale von Wales. Jede Einzelheit der Heimfahrt durch die liebliche Landschaft, die das Mondlicht noch reizvoller machte, kam in mein Gedächtnis zurück, obgleich ich seit Jahren mit keinem Gedanken mehr an das Picknick gedacht hatte, obgleich mir, wenn ich *versucht* hätte, mich daran zu erinnern, bestimmt wenig oder nichts von dieser lang vergangenen Szene eingefallen wäre. Welche von all den wunderbaren Fähigkeiten, die helfen, uns zu sagen, daß wir unsterblich sind, spricht die erhabene Wahrheit beredter als das Gedächtnis? Hier war ich in einem fremden Haus von höchst zweifelhaftem Ruf, in einer unsicheren, sogar gefährlichen Lage, die eine kühle Anwendung der Gedächtniskräfte fast außer Frage zu stellen schien, und erinnerte mich doch ganz unwillkürlich an Orte, Menschen, Unterhaltungen, genaue Einzelheiten jeder Art, die ich auf immer vergessen geglaubt hatte, die ich mir unmöglich selbst unter den günstigsten Umständen durch eine Willensanstrengung hätte wachrufen können. Und welche Ursache hatte in einem Augenblick diese ganze seltsame, verwickelte, geheimnisvolle Wirkung hervorgebracht? Nichts als ein paar Mondstrahlen, die in mein Schlafzimmerfenster fielen.

Ich dachte noch an das Picknick – an die vergnügte Heimfahrt –, an die gefühlvolle junge Dame, die unbedingt Childe Harold zitieren mußte, weil der Mond schien. Ich war in diese vergangenen Szenen und vergangenen Freuden versunken, als plötzlich der Faden, an dem meine Erinnerungen hingen, riß: meine Aufmerksamkeit kam im Nu lebhafter denn je auf gegenwärtige Dinge zurück, und ohne daß ich wüßte, warum oder wozu, sah ich wieder genau auf das Bild.

Sah wonach?

Großer Gott, der Mann hatte den Hut über die Augen gezogen! – Nein! Der Hut selbst war weg! Wo war der kegelförmige Kopf? Wo die Federn – drei weiße, zwei grüne? Nicht da! Was für ein dunkler Gegenstand war es, der jetzt die Stelle des Hutes und der Federn einnahm und jetzt seine Stirn, die Augen, die Hand davor verdeckte?

Bewegte sich das Bett?

Ich legte mich auf den Rücken und sah nach oben. War ich verrückt? Betrunken? Wieder schwindlig? Träumte ich? Oder bewegte sich der Betthimmel wirklich nach unten – sank langsam, regelmäßig, lautlos, entsetzlich geradewegs herab in seiner ganzen Länge und Breite – geradewegs herab auf *mich*, der ich darunterlag?

Mein Blut schien zu stocken. Eine tödliche, lähmende Kälte beschlich mich, als ich meinen Kopf auf dem Kissen umdrehte und festzustellen beschloß, ob sich der Betthimmel wirklich bewegte oder nicht, indem ich den Mann auf dem Bilde fest ins Auge faßte.

Der nächste Blick in dieser Richtung genügte. Es fehlte noch ein Zoll, und dann hatte der unscharfe, schwarze Fransenrand der Bettgardine die Hüfte erreicht. Ich schaute immer noch atemlos hin. Und stetig und langsam – sehr langsam – sah ich die Gestalt und die Leiste des Rahmens unter der Gestalt verschwinden, so wie sich die Gardine davor herabsenkte.

Ich bin von Natur alles andere als ängstlich. Mehr als einmal war ich in Lebensgefahr und habe meine Geistesgegenwart keinen Augenblick verloren; aber als ich mich davon überzeugt hatte, daß sich der Betthimmel wirklich bewegte, stetig und unaufhaltsam auf mich herabsank, blickte ich schaudernd, hilflos, von panischem Schrecken ergriffen auf unter der scheußlichen Mordmaschine, die sich mir immer mehr näherte, um mich dort, wo ich lag, zu ersticken.

Ich sah regungslos, sprachlos, atemlos nach oben. Die Kerze war ganz aufgebraucht und ging aus, aber der Mondschein erleuchtete noch das Zimmer. Tiefer und tiefer ohne Unterbrechung und ohne Geräusch kam der Betthimmel, und immer noch schien mich eine panische Angst fester und fester an die Matratze zu fesseln – tiefer und tiefer sank er, bis der muffige Geruch der Draperie des Baldachins mir in die Nase kam.

In diesem letzten Augenblick riß mich der Selbsterhaltungstrieb aus meiner Erstarrung, und ich bewegte mich endlich. Es war gerade noch Platz, um mich seitwärts aus dem Bett zu rollen. Als ich geräuschlos auf den Boden fiel, berührte der Rand des mörderischen Betthimmels meine Schulter.

Ohne mir Zeit zu nehmen, Atem zu holen, ohne mir den kalten Schweiß vom Gesicht zu wischen, richtete ich mich sofort auf die Knie, um den Betthimmel zu beobachten. Er hielt mich buchstäblich in Bann. Wenn ich Schritte hinter mir gehört hätte, wäre es mir nicht möglich gewesen, mich umzudrehen; wenn sich mir durch ein Wunder eine Möglichkeit zur Flucht geöffnet hätte, ich hätte mich nicht rühren können, um sie auszunützen. Mein ganzes inneres Leben hatte sich in diesem Augenblick in meinen Augen konzentriert.

Er senkte sich herab – der ganze Betthimmel mit der Falbel rings herum, senkte sich herab – herab – tief herab, so tief, daß jetzt kein Platz mehr war, um meinen Finger zwischen den Baldachin und das Bett zu quetschen. Ich befühlte die Seitenflächen und entdeckte, daß das, was mir von unten als der gewöhnliche leichte Himmel einer vierpfostigen Bettstelle erschienen war, in Wirklichkeit eine dicke, breite Matratze darstellte, die durch die Bettgardine mit den Fransen verborgen war. Ich schaute nach oben und sah, wie die vier Pfosten abscheulich kahl in die Luft ragten. In der Mitte des Betthimmels war eine riesige hölzerne Schraube, an der er offensichtlich durch ein Loch in der Decke heruntergelassen worden war, genauso wie gewöhnliche Pressen an der Vorrichtung, die man zum Niederdrücken benutzt, heruntergelassen werden. Der fürchterliche Apparat arbeitete ohne das geringste Geräusch zu machen. Nichts hatte geknarrt, als er herabsank, und jetzt drang nicht der geringste Laut aus dem Zimmer oben zu mir. Inmitten einer tödlichen, schrecklichen Stille erblickte ich vor mir – im neunzehnten Jahrhundert und in der zivilisierten Hauptstadt Frankreichs – eine geheime Mordmaschinerie, die den Erstickungstod des Opfers herbeiführte, wie sie in den schlimmsten Tagen der Inquisition, in den einsamen Gasthöfen des Harzes, bei den geheimnisvollen Femgerichten Westfalens vorhanden gewesen sein mochte! Immer noch sah ich hin, konnte mich nicht losreißen, kaum atmen; doch fing ich an, die Fähigkeit des Denkens wiederzugewinnen, und in einem Augenblick entdeckte ich die mörderische Verschwörung, die man gegen mich geschmiedet hatte, in all ihrer Scheußlichkeit.

In meine Tasse Kaffee hatte man ein Narkotikum getan, und zwar ein zu starkes. Ich war dadurch vor dem Erstickungstode gerettet worden, daß ich zu viel von dem Betäubungsmittel genommen hatte. Wie hatte ich mich gegen den Fieberanfall gebäumt und darüber gemurrt, der mir das Leben rettete, indem er mich wachhielt! Wie unbesonnen hatte ich den beiden Schuften vertraut, die mich in dieses Zimmer gebracht hatten, entschlossen, mich um meines Gewinnes willen im Schlaf umzubringen durch die sicherste und schrecklichste Vorrichtung, mit der man meine Vernichtung heimlich bewerkstelligen konnte! Wie viele Männer, Gewinner wie ich, hatten in diesem Bett geschlafen, so wie ich darin schlafen wollte, ohne daß man je wieder etwas von ihnen sah oder hörte! Mich schauderte bei dem bloßen Gedanken daran.

Aber bald war all meine Verstandestätigkeit wieder gelähmt durch den Anblick des mörderischen Betthimmels, der sich von neuem bewegte. Nachdem er – sofern ich das abzuschätzen vermag – etwa zehn Minuten auf dem Bett geblieben war, fing er an, sich nach oben zu bewegen. Die Schurken, welche die Maschine dort bedienten, glaubten offenbar, daß ihr Zweck jetzt erreicht wäre. Langsam und lautlos, wie er herabgekommen war, so stieg dieser schreckliche Betthimmel an seinen alten Platz empor. Als er das obere Ende der vier Pfosten erreicht hatte, war er gleichzeitig auch an der Decke angelangt. Weder Loch noch Schraube konnte man jetzt sehen; das Bett war dem Anschein nach wieder ein gewöhnliches Bett – der Himmel ein gewöhnlicher Himmel selbst für die allerargwöhnischsten Augen.

Erst jetzt war ich fähig, mich zu bewegen – mich von den Knien zu erheben –, meine Oberkleidung anzuziehen – und darüber nachzudenken, wie ich entfliehen könnte. Wenn ich durch das geringste Geräusch verriet, daß der Versuch, mich zu ersticken, mißlungen war, so würde man mich bestimmt ermorden. Hatte ich schon ein Geräusch gemacht? Ich lauschte angestrengt und sah nach der Tür.

Nein! Nichts bewegte sich auf dem Korridor draußen – kein Laut eines Schrittes, eines leichten oder schweren, in dem Zimmer darüber –, vollkommene Stille überall. Außer meine Tür zu verschließen und zu verriegeln, hatte ich auch eine alte Holztruhe, die ich unter dem Bett gefunden hatte, davorgerückt. Diese Truhe wegzuschieben (mir stand das Herz still, als ich daran dachte, was der Inhalt sein *könnte*), ohne irgendwelchen Lärm zu machen, war unmöglich; und außerdem war es heller Wahnsinn, daran zu denken, durch das Haus, das jetzt für die Nacht geschlossen war, zu entkommen. Nur ein Ausweg blieb mir – das Fenster. Ich schlich mich auf den Zehenspitzen hin.

Mein Schlafzimmer lag im ersten Stock über einem Zwischengeschoß und ging auf die Hintergasse. Ich hob die Hand, um das Fenster zu öffnen, und wußte, daß bei dieser Handlung meine Aussicht auf Rettung an einem Fädchen hing. In einem Mordhause hält man aufmerksam Wacht. Wenn der Fensterrahmen irgendwo knarrte, wenn das Scharnier quietschte, war ich verloren! Es muß mich mindestens fünf Minuten gekostet haben, das Fenster zu öffnen, wenn man nach der Zeit rechnet – fünf *Stunden*, geht man nach dem Gefühl der Ungewißheit. Es gelang mir, das lautlos zu bewerkstelligen mit der Geschicklichkeit eines Einbrechers, und ich sah nun auf die Straße hinab! Hinunterzuspringen würde fast mit Sicherheit das Ende bedeuten! Dann blickte ich nach den Seiten. Links lief ein dickes Wasserrohr hinunter – es ging dicht am äußeren Rande des Fensters vorbei. Im Augenblick, wo ich das Rohr sah, wußte ich, daß ich gerettet war. Ich atmete zum ersten Male wieder frei, seit ich gesehen hatte, wie sich der Betthimmel auf mich herabsenkte!

Einigen Leuten könnte der Fluchtweg, den ich entdeckt hatte, sehr schwierig und gefährlich scheinen – bei *mir* erweckte die Aussicht, an einem Wasserrohr auf die Straße hinunterzurutschen, nicht einmal einen Gedanken an Gefahr. Es war stets meine Gewohnheit gewesen, durch turnerische Übungen mir die Fähigkeiten meiner Schulzeit zu erhalten, in der ich ein mutiger und gewandter Kletterer war, und ich wußte, daß mir Kopf, Hände und Füße treu bei allen Wagnissen des Auf- und Abstiegs dienen würden. Ich war schon mit einem Bein über dem Fenstersims, als ich mich an das Taschentuch mit dem Geld unter meinem Kissen erinnerte. Ich hätte es mir sehr gut leisten können, es zurückzulassen, aber war rachsüchtig entschlossen, den Bösewichtern der Spielhölle den Raub genausogut wie das Opfer zu entziehen. So ging ich zurück zu dem Bett und band mir mit meinem Schlips das schwere Taschentuch auf den Rücken.

Gerade als ich es festgemacht und an eine bequeme Stelle gerückt hatte, glaubte ich ein Atemgeräusch hinter der Tür zu hören. Der kalte Schauer des Entsetzens überlief mich wieder, als ich lauschte. Nein! Totenstille im Korridor – ich hatte nur gehört, wie die Nachtluft leise ins Zimmer wehte. Im nächsten Augenblick war ich auf dem Fensterbrett, und im nächsten faßte ich das Wasserrohr fest mit Händen und Füßen.

Ich glitt leicht und leise, wie ich es mir gedacht hatte, auf die Straße hinunter und begab mich sofort in höchster Eile zu einer Zweigstelle der Polizeipräfektur, die, wie ich wußte, in der unmittelbaren Nachbarschaft lag. Ein Subpräfekt und einige seiner besten Leute waren zufällig noch wach und brachten, glaube ich, einen Plan zur Reife, um den Täter eines geheimnisvollen Mordes zu entdecken, von dem damals gerade ganz Paris sprach. Als ich meine Geschichte in atemloser Hast und sehr schlechtem Französisch begann, konnte ich sehen, daß der Subpräfekt mich für einen betrunkenen Engländer hielt, der irgend jemand beraubt hatte; aber als ich fortfuhr, änderte er seine Meinung, und ehe ich auch nur annähernd zu Ende war, hatte er alle Papiere vor sich in eine Schublade geschoben, seinen Hut aufgesetzt, mir einen anderen gegeben (denn ich war barhäuptig), eine Anzahl Soldaten angefordert, seinen erfahrenen Leuten gesagt, sie sollten alle möglichen Werkzeuge zum Aufbrechen von Türen und Aufreißen von Fußböden mitnehmen, und mich auf sehr freundliche und ungezwungene Weise beim Arm gefaßt, um mit mir aus dem Hause zu gehen. Ich wage zu behaupten, daß der Subpräfekt, als er noch ein kleiner Junge war und zum erstenmal mit ins Theater genommen wurde, nicht halb so vergnügt war wie jetzt bei der Aussicht auf die Arbeit, die in der Spielhölle auf ihn wartete!

Wir gingen durch die Straßen, und der Subpräfekt nahm mich ins Kreuzverhör und beglückwünschte mich im gleichen Atemzuge, während wir an der Spitze unseres stattlichen Aufgebots marschierten. Als wir ankamen, wurden sofort Posten hinter und vor dem Hause aufgestellt; ein fürchterliches Trommelfeuer von Schlägen richtete sich gegen die Tür; ein Licht erschien im Fenster; man sagte mir, ich sollte mich hinter der Polizei verstecken – dann folgten noch mehr Schläge und der Ruf: »Öffnet im Namen des Gesetzes!« Auf diesen schrecklichen Befehl gaben Riegel und Schlösser unter einer unsichtbaren Hand nach, und einen Augenblick später stand der Subpräfekt im Flur einem halbangekleideten und totenbleichen Kellner gegenüber. Das kurze Zwiegespräch, das gleich darauf stattfand, lautete:

»Wir möchten den Engländer sprechen, der hier in diesem Hause schläft.«

»Er ist schon vor einigen Stunden weggegangen.«

»Er hat nichts dergleichen getan. Sein Freund ging weg; *er* blieb. Führen Sie uns in sein Schlafzimmer.«

»Ich schwöre Ihnen, Herr Subpräfekt, er ist nicht hier! Er –«

»Ich schwöre Ihnen, Herr Kellner, er ist hier. Er schlief hier – er fand Ihr Bett nicht bequem – er kam zu uns, um sich darüber zu beschweren – hier ist er unter meinen Leuten – und hier bin ich, um ein oder zwei Flöhe in seiner Lagerstatt zu suchen. Renaudin! (zu einem seiner Untergebenen, indem er auf den Kellner zeigt) nehmen Sie diesen Mann fest, und binden Sie ihm die Hände auf den Rücken. Und nun, meine Herren, wollen wir nach oben gehen!«

Jeder Mann und jede Frau im Hause wurde verhaftet – der »Alte Soldat« zuerst. Dann identifizierte ich das Bett, in dem ich geschlafen hatte, und dann gingen wir in das Zimmer darüber.

Nirgends zeigte sich dort irgend etwas Außergewöhnliches. Der Subpräfekt sah sich in dem Zimmer um, hieß uns alle ruhig sein, stampfte zweimal auf den Boden, ließ sich eine Kerze bringen, besah sich die Stelle, auf die er gestampft hatte, aufmerksam und befahl, dort den Fußboden vorsichtig wegzunehmen. Das war im Nu geschehen. Man brachte uns Lichter, und wir blickten in einen tiefen, mit Sparrenwerk versehenen Hohlraum zwischen dem Fußboden dieses Zimmers und der Decke des Raumes darunter. Durch diesen Hohlraum lief senkrecht eine Art eiserner Kasten, den man tüchtig geschmiert hatte, und in diesem Kasten befand sich die Schraube, die mit dem Betthimmel darunter verbunden war. Besondere Verlängerungsstücke für die Schraube, frisch geölt; filzüberzogene Hebel; das ganze vollständige obere Werk einer schweren Presse – mit teuflischer Klugheit so konstruiert, daß es zu den Einrichtungen unten paßte und, wenn es wieder auseinandergenommen wurde, sich in einen möglichst engen Raum packen ließ – das alles wurde als nächstes entdeckt und auf den Boden herausgezogen. Nach einigen kleinen Schwierigkeiten gelang es dem Subpräfekt, die Maschine zusammenzusetzen. Er ließ sie von seinen Männern betreiben, und wir gingen hinunter in das Schlafzimmer. Der mörderische Betthimmel wurde heruntergelassen, aber nicht so geräuschlos, wie ich es erlebt hatte. Als ich das gegenüber dem Subpräfekt erwähnte, hatte seine Antwort, einfach wie sie war, eine schauerliche Bedeutung. »Meine Männer«, sagte er, »schrauben den Betthimmel zum erstenmal herunter – die Leute, deren Geld Sie gewannen, hatten mehr Übung.«

Wir ließen das Haus im alleinigen Besitz zweier Polizeibeamter – da sämtliche Bewohner auf der Stelle ins Gefängnis gebracht worden waren. Nachdem der Subpräfekt in seinem Büro noch mein Protokoll aufgenommen hatte, ging er mit mir in mein Hotel zurück, um meinen Paß zu holen. »Denken Sie«, fragte ich, als ich ihm diesen aushändigte, »daß wirklich schon Leute in diesem Bett erstickt worden sind, so wie man versucht hat, *mich* zu ersticken?«

»Ich habe Dutzende von Ertrunkenen in der Morgue aufgebahrt gesehen«, antwortete der Subpräfekt, »in deren Brieftaschen sich Schreiben fanden des Inhalts, daß sie in der Seine Selbstmord begangen hätten, weil sie alles am Spieltisch verloren. Kann ich wissen, wie viele dieser Leute in dieselbe Spielhölle gegangen waren wie *Sie*? Gewannen wie *Sie*? Sich in das gleiche Bett legten wie *Sie*? Darin schliefen? Darin erstickt worden sind? Und heimlich in den Fluß geworfen wurden mit einem Brief, der die Sache erklärte, und den die Mörder geschrieben und in die Brieftasche gesteckt hatten? Kein Mensch kann sagen, wie viele oder wenige das Schicksal erlitten haben, dem Sie entronnen sind. Die Leute in der Spielhölle hielten ihre Himmelbettmaschinerie vor *uns* geheim – sogar vor der Polizei! Die Toten bewahrten den Rest des Geheimnisses für sich. Gute Nacht oder besser guten Morgen, Monsieur Faulkner! Kommen Sie um neun Uhr wieder zu mir ins Büro – inzwischen *au revoir*!«

Der Rest meiner Geschichte ist schnell erzählt. Ich wurde vernommen und wieder vernommen, die Spielhölle von oben bis unten gründlich durchsucht, die Verhafteten verhörte man einzeln, und zwei der weniger Schuldigen legten ein Geständnis ab. *Ich* entdeckte, daß der Alte Soldat der Besitzer der Spielhölle war – die *Justiz*, daß er vor Jahren als Vagabund aus dem Heere gejagt worden war, sich seither die verschiedenartigsten Schurkereien hatte zuschulden kommen lassen, gestohlenes Gut in Besitz hatte, das von den Eigentümern identifiziert wurde, und weiter, daß er, der Croupier, noch ein Komplize und die Frau, die mir die Tasse Kaffee gekocht hatte, das Geheimnis des Bettes kannten. Es war einiger Grund vorhanden zu bezweifeln, ob das untergeordnete Personal des Hauses etwas von der Erstickungsmaschine wußte, und da im Zweifelsfalle zugunsten des Angeklagten entschieden wird, behandelte man sie einfach als Diebe und Landstreicher. Was den Alten Soldaten und seine zwei Hauptehelfershelfer betrifft, so wanderten sie auf die Galeeren, die Frau, die das Narkotikum in meinen Kaffee getan hatte, wurde eingesperrt, ich weiß nicht für wie viele Jahre; die regelmäßigen Besucher der Spielhölle betrachtete man als »verdächtig« und stellte sie unter »Polizeiaufsicht«, und ich war eine ganze Woche (was eine lange Zeit ist) der »Haupt«-Löwe der Pariser Gesellschaft. Mein Abenteuer wurde von drei berühmten Schriftstellern dramatisiert, aber sah nie das Bühnenlicht, denn die Zensur verbot, eine genaue Kopie der Bettstelle des Spielhauses auf die Bühne zu bringen.

Ein gutes Ergebnis wurde durch mein Abenteuer erzielt, welches jeder Zensor billigen muß: – es heilte mich davon, je wieder »Rouge et Noir« als Zerstreuung zu versuchen. Der Anblick eines grünen Tuches mit Kartenpäckchen und Geldhaufen darauf wird in Zukunft für mich stets im Geiste mit dem Anblick eines Betthimmels verbunden sein, der herabkam, um mich in der Stille und Dunkelheit der Nacht zu ersticken.

WALTER HORATIO PATER

Walter Horatio Pater (1839–1894) wurde in London als Sohn eines Arztes geboren, studierte in Oxford und lebte dort als »fellow« des Brasenose College. Seine »Imaginären Porträts« 1887 geben erdichtete Bildnisse, auch wenn sie an historische Persönlichkeiten anknüpfen (»Ein Prinz unter den Hofmalern«), so wie auch seine Essays, in denen er »schöpferische Kritik« üben will, im gleichen Grade Selbstbespiegelung sind wie Darstellung seines Gegenstand esund sein philosophisch-historischer Roman »Marius, der Epikureer« im Grunde aus einer Reihe imaginärer Porträts besteht, durch das Auge des Marius gesehen. Die anspruchsvolle Kunst des Oxforder Gelehrten konnte auch in England nur bei einem kleinen Kreis Eingang finden; Übersetzungen brachten Diederichs und der Insel-Verlag heraus. – In »Denys L'Auxerrois«, dem Porträtband entnommen, ist der griechische Gott, dem Pater eine eigene Studie gewidmet hat, in das Dunkel des Mittelalters verschoben. Wie Nietzsche sieht er in ihm die Doppelnatur, den grausamen, verwilderten Dämon und den milden, sanftmütigen Herrscher, dionysische und apollinische Züge. Elemente der griechischen Sage sind mit historischen Ereignissen (Geschichte der Kathetrale, das Ballspiel in der Kirche, der Brückenbau u.a.) und Reiseerinnerungen (besonders bei der Landschaftsschilderung) vereint. Vgl. dazu Friedrich Staub »Das imaginäre Porträt Walter Paters«, Diss. Zürich 1926, und über den Stil Bernhard Fehr »Englische Prosa von 1880 bis zur Gegenwart«, Leipzig 1927.

DENYS L'AUXERROIS

Fast jedes Volk hat, wie wir wissen, seine Sage von einem »goldenen Zeitalter« und dessen Wiederkehr gehabt – Sagen, die wohl kaum, auch nicht in der alltäglichsten Umgebung vergessen werden, solange der Mensch das strebende, nie ganz zufriedene Wesen bleibt, das er ist. Doch da wir keine Kinder mehr sind, könnten wir im Grunde wohl daran zweifeln, ob die Wiederkehr eines Lebenszustandes für uns von Vorteil ist, bei dem, wie das in der Natur der Sache liegt, der Wert der Dinge sozusagen gänzlich an der Oberfläche haften würde, es sei denn, daß wir gleichzeitig auch das bewußte oder eigentlich unbewußte Empfinden der Kindheit in uns wiedergewinnen könnten, um all das gewandt und mit der nötigen Unbeschwertheit des Herzens hinzunehmen. Doch hat man dem Traum größtenteils die übliche Verschwommenheit der Träume gelassen: In ihren wachen Stunden sind die Menschen zu beschäftigt, um ihn mit Einzelheiten zu versehen. So konnte eine wunderliche, aber durchaus anschauliche Sage von einer derartigen Wiedergeburt eines goldenen oder poetisch vergoldeten Zeitalters entstehen (wobei tatsächlich ein Bürger des alten Griechenlands seinen Weg unter die Menschen zurückfindet), wie das in einer altertümlichen Stadt des mittelalterlichen Frankreichs geschah.

Auxerre ist vielleicht die vollkommenste Verkörperung des eigentlichen Wesens der französischen Stadt, die der Wanderer finden kann. Das Schaffen aufeinanderfolgender Zeitalter ist, nicht ohne lebendige Züge der Gegenwart, harmonisch ineinander verschmolzen mit einer *eigentümlichen* Schönheit – einer zisalpinen, nördlichen Schönheit, die jedoch gleichzeitig etwas durchaus anderes ist als die deutsche malerische Wucht von Ulm oder Freiburg oder Augsburg. Turner hat dieses Ideal in manchen seiner Studien französischer Flüsse gefunden; eine vollendet glückliche Vereinigung von Fluß und Stadt stellt dabei das wesentlichste Merkmal dar. Gewiß ist Auxerre, was den malerischen Charakter betrifft, die hervorragendste aus der Gruppe der drei bedeutenden Städte in dieser Gegend – Auxerre, Sens, Troyes –, von denen sich jede, als ob auf diese Wirkung bewußt hingezielt worden wäre, um den wuchtigen Mittelpunkt einer riesigen, grauen Kathedrale sammelt.

Um Troyes herum muß man das Malerische allein in der Natur, in der reichen, fast groben sommerlichen

Färbung der Champagne suchen, wo sogar die Dachziegel, der Stuck und die Backsteine der winzigen Dörfer und der großen, sich lang hinziehenden dorfähnlichen Bauerngüter die Wärme eingefangen haben. Die Kathedrale, die – weit über die Felder von anscheinend frei wuchernden Blumen hin sichtbar – eine reiche Mischung aller Abarten des Spitzbogenstils bis zum spätesten Flamboyant darstellt, ist unter den größeren französischen Kirchen bemerkenswert wegen der weiten Maße im Innern und berühmt durch den fast beispiellosen Schatz an Glasmalereien, besonders des prunkvollen, künstlichen späteren Stils, mit viel äußerst bewußtem, künstlerischem Raffinement in der Linienführung wie in der Farbe. In einem der reichsten Fenster zum Beispiel laufen gewisse perlweiße Linien auf Rubinrot und Dunkelblau hin und her, die in der Entfernung köstlich wirken. Kommt man näher, so entdeckt man, daß es das Fenster der Pilger ist und jene seltsamen weißen Linien die langen Wanderstäbe in den Händen Abrahams, Raphaels, der Weisen aus dem Morgenland und der anderen Schutzheiligen der Reisenden. Den ländlichen Charakter, der der Bourgeoisie der Champagne eignete, kann man, wie es scheint, heute noch unter den Bürgern von Troyes feststellen. Seine Straßen, größtenteils in Fachwerk und verputztem Lehm, enthalten mehr als ein unverändertes Beispiel des alten *Hôtel* oder Stadthauses mit Vorhof und Garten dahinter, und seine frommen Bürger scheinen selbst beim Kirchenbau hauptsächlich danach getrachtet zu haben, die Augen derjenigen zu erfreuen, die mit weltlichen Angelegenheiten und im Freien beschäftigt waren, denn mit viel Aufwand haben die einzelnen Gemeinden nur die gewaltigen, nutzlosen Portale ihrer Kirchen vollendet, von überraschender Höhe und Leichtigkeit in einer Art wild-elegantem Gotisch-auf-Stelzen, das den Straßen von Troyes ein eigentümlich groteskes Aussehen gibt, wie einem wunderlich beklommenen Traum des Mittelalters.

In Sens, dreißig Meilen weiter westlich, einem Ort von sehr viel ernsterem Gepräge, bedeutet der Name Jean Cousins ein gezügelteres Temperament selbst in diesen prächtigen Schmuckformen. Hier ist alles kühl und beherrscht mit einer fast englischen Strenge. Das erste Denkmal des Spitzbogenstils in England – das harte »Frühenglisch« von Canterbury – ist die Schöpfung Wilhelms, eines Meisters, der in der Dombauhütte von Sens erzogen wurde, und sein strenger Geschmack hat, so scheint es, dort als zügelnde Kraft bei allen späteren Stilwandlungen gewirkt – Wandlungen, die an sich meist nach Üppigkeit trachteten. Im Einklang mit der Atmosphäre ihrer großen Kirche steht das Sauber-Ruhige der Stadt, die durch kleine Kanäle klaren Wassers frisch gehalten wird, Abzweigungen von der reißenden Vanne, welche gleich unterhalb in die Yonne mündet. Anmutig schlängelt sich die Yonne hin, Glied auf Glied, durch das endlose Rauschen der Pappeln zwischen niedrigen, rebenbepflanzten Hügeln mit Resten freundlichen Waldlandes hier und da, manchmal dicht am Ufer, manchmal mit einer breiten Wiese dazwischen; sie hat all die heiteren Kennzeichen einer französischen Flußlandschaft in einem kleineren Maßstab als gewöhnlich, so etwa wie sich ein Kind einen Fluß vorstellt, oder wie die Flüsse der alten Miniaturmaler, blau und voll bis an den hellgrünen Rand. Mehr als anderswo bemerkt man an seinen Ufern noch unberührte alte Herrschaftssitze, größere und kleinere. Die Kette alter, winkeliger Städte, die ihre fröhlichen Kais am Wasser entlang ausbreiten, trägt den gleichen Charakter – Joigny, Villeneuve, Saint-Julien-du-Sault –, und doch verführen sie uns, bei jeder einzelnen zu verweilen und die Spuren der Renaissance und des Mittelalters zu studieren, altes Glas und ähnliches, um sich anschauliche, wenn auch noch nicht die wesentlichen Lehren über die verschiedenen Künste zu erwerben, die sich ihr bedeutendstes Denkmal in Auxerre setzten. – Auxerre! Ein geringer Aufstieg der gewundenen Straße! Und vor euch liegt die hübscheste Stadt Frankreichs – der breite Rahmen der Weinberge mit den weißen Häuschen in der Ferne, der sanft gegen den Horizont ansteigt und zu Wande rungen einlädt – die ruhige Windung des Flusses unten mit all den Einzelheiten der Flußlandschaft – die drei großen, purpurgedeckten Massen von Saint-Germain, Saint-Pierre und der Kathedrale von Saint-Etienne, die aus den dicht aneinander gedrängten Häusern unvermittelter und unregelmäßiger aufsteigen, als das sonst im französischen Städtebau der Fall ist. Hier findet jener seltene Künstler, der empfängliche Architekturmaler, den für ihn geschaffenen Gegenstand, wenn er nur den Wert von Linie und Masse, von breiten Massen und zarten Linien gleichermaßen kennt.

Ein wahres Rebenland, ist es dennoch im Ausdruck eher friedlich als strahlend. Das vollendete Beispiel jener glücklichen Mitte zwischen nördlichem Ernst und der Üppigkeit des Südens, wofür wir Mittelfrankreich schätzen, ist sein Charakter doch nicht ganz heiter – reizt teilweise durch seine Schwermut. In der bezeichnendsten Stimmung erscheint es, wenn Lichtfluten und ferne Wolken schnell darüber hinwandern, wenn der Regen nicht weit weg ist und jeder Zug der Kunst oder Zeit auf seinen alten Gebäuden sich in klarem Grau abhebt. Ein schöner Sommer reift seine Trauben zu wertvollem Wein; aber dennoch scheint es sich stets nach mehr oder länger anhaltendem Sonnenschein zu sehnen, der so sehr nach seinem Geschmack ist. Man könnte ein Nörgeln oder Klagen aus dem Rauschen der Weinblätter heraushören, wenn Jacques Bonhomme im blauen Kittel sein Tagewerk unter ihnen beendet.

Um mir einen solchen Nachmittag zu vertreiben, als

der Regen früh begann und es unmöglich war, spazierenzugehen, suchte ich den Laden eines betagten Antiquitätenhändlers auf. Er stellte nicht einförmig in der Art Pariser Geschäfte die handelsüblichen Gegenstände zur Schau, die man immer wieder zu sehen bekommt, sondern enthielt eine ausgewählte Sammlung wirklicher Raritäten. Man schien eine bodenständige Geschmacksschule in den verschiedenen Gebrauchsgegenständen des verflossenen Jahrhunderts zu erkennen und in manch einer Kostbarkeit früherer Zeit aus den alten Kirchen und religiösen Gebäuden der Nachbarschaft. Darunter befand sich ein großes, leuchtendes Bruchstück bunten Glases, das aus der Kathedrale selbst stammen konnte. In Farbe und Zeichnung von der allerfeinsten Beschaffenheit, paßte die Gestalt, die es darstellte, nicht ohne weiteres zu irgendeinem bekannten kirchlichen Typ, und sie bildete deutlich den Teil einer Folge. Als ich begierig nach dem Rest fragte, antwortete mir der alte Mann, daß davon nichts weiter bekannt wäre, fügte aber hinzu, der Priester des benachbarten Dorfes besäße eine ganze Folge von Teppichwebereien, die offensichtlich dazu bestimmt waren, in der Kirche aufgehängt zu werden, und die das ganze Thema darstellen sollten, von dem die Gestalt auf der Glasmalerei ein Teil war.

Am nächsten Nachmittag begab ich mich daher in das Haus des Priesters, ein kleines gotisches Gebäude, das vielleicht zu einem alten Herrenhaus in der Nähe der Dorfkirche gehört hatte. In dem Garten davor, der Blumen- und Gemüsegarten in einem war, flogen die Bienen eifrig in den Herbstgewächsen – bunten Astern, Trompetenblumen, türkischen Bohnen und den altmodischen Pastorenblumen. Der höfliche Besitzer zeigte mir bereitwillig seine gewebten Teppiche, von denen einige an den Wänden seines Wohnzimmers und Treppenhauses hingen als Hintergrund für die ausgestellten anderen Raritäten, die er sammelte.

Zweifellos beschäftigten sich jene Teppiche und die Glasmalerei mit demselben Thema. Auf beiden waren dieselben musikalischen Instrumente – Pfeifen, Zymbeln, lange, rohrartige Trompeten. Die Geschichte stellte den Bau einer Orgel dar, genau des gleichen Instruments, nur von größeren Ausmaßen, das in der Bibliothek des alten Priesters stand, wenn auch jetzt fast tonlos, während auf manchen der gewebten Bilder die Hörer wie verzückt erscheinen und einige von ihnen leidenschaftlich zu der Orgelmusik jauchzen. Eine Art wahnsinnigen Ungestüms zieht sich durch die edel dargestellten Verwirrungen der ganzen Folge – taumelnde Tänze, die Sprünge wilder Tiere und vor allem immer wiederkehrende Girlanden aus Weinlaub, die wie eine verworrene Arabeske die verschiedenen Darstellungen einer oft wiederholten Gestalt verbinden, welche hier aus den klaren Farben des Glases in die traurigeren, etwas verschwommeneren Erdfarben des Seidenfadens übertragen war. Es war die Gestalt des Orgelbauers selbst, eines flachsfarbenen, pflanzenhaften Geschöpfes, manchmal fast nackt unter dem Weinlaub, manchmal gegen die Kälte in Tierhäute gehüllt, manchmal im Gewand eines Mönches, aber stets mit dem starken Gepräge eines wirklichen Menschen und eines tatsächlichen Vorgangs auf den Straßen Auxerres. Wer ist das? Sicherlich trotz der Anmut und dem Reichtum anmutigen Beiwerks eine leidende, gequälte Gestalt. Mit all der regelmäßigen Schönheit eines heidnischen Gottes hat sie auf eine Art gelitten, deren heidnische Götter, so müssen wir annehmen, unfähig gewesen wären. Es war, als ob eins jener schönen, strahlenden Wesen sein Geschick mit dem der Menschen eines späteren Zeitalters zusammengeworfen hätte, Menschen von größeren geistigen Fähigkeiten und bestimmt von größerer Leidensfähigkeit. Mit diesem Bild in meiner Vorstellung und einigen Notizen über die Geschichte der letzten

Bauarbeiten an der Kathedrale, die sich in der seltsamen Bibliothek des Priesters fanden, und unter wiederholten Überprüfungen der Darstellungen auf den alten Webereien formte sich schließlich die Geschichte.

Gegen die Mitte des dreizehnten Jahrhunderts war die Kathedrale von Saint-Etienne in ihrem Hauptumriß fertig: Was noch zu tun übrigblieb, war der Bau des großen Turmes und all die verschiedenartigen Arbeiten der letzten Ausschmückung, deren Vollendung mehr als eine Generation beanspruchen würde. Doch gewisse, nicht ganz geklärte Umstände führten eine etwas hastige Beendigung herbei, aber von einer bewundernswerten Fülle und Anmut. Von dem Ergebnis ist viel umgekommen oder anderswohin übertragen worden; ein Teil ist noch erhalten: so die Reste der bunten Prunkfenster und besonders die Reliefs, die das Westportal schmücken, herrlich aus einem feinen, festen Stein von Tonnerre gemeißelt, den die Zeit nur an der Oberfläche gebräunt hat. Als frühe Meisterwerke der Kunst können sie mit den zeitgenössischen Arbeiten in Italien verglichen werden. Sie kommen dem Ausdruck des Lebens näher, als es die Kunst jener Zeit für gewöhnlich tat, zeigen – nicht auf unedle Weise – ein Gefühl für die Wirklichkeit, in dem, so möchte man meinen, das heiße, vollblütige Leben eingefangen ist, wie es sich tatsächlich auf den Straßen und in den Häusern abspielte. Damals hatte Auxerre seinen Anteil an jener politischen Bewegung, die von einer französischen Stadt auf die andere übergriff und ihre engen Feudaleinrichtungen in ein freies, kommunistisches Leben verwandelte; jene großen Mittelpunkte der Volksfrömmigkeit, die französischen Kathedralen, sind in vielen Fällen die Denkmäler dieser Bewegung. Stets eng mit der Behauptung individueller Freiheit – des Geistes und der Sitten – verbunden, war dieses politische Treiben in Auxerre darüber hinaus in seiner Ursache oder als Wirkung mit der Gestalt und dem Charakter einer besonderen Persönlichkeit verknüpft, an die man sich lange erinnerte. Er war wohl der eigentliche Schöpfer jenes neuen, freien, üppigen Stils in der Kunst und als Mensch tätig und mitreißend.

Als der geschickteste Meister der Bauhütte dort eines Tages arbeitete, ohne daß sein Werk je ganz der inneren Vision entsprochen hätte, wurde ein schön gehauener griechischer Steinsarg von den Steinmetzen ausgegraben, der bei einem spätrömischen Begräbnis benutzt worden war. Hier schien die Aufgabe wirklich gelöst, die Kunst vollendet bis in die letzten Feinheiten und das Ebenmaß der Ausführung hinein, an die der mittelalterliche Meister nicht heranreichte, der dafür seinerseits über einen Ernst der Auffassung verfügte, welcher den alten Griechen abging. In dem Sarg lag unter der Asche des Toten ein Gegenstand von einer frischen, leuchtenden Klarheit – eine Flasche aus lebhaft-grünem Glas wie ein Smaragd. Es hätte »das wunderbare Gefäß des Grals« sein können, nur schien dieser Gegenstand keine unaussprechliche Reinheit, sondern eher die lärmende, irdische Hitze des alten Heidentums zurückzubringen. Die Flasche, die, wie einige fest glaubten, noch immer stark nach dem gelbbraunen Satz des römischen Weines duftete, den es vor so langer Zeit enthalten hatte, wurde beiseite gesetzt, um beim Abendessen zu dienen, womit bald der Abschluß der Steinmetzarbeit gefeiert werden sollte. Während man gegen Ende des Mahls aus kleinen Gläsern den feinen alten Wein von Auxerre aus der kostbaren Flasche schlürfte, wurde viel von einem goldenen Zeitalter geredet, und einige sprachen unbesonnen die Hoffnung aus, es möge wiederkehren. Und ob nun das Öffnen des begrabenen Gefäßes etwas damit zu tun hatte oder nicht, von da an schien tatsächlich für eine Weile eine Art goldenes Zeitalter gekommen zu sein, und der glorreiche Abschluß der großen Kirche fiel zusammen mit einer Reihe hervorragender Weinjahre, an die man sich lange erinnerte. Selbst in den Hütten der Armen fand man reichlich Vorrat an gutem Wein, und eine neue Schönheit und Fröhlichkeit herrschte, als alle Künste vereint üppig Zweige trieben in Jahren der ruhigen, freudigen Arbeit, die, so muß man annehmen, von dem eigenartigen Wesen angetrieben wurde, das so plötzlich wie seltsam nach Auxerre kam, um den Mittelpunkt dieses angenehmen Zeitabschnitts zu bilden, wenn es auch schließlich nur ein trauriges Ende nahm.

Seit langem bestand ein eigenartiger Brauch in Auxerre. Am Ostersonntag spielten die Domherren mitten in der großen Kirche feierlich Ball. Nach dem Vespersingen schritten sie, anstatt den Bischof nach seinem Palast zu begleiten, in geordnetem Zuge nach dem Schiff, wo das Volk schon in zwei langen Reihen stand,um zuzuschauen. Mit ein wenig geschürztenRökken wartete die gesamte Geistlichkeit schweigend, bis die Reihe an sie kam, während der Präfekt der Sängerknaben den Ball so hoch er konnte in die Luft warf nach dem gewölbten Dach des Mittelschiffes. Derjenige unter den Jungen, der ihn erwischen konnte, stieß ihn mit der Hand oder dem Fuß weiter, bis er zu den würdigen Vorsängern kam, den Kaplanen und selbst den Domherren, die schließlich das Spiel mit all dem Anstand einer kirchlichen Zeremonie zu Ende brachten. Es war gerade in dem Augenblick, gerade als die Domherren den Ball so ernst für sich in Anspruch nahmen, als Denys – Denys l'Auxerrois, wie er später genannt wurde – zum erstenmal erschien. Er sprang unter die schüchternen Kinder und machte ein wirkliches Spiel aus der Sache. Die Jungen spielten wie Jungen, die Männer fast wie Tolle und alle mit einer herzerquickenden Heiterkeit, die ansteckte und zuerst auf die Kleriker, dann auf die Zuschauer übergriff. Der betagte Dekan des Kapitels, Protonotarius Seiner Heiligkeit, hielt seinen Purpurrock ein wenig höher, schritt mit erstaunlicher Leichtigkeit aus den Reihen, als ob die Last seiner achtzig Jahre plötzlich von ihm genommen worden wäre, und stieß den Ball mit dem Fuß weiter zu dem ehrwürdigen Homiletiker des Domkapitels, der sich der Situation gewachsen zeigte. Und dann spielten die Laien, die nicht länger untätig zusehen konnten, das Spiel unter sich weiter, äußerten dabei ihr Vergnügen in nicht zu stürmischen Zurufen und setzten den Sport fort, bis die Bahn des Balles in den dämmerigen Schiffen nicht länger verfolgt werden konnte.

Obgleich das Heim seiner Kindheit bescheiden gewesen war – eins jener aus dem niedrigen Kalkabhang herausgehauenen Klippenhäuser, wie man sie heute noch in gewissen Gebieten Frankreichs bewohnt findet – gab es doch Leute, die seine Geburt mit der Geschichte eines schönen Landmädchens verknüpften, das man vor etwa achtzehn Jahren – nicht gegen ihren Willen – ihrer Familie für das Vergnügen des Grafen von Auxerre genommen hatte. Es war ihr Wunsch gewesen, den großen Herrn, der sie heimlich besucht hatte, im Glanze seines eigenen Hauses zu sehen, aber erschreckt durch die seltsame Pracht ihrer neuen Wohnung und Lebensweise und den Zorn der rechtmäßigen Frau, hatte sie plötzlich, als während eines heftigen Sturmes alles in Verwirrung war, den Ort verlassen und auf der Flucht vorzeitig ein Kind geboren. Das Kind, das ungewöhnlich schön war, fand man lebend, die Mutter aber tot – wie es schien vom Blitz getroffen – unweit der Tür ihres Herrn in einem verfallenen, efeubewachsenen Turm, wo sie Schutz gesucht hatte. Denys war zweifellos ein fröhlicher Bursche. In der Hütte an der Kalkklippe, die buchstäblich unter den Weinstöcken hing, entwickelte er sich zu einem hervorragenden Gärtner, und als er zum

Manne herangewachsen war, brachte er seine Erzeugnisse auf den Markt, wo er auf dem großen Domplatz seinen Verkaufsstand hatte und Melonen und Granatäpfel feilbot, die verschiedensten Samen und Blumen (omnia speciosa camporum) und dazu Honig, Wachskerzen und Zuckerwaren heiß aus der Bratpfanne, einfache Töpfe und Pfannen, die in der kleinen Töpferei im Walde geformt und gebrannt wurden, und Brote, die seine betagte Hauswirtin buk. An jenem Ostertage hatte er die große Kirche zum erstenmal betreten, um das Spiel zu sehen.

Von Anfang an liefen ihm die Frauen nach, die ihn in seinem Geschäft sahen oder wenn er in der Abendkühle seine Pflanzen goß. Die Männer, die bemerkten, wie sich die Frauen um seinen Stand drängten und wie sogar frische junge Mädchen vom Lande, die ihn zum erstenmal sahen, stets dort müßig stehenblieben, argwöhnten wer weiß was für Kräfte unter dem weißen Schleier seiner jugendlichen Form, und wenn sie haltmachten, um über die Sache nachzudenken, entdeckten sie, daß sie ihm selbst ins Garn gegangen waren. Bei seinem Anblick fühlten sich alte Leute wieder jung. Selbst der weise Mönch Hermes, der seinen Studien und Experimenten lebte, brachte es nicht fertig, den Obstverkäufer aus seinen Gedanken zu verbannen, und hätte gern das Geheimnis seines Reizes ergründet teils zu dem freundlichen Zweck, dem Burschen selbst seine vielleicht übernatürlichen Gaben zu erklären, damit er sie nutzbringend verwerten könnte. Es war eine Zeit, in der nach der Meinung der älteren Leute die Jungen das Wort hatten. Schon durch seine bloße Gegenwart schienen sie Feuer zu fangen, weshalb konnte niemand ganz erklären, und sie zeigten ein erstaunliches Ausmaß an Willenskraft und Frechheit, doch gleichsam, als ob es mit Zustimmung der Eltern geschähe, die selbst manchmal das Gleichgewicht verloren und sich dabei ein wenig komisch ausnahmen. Diese Umwandlung im Wesen und in den Sitten des einzelnen fiel mit der Bewegung für die Freiheit der *Commune* von ihren alten Feudalherren zusammen, welche damals in Auxerre und anderen französischen Städten lebendig war. Unter vielen anderen Spitznamen hieß Denys auch *Frank*. Junge Edelleute brüsteten sich damit, daß sie sagten, der Arbeiter solle es leichter haben, und waren fast willens, die Freiheit, plebejische Freiheit (natürlich geziemend zumindest mit wildwachsenden Blumen geschmückt) zur Braut zu nehmen. Denn Denys in seinem Stand verwandelte die ernste, langsame Bewegung politischer Köpfe in wilde soziale Zügellosigkeit, so daß sich das Leben für eine Weile wie auf der Bühne abspielte. Er führte zuerst jene langen Prozessionen an, in denen nach und nach »die kleinen Leute«, die Unzufriedenen, die Verzweifelten ihren Willen zum Ausdruck brachten. Ein Mann fing mit dem anderen auf dem Markt ein Gespräch an, aus der Berührung entsprang eine neue Kraft, ein anderer schloß sich an und noch einer. Schließlich war der neue Geist überall zu finden. Lärmende Trupps liederlicher Frauen und Jugendlicher mit rotfleckigen Gliedern und Gesichtern durchschwärmten die heißen Nächte, trugen brennende Fackeln über die rebenbedeckten Hügel und stürzten sich zum Schrecken schüchterner Beobachter die Straßen hinunter nach den kühlen Plätzen am Fluß. Überall hörte man schrille Musik und Gelächter. Und der neue Geist hielt selbst in der Kirche seinen Einzug, um an ihrem neuen Narrenfest teilzunehmen. Köpfe, die ekstatisch zurückgeworfen wurden – Morgenschlaf zwischen den Reben, wenn die nächtliche Ermüdung vorüber war – taugetränkte Kleider – der Knecht hatte es sich endlich bequem gemacht. Die Künstler, die damals dort so überaus zahlreich waren, fingen ein, was sie konnten, etwas wenigstens von all diesem Reichtum, dieser Geschmeidigkeit der sichtbaren Erscheinungsformen des Lebens. Sie betrachteten diesen scheinbaren Müßiggang, zu dem Denys die Jugend von Auxerre auf so angenehme Weise führte, nur als Pflege köstlicher, natürlicher Dinge zum Besten der Menschen. Und die Kräfte der Natur wirkten mit. Es schien, als ob es keinen Winter mehr gäbe. Der Planet Mars näherte sich der Erde mehr als gewöhnlich und hing wie eine feurige, rote Lampe am niedrigen Himmel. Ein mächtiger, aber fast lebloser Weinstock an der Klosterwand, den man dort nur seines ungeheuren Alters wegen als Sehenswürdigkeit hatte stehenlassen, bedeckte sich in dieser *großen* Zeit, wie sie lange genannt wurde, noch einmal mit Früchten. Der Anbau der Traube nahm stark zu. Zum erstenmal fiel das Sonnenlicht auf manch eine Stelle tief im Wald, die für die Rebenkultur gerodet worden war; obwohl Denys, der die Bäume liebte, dafür sorgte, daß hier und da als eindrucksvolles Denkmal ein Stück Waldland übrigblieb.

Als seine schwere Zeit kam, brauchte man einen Zug, der, solange es ihm gut ging, als besonders liebenswürdig erschienen war, gegen ihn – die Liebe für seltsam gewachsene oder sogar verwachsene Kinder, die doch auch zum Glück geboren waren, und für seltsame Tiere: er fühlte mit ihnen allen, heilte geschickt ihre Krankheiten, rettete den Hasen auf der Jagd und kaufte mit seinem Mantel das Lamm vom Fleischer frei. Er lehrte das Volk, sich nicht vor den merkwürdigen, häßlichen Wesen zu fürchten, die das Licht der sich bewegenden Fackeln aus ihren Verstecken zog, und es nicht als schlechtes Vorzeichen zu betrachten, wenn sie sich näherten. Er zähmte einen richtigen Wolf, so daß er ihm wie ein Hund Gesellschaft leistete. Das war das erste unter vielen zweideutigen Ereignissen, die bei einer immer größeren Zahl von Menschen tiefes Mißtrauen und Haß hervorriefen. Das reiche Bestiarium, das damals in der Bibliothek der großen Kirche gesammelt wurde, verwandelte sich durch seine Hilfe in nichts weniger als einen Garten Eden, einen verwilderten Garten Eden. Einzig die Eule verabscheute er. Etwas später blieb sie allein von allen Tieren bei ihm, fast wie aus Rache verfolgte sie ihn dauernd zwischen den dämmerigen Steintürmen, so zahm, daß er nie gewagt hätte, sie zu töten. Ohne Schaden zu nehmen, bewegte er sich in der berühmten Menagerie des Schlosses, vor der sich das einfache Volk so sehr fürchtete, und ließ während des Jahrmarkts die Löwen, die selbst recht furchtsame Gefangene waren, auf die Straßen hinaus. Der Vorfall regte die etwas unfruchtbaren Schreiber der Zeit zu einer »Moralität« an, die den alten heidnischen Büchern nachgebildet war – einem Bühnenspiel, in dem der Gott des Weines im Triumph aus dem Osten zurückkehren sollte. Auf dem Domplatz wurde das Schauspiel aufgeführt inmitten einer unerträglich lärmenden Musik der verschiedensten Pfeifen mit Denys in der Hauptrolle auf einem lustig-gestrichenen Triumphwagen in weichen, seidenen Gewändern, eine seltsame Elefantenkopfhaut mit vergoldeten Stoßzähnen als Kopfschmuck.

Und jene beispiellose Schönheit und Frische des Aussehens: Wie erhielt er allein sie sich trotz Wind und Hitze? Fürwahr, nicht durch Zauberei, wie einige sagten, sondern durch die natürliche Einfachheit seiner Lebensweise. Als die dunkle Zeit seiner Schwierigkeiten kam, hörte man ihn in einer Winternacht verdrossen bitten: »Gebt mir Wein und Fleisch; dunklen Wein und braunes Fleisch!«, während er an die rohe Tür seines alten Heims an den Klippen pochte. Bis dahin hatte der große Winzer selbst nur Wasser getrunken; er hatte von Quellwasser und Früchten gelebt. Da er die Fruchtbarkeit in all ihren Formen und schon in ihren bloßen Ursachen liebte, erforschte er neugierig die Gewohnheiten des Wassers und verfügte über das

Geheimnis der Wünschelrute. Lange ehe er kam, konnte er den Geruch des Regens aus der Ferne spüren, er pflegte dann entzückt das große Gerüst des unvollendeten Turmes zu besteigen und zu beobachten, wie er über das durstige Rebenland heraufzog, bis er auf das große Ziegeldach der Kirche unten prasselte; und dann warf er seinen Umhang ab und ließ die Glieder frei in dem ungestümen Wind baden zwischen den gemeißelten Bildwerken aus dunklem Stein.

Es geschah bei seiner plötzlichen Rückkehr von einer langen Reise (eine von vielen unerklärlichen Abwesenheiten), von der er etwas verändert heimkam, daß er zum ersten Male Fleisch aß und die heißen, roten Stücke mit seinen geschmeidigen Fingern in einer Art wilder Gier abriß. Vor den ersten, widerwärtigen Tagen eines harten Winters, der schließlich hereinbrach, war er nach dem Süden geflohen. In dem großen Hafen von Marseille hatte er mit Seeleuten aus allen Teilen der Welt, aus Arabien und Indien, Handel getrieben und ihre Waren gekauft, die er jetzt auf dem Ostermarkt zur Verwunderung aller feilbot – Weihrauch und köstlichere Weine, als sie Auxerre je gekannt hatte, den Samen wunderbarer neuer Pflanzen, wilde und zahme Tiere, neue Töpferwaren in rohen, grellen Tönungen, Tierhäute, Fleisch, das mit unerhörten Würzen gebraten war. Sein Stand bildete einen seltsamen, ungewohnten Farbfleck, den man plötzlich an einem heißen Morgen vorfand.

Das Entzücken der Künstler war größer denn je, und sie suchten häufig seine Gesellschaft auf in dem kleinen Herrenhaus, das der Besitzer vor langer Zeit verlassen hatte und in dem es spukte, so daß viele es mit bösen Blicken betrachteten; hier hatte er jetzt Wohnung genommen; der reiche, wenn auch etwas vernachlässigte Garten, ein Gewirr aller Arten kriechender, weinartiger Pflanzen, hatte dazu den ersten

Anreiz gebildet. Hier, wo ihn die angenehmen Gegenstände seines Handwerks in reicher Fülle umgaben, wurde der Winzer sozusagen zum Schulmeister, erteilte den verschiedenen Künstlern Unterricht und lehrte sie eine Kunst, die ihre eigene ergänzte – nämlich jenen heiteren Zauber (Kunst oder Trick) seines Wesens, bis sie sich in eine Art Aristokratie umgebildet hatten, in wahrhafte *gens fleur-de-lisés*, die gemeinsam an dem Schmuck der großen Kirche und hundert anderen Orten arbeiteten. Und doch hatte sich etwas Dunkles über ihn gelegt. Das freundliche Wesen hatte etwas von seiner Milde verloren. Seltsame, grundlose Missetaten waren geschehen; und da man keine Erklärung dafür fand, wollten nicht nur die Neidischen in Denys den Verantwortlichen sehen. Den Jüngeren verdrehte er den Kopf. Wollte er sich selbst zum Grafen von Auxerre machen? Fräulein Ariane, die von ihrem früheren Liebhaber verlassen worden war, hatte ihn freundlich angeblickt, war bereit, ihn zum Schwiegersohn des alten Grafen, ihres Vaters, zu machen, der bejahrt und nicht mehr lange von dieser Welt war. Der weise Mönch Hermes erinnerte ihn an gewisse alte Sagen, nach welchen der Weingott, dessen Rolle Denys so gut gespielt hatte, seine dunklen und unerfreulichen Seiten habe, ein Zwitterwesen sei, dessen zwei Seelen sich schwer oder unmöglich in Einklang bringen ließen. Und wirklich hat auch der hochgeschätzte Wein von Auxerre nur einen flüchtigen Reiz, macht leicht krank und mürrisch, lange ehe die Flasche leer ist, wie sorgfältig sie auch verschlossen war, und selbst im besten Falle hat er bei denen, die ihn anbauen, harte Namen wie *Chainette* und *Migraine*.

Eine Entartung und Derbheit – die Derbheit des Überdrusses und des formlosen, abgestumpften Verlangens – mit einer fast tierischen Lust nach Fleischnahrung hatte diese Gesellschaft befallen. Das Gerücht ging um, einige Frauen hätten aus bloßer Leichtfertigkeit ihre neugeborenen Kinder getötet. Man fand ein schwangeres Mädchen, das sich selbst in einem dunklen Keller erhängt hatte. Ach, wenn Denys sich nur nicht selbst für wahnsinnig gehalten hätte! Aber als man die Schuld an einem Mord, der weit draußen in den Weinbergen mit einer großen Winzeraxt begangen worden war, unbestimmt mit ihm verband, konnte er sich nur fragen, ob es wirklich an dem gewesen war, und der Schatten eines eingebildeten Verbrechens hing über ihm. Das Volk wandte sich gegen seinen Liebling, dessen frühere Reize es jetzt nur für die Zauberkräfte eines Hexenmeisters hielt. Es schien, als ob der Wein, den man ihm ausgegossen hatte, im Becher sauer geworden wäre. Das goldene Zeitalter war tatsächlich für eine Weile zurückgekommen: war es aber golden oder im Grunde doch nur vergoldet? Und sie waren zu müde oder zumindest zu ernst, um ihre Rolle darin zu Ende zu spielen. Hermes, der Mönch, erinnerte sich wunderlicherweise an jenen späten Einfall der heidnischen Dichtung, an den Weingott, der in der Hölle gewesen war. Offensichtlich war Denys mit all seiner flachsfarbenen Schönheit ein Mensch, der litt. Zuerst dachte er daran, sich heimlich an einen anderen Ort zu begeben. Aber ach! sein Verstand war zu stark umdüstert, um an den Erfolg des Unternehmens zu glauben. Er fürchtete, man würde ihn als Gefangenen zurückbringen. Jene fetten Jahre waren vorüber. Es war eine Zeit der Teuerung. Die arbeitende Bevölkerung konnte von den guten Dingen, die mit ihrer Hilfe in Keller und Scheuer gebracht worden waren, nicht essen und trinken. Bedürftigen Kindern und Leuten, die alt und schwach wie die Kinder waren, kamen Tränen in die Augen, wenn sie wieder und wieder zu sonnenlosen, eisigen, verderbenbringenden Morgen erwachten, und die kleinen, hungrigen Wesen strichen herum nach getrockneten Weinranken oder Nüssen, die sich vielleicht noch unter einer Hecke verbargen. Den ganzen Sommer über herrschten dann geheimnisvolle, dunkle Regengüsse. Durch die großen Gottesdienste am Johannistag tastete man sich nur so hindurch, und der Bischof las die Mittagsmesse beim Licht einer kleinen Kerze neben seinem Buch, denn ein Unwetter, wie es um die Zeit der Sommersonnenwende selten ist, verfinsterte plötzlich alles und beschädigte die Bildwerke am Dom stark. Und dann in einer Nacht, die den kürzesten Tag buchstäblich verschlungen zu haben schien, schmiedeten gewisse Personen einen Anschlag, um Denys unterwegs gefangenzunehmen und heimlich als Zauberer zu töten. Er konnte kaum sagen, wie er entkam, als er sich in seinem frühesten Heim, dem Häuschen an den Klippen, in Sicherheit fand an einem so großen Feuer, wie er es gern im Kamin brennen sah. So gut sie konnten, bereiteten sie dem schönen, verfolgten Wesen ein Fest, bei dem zahlreiche Wachskerzen leuchteten.

Und schließlich besann sich die Geistlichkeit, wie man der bösen Zeit abhelfen könnte. Die Leiche eines der Schutzheiligen hatte irgendwo vernachlässigt unter den Platten des Hochaltars gelegen. Diese mußte fromm ausgegraben werden und einen würdigen Schrein bekommen. Die Goldschmiede, Juweliere und Steinschneider machten sich fleißig an die Arbeit, und nach kurzer Zeit stand der Schrein, der einer vollendeten kleinen Kathedrale mit Portalen und Türmen glich, fertig am Hochaltar, sein ziseliertes Gold faßte Bergkristalle. Viele Bischöfe kamen, darunter Ludwig der Heilige selbst, von seiner Mutter begleitet, um bei der Ausgrabung und der Suche nach den heiligen Reliquien zu helfen. In ihrer Gegenwart segnete der Bischof von Auxerre in tiefroten Gewändern zu Ehren der Reliquien den neuen Schrein nach dem Weihzeremoniell *De benedictione capsarum pro reliquiis*. Als die Steinplatten unter einem brandenden Meer von

Trauergesängen entfernt worden waren – alle Menschen fasteten –, entdeckte man ein wahres Schlachtfeld verwesender menschlicher Überreste. Der Geruch drang deutlich durch die reichen Wolken des gleichen Weihrauchs, der auch in des Königs eigener Kapelle verwandt wurde. Die Suche nach dem Heiligen selbst wurde vergeblich den ganzen Tag über und bis weit in die Nacht hinein fortgesetzt. Schließlich fand man eine kleine, schmale Lade, in die man die Überreste fest hineingezwängt hatte, des Bischofs rotbehandschuhte Hände zogen den verfallenen Körper hervor, der unvorstellbar zusammengeschrumpft war, obwohl man jeden Zug des Gesichts erkennen konnte, auf das plötzlich ein schräger Strahl geisterhaften Dämmerlichtes fiel.

Denys floh allein aus der ersticke nden Kirche, wo die Masse noch auf die Prozession der Reliquie und die Messe *De reliquiis quae continentur in Ecclesiis* wartete. Der schreckliche Anblick verursachte ihm einen heftigen Anfall, als ob, während er sich auf dem Klosterrasen herumwälzte, der böse Geist von ihm wiche, so daß er von seinem Wahnsinn vollkommen geheilt schien, wenn er auch keineswegs seine Heiterkeit wiedergewann. Er blieb ein kleinlautes, stilles, schwermütiges Wesen. Da er sich jetzt mit einer seltsamen Umkehr des Gefühls zu trüben Gegenständen hingezogen fühlte, suchte er sich aus dem Knochenhaufen auf den Steinfliesen ein gräßliches Stück aus, um es am Halse zu tragen, und ein wenig später fand er seinen Weg zu den Mönchen von Saint-Germain, die ihn gern in ihre Werkstatt aufnahmen, wenn sie sich auch im geheimen vor seinen Feinden fürchteten.

Die geschäftige Zunft verschieden begabter Künstler, die rasch an den vielen vorhandenen Aufgaben zur endgültigen Ausschmückung der Kathedrale von Saint-Etienne arbeiteten, erfüllte jene Klostergebäude gerade damals mit einer Fröhlichkeit, die selbst eine so drückende Schwermut wie die unseres Freundes Denys aufzuheitern vermochte. Als Klosternovize nahm er seinen Platz unter den Arbeitern ein, Novize auch in allem, was tatsächliches handwerkliches Können betraf. Er verstand nur, süßen Weihrauch für den Hochaltar zu mischen. Und doch spürte man seinen Einfluß, und zwar wieder durch seine bloße Anwesenheit, in all jenen mannigfachen Künsten um ihn her, die sich vor allem an das Auge wendeten. Er wurde der unbewußte Urheber einer bestimmten Gefühlsweise und Ausdrucksform für jene geschickten Hände, die Tag für Tag mit Meißel, Stift oder Nadel an manch einem Werk köstlicher Phantasie, das die Zeiten überdauerte, tätig waren. In drei aufeinanderfolgenden Stilperioden besonders der Steinmetzarbeiten kann man die verschiedenen Stimmungen erkennen, die durch ihn hervorgerufen wurden. Da war zuerst wilde Fröhlichkeit, üppig in dem Kranz lebensnaher Darstellungen, aus denen nichts, was die Natur wirklich bot, ausgeschlossen war. Sie ging, als Denys' Seele sich verdüsterte, in die dunklen Regionen des Satirischen, Grotesken, Gemeinen über. Doch von dieser Zeit an offenbarte sich, ohne daß die Kraft und Wirksamkeit nachgelassen hätte, ein bewußter Ernst, der etwas eifersüchtig und unnahbar war, und zwar weniger in der Auswahl des Materials, an dem die Künste arbeiten sollten, als in der bestimmten Ausdrucksform, die ihm verliehen werden mußte. Es war, als ob die heitere, alte, heidnische Welt irgendwie *gesegnet* worden wäre, und die Folgen zeigten sich am klarsten in dem reichen Miniaturwerk der Manuskripte in der Domkapitelbibliothek – besonders einem wunderbaren Ovid, auf dessen Seiten die alten Geschichten von Liebe und Leid in mittelalterlichem Kostüm wieder zum Leben zu erwachen schienen, während Denys, in Kutte und mit Tonsur, über dem Maler lehnte und seine Arbeit mehr durch eine Art fühlbare und oft unausgesprochene Sympathie als durch irgendwelche tatsächlichen Bemerkungen leitete.

Besonders verbreitet war der Wunsch, sich die Instrumente zu einer freieren und abwechslungsreicheren Kirchenmusik zu verschaffen, als sie bisher üblich gewesen war – einer Musik, die den ganzen Bereich der jetzt zur Mannheit erwachsenen Seelen auszudrücken vermochte. Auxerre war damals wie später berühmt durch seine liturgische Musik. Und es war Denys, dem schließlich der Gedanke kam, alle damals gebräuchlichen Instrumente zu einer vollen flutenden Musik zu vereinen. Wie der Weingott der alten Zeit war er besonders ein Freund und Schutzherr der Pfeifenmusik in all ihren Formen. Auch hier hatten sich jene drei Stile oder »Modes« gezeigt – zuerst der einfache, pastorale, ein anheimelnder Klang der Pfeife, als ob der Wind selber über die fernen Felder bliese; dann der wilde, barbarische Lärm, der ruhigen Leuten so teuer zu stehen gekommen war und Erregbare verrückt gemacht hatte. Jetzt wollte er all das für süßere Zwecke vereinen, und der Bau der ersten Orgel wurde gleichsam das Buch seines Lebens und erstreckte sich über die ganze Weite seines Wesens in seinem Kummer und seinem Entzücken. In langen, freudvollen Tagen bei Wind und Sonnenschein suchte und fand der anscheinend närrische »Bruder« am Flußufer die nötigen Rohrarten. Unter seiner Leitung schuf der Tischler die großen Holzpfeifen für den Donner, während die kleinen aus Pappe den Ton der menschlichen Stimme nachahmten, wie sie zu den sieghaften Klängen der langen metallenen Trompeten sang. Manchmal, wenn die Leute Nacht für Nacht jene wandernden Töne hörten, hielten sie auch das für das Werk eines Irrsinnigen, aber dann wieder geschah es, daß sie erwachten und staunten über die Bruchstücke einer neuen, einer unverkennbar neuen Musik. Sie war der Triumph all der verschiedenen möglichen

Kräfte der Pfeife – gezähmt, beherrscht, vereint. Nur schien auf dem bemalten Orgelgehäuse Apollo mit der Leier in der Hand als Herr der Saiten scheel nach der Musik des Rohres zu blicken mit eben der Eifersucht, die ihn Marsyas so grausam töten ließ.
Inzwischen schienen die Menschen, sogar seine Feinde, ihn vergessen zu haben. Feinde waren sie trotzdem immer noch, bereit, sein Leben zu nehmen, wenn sich die Gelegenheit bieten sollte; das erkannte er, als er sich schließlich am Tage einer öffentlichen Feier hervorwagte. Der Bischof sollte die Grundpfeiler einer neuen Brücke einsegnen, die dazu bestimmt war, an die Stelle der alten römischen Brücke zu treten, welche, an tausend Stellen ausgebessert, bisher dazu gedient hatte, den Hauptverkehr über die Yonne zu bewältigen. Es war, als ob der Eingriff in das verwitterte Mauerwerk die dunklen Geister vergangener Zeiten freigelassen hätte. Tief unten im Innern des Mittelpfeilers wurde ein quälender Gegenstand aufgedeckt – das Skelett eines Kindes, das, wie man richtig vermutete, lebendig dort eingemauert worden war in der abergläubischen Annahme, sein Tod würde – nach dem Prinzip der Stellvertretung – die Sicherheit aller, die darübergingen, gewährleisten. Nun gab es einige, die sich etwas erstaunt dabei erwischten, wie sie gleichsam nach einem ähnlichen Sicherheitspfand für ihr neues Unternehmen Umschau hielten. Gerade da war Denys deutlich zu sehen, wie er in all seinen wesentlichen Zügen genau der gleiche auf einem der großen Steine stand, die man für den Grund der neuen Brücke fertiggemacht hatte. Einen Moment lang fühlte er die Augen der Menschen voll jener seltsamen Stimmung auf sich ruhen, dann stürzte er sich mit bezeichnender Wachsamkeit hinunter ins Wasser, nachdem er einen raschen Blick auf die graue Stadt geworfen hatte, die in dem breiten, grünen Rahmen ihrer Weinberge von dieser Stelle aus am besten zu sehen war; dort, wo un-

terhalb einer Reihe von Getreidemühlen der Strom am schnellsten floß, verschwand er aus dem Gesichtsfeld. Einige bildeten sich zwar ein, sie hätten ihn sicher an Deck eines der großen Kähne auftauchen sehen, welche gerade mit Trauben beladen und fröhlich mit Blumen geschmückt wie schwimmende Gärten den Weinertrag des Landes herunterbrachten, aber im allgemeinen glaubten die Leute, daß ihr seltsamer Feind jetzt endlich für immer gegangen wäre. In Wirklichkeit war Denys wieder friedlich im Kloster bei der Arbeit an seinem Haus mit den Rohren und Pfeifen. Bisweilen überkamen ihn wieder seine Anfälle, und wenn das geschah, pflegte er als Heilmittel sich eifrig mit dem Spaten zu betätigen; als Totengräber, der er jetzt geworden war, schaufelte er mit Vorliebe auf den verschiedenen Kirchhöfen der Stadt die Gräber für die Verstorbenen. Einige hatten ihn bei dieser Beschäftigung gesehen (an jener Form schien immer noch etwas echtes Sonnengold zu haften), wie er in das Dunkel spähte, während seine Tränen manchmal auf die grausigen Überreste fielen, die durch seine Hacke gestört wurden.

Tatsächlich hatte er, seit dem Tage, an dem der Leichnam in der großen Kirche ausgegraben worden war, eine wunderbare Neugier in diesen Dingen, und an einem Wintertag beschloß er, die Leiche seiner Mutter aus der ungeweihten Erde, in der sie lag, zu nehmen, um sie im Kloster, nahe der Stelle, wo er jetzt für gewöhnlich arbeitete, zu begraben. In der Dämmerung schritt er über den gefrorenen Schnee. Als er durch die Steinmauer ging, schien die Welt draußen bis ins Innerste erstarrt – ganz allein kämpfte er sich seinen Weg, drehte sich ab und zu vor dem hartnäckigen Wind um, und sein purpurner Überhang flatterte. Die hastig gesammelten Knochen legte er, von Scheu ergriffen, doch ohne Förmlichkeiten in einen Hohlraum, den er heimlich im Grabe eines anderen bereitet hatte.

Inzwischen waren die Winde seiner Orgel bereit zu blasen; und unter Schwierigkeiten erhielt er von dem Kapitel die Erlaubnis, ihre Macht bei einer hervorragenden öffentlichen Veranstaltung zu erproben, und zwar bei der folgenden. Als Belohnung für einen Dienst, der dem Kapitel in vergangenen Zeiten geleistet worden war, hatte der Sire de Chastellux die erbliche Würde eines Kanonikers der Kirche. Am Tage seiner Aufnahme stellte er sich am Eingang des Chors vor, wobei er über seinem militärischen Anzug das Chorhemd und Schultertuch trug. Der alte Graf von Chastellux war vor kurzem gestorben, und der Erbe hatte, wie es der Tradition entsprach, sein Kommen angekündigt, um das kirchliche Privileg in Anspruch zu nehmen. Zwischen den Häusern Chastellux und Auxerre hatte lange Zeit Feindschaft bestanden; aus diesem freudigen Anlaß kam jetzt ein Friedensangebot zugleich mit der Bitte um Fräulein Arianes Hand. Der stattliche junge Mann traf ein und wurde in der Vesper, an der der Bischof teilnahm, entsprechend geschmückt, in seinen Chorherrenstuhl eingewiesen. Dabei hörten die Menschen die Orgelmusik, die zum erstenmal über sie hinbrauste, mit den mannigfachsten Gefühlen des Entzückens. Doch der Spieler und Schöpfer des Instruments war über seinem Werk vergessen, der frühere Liebling kam nicht wieder in Gunst. Auf die religiöse Zeremonie folgte ein Fest der Bürgerschaft, in dessen Verlauf Auxerre seinen künftigen Herrn bewillkommnete. Das Fest sollte beim Einbruch der Nacht mit einem etwas rohen volkstümlichen Schauspiel enden, in dem man die Gestalt des Winters mit verbundenen Augen durch die Straßen treiben wollte. Es bildete die Folge zu jener früheren Aufführung der *Rückkehr aus dem Osten*, in der Denys die Hauptperson dargestellt hatte. Der alte, vergessene Spieler sah seine Rolle vor sich, und gleichsam wie von selbst, geriet er wieder an den hervorragendsten Platz, im Mönchsgewand, wie er war. Es würde ihm vielleicht seine Volkstümlichkeit wiederbringen, wer konnte das sagen? Hastig warf er seinen aschgrauen Umhang über, band das rauhe Roßhaartuch um die Kehle. Und da geschah es, daß eine Spitze des härenen Tuches seine Lippe tief ritzte und das Blut unaufhaltsam auf sein Kinn tropfte. Es war, als ob der Anblick des Blutes die Zuschauer in eine Art wahnsinnige Wut versetzte und ihnen plötzlich die Wahrheit enthüllte. Die vorgetäuschte Jagd auf das unheilige Wesen wurde zu einer wirklichen, die rasch anwachsend, die bösen Leidenschaften der Menschen hervorbrachte. Denys' Seele hatte schon die Ruhe gefunden, als von seinem Körper, den die Massen jetzt vor sich her trugen und stießen, schließlich Glied um Glied gerissen wurde. Die Männer steckten kleine Stückchen seines Fleisches oder, wenn ihnen das nicht gelang, seines zerrissenen Gewandes an ihre Kappen, und die Frauen liehen ihnen zu diesem Zweck ihre langen Haarnadeln. Hermes, der Mönch, suchte am nächsten Tag vergeblich nach irgendwelchen Überresten der Leiche seines Freundes. Erst als sich die Nacht herabsenkte, brachte ihm ein Fremdling Denys' Herz unversehrt. Lange schon muß es in Staub zerfallen sein unter dem Stein mit dem Kreuz, wo er es in einer dunklen Ecke des Seitenschiffes der Kathedrale beisetzte.

So erklärte sich mir die Gestalt auf der Glasmalerei. Mir schien Denys ein wahrer Einwohner Auxerres gewesen zu sein. An Tagen von einer gewissen Stimmung, wenn die Spuren des Mittelalters hervortreten wie alte Zeichen auf Steinen bei Regenwetter, schien es mir, als ob ich die gequälte Gestalt tatsächlich dort gesehen hätte – als wenn mir Denys l'Auxerrois auf den Straßen begegnet wäre.

OSCAR WILDE

Oscar Fingal O'Flahertie Wills Wilde (1856–1900) wurde in Dublin als Sohn eines Arztes und Archäologen und der irischen Patriotin und Schriftstellerin Lady Jane Francesca Wilde geboren, studierte in Dublin und Oxford klassische Sprachen, Literatur und Philosophie, wurde der führende Vertreter des l'art-pour-l'art-Ästhetentums in England. Seine sozialen Märchen gehören der Weltliteratur an. Er schrieb außerordentlich erfolgreiche Gesellschaftskomödien, in französischer Sprache das einaktige Drama »Salomé«, das Richard Strauß vertonte, den Roman »Das Bildnis des Dorian Gray«, Essays, Gedichte (»Die Ballade vom Zuchthaus Reading«) und Bekenntnisbücher (»De Profundis«). »Der junge König« ist dem Band »Das Granatapfelhaus« (1891) entnommen.

DER JUNGE KÖNIG

Es war am Vorabend seines Krönungstages, und der junge König saß allein in seinem schönen Gemach. Seine Höflinge hatten sich alle von ihm verabschiedet, wobei sie nach dem Zeremoniell der Zeit die Häupter bis zur Erde neigten, und waren in die Große Halle des Palastes zurückgegangen, um ein paar letzte Unterweisungen vom Professor für Etikette entgegenzunehmen; gab es doch einige unter ihnen, die noch ein ganz natürliches Benehmen zeigten, und das ist, wie ich kaum zu erwähnen brauche, bei einem Höfling ein sehr schweres Vergehen.

Der Jüngling – denn er war noch ein Jüngling, da er erst sechzehn Jahre zählte –, bedauerte nicht, daß sie gingen; mit einem tiefen Seufzer der Erleichterung hatte er sich auf die weichen Kissen seines mit Stickereien geschmückten Ruhebettes zurückgeworfen, wo er mit wilden Augen und offenem Mund wie ein brauner Waldfaun dalag oder wie ein junges Tier aus dem Forst, das eben erst den Jägern in die Falle gegangen ist.

Und wirklich waren es Jäger gewesen, die ihn gefunden hatten, fast zufällig auf ihn gestoßen waren, als er barfüßig, die Flöte in der Hand, hinter der Herde des armen Ziegenhirten herging, der ihn großgezogen und für dessen Sohn er sich immer gehalten hatte. Er war das Kind der einzigen Tochter des alten Königs aus einer heimlichen Ehe mit einem tief unter ihr stehenden Mann – einem Fremdling, sagten einige, der die Liebe der jungen Prinzessin durch den wunderbaren Zauber seines Lautenspiels gewonnen hatte, während andere von einem Künstler aus Rimini sprachen, dem die Prinzessin viel, vielleicht zuviel Ehre erwiesen und der plötzlich aus der Stadt verschwand und sein Werk im Dom unvollendet zurückließ. Erst eine Woche alt, war der Knabe von der Seite seiner schlafenden Mutter weggestohlen und einem einfachen Bauern und seinem Weib in Pflege gegeben worden, die selbst kinderlos waren und in einem entlegenen Teil des Waldes lebten, weiter als eine Tagereise zu Pferd von der Stadt entfernt.

Gram oder die Pest, wie der Hofarzt feststellte, oder, wie etliche munkelten, ein raschwirkendes italienisches Gift, das man ihr in einem Becher würzigen Weins einflößte, tötete das blasse Mädchen, das ihn geboren hatte, binnen einer Stunde nach seinem Erwachen, und als der verläßliche Bote, der das Kind auf dem Sattelbogen trug, von seinem müden Roß stieg und an die schlichte Tür der Hirtenhütte pochte, wurde der Leichnam der Prinzessin in ein offenes Grab gesenkt, das man auf einem verlassenen Kirchhof jenseits der Stadtmauer gegraben hatte, ein Grab, in dem, wie es hieß, schon ein anderer Leichnam ruhte, der eines jungen Mannes von wunderbarer, fremdartiger Schönheit, dem man die Hände mit einem verknoteten Strick auf dem Rücken zusammengebunden und die Brust mit vielen roten Wunden bedeckt hatte.

So ging wenigstens das Gerücht, das die Menschen einander zuraunten. Fest stand, daß der alte König, als er auf dem Sterbebett lag – entweder, weil ihn seine große Sünde reute oder auch nur, weil er wünschte, daß das Königreich in seiner Linie bleiben sollte –, nach dem Jüngling gesandt und ihn in Gegenwart des Rates als seinen Erben anerkannt hatte.

Und es scheint, daß sich vom ersten Augenblick seiner Anerkennung an jene seltsame Leidenschaft für Schönheit bei ihm offenbarte, die einen so großen Einfluß auf sein Leben ausüben sollte. Diejenigen, die ihn nach der Zimmerflucht begleiteten, die ihm vorbehalten war, erwähnten oft den Freudenschrei, der seinen Lippen entfuhr, als er das herrliche Gewand und kostbare Geschmeide sah, das für ihn bereitlag, und die fast wilde Lust, mit der er sein rauhes Lederwams und den groben Schaffellmantel von sich schleuderte. Bisweilen freilich vermißte er die köstliche Freiheit seines Waldlebens, und er war immer leicht gereizt über das langweilige Hofzeremoniell, das jeden Tag so viel Zeit in Anspruch nahm, aber der wundervolle Palast – *Joyeuse* nannte man ihn –, dessen Herr er jetzt war, schien ihm eine neue Welt, die eigens zu seiner Lust geschaffen war, und sobald er vom Ratstisch oder Audienzsaal fliehen konnte, lief er die große Freitreppe hinab mit ihren Löwen aus vergoldeter Bronze und ihren Stufen aus glänzendem Porphyr und wanderte von einem Saal in den anderen und von einem Gang in den anderen, wie jemand, der in der Schönheit Linderung für den Schmerz, eine Art Genesung vom Kranksein sucht.

Auf diesen Entdeckungsfahrten, wie er sie nannte – und sie waren für ihn wirkliche Reisen durch ein wundervolles Land, begleiteten ihn manchmal die schlanken, blondhaarigen Hofpagen mit ihren wehenden Mänteln und lustig flatternden Bändern; aber noch öfter war er allein, denn mit sicherem, feinem Instinkt, der fast einer Eingebung glich, fühlte er, daß die Geheimnisse der Kunst sich am besten im geheimen offenbaren und Schönheit wie Weisheit die lieben, die sie in Einsamkeit verehren.

Manch seltsame Geschichte wurde damals über ihn verbreitet. Man erzählte sich, daß ein würdiger Bürgermeister, der gekommen war, um im Namen der Bürger seiner Stadt eine salbungsvolle Ansprache zu halten, seiner ansichtig geworden war, wie er in wahrer Anbetung vor einem großen Bild kniete, das man gerade aus Venedig gebracht hatte und das den Dienst neuer Götter anzukünden schien. Ein andermal wurde er etliche Stunden vermißt, und nach langem Suchen entdeckte man ihn in einem Kämmerchen in einem der kleinen nach Norden schauenden Türme des Palastes, wie er ganz verzückt eine griechische Gemme mit der eingeschnittenen Gestalt des Adonis anstarrte. Man hatte ihn beobachtet, so wurde erzählt, wie er seine warmen Lippen auf die Marmorstirn einer antiken Statue drückte, die beim Bau der steinernen Brücke im Flußbett gefunden worden war und den Namen des bithynischen Sklaven Hadrians als Inschrift trug. Er hatte eine ganze Nacht damit verbracht, die Wirkung des Mondlichts auf ein Silberbildnis des Endymion zu beobachten.
Alles Seltene und Kostbare übte zweifellos einen starken Zauber auf ihn aus, und in dem Verlangen, es sich zu verschaffen, hatte er viele Kaufleute ausgesandt, etliche, um bei dem rauhen Fischervolk der Nordmeere Bernstein einzuhandeln, etliche nach Ägypten, um die merkwürdigen grünen Türkise zu suchen, die man nur in Königsgräbern findet und die Zauberkräfte besitzen sollen, etliche nach Persien, um seidene Teppiche und bemaltes Tongeschirr zu erwerben, und andere nach Indien, um Schleierstoff zu kaufen und getöntes Elfenbein, Mondsteine und Jade-Armbänder, San-

delholz und blaue Emaillen und Tücher aus feiner Wolle.

Aber was ihn am meisten beschäftigt hatte, war das Gewand, das er bei seiner Krönung tragen sollte, der Mantel aus gewobenem Gold, die mit Rubinen besetzte Krone und das Zepter mit seinen Perlenreihen und -ringen. Eben daran dachte er auch heute abend, als er sich auf seinem prächtigen Lager zurücklehnte und auf das große Tannenscheit schaute, das im offenen Kamin verglühte. Die Entwürfe von der Hand der berühmtesten Künstler der Zeit waren ihm schon vor vielen Monaten vorgelegt worden, und er hatte befohlen, daß die Handwerker Tag und Nacht an ihrer Ausführung arbeiten sollten und daß man die ganze Welt nach Juwelen durchforschte, die ihrer Arbeit würdig wären. Er sah sich schon im Geist am Hochaltar des Domes stehen in dem strahlenden Schmuck eines Königs, und ein Lächeln umspielte seinen kindlichen Mund, verweilte und ließ seine dunklen Waldaugen in hellem Glanz aufleuchten.

Nach einiger Zeit erhob er sich von seinem Lager, lehnte sich gegen den gemeißelten Mantel des Kamins und blickte sich in dem schwach erleuchteten Gemach um. An den Wänden hingen kostbare Teppiche, die den Triumph der Schönheit darstellten. Ein großer Schrank mit Achat- und Lapislazuli-Einlagen füllte die eine Ecke aus, und dem Fenster gegenüber stand ein merkwürdig gearbeiteter Kabinettschrank in Lackarbeit mit Goldpulverstreuung und Goldmosaiken, und darauf befanden sich edle venezianische Gläser und ein Kelch aus dunkel geädertem Onyx. Blasse Mohnblumen waren auf die seidene Bettdecke gestickt, als ob sie den müden Händen des Schlafes entfallen wären, und schlanke Schäfte aus kanneliertem Elfenbein trugen den samtenen Baldachin, von dem große Büschel Straußenfedern wie weißer Schaum zu dem bleichen Silber des Gitterwerkes der Decke auf-

sprangen. Ein lachender Narziß aus grüner Bronze hielt einen geschliffenen Spiegel über den Kopf. Auf dem Tisch stand eine flache Schale aus Amethyst.
Draußen konnte er die riesige Kuppel des Domes sehen, die wie eine Blase die verschwommenen Häuser überragte, und die müden Schildwachen, die auf der nebeligen Terrasse am Fluß auf und ab schritten. Weit weg schlug eine Nachtigall in einem Obstgarten. Ein zarter Jasminduft kam durch das offene Fenster. Er strich sich die braunen Locken aus der Stirn, nahm eine Laute und ließ die Finger über die Saiten gleiten. Die schweren Lider senkten sich, und eine seltsame Mattigkeit überfiel ihn. Nie vorher hatte er so inbrünstig oder mit so köstlicher Freude den Zauber und das Geheimnis schöner Dinge empfunden.
Als die Mitternacht vom Glockenturme schlug, klingelte er, und seine Pagen kamen herein und entkleideten ihn mit viel Förmlichkeit, gossen ihm Rosenwasser über die Hände und streuten Blumen auf sein Kissen. Wenige Augenblicke, nachdem sie das Zimmer verlassen hatten, schlief er ein.

Und als er schlief, träumte er einen Traum, und dies war sein Traum:
Es war ihm, als stände er in einer langen, niedrigen Dachstube inmitten vieler surrender, klappernder Webstühle. Das spärliche Tageslicht blickte durch die vergitterten Fenster und zeigte ihm die hageren Gestalten der Weber, die sich über ihre Rahmen beugten. Bleiche, kränklich aussehende Kinder hockten auf den mächtigen Querbalken. Wenn die Schiffchen durch die Kette sausten, hoben sie die schweren Laden, und wenn die Schiffchen aussetzten, fielen die Laden und schlugen die Fäden zusammen. Ihre Gesichter waren abgezehrt, und die dünnen Hände bebten und zitterten. Einige hagere Frauen saßen an einem Tisch und nähten. Ein schrecklicher Geruch erfüllte den Raum.

Die Luft war verbraucht und drückend, und die Wände trieften und strömten vor Feuchtigkeit.
Der junge König trat zu einem Weber, blieb neben ihm stehen und sah ihm zu.
Und der Weber blickte ihn böse an und sagte: »Warum siehst du mir zu? Bist du ein Spitzel, den unser Herr auf uns gehetzt hat?«
»Wer ist dein Herr?« fragte der junge König.
»Unser Herr?« rief der Weber bitter. »Er ist ein Mensch wie ich. Es gibt wahrhaftig nur einen Unterschied zwischen uns – daß er schöne Kleider trägt, während ich in Lumpen gehe, und daß er viel unter seiner Völlerei leidet, während ich schwach vor Hunger bin.«
»Das Land ist frei«, sprach der junge König, »und du bist keines Menschen Sklave.«
»Im Krieg«, antwortete der Weber, »macht der Starke den Schwachen zum Sklaven, und im Frieden macht der Reiche den Armen zum Sklaven. Wir müssen arbeiten, um zu leben, und sie geben uns so kärglichen Lohn, daß wir sterben. Wir placken uns den lieben, langen Tag, und sie füllen ihre Truhen mit Gold. Unsere Kinder welken vor der Zeit dahin, und die Gesichter derer, die wir lieben, werden hart und böse. Wir keltern die Trauben, und andere trinken den Wein. Wir säen das Korn, und unser Tisch ist leer. Wir tragen Ketten, wenn sie auch kein Auge sieht, und sind Sklaven, wenn uns auch die Menschen frei nennen.«
»Geht es allen so?« fragte er.
»Es geht allen so«, antwortete der Weber, »den Jungen wie den Alten, den Frauen wie den Männern, den kleinen Kindern wie denen, die vom Alter gebeugt sind. Die Kaufleute schinden uns, und wir müssen tun, was sie uns heißen. Der Priester reitet vorüber und betet seinen Rosenkranz, um uns aber kümmert sich niemand. Durch unsere sonnenlosen Gassen kriecht die Armut mit hungrigen Augen, und die Sünde mit aufgedunsenem Gesicht folgt ihr auf den Fersen. Der Jam-

mer weckt uns am Morgen, und die Schande wacht nachts bei uns. Aber was bedeuten dir diese Dinge? Du gehörst nicht zu uns. Dein Gesicht ist zu glücklich.« Und er wandte sich finster ab und warf das Schiffchen durch den Webstuhl, und der junge König sah, daß ein Goldfaden darauf gespult war.
Und ihn packte ein großer Schrecken, und er sprach zu dem Weber: »Was für ein Gewand webst du da?«
»Das Krönungsgewand des jungen Königs«, antwortete er, »was bedeutet das schon für dich?«
Und der junge König stieß einen lauten Schrei aus und erwachte, und siehe! Er war in seinem eigenen Gemach, und durch das Fenster sah er den großen honigfarbenen Mond in der dämmerigen Luft hängen.

Und er schlief wieder ein und träumte, und dies war sein Traum:
Es war ihm, als läge er auf dem Deck einer riesigen Galeere, die von hundert Sklaven gerudert wurde. Auf einem Teppich neben ihm saß der Herr der Galeere. Er war schwarz wie Ebenholz, und sein Turban war aus dunkelroter Seide. Große Silberringe zogen die dicken Ohrläppchen herunter, und in den Händen hielt er eine Waage aus Elfenbein.
Die Sklaven waren nackt bis auf einen zerlumpten Lendenschurz, und jeder Mann war an seinen Nachbarn gekettet. Die Sonnenglut prallte grell auf sie herab, und die Neger rannten das Gangbord hin und her und schlugen mit Lederpeitschen auf sie ein. Sie streckten die mageren Arme aus und zogen die schweren Riemen durch das Wasser. Salziger Gischt spritzte von den Blättern.
Schließlich erreichten sie eine kleine Bucht und begannen zu loten. Ein leichter Wind blies von der Küste und überzog das Deck und das große Lateinsegel mit feinem, rotem Staub. Drei Araber kamen auf wilden Eseln geritten und warfen Speere nach ihnen. Der

Herr der Galeere nahm einen bemalten Bogen in die Hand und schoß einen von ihnen durch die Kehle. Er fiel schwer in die Brandung, und seine Gefährten sprengten davon. Eine Frau, die ein gelber Schleier verhüllte, folgte langsam auf einem Kamel und schaute dann und wann nach dem Leichnam zurück.

Sobald sie Anker geworfen und das Segel eingeholt hatten, gingen die Neger in den Laderaum hinab und holten eine lange Strickleiter herauf, die mit Blei beschwert war. Der Herr der Galeere warf sie über Bord und befestigte die Enden an zwei eisernen Pfosten. Dann packten die Neger den jüngsten Sklaven, schlugen ihm die Fesseln ab, verstopften ihm Nase und Ohren mit Wachs und banden ihm einen schweren Stein um die Hüften. Er kroch müde die Leiter hinab und verschwand im Meer. Ein paar Blasen stiegen dort auf, wo er versank. Von den anderen Sklaven schauten einige neugierig über Bord. Am Bug der Galeere saß ein Haifischbeschwörer und schlug eintönig eine Trommel.

Nach einiger Zeit kam der Taucher wieder hoch aus dem Wasser und klammerte sich keuchend an der Leiter fest, in der rechten Hand hielt er eine Perle. Die Neger entrissen sie ihm und stießen ihn zurück. Die Sklaven schliefen über den Riemen ein.

Immer wieder tauchte er auf, und jedesmal brachte er eine schöne Perle mit. Der Herr der Galeere wog sie und steckte sie in ein Beutelchen aus grünem Leder.

Der junge König versuchte zu sprechen, aber die Zunge schien ihm am Gaumen zu kleben, und seine Lippen versagten den Dienst. Die Neger schwatzten miteinander und fingen an, sich über eine Kette glänzender Glasperlen zu streiten. Zwei Kraniche umflogen das Schiff.

Dann kam der Taucher ein letztes Mal empor, und die Perle, die er mitbrachte, war schöner als alle Perlen des Ormuzd, denn sie war wie der Vollmond geformt und weißer als der Morgenstern. Aber sein Gesicht war merkwürdig blaß, und als er auf das Deck fiel, strömte ihm Blut aus Nase und Ohren. Er zitterte ein Weilchen, und dann war er still. Die Neger zuckten die Achseln und warfen die Leiche über Bord.

Und der Herr der Galeere lachte, streckte die Hand aus und nahm die Perle, und als er sie sah, drückte er sie an die Stirn und verneigte sich. »Sie soll«, so sprach er, »für das Zepter des jungen Königs sein«, und er gab den Negern ein Zeichen, den Anker zu lichten.

Und als der junge König das hörte, stieß er einen lauten Schrei aus und erwachte, und durch das Fenster sah er die langen grauen Finger der Dämmerung nach den verblassenden Sternen greifen.

Und er schlief wieder ein und träumte, und dies war sein Traum:

Es war ihm, als wanderte er durch einen finsteren Wald, in dem seltsame Früchte und schöne, giftige Blumen hingen. Nattern zischten ihn an, als er vorüberging, und leuchtende Papageien flogen kreischend von Zweig zu Zweig. Riesige Schildkröten lagen schlafend im heißen Schlamm. Die Bäume waren voller Affen und Papageien.

Immer weiter ging er, bis er an den Saum des Waldes kam, und dort sah er eine ungeheure Menschenmenge in einem ausgetrockneten Flußbett arbeiten. Sie wimmelten in dem Kies und Sand wie die Ameisen. Sie gruben tiefe Schächte in den Boden und stiegen hinein. Manche spalteten den Grund mit mächtigen Äxten, andere tappten im Sande herum. Sie rissen den Kaktus mit den Wurzeln heraus und zertraten die scharlachroten Blüten. Sie eilten hin und her, riefen einander zu, und keiner war müßig.

Aus einer dunklen Höhle beobachteten sie der Tod und die Habsucht, und der Tod sagte: »Ich bin müde, gib mir ein Dritteil von ihnen, und laß mich gehen.«

Aber die Habsucht schüttelte das Haupt. »Das sind meine Knechte«, antwortete sie.
Und der Tod sagte zu ihr: »Was hast du in der Hand?«
»Ich habe drei Getreidekörner«, erwiderte sie, »was kümmert das dich?«
»Gib mir eins davon«, rief der Tod, »ich will es in meinen Garten pflanzen, nur eins davon, und ich will meines Weges gehen.«
»Ich will dir gar nichts geben«, sagte die Habsucht und verbarg die Hand in den Falten ihres Gewandes.
Und der Tod lachte und nahm einen Becher und tauchte ihn in eine Wasserpfütze, und dem Becher entstieg der Schüttelfrost. Er lief durch die große Menge, und ein Dritteil blieb tot liegen. Ein kalter Nebel folgte ihm, und Wasserschlangen glitten neben ihm dahin.
Und als die Habsucht sah, daß ein Dritteil der Menge tot war, schlug sie sich auf die Brust und weinte. Sie schlug sich auf den welken Busen und schrie laut: »Du hast ein Dritteil meiner Knechte erschlagen«, schrie sie. »Scher dich fort! Es ist Krieg in den Bergen der Tatarei, und die Könige beider Lager rufen nach dir. Die Afghanen haben den schwarzen Ochsen geschlachtet und marschieren in die Schlacht. Sie haben mit den Speeren gegen die Schilde geschlagen und ihre eisernen Helme aufgesetzt. Was bedeutet dir mein Tal, daß du darin verweilst? Scher dich fort, und komm mir nie wieder!«
»Mitnichten«, antwortete der Tod, »ehe du mir nicht ein Getreidekorn gegeben hast, gehe ich nicht.«
Aber die Habsucht verschloß ihre Hand und biß die Zähne aufeinander. »Ich werde dir nichts geben«, murmelte sie.
Und der Tod lachte und hob einen schwarzen Stein auf und warf ihn in den Wald, und aus einem Dickicht wilden Schierlings kam das Fieber in einem Flammengewand. Es schritt durch die Menge und berührte die Menschen, und jeder, den es berührte, starb. Das Gras

verdorrte unter seinen Füßen, während es darüberschritt.

Und die Habsucht erbebte und streute sich Asche aufs Haupt. »Du bist grausam«, rief sie, »du bist grausam. Es herrscht Hungersnot in den ummauerten Städten Indiens, und die Zisternen von Samarkand sind versiegt. Es herrscht Hungersnot in den ummauerten Städten Ägyptens, und die Heuschrecken sind aus der Wüste hereingebrochen. Der Nil hat seine Ufer nicht überschwemmt, und die Priester haben Isis und Osiris verflucht. Scher dich weg zu denen, die deiner bedürfen, und laß mir meine Knechte.«

»Nein«, entgegnete der Tod, »ehe du mir nicht ein Getreidekorn gegeben hast, gehe ich nicht.«

»Ich werde dir nichts geben«, sagte die Habsucht.

Und der Tod lachte wieder, und er pfiff durch die Finger, und ein Weib kam durch die Luft geflogen. »Pest« stand auf ihrer Stirn geschrieben, und ein Schwarm dürrer Geier umkreiste sie. Sie deckte das Tal mit ihren Flügeln zu, und kein Mensch blieb am Leben.

Und die Habsucht floh kreischend durch den Wald, und der Tod sprang auf sein rotes Roß und ritt davon, und er ritt schneller als der Wind.

Und aus dem Schlamm in der Talsohle krochen Drachen und gräßliche Wesen mit Schuppen, und die Schakale kamen über den Sand gelaufen und witterten die Luft mit ihren Nüstern.

Und der junge König weinte und sagte: »Wer waren diese Männer, und wonach suchten sie?«

»Nach Rubinen für eine Königskrone«, antwortete einer, der hinter ihm stand.

Und der junge König schreckte auf, und als er sich umwandte, sah er einen Mann in Pilgerkleidung, der in der Hand einen silbernen Spiegel hielt.

Und der junge König erbleichte und fragte: »Für welchen König?«

Und der Pilger antwortete: »Blick in diesen Spiegel, und du wirst ihn sehen.«
Und er blickte in den Spiegel, und als er sein eigenes Antlitz sah, stieß er einen lauten Schrei aus und erwachte, und helles Sonnenlicht strömte in das Gemach, und von den Bäumen im Garten und Park sangen die Vögel.

Und der Kämmerer und die hohen Würdenträger des Staates traten herein und huldigten ihm, und die Pagen brachten ihm das Gewand aus gewobenem Gold und legten Krone und Zepter vor ihm nieder.
Und der junge König schaute sie an, und sie waren schön, ihre Schönheit übertraf alles, was er je gesehen hatte. Aber er entsann sich seiner Träume und sagte zu den Edelleuten: »Nehmt diese Dinge weg, denn ich will sie nicht tragen.«
Und die Höflinge wunderten sich, und etliche lachten, denn sie glaubten, er scherze.
Aber er sprach wieder zu ihnen und sagte ernst: »Nehmt diese Dinge weg, und verbergt sie vor mir. Wenn es gleich mein Krönungstag ist, will ich sie nicht tragen. Denn auf dem Webstuhl der Sorge und von den bleichen Händen des Schmerzes ist mein Gewand gewoben worden. Es ist Blut im Herzen des Rubins und Tod im Herzen der Perle.« Und er erzählte ihnen seine drei Träume.
Und als die Höflinge sie hörten, sahen sie einander an und flüsterten: »Sicherlich ist er wahnsinnig; denn was ist ein Traum anderes als ein Traum und ein Gesicht anderes als ein Gesicht. Es sind keine wirklichen Dinge, daß man auf sie achtgeben müßte. Und was kümmert uns das Leben derer, die sich für uns mühen? Soll der Mensch kein Brot essen, bis er den Sämann getroffen, und keinen Wein trinken, bis er den Winzer gesprochen hat?«
Und der Kämmerer sprach zu dem jungen König und

sagte: »Herr, ich bitte dich, schüttele diese düsteren Gedanken ab, lege dein schönes Gewand an und setze dir diese Krone auf das Haupt. Denn wie soll das Volk wissen, daß du ein König bist, wenn du keine königlichen Gewänder hast?«

Und der junge König blickte ihn an. »Ist das wirklich so?« fragte er. »Werden sie in mir nicht den König erkennen, wenn ich keine königlichen Gewänder habe?«

»Sie werden dich nicht kennen, Herr«, rief der Kämmerer.

»Ich hatte geglaubt, daß es einst Männer gab, die königlich waren«, antwortete er; »aber vielleicht ist es so, wie du sagst. Und dennoch will ich dies Gewand nicht tragen, noch will ich mich mit dieser Krone krönen lassen; so, wie ich in den Palast gekommen bin, will ich aus ihm gehen.«

Und er befahl allen, ihn allein zu lassen, bis auf einen Pagen, den er sich zum Gefährten erkor, einen Knaben, der ein Jahr jünger war als er selbst. Ihn behielt er zu seiner Bedienung, und als er sich in klarem Wasser gebadet hatte, öffnete er eine große bemalte Truhe und nahm das Lederwams und den groben Schafspelz heraus, die er getragen hatte, als er am Berghang die zottigen Ziegen des Hirten weidete. Das zog er an und nahm den rauhen Hirtenstab in die Hand.

Und der kleine Page machte die großen blauen Augen vor Staunen weit auf und sagte lächelnd zu ihm: »Herr, ich sehe dein Gewand und dein Zepter, wo aber ist deine Krone?«

Und der junge König riß einen Zweig von einem wilden Rosenbusch ab, der sich am Balkon hochrankte, und bog einen Reif daraus und setzte ihn sich aufs Haupt.

»Das soll meine Krone sein«, antwortete er.

Und in dieser Kleidung trat er aus seinem Gemach in die große Halle, wo die Edelleute auf ihn warteten.

Und die Edelleute trieben ihren Spott mit ihm, und etliche riefen ihm zu: »Herr, das Volk wartet auf seinen König und du zeigst ihm einen Bettler«, und andere erzürnten und sagten: »Er bringt Schande über unser Land und ist nicht würdig, unser Herr zu sein.« Aber er antwortete ihnen nicht ein Wort, sondern schritt weiter und ging die helle Porphyrtreppe hinab und hinaus durch das bronzene Tor und bestieg sein Roß und ritt nach dem Dom, der kleine Page aber lief neben ihm her. Und die Leute lachten und sagten: »Da reitet der Narr des Königs vorüber«, und sie verhöhnten ihn. Und er zog die Zügel, hielt an und sagte: »Nicht doch! Ich bin der König.« Und er erzählte ihnen seine drei Träume.

Und ein Mann trat aus der Menge und sprach voll Bitterkeit zu ihm und sagte: »Herr, weißt du nicht, daß das Leben der Armen aus dem Überfluß der Reichen kommt? Euer Prunk nährt uns, und eure Laster geben uns Brot. Für einen harten Herrn zu arbeiten, ist bitter, aber keinen Herrn zu haben, für den man arbeiten kann, ist noch bitterer. Glaubst du, die Raben werden uns speisen? Und wie willst du diese Dinge ändern? Willst *du* zu dem Käufer sagen: ›Du sollst für soundso viel kaufen‹, und zu dem Verkäufer: ›Du sollst zu diesem Preis verkaufen?‹ Gewiß nicht. Darum geh zurück in deinen Palast, und kleide dich in Purpur und zartes Linnen. Was hast du mit uns zu tun und mit unseren Nöten?«

»Sind nicht der Reiche und der Arme Brüder?« fragte der junge König.

»Ja«, antwortete der Mann, »und der Name des reichen Bruders ist Kain.«

Und die Augen des jungen Königs füllten sich mit Tränen, und er ritt durch das murrende Volk, und der kleine Page fürchtete sich und verließ ihn.

Und als er an das große Portal des Domes kam, streckten die Soldaten ihre Hellebarden vor und sagten:

»Was suchst du hier? Niemand tritt durch diese Tür ein außer dem König.«
Und sein Antlitz rötete sich vor Zorn, und er sagte zu ihnen: »Ich bin der König«, und auf seinen Wink wurden die Hellebarden zurückgezogen, und er trat ein.
Und als der alte Bischof ihn in seinem Hirtenkleid hereinkommen sah, erhob er sich verwundert von seinem Sessel, ging ihm entgegen und sprach zu ihm: »Mein Sohn, ist das der Ornat eines Königs? Und mit welcher Krone soll ich dich krönen, und welches Zepter soll ich in deine Hände legen? Fürwahr, dies sollte für dich ein Freudentag sein und nicht ein Tag der Erniedrigung.«
»Soll sich die Freude mit dem schmücken, was das Leid wirkte?« fragte der junge König. Und er erzählte ihm seine drei Träume.
Und als der Bischof sie gehört hatte, runzelte er die Stirn und sagte: »Mein Sohn, ich bin ein alter Mann und stehe im Winter meines Lebens, und ich weiß, daß viel Böses in der weiten Welt geschieht. Die wilden Räuber kommen von den Bergen herab, entführen die kleinen Kinder und verkaufen sie an die Mohren. Die Löwen lauern den Karawanen auf und springen auf die Kamele. Der wilde Eber wühlt das Korn im Tale auf, und die Füchse benagen die Rebstöcke am Hügel. Seeräuber verwüsten die Meeresküste und verbrennen die Boote der Fischer und nehmen ihnen ihre Netze weg. Im Marschland leben die Aussätzigen; sie haben Hütten aus geflochtenem Ried, und niemand darf sich ihnen nähern. Die Bettler wandern durch die Städte und essen ihr Brot mit den Hunden. Kannst du diese Dinge abschaffen? Willst du den Aussätzigen zum Bettgenossen nehmen und den Bettler an deinen Tisch setzen? Wird der Löwe tun, was du von ihm heischst und der wilde Eber dir gehorchen? Ist Er, der das Elend schuf, nicht weiser als du? Daher rühme ich dich nicht um dessentwillen, was du getan hast,

sondern heiße dich nach dem Palast zurückreiten, ein fröhliches Gesicht machen und die Kleidung anlegen, die einem König ziemt, und mit der goldenen Krone will ich dich krönen und das Perlenzepter in deine Hände legen. Und an deine Träume denke nicht mehr. Die Last dieser Welt ist zu groß, als daß ein Mann sie tragen könnte, und das Leid der Welt zu schwer, als daß ein Herz es dulden könnte.«

»Sagst du das in diesem Haus?« fragte der junge König, und er schritt an dem Bischof vorüber, stieg die Stufen des Altars hinauf und stand vor dem Bilde Christi.

Er stand vor dem Bilde Christi, und zu seiner rechten Hand und zu seiner linken waren die geheimnisvollen goldenen Gefäße, der Kelch mit dem goldenen Wein und die Ampulle mit dem heiligen Öl. Er kniete vor dem Bilde Christi nieder, und die großen Kerzen brannten hell vor dem juwelengeschmückten Schrein, und der Weihrauch kräuselte sich in dünnen, blauen Ringen durch den Dom. Er neigte das Haupt im Gebet, und die Priester in ihren steifen Chorröcken schlichen sich weg vom Altar.

Und plötzlich kam von der Straße her wilder Lärm, und der Adel drang ein mit gezückten Schwertern und wehenden Federbüschen und Schilden aus blankem Stahl. »Wo ist dieser Träumer?« riefen sie. »Wo ist dieser König, der sich wie ein Bettler kleidet – dieser Knabe, der Schande über unser Land bringt? Wir werden ihn erschlagen, denn er ist nicht würdig, über uns zu herrschen.«

Und der junge König beugte noch einmal sein Haupt und betete, und als er sein Gebet beendet hatte, stand er auf, wandte sich um und blickte sie traurig an.

Und siehe! Durch die gemalten Fenster strömte das Sonnenlicht auf ihn, und die Sonnenstrahlen woben ein zartes Gewand um ihn, und es war schöner als das Gewand, das zu seiner Freude geschaffen wurde. Der tote Stab blühte auf und trug Lilien, die weißer als Perlen waren. Der trockene Dornzweig blühte auf und trug Rosen, die röter als Rubine waren. Weißer als edle Perlen waren die Lilien, und ihre Stengel waren aus glänzendem Silber. Röter als die prächtigsten Rubine waren die Rosen, und ihre Blätter waren aus getriebenem Gold.

Er stand da in dem Gewand eines Königs, und die Türen des juwelengeschmückten Schreins sprangen auf, und aus dem Kristall der vielstrahligen Monstranz leuchtete ein wunderbares, geheimnisvolles Licht. Er stand da in dem Gewand eines Königs, und die himmlische Herrlichkeit erfüllte den Raum, und die Heiligen in ihren geschnitzten Nischen schienen sich zu bewegen. In dem schönen Gewand eines Königs stand er vor ihnen, und aus der Orgel brauste Musik, die Trompeter bliesen auf ihren Trompeten, und die Sängerknaben sangen.

Und das Volk fiel in Ehrfurcht auf die Knie, und die Edelleute steckten die Schwerter in die Scheide und huldigten ihm, und das Antlitz des Bischofs erblaßte, und seine Hände zitterten. »Ein Größerer als ich hat dich gekrönt«, rief er und kniete vor ihm nieder.

Und der junge König stieg vom Hochaltar herab und schritt heim durch die Menge des Volkes. Aber kein Mensch wagte, ihm ins Antlitz zu schauen, denn es glich dem Antlitz eines Engels.

ROBERT LOUIS STEVENSON

Robert Louis Stevenson (1850–1894) wurde in Edinburgh als Sohn einer Familie von Ingenieuren und Leuchtturmbauern geboren, studierte Maschinenbaukunst und später Jura, reiste viel und verbrachte seine letzten Lebensjahre auf Samoa; schrieb Essays, Reiseskizzen, Abenteurerromane und gab sein Bestes in der Kurzgeschichte. – »Ein Nachtquartier« ist die erste Kurzgeschichte, die er veröffentlichte (»Temple Bar«, Okt. 1877, später in die Sammlung »New Arabian Nights« aufgenommen). »Die krumme Janet« wurde 1881 während eines Aufenthaltes in Pitlochry geschrieben.

EIN NACHTQUARTIER

Eine Geschichte aus dem Leben François Villons

Es war gegen Ende November 1456. Über Paris fiel der Schnee mit unerbittlicher, grausamer Beharrlichkeit; manchmal machte der Wind einen Ausfall und zerblies ihn in fliegenden Wirbeln; dann wieder legte er sich, und Flocke auf Flocke fiel aus der schwarzen Nacht herab, geräuschlos, sich drehend und wendend, unablässig. Den armen Leuten, die unter feuchten Augenbrauen nach oben blickten, schien es ein Wunder, wo das alles herkam. Meister François Villon hatte nachmittags an einem Kneipenfenster zwei Möglichkeiten erwogen: War es nur der heidnische Jupiter, der seine Gänse auf dem Olymp rupfte? Oder mauserten sich die heiligen Engel? Er wäre nur ein armer Magister Artium, fuhr er fort, und da die Frage etwas ans Theologische streife, dürfe er sich nicht erlauben, ein Urteil abzugeben. Ein alberner, alter Priester aus Montargis, der sich unter den Zechbrüdern befand, lud den jungen Halunken zu einer Flasche Wein ein zu Ehren des Witzes und der Grimassen, die ihn begleiteten, und schwor bei seinem eigenen weißen Bart, daß er in Villons Alter genauso ein unehrerbietiger Hund gewesen wäre.

Die Luft war rauh und scharf, aber nicht weit unter dem Gefrierpunkt, und die Flocken waren groß, feucht und klebrig. Die ganze Stadt war mit einem Laken überzogen. Eine Armee hätte von einem Ende zum anderen marschieren können, ohne daß das Geräusch eines einzigen Schrittes Alarm gegeben hätte. Wenn noch einige verspätete Vögel am Himmel waren, sahen sie die Insel wie einen großen, weißen Fleck und die Brücken wie schlanke, weiße Sparren auf dem schwarzen Grund des Flusses. Hoch oben ließ sich der Schnee auf dem Maßwerk der Kathedralentürme nieder. Manch eine Nische wurde zugeweht; manch eine Statue trug eine lange, weiße Haube auf ihrem grotesken oder heiligen Kopf. Die Wasserspeier waren in große, falsche Nasen verwandelt, deren Spitzen nach unten hingen. Die Krabben glichen aufrecht stehenden Kissen, die auf einer Seite geschwollen waren. Zwischen den Windstößen hörte man ein eintöniges, beständiges Tröpfeln in der Domfreiheit.
Der Johannisfriedhof hatte seinen Anteil Schnee bekommen. Alle Gräber waren anständig zugedeckt; hohe, weiße Giebel standen in ernster, feierlicher Ordnung herum; achtbare Bürger waren schon lange im Bett, benachtmützt wie ihre Behausungen; es war kein Licht in der ganzen Nachbarschaft außer dem Blinken einer Lampe, die im Chor der Kirche schaukelte und die Schatten im Takte ihrer Schwingungen hin und her warf. Es ging stark auf zehn Uhr, als eine Patrouille mit Hellebarden und einer Laterne vorbeiging; sie schlugen die Hände zusammen, und sie sahen nichts Verdächtiges im Umkreis des Johannisfriedhofs.
Dennoch gab es da ein kleines Haus, mit dem Rücken gegen die Friedhofsmauer gelehnt, das noch wach war, wach für ein übles Vorhaben in dieser schnarchenden Gegend. Von außen verriet es sich nicht groß; nur ein Strom warmen Dunstes aus dem Schornstein, ein

Fleck auf dem Dach, wo der Schnee schmolz, und ein paar halbverwischte Fußspuren an der Tür. Aber drinnen hinter den Fensterläden hielten Meister François Villon, der Dichter, und einige von dem Diebsgesindel, mit dem er umging, die Nacht lebendig und reichten die Flasche herum.

Ein großer Haufen lodernder Scheiter verbreitete vom gewölbten Kamin aus eine starke, rötliche Glut. Davor stand breitbeinig Dom Nikolaus, der pikardische Mönch, die Röcke hochgehoben, die fetten Beine entblößt gegen die angenehme Wärme. Sein langgezogener Schatten halbierte den Raum, und der Feuerschein entkam nur auf beiden Seiten seiner breiten Person und in einer kleinen Lache zwischen seinen gespreizten Beinen. Er hatte das verbeulte Biergesicht des Gewohnheitstrinkers; es war mit einem Netzwerk prallgefüllter Adern bedeckt, die unter gewöhnlichen Umständen purpurrot, jetzt blaß violett aussahen, denn obgleich er mit dem Rücken gegen das Feuer stand, zwickte ihn die Kälte auf der anderen Seite. Seine Kapuze war halb zurückgefallen und bildete seltsame Ausbuchtungen auf beiden Seiten seines Stiernackens. So dehnte er sich knurrend und halbierte das Zimmer mit dem Schatten seiner wohlbeleibten Gestalt.

Rechts hockten Villon und Guy Tabary über einem Fetzen Pergament; Villon machte eine Ballade, die er die »Bratfischballade« nennen wollte, ihm zur Seite plapperte Tabary Worte der Bewunderung. Der Dichter war ein heruntergekommener Mensch, dunkel, klein und hager, mit hohlen Backen und dünnen, schwarzen Locken. Er trug seine vierundzwanzig Jahre mit fiebernder Lebhaftigkeit. Die Gier hatte ihm Falten um die Augen gezogen, ein böses Lächeln sich um seinen Mund eingegraben. Wolf und Schwein kämpften in seinem Gesicht miteinander. Es war eine beredte, scharfe, häßliche, irdische Physiognomie. Seine Hände waren klein und geschickt im Zugreifen, mit Fingern knotig wie Stricken, und sie zuckten fortgesetzt in heftigem und ausdrucksvollem Gebärdenspiel. Was Tabary angeht, so atmeten seine platte Nase und seine salbadernden Lippen einen behäbigen, selbstgefälligen, staunenden Schwachsinn: er war Dieb geworden, so wie er auch der anständigste Bürger hätte werden können, durch den gebieterischen Zufall, der dies Leben menschlicher Gänse und Esel beherrscht.

Auf der anderen Seite des Mönches spielten Montigny und Thevenin Pensete ein Glücksspiel. An dem ersten haftete noch der Abglanz guter Herkunft und Erziehung wie an einem gefallenen Engel; etwas Langes, Geschmeidiges und Höfisches an der Gestalt, etwas Adlerhaftes, Dunkles am Gesicht. Thevenin, der arme Wicht, war in gehobener Stimmung: nachmittags war ihm in der Faubourg St.-Jacques ein großer Schurkenstreich geglückt, und die ganze Nacht schon gewann er von Montigny. Ein stumpfes Lächeln erhellte sein Gesicht; sein kahler Kopf glänzte rosig in einer Girlande roter Locken; sein kleiner, vorstehender Bauch zitterte vor unterdrücktem Kichern, wenn er seinen Gewinn einstrich.

»Doppelt oder quitt?« sagte Thevenin.

Montigny nickte grimmig.

»*Der eine prunkt mit Tafelsitten*«, schrieb Villon, »*Von Silber speist er Bratfischschnitten*. Und – und –, komm mir zu Hilfe, Guido!«

Tabary gickerte.

»*Aus goldnen Schüsseln Petersilie*«, kritzelte der Dichter.

Draußen nahm der Wind von neuem zu; er trieb den Schnee vor sich her, und manchmal erhob er seine Stimme in einem sieghaften Ha! Ho! und ließ aus dem Schornstein ein Grabesgebrumm hören. Die Kälte wurde im Laufe der Nacht schärfer. Villon schob die Lippen vor und machte die Windstöße mit einem Geräusch nach, das halb ein Pfeifen, halb ein Stöhnen war. Es war eine unheimliche, ungemütliche Fertigkeit des Dichters, die der pikardische Mönch sehr verabscheute.

»Hört ihr denn nicht, wie's am Galgen klappert?« sagte Villon. »Sie tanzen dort oben alle um nichts und wieder nichts den Teufelsreigen. Tanzt nur, meine Herrschaften, ihr werdet deshalb nicht wärmer! Huuu! Was für ein Windstoß! Eben fiel jemand herunter! Eine Mispel weniger am dreibeinigen Mispelbaum! – Was meinst du, Dom Nikolaus, wird's heute nacht kalt sein auf der Saint-Denis-Straße?« fragte er.

Dom Nikolaus zwinkerte mit seinen beiden großen Augen und schien an seinem Adamsapfel ersticken zu wollen. Montfaucon, der große, gräßliche Pariser Galgen, stand dicht an der St.-Denis-Straße, und der kleine Spaß traf eine wunde Stelle. Was Tabary angeht, so lachte er unmäßig über die Mispeln, er hatte nie etwas Lustigeres gehört, und er hielt sich die Seiten und krähte. Villon versetzte ihm einen Nasenstüber, der seine Heiterkeit in einen Hustenanfall verwandelte.

»Höre mit dem Spektakel auf«, sagte Villon, »und suche nach Reimen auf ›-silie!‹«

»Doppelt oder quitt«, sagte Montigny hartnäckig.

»Herzlich gern«, antwortete Thevenin.

»Ist noch was in der Flasche dort?« fragte der Mönch.

»Macht noch eine auf«, sagte Villon. »Wie kannst du je hoffen, dieses große Faß, deinen Bauch, mit so kleinen Dingen wie Flaschen zu füllen? Und wie, glaubst du, wirst du in den Himmel kommen? Wie viele Engel, denkst du denn, kann man entbehren, um einen einzigen Mönch aus der Pikardie hinaufzutragen? Oder bildest du dir ein, du bist ein zweiter Elias – und sie werden eine Kutsche für dich schicken?«

»*Hominibus impossibile*«, erwiderte der Mönch, als er sein Glas füllte.

Tabary geriet vor Entzücken außer sich.

Villon versetzte ihm wieder einen Nasenstüber. »Lache gefälligst über meine Witze«, sagte er.
»Er war sehr gut«, wandte Tabary ein.
Villon schnitt ihm eine Grimasse. »Such nach Reimen auf ›-silie‹«, sagte er. »Was hast du mit Latein zu tun? Du wirst dir noch einmal wünschen, daß du nichts davon verstehst, beim Letzten Gericht, wenn der Teufel den Guido Tabary, clericus, aufruft, der Teufel mit dem Buckel und den rotglühenden Fingernägeln. Und da wir gerade vom Teufel sprechen«, fügte er wispernd hinzu, »seht euch mal Montigny an!«
Alle drei spähten heimlich nach dem Spieler. Er schien kein Glück zu haben. Den Mund hatte er verzogen, ein Nasenloch war fast geschlossen, das andere weit aufgeblasen. Der schwarze Hund saß ihm im Nacken, wie die Leute mit einem schaurigen Bild aus der Kinderstube sagen, und er atmete schwer unter der grausigen Last.
»Er sieht aus, als ob er ihn erstechen könnte«, flüsterte Tabary mit runden Augen.
Den Mönch überlief es kalt, er wandte sein Gesicht ab und hielt die geöffneten Hände an die rote Glut. Es war die Kälte, die so auf Dom Nikolaus wirkte, nicht etwa ein Übermaß an moralischer Empfindsamkeit.
»Also gehen wir wieder an die Ballade. Wie lautete sie so weit?« Er las sie Tabary vor und schlug dabei den Takt mit der Hand.
Sie wurden beim vierten Reim durch eine kurze, aber verhängnisvolle Bewegung unter den Spielern unterbrochen. Die Runde war zu Ende, und Thevenin wollte gerade den Mund aufmachen und einen neuen Sieg verkünden, als Montigny hochschnellte, rasch wie eine Natter, und ihm den Dolch ins Herz stach. Der Stoß saß, ehe er Zeit hatte, einen Schrei von sich zu geben, eine Bewegung zu machen. Ein oder zwei Zuckungen durchliefen wie ein Krampf seinen Körper, die Hände öffneten und schlossen sich, die Ab-

sätze klapperten auf dem Fußboden; dann rollte der Kopf mit weitgeöffneten Augen zurück über die eine Schulter, und Thevenin Pensetes Geist war zu dem zurückgekehrt, der ihn gemacht hatte.
Alle sprangen auf; aber die Sache war im Nu zu Ende. Die vier Lebenden sahen einander ziemlich entsetzt an; der Tote schielte mit einem eigenartigen, häßlichboshaften Blick nach einer Ecke der Decke.
»Mein Gott!« sagte Tabary und fing an, lateinisch zu beten.
Villon brach in ein hysterisches Gelächter aus. Er trat einen Schritt vor, duckte sich in einer lächerlichen Verbeugung vor Thevenin und lachte noch lauter. Dann setzte er sich plötzlich auf einen Hocker und fiel ganz in sich zusammen und lachte dabei weiter, als ob er bersten sollte.
Montigny gewann seine Fassung zuerst wieder.
»Laßt uns mal nachsehen, wieviel er bei sich hat«, bemerkte er, plünderte die Taschen des Toten mit geübter Hand und teilte das Geld in vier gleiche Häufchen auf dem Tisch.
»Das ist für euch«, sagte er.
Der Mönch empfing seinen Teil mit einem tiefen Seufzer und mit einem einzigen verstohlenen Blick auf den toten Thevenin, der anfing, in sich zusammenzufallen und seitwärts vom Stuhle herunterzurutschen.
»Das geht uns allen an den Kragen«, schrie Villon und würgte seine Heiterkeit hinunter. »Jeder einzelne von uns, die wir hier sind – von denen, die nicht da sind, ganz zu schweigen –, kann dafür baumeln.« Mit der erhobenen rechten Hand machte er eine widerwärtige Geste in der Luft, streckte die Zunge heraus und warf den Kopf auf die eine Seite, als ob er die Erscheinung eines Gehenkten darstellen wollte. Dann strich er seinen Teil an der Beute ein und schlurfte mit den Füßen hin und her, als ob er die Blutzirkulation wieder in Gang bringen wollte.

Tabary war der letzte, der sich bediente; er stürzte sich mit einem Anlauf auf das Geld und zog sich dann in die andere Ecke des Raumes zurück.
Montigny setzte Thevenin aufrecht auf dem Stuhl zurecht und zog den Dolch heraus. Ein Blutstrahl schoß hervor.
»Es wäre besser, wenn ihr euch davonmachtet«, sagte er und wischte die Klinge an dem Wams seines Opfers ab.
»Ich denke auch«, erwiderte Villon und schluckte. »Zur Hölle mit seinem dicken Kopf«, brach er los. »Es steckt mir wie Schleim in der Kehle. Mit welchem Recht hat ein Mann rotes Haar, wenn er tot ist?« Und er fiel wieder auf seinem Hocker zusammen und hielt sich die Hände vors Gesicht.
Montigny und Dom Nikolaus lachten laut, und sogar Tabary stimmte schwach ein.
»Heulpeter«, sagte der Mönch.
»Ich hab's immer gesagt, er ist ein altes Weib«, fügte der Mönch höhnisch hinzu. »Willst du dich geradesetzen?« fuhr er fort und schüttelte die Leiche des Ermordeten noch einmal. »Tritt das Feuer aus, Nickel!«
Aber Nickel hatte eine bessere Beschäftigung; er nahm in aller Stille Villon die Börse weg, während der Dichter schlottrig und zitternd auf dem Hocker saß, wo er vor kaum drei Minuten eine Ballade gemacht hatte. Montigny und Tabary verlangten stumm einen Anteil an der Beute, den der Mönch schweigend versprach, als er den kleinen Beutel in seine Kutte schob. Auf mancherlei Art macht eine Künstlernatur den Menschen fürs praktische Leben untauglich.
Kaum war der Diebstahl vollbracht, als Villon sich schüttelte, aufsprang und sich mit daran machte, die Glut auseinanderzuharken und auszulöschen. Inzwischen öffnete Montigny die Tür und lugte vorsichtig hinaus auf die Straße. Die Luft war rein; es war keine lästige Scharwache in Sicht. Dennoch hielt man es für

klüger, einzeln hinauszuschlüpfen, und da es Villon selbst eilig hatte, aus der Nachbarschaft des toten Thevenin zu kommen, und die anderen es noch eiliger hatten, ihn loszuwerden, ehe er den Verlust seines Geldes entdeckte, war er mit allgemeiner Zustimmung der erste, der auf die Straße hinausging.

Der Wind hatte triumphiert und alle Wolken vom Himmel gefegt. Nur ein paar Dunstfetzen, dünn wie Mondschein, flossen rasch über die Sterne hin. Es war bitter kalt, was nach einer gewöhnlichen optischen Wirkung zur Folge hatte, daß die Dinge fast noch schärfer umrissen erschienen als im hellsten Tageslicht. Die schlafende Stadt war vollkommen still, eine Gesellschaft weißer Hauben, ein Feld voll kleiner Alpen unter den funkelnden Sternen. Villon verfluchte sein Geschick. Wenn es doch noch schneite! So ließ er, wohin er auch ging, eine unverwischbare Spur hinter sich auf den glitzernden Straßen; wohin er auch ging, war er doch an das Haus am Johannisfriedhof gekettet; wohin er auch ging, mußte er mit seinen eigenen Fußtapfen den Strick drehen, der ihn an das Verbrechen band und an den Galgen binden würde. Der schielende Blick des Toten fiel ihm wieder ein und gewann eine neue Bedeutung. Er schnippte mit den Fingern, als ob er sich selbst Mut machen wollte, entschied sich für die erste Straße und schritt kühn vorwärts in dem Schnee.

Zwei Dinge nahmen ihn ganz in Anspruch, als er dahinging: einmal der Anblick des Galgens von Montfaucon in dieser hellen, windigen Phase der Nacht, und dann das Aussehen des toten Mannes mit seinem kahlen Kopf und dem Kranz roter Locken. Bei beiden Vorstellungen überlief es ihn kalt, und er beschleunigte seine Schritte immer mehr, als ob er den unliebsamen Gedanken einfach durch die Flinkheit seiner Füße entfliehen könnte. Manchmal sah er mit einem plötzlichen, nervösen Ruck über die Schulter zurück,

aber er war das einzige, was sich auf den weißen Straßen bewegte, außer wenn der Wind um eine Ecke sauste und den Schnee in Fontänen glitzernden Staubes aufwarf.
Plötzlich sah er weit vor sich einen schwarzen Klumpen und ein paar Laternen. Der Klumpen war in Bewegung, und die Laternen schwankten hin und her, als ob sie von marschierenden Männern getragen würden. Es war die Wache, und obwohl sie nur seinen Weg kreuzte, hielt er es für klüger, so schnell er konnte, aus dem Blickfeld zu verschwinden. Er hatte keine Lust, sich anrufen zu lassen, und war sich darüber klar, daß er eine sehr auffällige Spur im Schnee hinterließ. Genau linker Hand von ihm stand ein großes Gebäude mit mehreren Türmchen und einem geräumigen Vorbau vorm Tor; es war halb verfallen, so erinnerte er sich, und hatte schon lange leer gestanden, und so sprang er mit drei Sätzen in den Schutz der Vorhalle. Es war ziemlich dunkel drinnen nach dem schimmernden Licht der verschneiten Straßen, und er tastete sich mit ausgestreckten Händen vorwärts, bis er über einen Gegenstand stolperte, der ein unbeschreibliches Gemisch von Widerständen darstellte, hart und weich, fest und lose. Das Herz stand ihm still, er wich zwei Schritt zurück und starrte voller Furcht auf das Hindernis. Dann lachte er ein wenig vor Erleichterung. Es war nur eine Frau, noch dazu eine tote. Er kniete neben ihr nieder, um sich über diesen letzten Punkt zu vergewissern. Sie war eiskalt und steif wie ein Stock. Ein Rest zerfetzten Kopfputzes flatterte im Winde um ihr Haar, und die Backen hatte sie sich noch an demselben Nachmittag stark geschminkt. Ihre Taschen waren ganz leer, aber im Strumpf unter dem Strumpfband fand Villon zwei kleine Münzen, wie sie unter der Bezeichnung Weißpfennige in Umlauf waren. Es war wenig genug, aber immerhin etwas, und den Dichter ergriff es tief, daß

sie hatte sterben müssen, ehe sie ihr Geld ausgeben konnte. Das schien ihm ein düsteres und trauriges Geheimnis, und er sah von den Münzen in der Hand auf die tote Frau und wieder zurück zu den Münzen und schüttelte den Kopf über das Rätsel des menschlichen Lebens. Heinrich der Fünfte von England, der in Vincennes starb, gerade als er Frankreich erobert hatte, und diese arme Dirne, deren Leben ein kalter Luftzug auf der Schwelle eines großen Herrn ein Ende machte, ehe sie Zeit gehabt hatte, ihre beiden Weißpfennige auszugeben – war es nicht eine grausame Art, die Welt zu lenken? Welche kurze Spanne wäre nötig gewesen, um zwei Weißpfennige zu vergeuden, und dennoch hätte es einen guten Geschmack mehr im Munde bedeutet, noch ein Lippenschlecken, ehe der Teufel die Seele holte und der Körper den Vögeln und Würmern überlassen wurde. Er würde gern all seinen Talg aufbrauchen, ehe das Licht ausgelöscht und die Laterne zerbrochen wurde.

Während diese Gedanken ihm durch den Sinn gingen, fühlte er halb mechanisch nach seinem Geldbeutel. Plötzlich hörte sein Herz auf zu schlagen: eine Gänsehaut lief ihm die Beine hoch, und ein eisiger Hauch schien ihm über den Kopf zu fahren. Einen Augenblick stand er versteinert; dann fühlte er noch einmal mit einer einzigen fieberhaften Bewegung, und dann war er sich über seinen Verlust im klaren, und er brach in Schweiß aus. Für einen Verschwender ist Geld etwas so Lebendiges, Tatsächliches – es ist ein so dünner Schleier zwischen ihm und seinen Freuden. Nur eine Grenze hat sein Glück – die Zeit; und ein Verschwender mit nur ein paar Kronen ist der Kaiser von Rom, bis sie ausgegeben sind. Für so einen Menschen bedeutet der Verlust seines Geldes einen entsetzlichen Schicksalsschlag, einen jähen Sturz aus dem Himmel in die Hölle, vom All ins Nichts. Und erst recht, wenn er morgen gehängt werden kann für ebendiese Börse, die er so teuer erworben, so töricht verloren hat! Villon stand da und fluchte; er warf die zwei Weißpfennige auf die Straße; er drohte dem Himmel mit der Faust, stampfte auf, und es entsetzte ihn nicht, als er merkte, daß er auf dem armen Leichnam herumtrampelte. Dann begann er rasch nach dem Hause am Friedhof zurückzugehen. Alle Furcht vor der Wache war vergessen, die ohnehin schon lange weiter war, und er dachte an nichts anderes als an seine verlorene Börse. Vergeblich sah er nach rechts und links auf den Schnee; nichts war zu sehen. Er hatte sie nicht auf der Straße verloren? Hatte er sie im Hause fallen lassen? Er wäre so gern hineingegangen und hätte nachgesehen; aber der Gedanke an den gräßlichen Bewohner lähmte ihn. Außerdem sah er, als er näher herankam, daß ihre Versuche, das Feuer auszumachen, erfolglos gewesen waren; im Gegenteil, es war hell aufgelodert, und ein flackerndes Licht spielte in den Tür- und Fensterritzen und erfüllte ihn mit neuer Furcht vor der Obrigkeit und dem Galgen von Paris.

Er kehrte zu dem Gebäude mit dem Vorbau zurück und tastete im Schnee nach dem Geld herum, das er in seiner kindischen Leidenschaft weggeworfen hatte. Aber er konnte nur einen einzigen Weißpfennig finden, der andere war wahrscheinlich mit der Kante aufgefallen und tief hineingesunken. Mit einem einzigen Weißpfennig in der Tasche verschwanden alle seine Pläne auf eine rauschende Nacht in einer wüsten Kneipe. Und es war nicht nur die Freude, die lachend seinem Griff entfloh, wirkliches Unbehagen, wirklicher Schmerz überfielen ihn, als er betrübt an dem Vorbau stand. Der Schweiß war an seinem Körper getrocknet, und obgleich der Wind sich jetzt gelegt hatte, setzte ein harter Frost ein, der mit jeder Stunde stärker wurde, und er war ganz erstarrt und krank im Herzen. Was sollte er machen? So spät es auch war, so unwahrscheinlich der Erfolg, wollte er doch das Haus seines Adoptivvaters, des Kaplans von St.-Benoît, versuchen.

Er rannte den ganzen Weg dorthin und klopfte schüchtern. Es kam keine Antwort. Er klopfte wieder und wieder und faßte mit jedem Schlag mehr Mut, und schließlich waren Schritte zu hören, die sich von innen her näherten. Ein vergittertes Türchen öffnete sich innerhalb des eisenbeschlagenen Tors und ließ einen Strahl gelben Lichts heraus.

»Zeigt Euer Gesicht in dem Pförtchen«, sagte der Kaplan drinnen.

»Ich bin's nur«, wimmerte Villon.

»Oh, du bist's nur, so?« antwortete der Kaplan, und er überhäufte ihn mit gemeinen Flüchen, die einem Priester schlecht anstanden, weil er ihn zu solcher Stunde störe, und wünschte ihn zur Hölle, wo er herkäme.

»Meine Hände sind blau bis zu den Gelenken«, flehte Villon, »die Füße sind mir abgestorben und prickeln; die Nase schmerzt von der scharfen Luft, die Kälte greift mir ans Herz. Vielleicht bin ich tot, ehe der Morgen kommt. Nur dies eine Mal, Vater, und so wahr Gott mir helfe, werde ich niemals wieder bitten!«

»Du hättest früher kommen müssen«, sagte der Geistliche kühl. »Junge Männer brauchen ab und zu einen Denkzettel.« Er schloß das Türchen und zog sich bedächtig ins Innere des Hauses zurück.

Villon war außer sich; er schlug mit Händen und Füßen gegen das Tor und rief heiser hinter dem Kaplan her.

»Kriecherischer alter Fuchs!« schrie er. »Bekäme ich dich zu fassen, würde ich dich kopfüber in den abgrundlosen Höllenschlund stürzen.«

Eine Tür schloß sich im Innern, für den Dichter kaum hörbar durch die langen Korridore. Er fuhr sich fluchend mit der Hand über den Mund. Und dann kam ihm die Komik der Situation zum Bewußtsein, er lachte und blickte vergnügt zum Himmel empor, wo die Sterne über seine Niederlage zu zwinkern schienen.

Was war zu machen? Es hatte ganz den Anschein, als ob er eine Nacht in den frostigen Straßen verbringen müßte. Das Bild der toten Frau kam ihm wieder in den Sinn und versetzte ihm einen herzhaften Schreck; was ihr am Abend geschehen war, konnte ihm sehr gut zustoßen, ehe es Morgen wurde. Und er war so jung! und hatte so ungeheure Möglichkeiten liederlicher Vergnügungen vor sich! Er wurde ganz gerührt über diesen Gedanken an sein eigenes Schicksal, als ob es das eines anderen wäre, und machte eine kleine anschauliche Vignette von der Szene am Morgen, wenn man seinen Leichnam finden würde.

Er ließ alle seine Aussichten an sich vorüberziehen, während er den Weißpfennig zwischen Daumen und Zeigefinger drehte. Unglücklicherweise stand er sich schlecht mit einigen alten Freunden, die sich früher in einer solchen Notlage seiner erbarmt hätten. Er hatte sie in Versen geschmäht, hatte sie übertrumpft und betrogen; und dennoch jetzt, wo er sich in einer solchen Klemme befand, glaubte er, daß einer zumindest vielleicht mit sich reden lassen würde. Es war eine Möglichkeit. Man konnte es wenigstens einmal versuchen, und er wollte hingehen und sehen, was sich tun ließe.

Unterwegs ereigneten sich zwei kleine Zwischenfälle, die seine Betrachtungen in sehr verschiedener Weise färbten. Zuerst geriet er in die Spur einer Patrouille und ging einige hundert Meter darin, obwohl es ihn vom Wege abführte. Das munterte ihn auf; er hatte wenigstens seine Spur verwischt. Denn der Gedanke beherrschte ihn immer noch, daß man ihn durch ganz Paris über den Schnee verfolgte und am nächsten Morgen, noch ehe er aufgewacht war, am Kragen packen würde. Das zweite Erlebnis berührte ihn ganz anders. Er kam an einer Ecke vorbei, wo vor noch nicht gar zu langer Zeit eine Frau und ihr Kind von Wölfen verschlungen worden waren. Das war gerade das richtige Wetter, so überlegte er, wenn es sich Wölfe in den Kopf setzen könnten, wieder nach Paris zu laufen, und ein einsamer Mann in diesen verlassenen Straßen würde wohl kaum mit dem bloßen Schrecken davonkommen. Er blieb stehen und betrachtete den Ort mit einem unbehaglichen Interesse – es war ein Kreuzungspunkt verschiedener Gassen, und er sah eine nach der anderen hinab und hielt den Atem an, um zu lauschen, ob er nicht ein paar galoppierende schwarze Dinge auf dem Schnee entdeckte und ein Heulen zwischen sich und dem Fluß hörte. Er erinnerte sich, wie ihm seine Mutter die Geschichte erzählt und die Stelle gezeigt hatte, als er noch ein Kind war. Seine Mutter! Wenn er nur wüßte, wo sie wohnte, dann wäre er wenigstens einer Unterkunft sicher gewesen. Er beschloß, gleich morgen Nachforschungen anzustellen, ja, er wollte selbst hingehen und sie besuchen, das arme alte Mädchen! Während er so nachdachte, gelangte er an sein Ziel – es war die letzte Hoffnung für die Nacht.

Das Haus war ganz dunkel wie seine Nachbarn, und dennoch hörte er nach einigem Klopfen oben eine Bewegung, eine Tür wurde geöffnet, und eine vorsichtige Stimme fragte, wer da sei. Der Dichter nannte seinen Namen in einem lauten Flüsterton und wartete nicht ohne zitternde Erregung auf das Ergebnis. Er brauchte nicht lange zu warten. Ein Fenster wurde plötzlich geöffnet, und ein Eimer voll Spülwasser platschte auf die Schwelle herab. Villon war auf etwas Derartiges nicht unvorbereitet und so weit in Deckung gegangen, als es die Beschaffenheit des Vorbaus erlaubte, aber trotzdem war er unterhalb des Gürtels erbärmlich durchnäßt. Seine Hose fing sofort an zu frieren. Ein Tod vor Kälte und Erschöpfung starrte ihm ins Gesicht; ihm fiel ein, daß er eine Anlage zur Schwindsucht hatte, und er begann, versuchsweise zu husten. Ein paar hundert Meter von der Tür, wo man ihm so übel mitgespielt hatte, blieb er stehen, legte den Finger an die Nase und dachte nach. Er sah nur einen Weg, zu einem Nachtquartier zu kommen, und der war, es sich zu nehmen. Ganz in der Nähe war ihm ein Haus aufgefallen, welches so aussah, als ob man leicht einbrechen könnte; dorthin eilte er jetzt und gaukelte sich unterwegs Bilder vor von einem warmen Zimmer mit einem Tisch darin, der noch mit den Überresten des Abendessens beladen war; dort hoffte er die übrigen Stunden der Nacht zu verbringen, um am nächsten Morgen mit einem Armvoll wertvollen Tafelgeräts herauszukommen. Er stellte sogar darüber Betrachtungen an, welche Gerichte und welche Weine er vorziehen würde, und als er seine Lieblingsleckerbissen an sich vorüberziehen ließ, dachte er auch an Bratfisch mit einem grotesken, aus Vergnügen und Schrecken gemischten Gefühl.

»Ich werde diese Ballade niemals vollenden«, sagte er sich, und dann schüttelte es ihn wieder bei der Erinnerung: »Hol der Teufel seinen dicken Kopf!« wünschte er noch einmal von ganzem Herzen und spie in den Schnee.

Das Haus, auf das er es abgesehen hatte, schien auf den ersten Blick ganz dunkel zu sein, aber als Villon eine Vorbesichtigung unternahm, um den günstigsten Angriffspunkt zu finden, fiel sein Blick auf einen kleinen Lichtstrahl, der durch die Fenstervorhänge drang.

»Zum Teufel noch mal!« dachte er. »Noch jemand wach! Irgendein Gelehrter oder Heiliger, verflucht sei die ganze Zunft! Können sie sich nicht besaufen und schnarchend im Bett liegen wie ihre Nachbarn? Was nutzt es, daß man zu Abend läutet und arme Teufel von Glöcknern am Strickende in den Kirchtürmen herumspringen? Wozu ist denn der Tag da, wenn die Leute die ganze Nacht aufbleiben? Wenn sie doch der Schlag rührte!« Er grinste, als er sah, wohin ihn seine Logik führte. »Jeder Mensch muß sich schließlich um seine Angelegenheiten kümmern«, fügte er hinzu, »und wenn sie wach sind, du lieber Gott, da kann ich vielleicht diesmal ehrlich zu meinem Nachtmahl gelangen und den Teufel betrügen!«

Er ging kühn zu der Tür und klopfte mit dreister Hand. Die beiden vorigen Male hatte er schüchtern gepocht und gefürchtet, Aufmerksamkeit zu erregen; aber jetzt, da er gerade den Gedanken, durch Einbruch hineinzugelangen, verworfen hatte, schien es ihm ein höchst einfaches und unschuldiges Verfahren, an die Tür zu klopfen. Der Klang seiner Schläge hallte in dem Haus dünn und unwirklich wider, als ob es ganz leer stände, aber kaum waren sie verklungen, als ein gemessener Schritt näher kam; ein paar Riegel wurden zurückgezogen und der eine Flügel weit geöffnet, als ob denen da drinnen keine Arglist oder keine Furcht vor Arglist bekannt wären. Die hohe Gestalt eines Mannes, kräftig und sehnig, aber ein wenig gebeugt, stand vor Villon. Der Kopf war mächtig, doch fein geformt, die Nase, unten stumpf, verfeinerte sich nach oben, wo sie auf ein Paar starke und ehrliche Brauen traf; Mund und Augen waren von feinen Falten umgeben, und das ganze Gesicht ruhte auf einem dichten, weißen Bart von kühnem, viereckigem Schnitt. Wie es so im Schein einer flackernden Handlampe erschien, sah es vielleicht edler aus, als ihm zukam, aber es war ein schönes Gesicht, mehr ehrenhaft als klug, stark, einfach und rechtschaffen.

»Ihr klopft spät, mein Herr«, sagte der Alte in wohlklingendem, höflichem Ton.

Villon dienerte kriecherisch und brachte manch untertäniges Wort der Entschuldigung vor; in einer so kritischen Lage wie dieser hatte der Bettler in ihm die Oberhand, und das Genie barg voll Scham das Haupt.

»Ihr friert«, wiederholte der Alte, »und seid hungrig? Nun gut, tretet ein.« Und mit einer edlen Gebärde forderte er ihn auf, das Haus zu betreten.

»Irgendein großer Herr«, dachte Villon, während sein Wirt die Lampe auf die Fliesen des Flurs setzte und die Riegel wieder vorschob.

»Ihr werdet verzeihen, wenn ich vorangehe«, sagte er, als er das getan hatte, und er ging dem Dichter die Treppe vorauf in ein großes Zimmer, das von einer Pfanne mit Holzkohle erwärmt und von einer großen Lampe, die von der Decke herunterhing, beleuchtet wurde. Es war wenig Hausrat darin: nur etwas goldenes Geschirr auf einer Anrichte, ein paar Folianten und eine vollständige Rüstung zwischen den Fenstern. Einige elegante Teppiche hingen an den Wänden, von denen einer die Kreuzigung des Herrn und der andere eine Szene mit Schäfern und Schäferinnen an einem Bach darstellte. Über dem Kamin war ein Wappenschild.

»Nehmt Platz«, sagte der alte Mann, »und verzeiht mir, wenn ich jetzt hinausgehe. Ich bin heute nacht allein in meinem Hause, und wenn Ihr etwas zu essen haben sollt, so muß ich selbst danach gehen.«

Kaum hatte ihn sein Gastgeber verlassen, so sprang Villon von dem Stuhl, auf den er sich gerade erst gesetzt hatte, und begann, heimlich und gierig wie eine Katze das Zimmer zu untersuchen. Er wog die goldenen Kannen in der Hand, öffnete alle Folianten und prüfte das Wappen an der Wand und den Stoff, mit dem die Sitze bezogen waren. Er hob die Fenstervorhänge hoch und sah, daß die Fenster kostbare Glasmalereien darstellten, kriegerische Bilder, soviel er sehen konnte. Dann ging er in die Mitte des Zimmers, holte einmal tief Atem, blies die Backen auf und sah sich im Kreise um, wobei er sich auf den Absätzen drehte, als ob er jeden Zug des Raumes seinem Gedächtnis einprägen wollte.

»Sieben Stück Tafelgerät«, sagte er. »Wären es zehn gewesen, so hätte ich's gewagt. Ein vornehmes Haus und ein vornehmer alter Herr, so wahr mir alle Heiligen beistehen!«

Und weil er jetzt hörte, daß der alte Mann den Korridor entlang kam, schlich er sich auf seinen Stuhl zurück und fing an, bescheiden seine nassen Füße vor der Holzkohlenpfanne zu rösten.

Sein Gastgeber hatte einen Teller mit Braten in der einen Hand und einen Krug Wein in der anderen. Er setzte den Teller auf den Tisch und bedeutete Villon durch ein Zeichen, daß er näher rücken sollte, dann trat er an die Anrichte und brachte zwei Becher zurück, die er füllte.

»Ich trinke auf ein besseres Geschick für Euch«, sagte er und berührte Villons Becher ernst mit seinem eigenen.

»Auf bessere Bekanntschaft«, sagte der Dichter, der mutig wurde. Einem einfachen Mann aus dem Volke hätte die Höflichkeit des alten Edelmannes Scheu eingeflößt, aber Villon war in dieser Beziehung abgehärtet; er hatte schon früher große Herren belustigt und gefunden, daß sie genauso schwarze Schurken waren wie er selbst. Und so widmete er sich den Speisen mit tierischer Lust, während der Alte sich zurücklehnte und ihn mit festem, neugierigem Blick beobachtete.

»Ihr habt Blut auf der Schulter, Mann«, sagte er.

Montigny mußte seine feuchte rechte Hand auf ihn gelegt haben, als er das Haus verließ. Er verfluchte Montigny in seinem Herzen.

»Ich habe es nicht vergossen«, stammelte er.

»Das habe ich auch nicht angenommen«, antwortete sein Wirt ruhig. »Eine Rauferei?«

»Nun, so was Ähnliches«, gab Villon mit zitternder Stimme zu.

»Vielleicht wurde jemand ermordet?«

»O nein, nicht ermordet«, sagte der Dichter, mehr und mehr verwirrt. »Es ging ganz ehrlich dabei zu – ermordet wurde er durch einen Zufall. Ich hatte meine Hände nicht im Spiel, Gott schlag mich tot!« fügte er leidenschaftlich hinzu.

»Ein Schurke weniger, darf man wohl sagen«, bemerkte der Herr des Hauses.

»Das dürft Ihr ruhig sagen«, stimmte Villon unendlich erleichtert zu. »Ein Schurke, so groß, wie es ihn zwischen hier und Jerusalem nur irgend gibt. Er streckte seine Zehen in die Luft wie ein Lamm. Aber es sah sich häßlich an. Ihr habt sicher tote Männer zu Eurer Zeit gesehen, Herr Ritter?« fügte er hinzu, indem er nach der Rüstung blickte.

»Viele«, sagte der alte Mann, »ich habe ein kriegerisches Leben geführt, wie Ihr Euch wohl denken könnt.«

Villon legte Messer und Gabel nieder, die er gerade in die Hand genommen hatte.

»War auch ein Kahlköpfiger darunter?« fragte er.

»O ja, und sein Haar war so weiß wie meins.«

»Ich glaube, weiß würde mir nicht so viel ausmachen«, sagte Villon. »Seins war rot.« Und das Schütteln kehrte wieder und auch die Neigung zum Lachen, doch ertränkte er sie in einem großen Schluck Wein. »Ich bin ein bißchen durcheinander, wenn ich daran denke«, fuhr er fort. »Ich kannte ihn – hol ihn der Teufel! Und dann bekommt man von der Kälte Hirngespinste – oder von den Hirngespinsten wird man kalt; ich weiß nicht, wie die Reihenfolge ist!«

»Habt Ihr Geld?« fragte der alte Mann.

»Ich habe einen einzigen Weißpfennig«, antwortete der Dichter lachend. »Ich nahm ihn einem toten Weibsbild aus dem Strumpf. Sie lag unter einem Vorbau und war so tot wie Cäsar, die arme Dirne, und so kalt wie eine Kirche. In ihrem Haar steckten Bandrester. Das ist eine harte Welt im Winter für Wölfe und Dirnen und arme Schelme wie mich.«

»Ich«, sagte der alte Mann, »bin Enguerrand de la Feuillée, Herr auf Brisetout und Patatrac. Wer und was seid Ihr wohl?«

Villon stand auf und machte eine angemessene Verbeugung. »Ich heiße François Villon«, sagte er, »und bin ein armer Magister Artium an der hiesigen Universität. Ich verstehe etwas Latein und viele Laster. Ich kann Lieder und Balladen machen, Leiche, Reigen und Ringellieder, und ich liebe den Wein sehr. Ich wurde in einer Dachstube geboren und werde wahrscheinlich am Galgen sterben. Ich darf hinzufügen, Herr Ritter, daß ich von heute nacht an Euer Gnaden untertäniger und gehorsamster Diener bin.«

»Nicht mein Diener«, sagte der Ritter, »mein Gast für die Nacht und nichts weiter.«

»Ein sehr dankbarer Gast«, sagte Villon höflich, und er trank seinem Gastgeber zu.

»Ihr seid schlau«, sagte der Alte und tippte sich auf die Stirn, »sehr schlau; Ihr habt Kenntnisse, seid ein Kleriker, und dennoch nehmt Ihr einer toten Frau auf der Straße ein Geldstück weg. Ist das nicht eine Art Diebstahl?«

»Es ist eine Art Diebstahl, wie er im Kriege sehr üblich ist, Euer Gnaden.«

»Der Krieg ist das Feld der Ehre«, sagte der Alte stolz. »Dort setzt der Mann das Leben ein, er kämpft im Namen seines Herrn, des Königs, und des Herrgotts und als Lehnsmann aller Heiligen und Engel.«

»Angenommen«, sagte Villon, »ich wäre wirklich ein Dieb, würde ich nicht auch mein Leben einsetzen und bei weit schlechteren Aussichten?«

»Um Gewinn, aber nicht um Ehre.«

»Gewinn?« wiederholte Villon mit einem Achselzukken. »Gewinn! Ein armer Kerl braucht ein Abendessen und nimmt es sich. Genauso macht's der Soldat im Felde. Was sind schließlich all die Requisitionen im Felde, von denen man so viel hört? Wenn sie für die, welche die Dinge nehmen, kein Gewinn sind, so sind sie bestimmt ein Verlust für die anderen. Der Soldat trinkt an einem guten Feuer, während sich der Bürger die Nägel abbeißt, um ihm Wein und Holz zu kaufen. Ich habe genügend Bauern auf dem Lande an Bäumen schwingen sehen, ja, ich sah dreißig auf einer einzigen Ulme, und sie nahmen sich dort sehr schlecht aus, und als ich jemand fragte, wie sie alle dazukämen, gehängt zu werden, gab man mir als Grund an, sie hätten nicht genug Kronen für die Soldaten zusammenkratzen können.«

»Diese Dinge sind eine Kriegsnotwendigkeit, und der Niedriggeborene muß sie standhaft ertragen. Es ist wahr, manche Feldherrn übertreiben es, in jedem Rang gibt es Geister, die nicht leicht vom Mitleid gerührt werden, und es dienen in der Tat viele im Heer, die nicht besser als Räuber sind.«

»Seht Ihr«, sagte der Dichter, »Ihr könnt den Soldaten nicht vom Räuber trennen, und was ist ein Dieb anderes als ein räuberischer Einzelgänger von vorsichtiger Lebensart? Ich stehle ein paar Hammelkoteletts, ohne die Leute auch nur im Schlafe zu stören; der Bauer knurrt ein bißchen, aber ißt von dem, was übrigbleibt, nicht weniger gut. Ihr kommt, blast glorreich die Trompete, nehmt das ganze Schaf weg und verprügelt obendrein den Bauer noch jämmerlich. Ich habe keine Trompete; ich bin nur Hinz oder Kunz; ich bin ein Schelm und ein Hund, und der Galgen ist zu gut für mich – nun schön, meinetwegen; aber fragt nur einmal den Bauer, wen von uns beiden er vorzieht, laßt Euch nur einmal erzählen, wen er, wenn er in kalten Nächten schlaflos liegt, verflucht.«

»Seht uns beide an«, sagte der Ritter. »Ich bin alt, stark und geachtet. Wenn ich morgen aus meinem Hause getrieben würde, wären Hunderte stolz, wenn sie mir

Unterkunft geben könnten. Arme Leute würden hinausgehen und die Nacht mit ihren Kindern auf der Straße verbringen, wenn ich nur den Wunsch andeutete, allein zu sein. Und ich sehe Euch heimatlos umherirren und am Wegrande toten Frauen Heller wegnehmen! Ich fürchte niemand und nichts; Euch habe ich auf ein Wort hin zittern und die Haltung verlieren sehen. Ich erwarte den Ruf Gottes zufrieden in meinem eigenen Hause oder, wenn es dem König gefällt, mich wieder zu holen, auf dem Schlachtfeld. Ihr wartet auf den Galgen, ein gewaltsamer, schneller Tod, ohne Hoffnung und Ehre. Seht Ihr keinen Unterschied zwischen den beiden?«

»So weit wie bis zum Monde«, gab Villon zu. »Aber wenn ich als Herr auf Brisetout geboren worden wäre, und Ihr wärt der arme Scholar François gewesen, wäre der Unterschied geringer? Hätte ich dann nicht meine Knie an der Holzkohlenpfanne gewärmt, und Ihr hättet im Schnee nach Hellern herumgetastet? Wäre ich dann nicht der Kriegsmann gewesen und Ihr der Dieb?«

»Ein Dieb!« rief der alte Mann. »Ich ein Dieb! Wenn Ihr Eure Worte verständet, würdet Ihr sie bereuen.«

Villon streckte seine Hände mit einer Gebärde von unnachahmbarer Frechheit aus. »Wenn Euer Gnaden mir nur die Ehre erwiesen hätten, meiner Beweisführung zu folgen!« sagte er.

»Ich erweise Euch zuviel Ehre, indem ich mich Eurer Gegenwart aussetze«, sagte der Ritter. »Lernt Eure Zunge im Zaume halten, wenn Ihr mit alten, ehrenhaften Männern sprecht, oder es könnte geschehen, daß einer, der heftiger ist als ich, Euch schärfer zurechtweist.« Und er erhob sich, schritt am unteren Ende des Zimmers hin und her und kämpfte mit Zorn und Abneigung. Villon füllte inzwischen heimlich seinen Becher von neuem und machte es sich auf seinem Stuhl bequemer, schlug die Beine übereinander, stützte den Kopf in die Hand und den Ellbogen gegen die Stuhllehne. Er war jetzt voll und warm und fürchtete sich nicht im geringsten vor seinem Gastgeber, den er so richtig einschätzte, wie das zwischen zwei so verschiedenen Charakteren nur möglich ist. Der größte Teil der Nacht war schon verbracht und letzten Endes auf eine ganz gemütliche Art, und er zweifelte nicht daran, daß er am Morgen einen sicheren Abgang haben würde.

»Sagt mir eins«, fragte der Alte, indem er auf seinem Gang innehielt. »Seid Ihr wirklich ein Dieb?«

»Ich beanspruche die heiligen Rechte der Gastfreundschaft«, entgegnete der Dichter. »Euer Gnaden, ich bin's.«

»Ihr seid sehr jung«, fuhr der Ritter fort.

»Ich wäre nie so alt geworden«, antwortete Villon und zeigte seine Finger, »wenn ich mir nicht selbst mit diesen zehn Talenten geholfen hätte. Sie sind meine Pflegemütter und Pflegeväter gewesen.«

»Ihr könnt immer noch bereuen und Euch ändern.«

»Ich bereue täglich«, sagte der Dichter. »Es gibt wenig Leute, die sich so der Reue überlassen wie der arme François. Mich ändern? Nun, so möge irgend jemand meine Verhältnisse ändern. Der Mensch muß weiter essen, wäre es auch nur, um weiter bereuen zu können.«

»Die Änderung muß im Herzen beginnen«, antwortete der alte Mann feierlich.

»Mein lieber Herr«, antwortete Villon, »glaubt Ihr wirklich, daß ich zum Vergnügen stehle? Ich hasse das Stehlen wie jede andere Arbeit oder Gefahr. Mir klappern die Zähne, wenn ich einen Galgen sehe. Aber ich muß essen, ich muß trinken und muß mit irgend jemand umgehen. Zum Teufel! Der Mensch ist kein Einzelgänger – Cui Deus foeminam tradit. Macht mich zum Seneschall des Königs – zum Abt von St. Denis – zum Herrn von Patatrac, und ich werde wirklich gewandelt sein. Aber solange man mich den armen Kleriker François Villon bleiben läßt, der keinen Heller in der Tasche hat, werde ich natürlich derselbe bleiben.«

»Gottes Gnade ist allmächtig.«

»Ich wäre ein Ketzer, wenn ich daran zweifelte«, sagte François. »Euch hat sie zum Herrn auf Brisetout und Patatrac gemacht; mir hat sie nichts gegeben als den schnellen Witz unter meinem Hut und diese zehn Finger an meinen Händen. Darf ich mir etwas Wein eingießen? Ich danke untertänigst. Durch Gottes Gnade habt Ihr einen vorzüglichen Keller.«

Der Herr von Brisetout ging hin und her, die Hände auf dem Rücken. Vielleicht war er innerlich noch nicht ganz ruhig geworden über den Vergleich zwischen Dieben und Soldaten; vielleicht verband ihn mit Villon irgendein Querfaden der Zuneigung; vielleicht war sein Verstand einfach verwirrt von so viel ungewohnten Gedankengängen; aber was immer auch der Grund sein mochte, er sehnte sich irgendwie danach, den jungen Mann zu einer besseren Denkart zu bekehren, und konnte sich nicht entschließen, ihn wieder auf die Straße zu setzen.

»Ich kann das immer noch nicht begreifen«, sagte er schließlich. »Euer Mund ist voller Spitzfindigkeiten, und der Teufel hat Euch weit in die Irre geführt; aber der Teufel ist nur ein sehr schwacher Geist vor Gottes Wahrheit, und alle seine Spitzfindigkeiten verschwinden vor einem Wort wahrer Ehrenhaftigkeit wie Finsternis, wenn es Morgen wird. Hört mir noch einmal zu. Ich habe vor langer Zeit gelernt, daß ein Edelmann in ritterlicher Liebe Gott, seinem König und seiner Dame dienen soll, und obgleich ich Zeuge seltsamer Taten wurde, habe ich mich doch immer bemüht, mein Leben nach dieser Regel zu richten. Sie steht nicht nur in allen ritterlichen Geschichten geschrieben, sondern im Herzen eines jeden Mannes, wenn er sich nur die Mühe macht, darin zu lesen. Ihr sprecht von Speise und Wein, und ich weiß sehr wohl, daß Hunger eine Prüfung ist, die sich schwer bestehen läßt, aber Ihr sprecht nicht von anderen Bedürfnissen; Ihr sagt nichts von Ehre, von Treue gegen Gott und andere Menschen, von Höflichkeit und makelloser Liebe. Es mag sein, daß ich nicht sehr weise bin – wenngleich ich's glaube –, Ihr aber kommt mir vor wie jemand, der seinen Weg verloren und einen großen Fehler im Leben gemacht hat. Ihr kümmert Euch um die kleinen Bedürfnisse und habt ganz und gar die großen und allein wahren vergessen wie ein Mensch, der am Tage des Jüngsten Gerichts an einem Zahnweh herumdoktert. Denn Dinge wie Ehre und Liebe und Treue sind nicht nur edler als Essen und Trinken, sondern ich glaube fest, daß wir sie mehr begehren und schwerer leiden, wenn sie fehlen. Ich spreche so zu Euch, wie ich glaube, daß Ihr mich am leichtesten versteht. Vernachlässigt Ihr nicht, während Ihr eifrig darauf bedacht seid, Euch den Bauch zu füllen, einen anderen Hunger in Eurem Herzen, der Euch alle Lebenslust verdirbt und Euch immerfort unglücklich sein läßt?«

Villon wurde durch diese Predigt empfindlich gereizt. »Ihr denkt, ich habe kein Ehrgefühl!« schrie er. »Ich bin, weiß Gott, arm genug! Es ist hart, reiche Leute in Handschuhen zu sehen, während man sich selbst in die Hände bläst. Ein leerer Magen ist eine böse Sache, auch wenn Ihr so leicht darüber hinredet. Wenn Ihr sooft wie ich nichts im Bauch gehabt hättet, vielleicht würdet Ihr in einer anderen Tonart singen. Auf jeden Fall bin ich ein Dieb – kostet das ja aus –, doch bin ich kein Teufel aus der Hölle, Gott schlag mich tot. Nehmt bitte zur Kenntnis, daß ich mein eigenes Ehrgefühl habe wie Ihr das Eure, wenn ich auch nicht den ganzen Tag davon schwatze, als ob es ein Gotteswunder wäre, eins zu haben. Mir scheint das ganz natürlich; ich lasse es im Kasten, bis es gebraucht wird. Bedenkt doch nur, wie lange ich schon in diesem Zimmer mit Euch zusammen bin! Habt Ihr mir nicht gesagt, daß Ihr allein im Hause seid? Seht Euch Euer goldenes Tafelgerät an! Ihr seid stark, zugegeben, aber Ihr seid alt und unbewaffnet, und ich habe mein Messer. Was hätte es mehr gebraucht als einen Stoß mit dem Ellenbogen, und hier hättet Ihr gelegen, den kalten Stahl in den Eingeweiden, und dort stände ich mit einem Armvoll goldener Becher! Glaubt Ihr, daß ich nicht Verstand genug habe, um das zu sehen? Und ich habe die Tat verschmäht. Dort sind Eure verdammten Pokale so sicher wie in der Kirche, dort seid Ihr, und Euer Herz tickt so gut wie neu, und hier bin ich, bereit, genauso arm wieder hinauszugehen, wie ich hereingekommen bin, mit meinem einen Weißpfennig, den Ihr mir vorwerft! Und Ihr glaubt, ich habe kein Ehrgefühl – Gott schlag mich tot!«

Der alte Mann streckte seinen rechten Arm aus. »Ich will Euch sagen, was Ihr seid«, sprach er. »Ihr seid ein Schurke, Mann, ein unverschämter Schurke, Bösewicht und Vagabund. Ich habe eine Stunde mit Euch verbracht. Oh, glaubt mir, ich fühle mich entehrt! Und Ihr habt an meinem Tisch gegessen und getrunken. Aber jetzt habe ich Euch satt; der Tag ist da, und der Nachtschwärmer sollte sich in seinen Winkel verkriechen. Wollt Ihr vor oder nach mir gehen?«

»Wie es Euch beliebt«, antwortete der Dichter und stand auf. »Ich halte Euch für streng ehrenhaft.« Er leerte nachdenklich seinen Becher. »Ich wollte, ich könnte hinzufügen, daß Ihr klug seid«, fuhr er fort und pochte sich mit dem Knöchel an den Kopf. »Das Alter, das Alter! Das Hirn wird steif und rheumatisch!«

Der Alte ging voran, was ihm Ehrensache zu sein schien. Villon folgte pfeifend, die Daumen unter dem Gürtel.

»Gott erbarme sich Euer«, sagte der Herr von Brisetout an der Tür.

»Lebt wohl, Papa«, sagte Villon gähnend. »Vielen Dank für den kalten Hammelbraten.«
Die Tür schloß sich hinter ihm. Die Dämmerung zog über den weißen Dächern herauf. Ein frostiger, ungemütlicher Morgen kündete den Tag an. Villon stand mitten auf der Straße und dehnte sich herzhaft.
»Ein sehr langweiliger alter Herr«, dachte er. »Ich möchte wissen, was seine Pokale wert sind.«

DIE KRUMME JANET

Murdoch Soulis war schon viele Jahre Pastor der Gemeinde Balweary, eines Heidedorfes im Tale der Dule. Ein strenger, freudlos aussehender alter Mann, den die Kirchgänger fürchteten, hauste er in seinen letzten Lebensjahren ohne Verwandte, Diener oder sonstwelche menschliche Gesellschaft in dem kleinen, einsamen Pfarrhause am Fuße des »Hängenden Gebüschs«. Obgleich er eiserne Gesichtszüge hatte, so war sein Blick doch wild, verstört und unsicher; und wenn er in persönlichen Ermahnungen die Zukunft des verstockten Sünders schilderte, dann schienen seine Augen durch die Stürme der Zeit zu dringen und die Schrecken der Ewigkeit zu schauen. Vielen jungen Leuten, die er auf das heilige Abendmahl vorbereitete, jagten seine Reden entsetzliche Angst ein. Er hielt eine Predigt über 1. Petri, Kap. V, V. 8: »Der Teufel geht umher wie ein brüllender Löwe«, und zwar jedes Jahr an dem Sonntag nach dem siebzehnten August, und er übertraf sich regelmäßig bei diesem Text selbst sowohl durch die schauderhafte Natur des Gegenstandes als auch durch sein schreckliches Gebaren auf der Kanzel. Die Kinder gerieten außer sich vor Furcht, und die alten Leute sahen orakelhafter drein denn je und deuteten den ganzen Tag über jene Ahnungen an, denen Hamlet Trotz bot. Das Pfarrhaus selbst lag am Ufer der Dule zwischen dichten Bäumen; auf der einen Seite hing das »Gebüsch« darüber, nach der anderen blickte es auf viele kalte, vermoorte Berggipfel, die gegen den Himmel ragten; schon bald nach Herrn Soulis' Amtsantritt wurde es von allen, die sich etwas auf ihre Vorsicht einbildeten, in der Dämmerung gemieden; und die braven Hausväter schüttelten, wenn sie im Dorfgasthaus zusammensaßen, den Kopf bei dem Gedanken, spät an diesem nicht geheuren Ort vorbei zu müssen. Um es genau zu sagen, eine Stelle gab es dort, die besondere Scheu einflößte. Das Pfarrhaus stand zwischen der Landstraße und der Dule mit je einem Giebel nach den beiden Seiten; die Rückfront ging nach dem fast eine halbe Meile entfernten Kirchdorf Balweary; davor nahm ein kahler, von einer Dornenhecke eingefaßter Garten den Raum zwischen Fluß und Straße ein. Das Haus hatte zwei Stockwerke mit je zwei geräumigen Stuben. Es grenzte nicht unmittelbar an den Garten, sondern an ein Gäßchen, den Durchgang zwischen der Straße, in die es auf der einen Seite mündete, und dem von hohen Weiden und Holunderbüschen eingesäumten Fluß, der es nach der anderen Seite abschloß. Und es war dieser Wegstreifen, der unter den jungen Pfarrkindern von Balweary so verrufen war. Der Pastor ging dort oft in der Dunkelheit auf und ab und stöhnte manchmal laut, so inbrünstig waren seine stummen Gebete; und wenn er nicht zu Hause und die Tür des Pfarrhauses verschlossen war, dann wagten es die mutigeren Schuljungen klopfenden Herzens, ihre Spiele auf diesen berüchtigten Ort auszudehnen.

Daß ein Mann Gottes von makellosem Charakter und einwandfreier Rechtgläubigkeit von einer solchen Atmosphäre des Grauens umgeben war, setzte die wenigen Fremden, die der Zufall oder eine geschäftliche Angelegenheit in die unbekannte, abseits liegende Gegend führte, stets in Verwunderung und veranlaßte sie zu neugierigen Fragen. Aber sogar unter den Leuten des Kirchspiels ahnten viele nichts von den seltsamen Begebnissen, die sich in Herrn Soulis' erstem Amtsjahre zugetragen hatten; und von denen, die besser Bescheid wußten, waren einige von Natur schweigsam und andere zurückhaltend, was diesen besonderen Gegenstand betraf. Nur ab und zu wurde einer von den älteren Leuten über seinem dritten Becher warm und mutig und erzählte, warum ihr Seelsorger so seltsam aussah und so einsam lebte.

Vor fünfzig Jahren, als Herr Soulis nach Balweary kam, war er noch ein junger Mann – ein forscher Bursche, wie die Leute sagten – voller Buchgelehrsamkeit und ganz groß in der Auslegung der Schrift, aber, wie das bei einem so jungen Manne nur natürlich war, ohne lebendige Erfahrung in der Religion. Die jüngeren Leute waren sehr eingenommen von seinem Mundwerk; aber was die älteren, besorgten, ernsten Männer und Frauen waren, die drängte es, für den jungen Mann zu beten, denn sie meinten, er mache sich selbst was vor, und für die Gemeinde, die wahrscheinlich übel mit ihm fahren würde. Es war noch vor den Tagen der Gemäßigten – die Pest über sie; aber mit den schlechten Dingen geht es wie mit den guten, immer hübsch langsam, Schritt für Schritt; und es gab auch damals schon Leute, die sagten, die Universitätsprofessoren wären ganz von Gott verlassen, und die jungen Leute, die bei ihnen studierten, täten besser daran, sich wie ihre Vorfahren in den Tagen der Verfolgung ins Torfmoor zu setzen mit einer Bibel unter dem Arm und dem Geiste des Gebets im Herzen. Darüber bestand jedenfalls kein Zweifel, daß Herr Soulis zu lange auf der Universität gewesen war. Er kümmerte und mühte sich um viele Dinge außer dem einen, das nottut. Einen Haufen Bücher brachte er mit, mehr als je vorher in der ganzen Gegend gesehen worden waren, und der Fuhrmann hatte seine liebe Not mit ihnen, sie wären alle beinahe im Teufelsmoor zwischen hier und Kilmackerlie ersoffen. Gewiß, es waren Bücher der Gottesgelehrtheit, oder sie gingen doch zumindest unter diesem Namen; aber die ernsten Leute sahen alle nicht ein, wozu so viele nötig wären, wo doch das ganze Wort Gottes in der Falte eines Plaids Platz hätte. Und so saß er denn den halben Tag und die halbe Nacht dazu – was doch kaum anständig war – und schrieb; und zuerst fürchteten wir, er würde seine Predigten ablesen, und dann kamen wir dahinter, daß er selbst ein Buch schrieb, und das gehörte sich für einen von seinen Jahren und seinem bißchen Erfahrung bestimmt nicht.

Nun, jedenfalls mußte man eine alte, anständige Frauensperson für ihn finden, die ihm das Pfarrhaus in Ordnung hielt und das Essen besorgte; und da wurde ihm eine alte Vettel – Janet M'Clour hieß sie – empfohlen, und so wenig kümmerte man sich um ihn, daß sie ihm tatsächlich aufgeschwatzt werden konnte. Zwar rieten ihm viele ab, denn den ordentlichen Leuten von Balweary war Janet mehr als bloß verdächtig. Vor langer Zeit hatte sie ein Dragoner mit einem Balg sitzenlassen, sie war vielleicht dreißig Jahre nicht zur Beichte gegangen, und die Kinder hatten gesehen, wie sie in der Dunkelheit auf Keys Loan vor sich hin murmelte, und das war eine seltsame Zeit und ein seltsamer Ort für eine Frau, die in der Furcht des Herrn wandelte. Immerhin war es der Gutsherr selber gewesen, der dem Pastor zuerst von Janet gesprochen hatte, und damals wäre auch dem Pastor kaum ein Weg zu weit gewesen, wenn er sich damit bei der Herrschaft beliebt machen konnte. Sagten ihm die Leute, die Janet gehöre zur Sippschaft des Teufels, so war das seiner Meinung nach alles Aberglauben, und hielt man ihm dann die Bibel vor und die Hexe von Endor, so trichterte er ihnen ein, daß diese Tage vorbei wären und der Teufel durch die Gnade Gottes in Ketten läge.

Nun, als es in der Gemeinde herum war, daß Janet M'Clour als Mädchen in die Pfarre kommen sollte, da waren die Leute ziemlich aufgebracht über alle beide, über sie und ihn; und einige Frauen hatten nichts Besseres zu tun, als zu ihr hinzulaufen und ihr alles vorzuhalten, was sie von ihr wußten, von dem Soldatenbalg angefangen bis zu John Tamsons zwei Kühen. Janet sagte für gewöhnlich nicht viel, und die Leute ließen sie ihre eigenen Wege gehen, ohne »Schön guten Abend« oder »Schön guten Tag« zu wünschen; aber wenn sie einmal loslegte, dann konnte sie mit ihrer Zunge den Müller taub machen. Nun, diesmal war sie nicht faul, und es gab keine alte Klatscherei in Balweary, die sie nicht jemand unter die Nase rieb; man konnte ihr nichts sagen, ohne daß sie nicht gleich zwei Antworten darauf gewußt hätte, bis zu guter Letzt die Frauen auf sie losgingen, sie zu fassen kriegten, ihr die Kleider vom Leibe rissen und sie das Dorf nach der Dule hinunterschleppten, um zu sehen, ob sie eine Hexe wäre oder nicht, ob sie schwimmen oder ertrinken würde. Das Weibsbild schrie so gellend, daß man sie bis zum »Hängenden Gebüsch« hören konnte, und sie kämpfte wie zehn; mehr als eine Frau trug die Spuren ihrer Krallen noch manch einen Tag danach, und gerade als es am heißesten zuging, wer mußte (um seiner Sünde willen) vorbeikommen, wenn nicht der neue Pastor.

»Frauen«, sagte er (und er hatte eine mächtige Stimme), »ich befehle euch im Namen des Herrn, laßt sie los.«

Janet rannte zu ihm – sie war fast verrückt vor Angst – und hing sich an ihn und bat ihn um Christi willen, sie vor den Klatschweibern zu retten, und die wieder erzählten ihm alles, was sie von ihr wußten, und vielleicht noch ein bißchen mehr.

»Frau« sagte er zu Janet, »ist das wahr?«

»So wahr ich vor Gott stehe«, sagte sie, »und so wahr mich der Herr geschaffen hat, nicht ein Wort. Bis auf das Kind«, sagte sie, »bin ich mein Lebtag eine anständige Frau gewesen.«

»Willst du«, sagte Herr Soulis, »im Namen Gottes und vor mir, seinem unwürdigen Diener, dem Teufel und seinen Werken abschwören?«

Nun, wie es scheint, verzog sie ihr Gesicht, als er das verlangte, zu einem solchen Grinsen, daß alle, die es sahen, erschraken, und man konnte hören, wie ihr die Zähne im Munde klapperten, aber es gab weiter kei-

nen Ausweg, und so hob Janet ihre Hand hoch und schwor vor ihnen allen dem Teufel ab.
»Und jetzt«, sagte Herr Soulis zu den Frauen, »macht, daß ihr nach Hause kommt, alle miteinander, und betet zu Gott, daß er euch verzeihe.«
Und er reichte Janet den Arm, obgleich sie nicht viel mehr als ein Hemd anhatte, und führte sie das Dorf hinauf bis zu ihrer eigenen Tür wie eine richtige große Dame, und dabei kreischte und lachte sie, daß es ein Skandal war.
Viele ernsthafte Leute waren in dieser Nacht lange ins Gebet versunken; aber als der Morgen kam, überfiel ganz Balweary eine solche Furcht, daß die Kinder sich versteckten und sogar die Mannsleute nur verstohlen hinter der Haustür hervorguckten. Denn dort kam Janet das Dorf herunter – sie oder ihr Ebenbild, das konnte kein Mensch sagen –, und ihr Hals war verrenkt, der Kopf fiel nach der einen Seite, wie bei einem, der gehängt worden ist, und sie zeigte die Zähne wie eine nicht hergerichtete Leiche. Doch allmählich gewöhnten sich die Leute daran und starrten ihr sogar ins Gesicht, um wegzukriegen, was eigentlich mit ihr los war, aber von jenem Tage an konnte sie nicht wie ein Christenmensch sprechen, sondern sabberte nur so, und die Zähne schnappten klick! aufeinander wie die beiden Hälften einer Schere; und von jenem Tage an kam der Name Gottes nie wieder über ihre Lippen. Manchmal versuchte sie es, ihn herauszubringen, aber es ging nicht. Und wer am meisten wußte, der sagte am wenigsten; aber das Ding da nannten sie niemals Janet M'Clour; denn die alte Janet war, so wie sie die Geschichte erzählten, schon in der tiefsten Hölle. Aber der Pastor ließ sich weder raten noch halten; er predigte über nichts als die Grausamkeit der Leute, die daran schuld wären, daß Janet der Schlag getroffen hätte; den Kindern, die sie verspotteten, gab er einen Klaps, und noch am selben Abend holte er sie in die

Pfarre und wohnte dort mit ihr ganz allein unter dem »Hängenden Gebüsch«.

Nun, die Zeit ging dahin, und das müßige Volk fing an, leichter über diese schwarze Angelegenheit zu denken. Vom Pastor hatte man eine gute Meinung; immer noch saß er abends am Schreibtisch, und selbst nach Mitternacht sahen die Leute unten am Ufer der Dule seine Kerze brennen; er schien mit sich zufrieden und genauso dünkelhaft wie früher, doch jedermann konnte sehen, daß er dahinsiechte. Und Janet – die kam und ging, und wenn sie früher nicht viel gesagt hatte, jetzt hatte sie allen Grund, den Mund zu halten; sie ließ sich mit niemand ein; aber sie war schauerlich anzusehen, und keiner hätte ihr allein in der Dunkelheit begegnen mögen, selbst nicht, wenn es ihm den Pfarracker von Balweary eingebracht hätte.

Gegen Ende Juli kam eine Wetterwelle, wie es sie hierzulande noch nicht gegeben hatte; es war windstill und heiß und drückend; die Herden kamen nicht den Schwarzen Berg hinauf, die Kinder waren zu müde, um zu spielen; und dann wieder war es böig mit plötzlichen heißen Windstößen, die durch die Täler brausten, und kurzen Regenschauern, die niemand Erfrischung brachten. Wir dachten schon, es würde am nächsten Morgen ein Gewitter geben; aber der Morgen kam, und noch ein Morgen, und immer noch war dasselbe unheimliche Wetter, das schwer auf Mensch und Vieh lastete. Von allen, denen es auf die Nerven ging, litt keiner so darunter wie Herr Soulis; er konnte weder schlafen noch essen, so erzählte er den Kirchenältesten; und wenn er nicht über seiner mühseligen Schreiberei saß, dann raste er durch die Gegend wie einer, der vom Teufel besessen ist, während jeder vernünftige Mensch froh war, wenn er nicht in die Hitze hinausbrauchte.

Über dem »Hängenden Gebüsch« im Schutze des Schwarzen Berges ist ein Stück eingefriedetes Land mit einem eisernen Tor, und es scheint, daß dort in der alten Zeit der Kirchhof von Balweary lag, den die Katholischen geweiht hatten, ehe das göttliche Licht über unserem Königreiche schien. Das war nun Herrn Soulis' Lieblingsaufenthalt, dort saß er oft und arbeitete seine Predigten aus, und es war wirklich ein friedlicher Ort. Nun, als er eines Tages über den öden Teil des Schwarzen Berges schritt, sah er zuerst zwei und dann vier und dann sieben Raben rundherum um den alten Kirchhof fliegen. Sie flogen tief und schwer und krächzten im Fluge, und es war Herrn Soulis klar, daß sie irgend etwas Außergewöhnliches aufgescheucht haben mußten. Er ließ sich nicht so leicht einschüchtern und ging geradewegs auf die Mauer los. Und was glaubt ihr, was er dort findet? Einen Menschen oder zumindest ein Wesen in Menschengestalt, das drinnen auf einem Grabhügel saß. Dieser Mensch war groß und schwarz wie die Hölle, und seine Augen waren seltsam anzusehen. Herr Soulis hatte die Leute schon manches liebe Mal von schwarzen Männern erzählen hören, aber dieser hatte etwas so Unheimliches an sich, daß ihn das Grauen packte. Heiß, wie ihm war, ging ihm doch ein kaltes Schaudern durch Mark und Bein; trotz alledem redete er ihn an und fragte: »Mein Freund, sind Sie hier fremd an diesem Ort?« Der schwarze Mann antwortete kein Wort; er stand auf und schlurfte eilig auf die andere Mauer zu; doch sah er sich in einem fort nach dem Pastor um, und dieser starrte ihm nach, bis der schwarze Mann im nächsten Augenblick über die Mauer weg war und in den Schutz der Bäume lief. Herr Soulis rannte hinter ihm her, er wußte kaum warum; aber er war schon ganz außer Atem von dem Spaziergang und dem heißen, ungesunden Wetter; und sosehr er auch rannte, sah er gerade nur noch auf einen Augenblick, wie der schwarze Mann zwischen den Birken hinlief, bis er den Berg hinunter war, und da erblickte er ihn noch einmal, wie er über den Duleﬂuß nach dem Pfarrhaus hinüberging mit langen Schritten, in kleinen Sätzen und Sprüngen.

Herrn Soulis gefiel es keineswegs, daß dieser Landstreicher so tat, als ob er im Pfarrhaus von Balweary zu Hause wäre, und er rannte um so schneller und mit nassen Schuhen über den Bach und den Weg hinauf, aber zum Teufel noch mal, da war kein schwarzer Mann zu sehen. Er lief noch bis zur Straße, aber es war niemand dort, er schaute sich im ganzen Garten um, auch da kein schwarzer Mann. Schließlich drückte er auf die Klinke, ein wenig furchtsam, wie das nur natürlich ist, und ging ins Pfarrhaus; und da stand Janet M'Clour vor seinen Augen mit ihrem verrenkten Genick und war nicht gerade erfreut, ihn zu sehen. Und er hat später nicht vergessen, daß ihn, als er sie jetzt erblickte, derselbe kalte Angstschauer überlief.

»Janet«, sagte er, »hast du einen schwarzen Mann gesehen?«

»Einen schwarzen Mann?« fragte sie. »Behüte uns alle! Sie sind nicht ganz gescheit, Herr Pastor. In ganz Balweary gibt es keinen schwarzen Mann.«

Aber sie sprach nicht deutlich, müßt ihr wissen, sondern wimmerte wie ein Pony mit einem Gebiß im Maul.

»Nun«, sagte er, »Janet, wenn hier kein schwarzer Mann war, dann habe ich den Erbfeind selbst gesehen.«

Und er setzte sich wie einer, den das Fieber schüttelt, und die Zähne klapperten ihm im Munde.

»Pfui«, sagte sie, »schämen Sie sich, Herr Pastor«, und gab ihm einen Schluck Branntwein, den sie immer bei sich hatte.

Dann ging Herr Soulis in sein Studierzimmer zu seinen Büchern. Das ist eine lange, niedrige, dunkle Stube, zum Erfrieren kalt im Winter und nicht einmal im Hochsommer besonders trocken, denn die Pfarre steht dicht am Fluß. Er setzte sich also hin und dachte an alles, was sich zugetragen hatte, seitdem er in Balweary war, und an seine Heimat und die Tage, wo er ein Kind war und halbnackt den Abhang hinunterlief; und der schwarze Mann ging ihm nicht aus dem Kopfe wie der Kehrreim eines Liedes. Und je mehr er dachte, desto mehr dachte er an den schwarzen Mann. Er versuchte zu beten, aber die Worte wollten ihm nicht kommen, und er versuchte, so erzählt man, an seinem Buch zu schreiben, aber auch da brachte er nichts zustande. Zuweilen glaubte er, der schwarze Mann wäre neben ihm, und er war über und über von Schweiß bedeckt, so kalt wie Brunnenwasser, und dann wieder kam er wie ein Christenmensch zu sich und machte sich aus all dem nichts.

Das Ende vom Liede war, daß er ans Fenster ging und hinunter in das Wasser des Duleflusses starrte. Die Bäume stehen dort unheimlich dicht, und das Wasser fließt tief und schwarz unter dem Pfarrhaus hin; und dort stand Janet, die Röcke hochgeschürzt, und wusch Wäsche. Sie kehrte dem Pastor den Rücken zu, und dieser war sich kaum bewußt, was er anschaute. Dann drehte sie sich um und zeigte ihm ihr Gesicht; Herr Soulis spürte dasselbe kalte Schaudern wie schon zweimal an diesem Tage, und dann schien ihm auf einmal einzuleuchten, was die Leute sagten, daß Janet schon lange tot sei, und dies ein Gespenst, das in ihrem Leichnam umginge. Er zog sich ein wenig zurück und sah sie mit forschenden Blicken an. Sie stampfte auf der Wäsche herum und summte vor sich hin, und oh! der Herr behüte uns! – es war ein schreckliches Gesicht. Mal sang sie lauter, aber kein Mensch, der von einem Weib geboren war, konnte die Worte ihres Liedes verstehen, und mal sah sie seitwärts nach unten, aber dort gab es für sie nichts zu sehen. Da schüttelte sich der Pastor vor Widerwillen, und das war eine Warnung des Himmels. Aber Herr Soulis machte sich nur selbst Vorwürfe, sagte er später, weil er so schlecht von einem armen, kranken, alten Weibe dachte, das außer ihm niemand zum Freunde hatte, und er betete ein paar Worte für sich und sie und trank ein wenig kaltes Wasser – denn ihm wurde übel bei dem bloßen Gedanken an Essen –, und dann ging er in der Dämmerung in sein kaltes Bett.

Das war eine Nacht, die Balweary nicht vergessen wird, die Nacht des siebzehnten Augusts siebzehnhundertzwölf. Vorher war es heiß gewesen, wie ich schon erzählt habe, aber in dieser Nacht war es heißer denn je. Die Sonne ging zwischen schauerlich aussehenden Wolken unter; es war pechschwarz; kein Stern, kein Lüftchen; man konnte die Hand nicht vor den Augen sehen, und selbst die alten Leute warfen die Decke vom Bett und holten keuchend Atem. Bei all dem, was ihm durch den Kopf ging, war es ziemlich unwahrscheinlich, daß Herr Soulis viel zum Schlafen kommen würde. Er lag wach und wälzte sich herum, und das gute, kühle Bett, in das er gestiegen war, brannte ihn bis auf die Knochen; bisweilen schlief er, und bisweilen wachte er; manchmal hörte er eine Uhr schlagen, und manchmal jaulte ein Köter im Moor, als ob jemand gestorben wäre; manchmal dachte er, der Teufel flüsterte ihm was ins Ohr, und manchmal sah er Irrlichter im Zimmer. Er kam zu dem Schluß, daß er krank sein müßte, und krank war er wirklich, wenn er auch keine Ahnung hatte, was ihm fehlte.

Zu guter Letzt fiel es ihm wie Schuppen von den Augen, er setzte sich im Hemd auf den Bettrand und fing an, noch einmal über den schwarzen Mann und Janet nachzudenken. Er wußte nicht, wie er darauf kam – vielleicht weil er kalte Füße hatte –, aber plötzlich drängte sich ihm der Gedanke auf, daß zwischen den beiden eine Beziehung bestand und daß eins von ihnen ein Gespenst war – oder vielleicht auch alle beide. Und gerade in diesem Augenblick hörte man in

Janets Stube, die neben seiner lag, ein Füßegetrampel, als ob sich Männer rauften, und dann einen lauten Knall, und dann fegte ein Wind um die vier Ecken des Hauses, und zuletzt war alles wieder so still wie das Grab.

Herr Soulis fürchtete weder Menschen noch Teufel. Er griff nach seinem Feuerzeug, brannte die Kerze an, und in drei Schritten war er an Janets Tür. Sie war nicht verschlossen, er stieß sie auf und guckte mutig hinein. Es war eine große Stube, so groß wie die des Pastors, und es standen schwere, alte, gediegene Möbel darin, denn er hatte keine anderen. Da war ein Himmelbett mit schönen alten Vorhängen und ein prachtvoller Eichenschrank, bis zum Rande voll mit Büchern der Gottesgelehrtheit, die dem Pastor gehörten und die man dorthin gestellt hatte, damit sie aus dem Wege wären, und ein paar alte Lumpen von Janet lagen hier und da auf dem Boden verstreut. Aber von Janet war nichts zu sehen und auch keine Spur von einem Kampf. Er ging hinein (und es wird wohl wenige geben, die ihm gefolgt wären), schaute sich um und lauschte. Aber es war nichts zu hören, weder im Pfarrhaus selbst noch in dem ganzen Kirchspiel von Balweary, und nichts zu sehen außer den langen Schatten, die sich um seine Kerze drehten. Und dann klopfte dem Pastor auf einmal das Herz wie wild und setzte dann wieder ganz aus, und ein kalter Wind fuhr ihm durch die Haare. Was für ein kläglicher Anblick war das für den armen Mann! Denn dort hing Janet an einem Nagel neben dem alten eichenen Schrank: ihr Kopf lag auf der Schulter, die Augen waren ganz starr, die Zunge hing ihr aus dem Munde heraus, und ihre Hacken waren glatt zwei Fuß über dem Boden.

»Gott verzeih uns allen!« dachte Herr Soulis, »die arme Janet ist tot.«

Er trat einen Schritt näher an die Leiche heran; und dann pupperte ihm das Herz gegen die Rippen. Denn

durch welche Zauberei steht einem Menschen schlecht an zu beurteilen – jedenfalls hing sie an einem einzigen Nagel und an einem einzigen Wollfaden, wie man ihn zum Strümpfestopfen nimmt.
Es ist schrecklich, wenn man nachts mit einer solchen Ausgeburt der Finsternis allein sein muß; aber Herr Soulis war stark im Herrn. Er wandte sich um, ging aus dem Zimmer hinaus und schloß die Tür hinter sich zu, und Stufe für Stufe schritt er die Treppe hinunter, denn die Glieder waren ihm schwer wie Blei; und dann stellte er die Kerze auf den Tisch am Fuße der Treppe. Er konnte nicht beten, er konnte nicht denken, er triefte vor kaltem Schweiß und hörte nichts als das Poch-poch-poch seines eigenen Herzens. Vielleicht stand er dort eine Stunde, vielleicht auch zwei, er achtete kaum darauf, als er plötzlich oben eine leise, unheimliche Bewegung hörte; Füße gingen in der Stube, wo die Leiche hing, hin und her; dann wurde eine Tür geöffnet, obwohl er genau wußte, daß er sie zugeschlossen hatte, und dann hörte man einen Schritt auf dem Treppenabsatz, und es schien ihm, als ob die Leiche über das Geländer dahin schaute, wo er stand.
Er nahm die Kerze wieder (denn ohne Licht mochte er nicht sein), und so leise er nur konnte, ging er geradewegs aus der Pfarre hinaus dorthin, wo der Weg an den Fluß grenzt. Es war immer noch pechschwarz; als er die Kerze auf den Boden setzte, brannte ihr Licht so stetig und klar wie in einer Stube, nichts regte sich außer dem Wasser der Dule, das das Tal hinunter gluckste und seufzte, und jenen unheimlischen Schritten, die drinnen in der Pfarre die Treppen hinuntergetapst kamen. Er kannte sie nur zu gut: es waren Janets Schritte, und mit jedem Stückchen, das sie näher kamen, kroch ihm die Kälte tiefer in die Eingeweide. Er empfahl seine Seele dem Herrn, der sie erschaffen hat und in seiner Hut hält. »Und o Gott«,

sagte er, »gib mir in dieser Nacht Kraft, gegen die Mächte der Finsternis zu kämpfen.«

Inzwischen kamen die Schritte durch den Flur auf die Tür zu; er konnte eine Hand hören, die an der Wand entlang fuhr, als ob das gräßliche Wesen sich den Weg ertastete. Die Weiden schüttelten sich und stöhnten, ein langer Klagelaut ging über die Berge, die Flamme der Kerze flackerte unruhig; und da stand der Leichnam der krummen Janet in ihrem grobfädigen Kleide und ihrer schwarzen Haube, den Kopf immer noch auf der Schulter, und das Grinsen auf ihrem Gesicht – lebendig würdet ihr gesagt haben – tot, wie Herr Soulis wohl wußte – auf der Schwelle des Pfarrhauses.

Es ist eine seltsame Sache, daß die Seele des Menschen an einen so vergänglichen Leib gebunden ist; der Pastor aber sah dies, und sein Herz brach nicht.

Sie blieb nicht lange dort stehen, dann bewegte sie sich wieder und kam langsam auf Herrn Soulis zu, dorthin, wo er unter den Weiden stand. Das ganze Leben in seinem Körper, die ganze Stärke seines Geistes leuchteten ihm aus den Augen. Es schien, als ob sie sprechen wollte, aber die Worte fehlten ihr, und sie machte ein Zeichen mit der linken Hand; dann kam ein Windstoß wie das Fauchen einer Katze, die Kerze geht aus, die Weiden kreischen wie Menschen; und Herr Soulis wußte, das war das Ende – lebendig oder tot.

»Hexe, Vettel, Teufelin!« schrie er, »ich befehle dir bei der Macht Gottes, hebe dich hinweg – wenn du tot bist, dann ins Grab mit dir – wenn du verdammt bist, in die Hölle.«

Und in diesem Augenblick schlug Gottes eigene Hand aus dem Himmel heraus das Schreckgespenst, wo es stand; der alte, tote, entweihte Leichnam des Hexenweibes, der so lange nicht ins Grab gekonnt hatte und von dem Teufel herumgetrieben worden war, lohte auf wie Zunder und fiel auf dem Boden in Asche zusammen; es folgte der Donner, Schlag auf Schlag, und der klatschende Regen; Herr Soulis aber sprang über die Gartenhecke, rannte auf das Dorf zu und stieß einen gellenden Schrei nach dem anderen aus.

An ebendiesem Morgen sah John Christie den schwarzen Mann an dem großen Heidensteingrab vorüberschreiten, als es sechs schlug; noch vor acht ging er am Wirtshaus von Knockdow vorbei, und nicht viel danach sah ihn Sandy M'Lellan, wie er rasch den Hügel von Kilmackerlie hinunterlief. Es liegt wenig Grund vor, zu bezweifeln, daß er es war, der so lange in Janets Körper wohnte; aber nun war er fort, und seitdem hat der Teufel uns in Balweary nicht wieder geplagt.

Doch für den Pastor war es eine schwere Prüfung; lange, lange lag er zu Bett und redete irr, und von jener Stunde an bis auf den heutigen Tag ist er der Mann gewesen, den ihr kennt.

ANMERKUNGEN UND ERLÄUTERUNGEN

Zu den Kurzgeschichten

Zu einigen Kurzgeschichten gibt es Anmerkungen der Verfasser. Wenn wir sie nicht alle und manche gekürzt bringen, so geschieht das deshalb, weil man besonders in den volkskundlichen Anmerkungen damals etwas zuviel des Guten tat, wie schon die Brüder Grimm in ihrer Übersetzung der Crokerschen Märchen bemerken, und weil manche ein anderes Publikum oder aber die Kenntnis des ganzen Werkes, aus dem die Kurzgeschichte entnommen wurde, voraussetzen. Die Anmerkungen zu John Browns Erzählung, die die Gedanken der Geschichte weiterspinnen, sind als Fußnoten gedacht und vollständig wiedergegeben. Alle Anmerkungen der Verfasser wurden durch * gekennzeichnet.

Sir Walter Scott · Die Erzählung des blinden Spielmanns

S. 33 Vorbemerkung: Die geschmacksgeschichtliche Angabe stützt sich auf Anselm Schlösser, »Die englische Literatur in Deutschland von 1895 bis 1934«, Jena 1937. Seine Liste der älteren Autoren bringt zwischen Dickens und Scott noch Marryat, doch handelt es sich bei den sogenannten Übersetzungen seiner Werke meist um sehr freie Bearbeitungen für die Jugend, so daß die statistischen Angaben anders zu werten sind; in der Gesamtübersicht, der ältere und neuere Autoren umfaßt, folgen auf Dickens Wilde, Wallace, Doyle, Marryat, Shaw und an siebenter Stelle Stevenson, der nächst Dickens meistgelesene Autor unserer Sammlung, während Scott erst an achter Stelle steht.

S. 33 Text: Die Geschichte führt in die Zeit der englischen Bürgerkriege. Montrose befehligte 1644 die Truppen Karls I. und nahm nach der Hinrichtung des Königs an dem von Glencairn organisierten Hochländeraufstand teil. Karl II. kehrte 1660 auf den Thron zurück.

S. 34 Abschnitt I: Whigs und Tories sind die beiden politischen Parteien Englands, die sich in den Bürgerkriegen des 17. Jahrhunderts bildeten, die Whigs sind die fortschrittliche Volkspartei, die Tories setzen sich im wesentlichen aus den auf seiten der Stuarts kämpfenden Adligen zusammen. Im 19. Jahrhundert werden sie abgelöst durch die Liberalen und Konservativen. Die Tories bekämpfen die Dissenters, d.h. die »Andersdenkenden«, die sich nicht zu der von Karl II. auch für Schottland als Staatskirche erklärten Episkopalkirche bekannten und sich weigerten, den Eid auf Kirche und Staat zu leisten. In der Hauptsache waren das die Presbyterianer, die die Funktionen der vom König abhängigen Bischöfe in der Episkopalkirche auf ein aus Geistlichen und Laien zusammengesetztes Kollegium, das Presbyterium, übertrugen und von denen es viele vorzogen, mit ihren verbannten Geistlichen in den Bergen Gottesdienste abzuhalten, als zu den neuen Predigern in die Kirche zu gehen. Bei der Sprengung dieser Gottesdienste ging es außerordentlich grausam zu.

S.34, Z.9: Tam Dalyell (Dalgell, Dalziel) schlug 1666 einige hundert rebellische Presbyterianer in den Pentlands bei Edinburgh zusammen, hängte die Gefangenen oder schickte sie in die Sklaverei. Claverhouse organisierte noch nach der Vertreibung Jakobs II. vom Thron einen Hochländeraufstand, siegte 1689 bei Killiecrankie, fiel aber.

S.35, Z.34: Die Revolution 1688 kostet Jakob II. den Thron, den Wilhelm von Oranien und Marie besteigen.

* *S.36, Z.7:* Die Vorsicht und Mäßigung König Wilhelms III. und seine Grundsätze der unbegrenzten Toleranz beraubten die Cameronians (s. Anm. zu S.50, Z.5) der heißersehnten Gelegenheit, das Unrecht, das sie während der Herrschaft der Bischöfe erlitten hatten, zu vergelten und das Land, wie sie es ausdrückten, von der Befleckung mit Blut zu reinigen. Sie hielten die Revolution daher nur für eine halbe Maßnahme, welche weder den Neubau der Kirk in ihrem vollen Glanze noch die Rache für den Tod der Heiligen an ihren Verfolgern mit einbegriff.

* *S.37, Z.25:* Ein berühmter Zauberer, der in Edinburgh wegen Hexerei und anderer Verbrechen hingerichtet wurde.

S.41, Z.16: Sir David Lindsay (1490–1555), schottischer Satiriker von schwungvoller Darstellung und oft derbem Witz.

S.42, Z.14: Redgauntlet ist ein Roman in Briefen, in dem sich die Erzählung des blinden Spielmanns in einem Brief Darsie Latimers an Alan Fairford findet.

S. 43, Z. 2: English Domesday Book, Reichsgrundbuch Wilhelms des Eroberers (1086).

* *S. 50, erster Abschnitt:* Die meisten der hier erwähnten Personen sind historische Berühmtheiten; die weniger bekannten sind in der folgendermaßen betitelten Abhandlung zu finden: »Das Urteil und die Gerechtigkeit Gottes exemplifiziert, oder ein kurzer historischer Bericht über das schlechte Leben und erbärmliche Sterben einiger der bemerkenswertesten Apostaten und blutigen Verfolger von der Reformation bis nach der Revolution«. Die Abhandlung ist eine Art Postskriptum oder Anhang zu John Howie von Lochgoins »Bericht über das Leben der hervorragendsten schottischen Persönlichkeiten«. Der Verfasser hat mit beachtlichem Geschick sein Urteil auf Grund der Schlüsse, die sich aus dem Wohlergehen oder Mißgeschick ziehen lassen, das den Menschen in dieser Welt entweder im Laufe ihres Lebens oder in der Todesstunde zuteil wird, auf den Kopf gestellt. In dem Bericht der Leiden der Märtyrer werden solche Übel nur als Prüfungen erwähnt, die der Vorsehung gestattet sind, damit sie deren Glauben und Beharrlichkeit besser und heller ans Licht stellen kann. Aber wenn ähnliches Leid die Gegenseite traf, erklärte man es als unmittelbare Rache des Himmels für ihre Gottlosigkeit. Ja, wenn das Leben irgendeiner Person, die dem Historiker anrüchig war, zufällig ungewöhnlich glücklich verlief, so wird die bloße Tatsache, daß es schließlich durch den Tod sein Ende findet, als untrügliches Zeichen des göttlichen Gerichts angesehen, und um den Schluß zwingend zu machen, wird die letzte Szene gewöhnlich mit irgendwelchen ungewöhnlichen Umständen ausgeschmückt. So wird vom Herzog von Lauderdale erzählt, sein Geist sei durch hohes Alter und ungeheure Korpulenz so verfallen, »daß das Herz nicht die Größe einer Walnuß hatte«.

S. 50, Z. 3: Duke of Lauderdale (1616–1682), Mitglied des berühmten »Cabal«-Ministeriums Karl II., versuchte eine Zeitlang eine Befriedungspolitik.

S. 50, Z. 5: Richard Cameron (ca. 1648-1680), Prediger, der mit einer Handvoll Anhänger 1680 dem König den Krieg erklärte und in einem Scharmützel fiel; die Mitglieder der reformierten presbyterianischen Kirche nannten sich später Cameronians.

S. 50, Z. 29: Der Earl of Argyle wurde 1685 im Kampf gegen Jakob II. gefangengenommen und hingerichtet.

* *S. 52, Z. 20/21*: Einzelheiten findet der Leser in Pitscotties »Geschichte von Schottland«.

* *S. 58, Schluß*: In meiner Jugend habe ich eine Geschichte gehört, die so wild war wie diejenige, die ich dem blinden Fiedler in den Mund gelegt habe, ich glaube, der Held war Sir Robert Grierson von Lagg, der berühmte Verfolger.

Thomas Crofton Croker · Fingerhütchen

* *S. 71, Überschrift*: Unter Fingerhut (lusmore, wörtlich das große Kraut) ist die zierliche purpurea Digitalis gemeint, welche das Volk Elfenkäppchen nennt, weil die Mützen der Elfen ihren Blüten ähnlich sein sollen. Mit dieser Pflanze ist noch mancher Aberglaube verbunden, namentlich soll sie überirdische Wesen grüßen, indem sie zum Zeichen der Anerkenntnis ihren hohen Stengel beuge.

* *S. 72, Z. 27/28*: Die Worte des einfachen Gesanges bezeichnen die Wochentage: Montag, Dienstag und Mittwoch und müßten eigentlich geschrieben sein: Dia Luain, Dia Mairt, agus Dia Ceadaoine. Die Melodie, welche hier folgt, hat A.D. Roche aufgezeichnet, sie ist ohne Zweifel alt und wird gemeinlich von jedem geschickten Erzähler gesungen, um den Eindruck zu erhöhen:

* *S. 77, Schluß* (Anmerkung der Brüder Grimm, in deren Übersetzung die beiden Anmerkungen oben gegeben wurden): Es gehört zu jener Reihe von Märchen, in welchen dargestellt wird, daß die Geister nur den Guten Glück gewähren und dem Bösen dieselbe Gunst, wenn er sie fordert, zum Bösen ausschlägt.

Dr. John Brown · Rab und seine Freunde

S. 101, 1. Abschnitt: Die Geschichte spielt in Edinburgh.

S. 103, Z. 2/3: Das Zitat stammt aus Hamlet V, I, 299.

S. 103, Z. 30: In der Schlacht bei Culloden, in der schottischen Grafschaft Inverness, wurde 1746 das Schicksal der Stuarts durch die Niederlage des Prätendenten Karl Eduard endgültig entschieden.

* *S. 107, Z. 15:* Es ist nicht leicht, diesen Blick durch ein Wort wiederzugeben; er drückte aus, wieviel sie in ihrem Leben allein gewesen war.

* *S. 107, Z. 22f.:*

> ... doch schwarze Brauen,
> Sagt man, sind schön bei manchen Fraun; nur muß
> Nicht zuviel Haar darin sein, nur ein Bogen,
> Ein Halbmond, fein gemacht wie mit der Feder.
> Das Wintermärchen

* *S. 109, Z. 28:* Als man einen Wildhüter des Hochlands fragte, warum ein bestimmter Terrier von einzigartigem Schneid soviel ernster als die anderen Hunde wäre, sagte er: »Oh, Herr, das Leben ist voller Ernst für ihn – er kann einfach nicht genug an Kämpfen bekommen.«

* *S. 109, Z. 32:* Fuller war in seinen jungen Jahren, als er noch ein Bauernbursche in Soham war, berühmt als Boxer; ohne händelsüchtig zu sein, ging ihm doch das »ernste Vergnügen« nicht ab, das ein kräftiger und mutiger Mann bei dieser Tätigkeit spürt. Dr. Charles Stewart von Danearn, von dessen seltenen Gaben und Tugenden als Arzt, Geistlicher, Gelehrter und Gentleman nur noch die wenigen Menschen wissen, die ihn kannten und überlebten, erzählte gern, wie Fuller zu sagen pflegte, daß er sich auf der Kanzel, wenn er einen stattlichen

Mann den Gang entlang kommen sah, instinktiv aufrichtete, seinen nur in der Einbildung vorhandenen Feind abmaß und überlegte, wie er mit ihm verfahren würde, während sich seine Hände zu Fäusten ballten und die Boxerstellung einnahmen. Falls er boxte, wie er predigte, dann muß er harte Schläge ausgeteilt haben – war, was die Sportswelt »einen häßlichen Kunden« nennt.

Thomas Hood · Eine Geschichte aus der Zeit der großen Pest

1665 ist das Londoner Pestjahr.

Charles James Lever · Die Erzählung des Doktors

* Ich kann nicht dulden, daß der Leser hinsichtlich des hochachtbaren »Maurice« demselben Irrtum verfällt wie mein Freund Charles O'Malley. Es ist nur billig, festzustellen, daß der Doktor in der folgenden Erzählung den Dragoner zum Narren hielt. Einen prächtigeren und besseren Menschen als den Doktor hat es nie gegeben. Bei seinen Kameraden war er ebenso beliebt wie als glänzender Gesellschafter geschätzt. Sein Lieblingsvergnügen bestand darin, irgendeine Geschichte oder ein Abenteuer zu erfinden, worin er seinen eigenen Namen mit dem eines Freundes oder Kameraden zusammenbrachte, und nie wurde die Glaubwürdigkeit des Ganzen bezweifelt.

Richard Harris Barham · Frau Rohesia

* Rohesia, Tochter des Ambrose und Schwester des Sir Everard Ingoldsby, wurde ungefähr zu Anfang des 16. Jahrhunderts geboren und 1526 in der St. Giles' Kirche, Cripplegate, City of London, getraut. Die Erzählung enthält alles, was sonst über sie bekannt ist.

William Wilkie Collins
Geschichte von einem schauerlich seltsamen Bett

S. 308, 1. Abschnitt: Der letzte Satz lautet in der Ausgabe »After Dark«: »In der nächsten Minute waren wir an der Tür und betraten das Haus, dessen Rückseite Sie auf Ihrer Skizze gezeichnet haben.« Die zweite Hälfte des Satzes wurde gestrichen, da sie nur durch den Rahmen – die Geschichte wird einem Maler erzählt – verständlich ist.

S. 319, Z. 19: Guido Fawkes, geb. 1570, Haupt der von den Katholiken angestifteten Pulververschwörung, durch die am 5. November 1605 König Jakob I., seine Minister und das Parlament in die Luft gesprengt werden sollten, wurde bei der Ausführung verhaftet und 1606 hingerichtet. Noch heute wird der 5. November als Guy-Fawkes-Tag gefeiert und dabei eine Fawkes darstellende Strohpuppe verbrannt.

S. 325, Z. 6f.: heißt in der Ausgabe »After Dark«: »Links lief ein dickes Wasserrohr hinunter, das Sie gezeichnet haben.« Die zweite Hälfte des Satzes wurde gestrichen, vgl. Anm. zu S. 308.

Robert Louis Stevenson · Ein Nachtquartier

S. 375, Vorbemerkung: Vgl. zu der geschmacksgeschichtlichen Angabe die Anmerkung zu Scott, S. 31, Vorbemerkung.

Robert Louis Stevenson · Die krumme Janet

* *S. 410, Z. 18f.:* In Schottland glaubte man allgemein, daß der Teufel als schwarzer Mann erschiene. Das geht aus verschiedenen Hexenprozessen hervor und, wie ich glaube, auch aus Laws »Erinnerungen«, diesem ergötzlichen Magazin des Seltsamen und Gräßlich-Schauerlichen.